개정판

Tourism Resources

관광자원의 형성원인 분포상태 가치성 이해

관광자원의 이해

이후석 저

백산출판사

소삼협 잔도(중국)

불국사 3층 석탑(UNESCO 지정문화재)

부산의 동백섬(조선호텔)

피라미드형 건물(리조트)

주상절리(제주 대포동 해안)

스키장의 리프트

마이산

스키 슬로프

센소지 본당(도쿄)

호주 국회의사당

구마모토성(흑 · 백의 조화)

파리의 오페라하우스

졸정원(중국의 정원)

하우스텐 보스(나가사키)

유람선(시드니항)

홍콩의 야경

머리말

현대사회에서 관광활동은 국민생활의 기본권으로 인정되어 가는 추세이다. 국민의 여가(Leisure)시간에 활용되는 다양한 놀이(Play)나 위락(Recreation) 행동이 여행(Travel)을 통해 이루어지는 경우가 많아 결국 관광(Tourism)행태로 표출된다. 따라서 관광행태가 현대적 의미의 여가선용을 대표한다고 말할 수 있다.

관광현상은 "누가(who), 언제(when), 무슨 동기로(why), 어디에 가서(where), 무엇을 하고(what), 어떻게 지내고 돌아오느냐(how)" 하는 상황의 행렬(matrix)로써 매우 복합적이며 다양한 요소들을 함축하고 있다. 관광자에게 '즐거움(快)'을 충족시켜주기 위해서는 이동수단과 정보가 필요하고, 대상으로서의 매력적인 자원과 서비스를 포함하는 편익시설이 필수적이다. 그러므로 관광의 구조는 관광객에 의한 수요발생과 관광산업을 통한 공급의 결합과정이기 때문에 관광주체와 관광객체, 관광매체로 구성된다.

현대관광의 특색은 사회 · 경제조건의 급속한 변동과 인구학적 세대변화에 따른 관광자의 새로운 관광요구가 있다. 또한, 관광현상이 대량으로 발생하면서 관광의 경제 및 사회 · 문화적 영향과 환경적 영향 또한 날로 증대되면서 부정적인 측면의 영향에 관한 논의가 많아졌다.

관광객체로서 관광자원에 대한 연구과제는 첫째, 이미 사용되고 있는 관광자원이 지속적으로 이용 가능한 것인가, 우수한 관광자원이나 잠재적 가치가 높은 관광자원을 어떻게 합리적으로 개발하여 관광대상화할 것인가. 둘째, 관광영향의 부정적인 면을 극소화하기 위한 방안으로서 그간의 대량관광에 대비되는 대안관광을 어떤 방식으로 채택할 것인가. 셋째, 대안관광의 한 방법이면서 국제화시대에 대응할 수 있는 관광자원의 다품종 · 소량생산의 원리를 어떤 방식으로 적용하여 백색산업으로서 국제관광을 진흥할 것인가. 넷째, 세계화시대에 경쟁력 있는 우리나라의 고유한(originality) 관광자원을 무엇으로 부각시킬 것인가. 다섯째, 문화경쟁시대에 적응하고 문화산업 진흥을 통한 문화관광의 진흥은 어떻게 할 것인가. 여섯째, 정보화시대에 관광정보시스템을 어떤 자료를 가지고 구축할 것인가. 일곱째, 관광객의 다양한 수요와 요구에 대비하여 미래지향적인 관광자원을 어떻게 만들어낼 것인가 등으로 요약할 수 있다.

이와 같은 연구과제를 실현할 수 있는 기초적인 지식과 소양을 갖출 수 있도록 하는 데 목적을 두고 이 책을 집필하고자 하였다. 즉, 관광자원의 본질적인 특성과 관광자원의 형성원인 · 분포상태 · 가치성 등에 관해서 이해하는 것에 역점을 두었으며, 관광자원을 자연 · 문화 · 복합형 · 위락 관광자원으로 분류하였다.

이 책은 5장으로 구성하여, 제1장은 서론으로 관광과 관광자원의 개념 그리고 구조, 역할, 분류 등에 관해서 기술하였다. 제2장은 자연관광자원의 개관과 산지, 하천, 호수, 해안, 온천 및 동굴관광자원에 관하여 설명하였다. 제3장은 문화관광자원의 개관과 문화재 그리고 사찰, 성곽, 장승, 당에 관해서 소개하였다. 제4장은 복합형 관광자원인데, 농촌과 도시로 구분하여 기술하였다. 끝으로 제5장은 위락관광자원 가운데 골프, 스키, 마리나, 유람선에 대해서만 파악하였다. 각 장에서 통일에 대비하고 통일을 염원하는 뜻으로 북한지역을 포함시켰으나 한정된 자료 때문에 미흡하기 짝이 없다.

매우 복합적인 관광현상은 그 분석에 있어서도 다양한 접근방식이 필요하므로 다학문적 접근방법(multi-disciplinary approach)을 채택하였다. 이 중에서도 관광에 대한 연구영역은 경제학, 사회학, 인류학, 심리학, 지리학 등 5대 분야의 사회과학을 흔히 내세운다.

저자는 지표상에 전개되는 모든 현상을 공간적 관점에서 규명하고자 하는 지리학에 기초하여 관광현상을 분석하는 연구과제를 인식하고 연구방향을 설정하였다. 이러한 학문적 소양과 인식을 바탕으로 관광객체로서의 관광자원을 이해하고, 관광개발에 관한 연구를 수행하였으며, 30년이 넘는 시간 동안 관광자원 관련 강좌를 담당해 왔다.

이 책은 저자의 강의 노트와 연구논문의 내용뿐만 아니라 각종 통계자료(특히 한국관광공사·문화체육관광부에서 제공된 자료), 선행 연구자료 등을 참고하여 작성하였다. 관광자원 관련 강좌의 교재나 부교재로 사용하는 목적으로 하였지만, 관광정책 입안자, 관광산업 경영자, 관광실무 종사자의 경우에도 관광학에 대한 기본적인 이해를 하는 데는 도움이 될 것으로 기대된다.

이 책의 출판을 맡아주신 백산출판사의 진욱상 사장님과 진성원 상무님 그리고 편집부 여러분에게 감사를 드린다.

저자 이 후 석

차 례

01
관광과 관광자원

CHAPTER 01

관광과 관광자원

1 관광의 개념과 구조

1. 관광의 개념

관광은 '즐거움을 목적으로 하는 여행(travelling for pleasure)'을 전제로 할 때, 인간의 사회적 행동이라는 개념으로 규정할 수 있다. 좁은 의미로는 비영리의 목적으로 상주지를 떠나 다시 돌아올 예정으로 이동하여 풍물 등을 감상하는 것이고(tour), 넓은 의미로는 위와 같은 행위에 의해서 생긴 사회현상의 총체를 포괄한다(tourism).

觀光의 어원은 중국 周時代(B.C.12~A.D.3)에 '易經'의 "관국지광(觀國之光)"이라는 구절에서 유래한 것이다. 관국지광의 의미는 다른 나라의 풍광, 문물을 관찰한다는 뜻이고, 특히 시찰(視察)의 뜻이 강조되었다. 일본에서는 大正시대 이후에 여행일반, 유람적 여행을 지칭하는 의미로 '觀光'이라는 용어를 사용하였다.

영어권의 tourism(관광)은 라틴어의 tornus(돌다, 순회하다)에서 파생된 것이고, 독일어의 Fremden verkehr(관광)는 여행자의 이동을 의미한다. travel(여행)은 유럽에서 여행이 위험하고 어려웠던 시기인 6세기 이후에 생겨난 것으로 travail(수고, 노고)이라는 말에 근원을 두고 있다.

우리나라에서 '관광'이라는 어휘가 최초로 사용된 기록은 고려사절요(1115년, 예종 11년)에서 찾아 볼 수 있는데, 당시에 상국을 조빙하여 문물제도를 시찰한다는 뜻으로 쓰였다. 오늘날에는 관광이라는 말이 일상적인 용어로 쓰이고 있으며 tourism은 국제공용어가 되었다.

관광행동의 기초현상은 인간의 이동목적에 따라 이주(migrant)와 여행(tour)으로 대별된다. 즉 관광시스템으로 볼 때 즐거움을 목적으로 하는 여행과 관광을 중핵으로 관계되는 사건과 기타 사업활동을 종합적으로 관광이라고 이해해야 한다. 여행이란 인간이 공간적으로 이동하는 것이지만 타국이나 다른 장소에 이동하여 거기에 정착하는 이민이나 이주는 여행이라 부르지 않으며, 정착지 또는 일상생활권으로부터 일시적으로 타지에 이동하는(다시 돌아올 것을 목적으로 하는) 것을 여행이라고 한다. 이 경우 정착지인가 아니면 일상생활권인가, 또는 어느 정도 거리를 이동하면 여행이라고 하는가 라는 의문점이 생길 수가 있으나, 이것은 상대적이며 유동적인 조건이므로 명확한 규정은 불필요하다. 그 이유는 교통기관 등의 개선, 발전으로 일상생활권의 범위도 변화하기 때문이다. 예컨대, 이동하는 거리가 60km일 때 과거에는 어른이 도보로 이틀 정도가 걸렸지만 오늘날은 대도시 주변의 통근·통학거리 정도밖에 되지 않는다. 일반적으로 도심지 시민의 일상생활권은 과거와 다르기 때문에 비교할 수 없는 광범위한 지역으로 확대되고 있다. 그러므로 여행은 단지 거리의 문제가 아니라 일상적으로는 가지 않은 장소의 일시적 이동이라고 하는 개념이 중요하고, 이것은 시대에 따라 또 개개인마다 생각하는 기준이 다를 수 있다.

한편, 인간에게 즐거움이란 사람에 따라 천태만태로 차이가 있어 마음 느긋하게 쉬는 것을 즐거움으로 삼는 사람이 있는가 하면, 스포츠 등으로 몸을 움직이는 것을 즐거움으로 하는 사람도 있다. 같은 사람이라도 친구와의 담소를 즐거움으로 삼는 경우도 있고, 미지의 대자연과의 만남을 즐기는 경우도 있을 것이다. 이와 같이 즐거움의 내용은 다양하지만 각자의 취미에 맞는 "스스로의 즐거움"이라는 공통점이 있다. 이런 관점으로 보면 관광은 스스로 좋아서 여행하는 것이라고 해도 좋다. 그런데 스스로 좋아하는 여행을 하기 위해서는 각자가 자기의 의지에 의한 자유시간을 가질 수 있어야 하고, 이것을 우리는 '여가시간'이라고 한다. 여가활동은 다양하게 이루어지지만, 이 가운데 하나의 활동이 여행을 수반하는 관광이다.

"관광이란 무엇인가"라는 문제는, 19세기 말 유럽에서 시작한 관광연구의 역사 중에서 가장 중요한 위치를 점하고 있었다. 그것은 관광사업의 전개에 의하여(넓은 의미) 관광의 구조가 변화되어 왔기 때문이고, 특히 복합성이 높은 현상이므로 여러 연구자의 보는 눈(관점)이 상이하여 견해도 다르기 때문이다. 관광연구자가 그 대상을 어떻게 인식하느냐, 어떠한 연구방법을 채택하는가에 따라 개념규정의 방향에 큰 차이가 있다. 예를 들면 외화 획득을 목적으로 하는 관광사업의 진흥을 연구목적으로 하는 경우에는 외국인 여행자 왕래에 전적으로 관심이 집중되고, 개인여행자의 여행목적을 명백히 하는 것은 제2차적인 문제라고 할 수 있다. 또한, 관광연구가 경제학적인 것인가, 사회학적인 것인가, 또는 심리학적인 것인가에 따라서 문제의식이 달라지고 관광의 개념 그 자체도 각각의 연구목적에 부합되도록 "조작하기 쉬운" 것으로 규정될 수 있다.

독일의 관광학자 볼만(Bormann)은 "여행은 보양 · 유람 · 관람 · 상용 · 직업 등의 목적을 가진 것"이며, 특수한 모임이나 사정에 의하여 정주지로부터 일시적으로 떠난 여행까지도 포괄하여 관광이라고 규정한다. 그러나 직업상의 이동 가운데 근무지에서 정기적으로 통근하는 것은 포함시키지 않았다.

그뤽스만(Glücksmann)은 "관광은 일시적 체재에 있어서 외래자와 토착주민 사이에서 일어나는 제반관계에 의한 현상의 총체이다"라고 하였고, 관광학의 확립자인 훈지커(Hunziker)와 크라프(Krapf)는 "영리와 결부되지 않는 일시적 체재로 여행과 외래자의 체재에 의해서 생기는 모든 관계와 총체적인 현상"이라고 정의하였다.

영국의 오글비(Ogilvie)는 관광통계의 기준으로서 관광객을 비이주자 · 비내주자와 구별한 후, "1년을 초과하지 않는 일정기간 동안, 집을 떠나 있는 것 그리고 그 기간 중에 여행경비를 지출하고, 이 비용은 여행지에서 취득한 것이 아닌 것"이라고 정의하고 있다.

일본 관광학의 체계를 수립한 다나카 기이찌(田中喜一)는 "자유의 동기에 기초하여 일시 정주지를 떠나서 여행하는 것, 체재지에서 위락적 소비생활을 하는 것"이라는 두 가지 관점에서 관광의 본질적 특징이 있는 것으로 주장하였다.

일반적으로 관광(관광 레크리에이션)은 "사람이 휴양 · 교양 · 위락 · 스포츠 등을 목적으로 일상생활권을 떠나서 일시적으로 이동하는 것이고, 광의의 레크리에이션 활동의 한 형태이다"라고 하는 것이 타당하고, 본질적으로는 레크리에이션(특히, 야외레크리에이션)을 위한 사람들의 장소적 이동을 강조하는 개념이 통용되고 있다. 따라서 관광을 교통개념으로서 파악하고, 거기에 관련한 제반 요소와의 상호관련을 명확하게 하는 것이 중요하다. 즉, 관광을 하는 사람들이 관광자 또는 관광객(경제대상으로 본 경우)이고, 관광객에게 재화나 서비스를 공급하는 산업이 관광산업이다. 관광산업은 주로 관광대상물인 관광자원이 소재하는 장소에 입지하여 관광지가 형성되며, 관광수요의 발생은 관광시장에서 시작된다.

[그림 1-1] 관광의 개념 인식

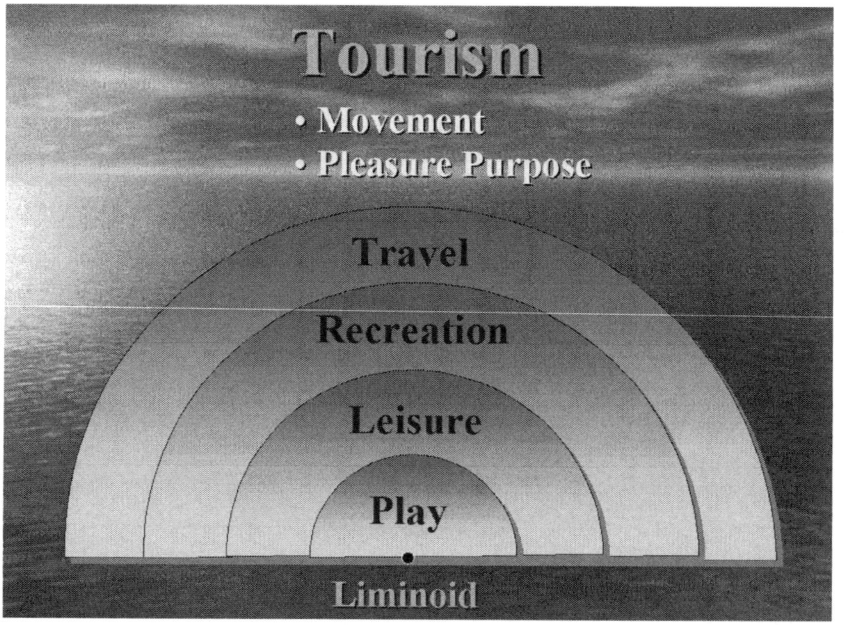

전통적인 관광개념에서는 탈일상(일상생활의 바깥, 역치성, liminoid 측면)에 근원을 두고 놀이를 좋아하는 인간의 본성과 관련한 play와 자유정신에 입각한 여가(leisure)시간, 휴식과 회복의 의미를 갖는 위락(recreation)행동, 그리

고 이동의 중요성이 강조되는 여행(travel) 등의 개념이 함축된 인식이라고 볼 수 있다([그림 1-1]).[1]

현대관광은 국민관광(national tourism), 복지관광(social tourism), 대중관광(mass tourism)의 성격으로 규정되고 있다. 전국민이 대량으로 이동하여 참여하는 생활양식의 기본이 되고 있기 때문에 국민복지 향상이라는 관점으로 해석되고 있다. 그러나 대량관광의 부정적인 영향이 증가하고 관광객의 요구변화에 따라 다양한 형태의 관광이 제시되고 있다.[2]

2. 관광의 의의와 역할

1) 관광의 의의

관광이 레크리에이션을 목적으로 하는 사람들의 장소적 이동이라면, 그것은 여행의 한 형태이다. 여행이 상용 · 출장 · 귀성 등의 직접 레크리에이션과 관계되지 않는 동기로 행하는 것도, 여행 중에 레크리에이션 활동(관광지에서 체재와 숙박)이 수반되면, 이것을 겸관광으로써 광의의 관광으로 포함시키는 것이 관광경제적 견지에서는 중요한 것이지만, 우선 관광에 대하여 전체적으로 고찰하는 것이 혼란을 피할 수 있다는 점에서 필요할 것이다.

여행이 가진 관광적 의의는 시대에 따라 큰 변화가 있다. 일반적으로 동서양을 불문하고 고대의 여행은 상인의 교역, 즉 경제적 여행이 주를 이루었고, 여기에 정치적 · 군사적 여행도 행해지고, 중세부터 근세 동안에는 사찰참배 · 순례 등의 종교적 여행이 성황을 이루었다. 이후에 시민사회가 형성되고 개인의 자유의사에 기초한 레크리에이션적 성격이 부각되어 오늘날과 같은 관광여행이 성립된 것은 자연경관이 관광대상으로 취급되는 것이 계기가 된다. 그

---

1) 포스트모던 관광에서의 관광현상은 일상생활과 탈분화 때문에 관광개념 인식 가운데 이동의 의미가 축소됨

2) 1990년대 이후, 신관광(new tourism, postmodern tourism)시대; 대안관광(alternative), 지속가능한 관광(sustainable tourism), 생태관광(ecotourism), 녹색관광(green tourism), 책임관광(responsible tourism)

러나 로마시대의 로마인은 대부분 독일의 바덴바덴이나 프랑스의 바이시이 등 오늘날에도 유명한 온천지 발전의 기초를 만들었고, 16세기 이후 봉건영주나 귀족계급이 많이 이용했던 탕치장이 요양지로서 정비된 것과 더불어 그것은 그들의 보양 · 사교의 장으로서 중요한 의의를 가졌다.

독일의 지리학자 크리스탈러(Christaller)는 현대관광의 발전과정을 관광지의 형성과 관련하여 다섯 시기로 분류했다.

제1기(1790~1840) : 18세기 말부터 19세기 중엽에 걸쳐 프랑스혁명에 의한 시민계급의 형성으로부터 증기선 · 철도 등에 의한 대량수송수단의 확립까지 소수의 특권계급에 의한 탕치장이나 경승지의 관광여행이 행해진다.

제2기(1840~1870) : 휴가여행을 시작한 시기로, 숙박형태는 농가의 겸업적 민박경영이 중심을 이루고 있다.

제3기(1870~1900) : 여행이 중간계급의 시민에까지 확대되고 관광객의 전용 관광호텔이 산지에도 출현하고, 관광용 등산철도의 등장으로 관광산업이 성립된다.

제4기(1900~1930) : 스위스에서 일찍이 보였던 대중여행의 이동시기로, 이 시기에는 자연에 관심이 높고, 온다이 호게르운동, 청년의 집 건설에 의해서 스포츠활동이 왕성하고 특히 동계 스포츠나 등산의 보급으로 산지의 관광지화가 급속하게 추진된다.

제5기(1930년 이후) : 관광이 국민의 모든 계층에 보급된 시기로, 자동차 여행이 일반화되고, 또 여행자에 의한 대절버스 · 특별열차에 의한 단체여행도 활발해지고, 관광지의 도시화가 진행되는 한편 저렴하고 건전한 휴가촌 캠프장 등의 이용이 증대하는 등 미개발지역의 개발이 이루어진다.

일본에 있어서 여행은 명치 이전까지 사사(社寺)참배가 그 중심을 이루었고, 그것이 레크리에이션적 기능을 더하게 된 것은 에도(江戶)시대 이후이다.

고대의 원격지 사사참배는 귀족계급의 경제적 기반과 당시의 신앙 및 위락적 생활을 배경으로, 고봉산 · 금봉산 · 웅야산 참배 등이 행해지고, 중세에는 이세참궁(伊勢參宮)이 성하게 되었다. 근세에는 동시에 일본 각지의 온천이 탕치장으로서 확립되는 시기이고, 무사계급의 이용도 있었고, 과거 근린농민의 요양 및 레크리에이션장으로서 이용이 많았다. 이러한 일본의 관광은 사사참배와 온천입탕을 중심으로 발달하였고(명소순례도 포함), 자연공원 이용이라는 새로운 요소가 추가된 것은, 소화(昭和) 초기의 국립공원지정(1934년) 이후의 일이다. 제2차 세계대전 후는 관광목적이 종래의 명소유적순례 · 온천보양과 같은 정적이고 고정적인 것으로부터, 스포츠 · 드라이브 등 보다 활동적인 것으로 다양화되었다. 그래서 대량화 · 대중화된 오늘날의 관광은 국민의 일상생활의 일환으로서 기능하기에 이르고 있다. 따라서 그 관광형태는 관광기업의 주도권과 더불어 관광=유희라는 규정이 성립되었지만, 관광객의 주체성과 더불어 자유선택적인 관광을 행하는 단계까지는 도달하지는 못한 실정이다. 여기에는 경제적으로는 현저한 발전을 가져온 관광에 대한 의의가 충분히 인식되지 않는 원인이 있을 것이다.

포서(Poser)는 관광의 형태를

① 탕치여행, ② 피서여행, ③ 동계 스포츠여행, ④ 주유여행, ⑤ 통과여행으로 분류하고 ①~③은 장기체재형, ④~⑤는 단기체재형이라고 하였다.

야마무라 준지(山村順次)는 오늘날의 관광목적과 의의를 명확하게 하여

1) 보양적 관광(온천요양 · 보양, 피서 · 피한 등)
2) 유람적 관광(자연경관 감상, 사사참배, 위안 · 신혼여행, 레저시설 이용 등)
3) 스포츠 관광(동계 스포츠, 해수욕, 하이킹, 등산 등)
4) 교양관광(수학 · 연구여행, 자연관찰, 사적순례, 산업시설, 향토경관, 견학 등)

으로 대별하고, 각각의 관광목적에 부응하는 그룹구성 · 출발지 · 계절성 · 체재기간 · 숙박형태 등을 지표로 하여 종합적으로 명확하게 하는 것이 우선 중요한 것으로 생각한다.

관광목적은 반드시 단일한 것은 아니고, 보다 복합화되고 있는 것이 현대관

광의 큰 특색이고 그 형태도 보다 다양화·복잡화되었다. 미래의 방향성은 현재 성황을 이루고 있는 경제 우선의 단순한 유람·레크리에이션적 관광(소모적 관광)으로부터 인간중심의 보양·스포츠·교양관광(정신면에서의 생산적 관광)으로의 이행(특히, 지역이해에 초점을 둔 교양관광)이 중시되고, 관광본래적 가치인 사회적·문화적 의의가 강조되어야 한다.

2) 관광의 역할

(1) 관광의 경제적 역할

관광객의 관광활동은 관광지역에 대한 경제적 영향을 미친다. 그 영향, 효과는 전체 관광객의 지출에 의해서 발생된다고 볼 수 있다. 관광객의 지출 결과로 생기는 경제효과는 일반적으로 소득창출, 고용창출, 투자유발, 조세효과 등이다.

① 국제수지개선

관광의 효용을 말할 때 무엇보다도 먼저 들 수 있는 것은 국제관광사업을 통한 외화획득(이로 인한 국제수지의 개선)이다.

외래관광객의 외화소비는 수용국의 국민경제에 직접 기여하게 되고 국제관광 왕래에 따른 외화수입은 '무형의 수출'이라 하여 해운수지, 보험수지, 기술수지와 함께 무역외수입의 중요한 몫을 차지한다.

영국의 경우를 보면 관광으로 인한 외화수입은 수출의 제1위를 기록하고 있던 위스키 수출액을 능가하게 되었고, 이탈리아에서는 무형의 수출인 관광수입이 유형의 수출인 무역수지의 적자를 메꾸고도 남을 만큼 크게 늘어나고 있다. 미국에서는 휴가철과 휴일을 즐기는 일반시민을 대상으로 한 관광산업(leisure industry)이 크게 번창하고 있다. 한편 관광과 이를 둘러싼 관련 산업이 무수하게 출현했고 이제까지 서비스업의 일환으로서만 인식되어 왔던 관광산업도 근대산업의 일각에 등장하여 그 비중은 점차 높아져 가고 있다. 따라서 세계 각국은 선진국, 개발도상국을 불문하고 수용태세의 정비와 관광홍보의 강화, 외래객 유치 증진에 힘쓰고 있으며 국제수지의 개선에 주력하고 있는 것이다.

그러므로 관광에 대한 관심은 국제관광이 가져다 준 경제적 효과에 대하여 집중케 하였으며 그 효용이 자국에 대하여 유리하게 작용할 방책을 강구하기 위한 수단으로 관광왕래의 동향분석이 활발히 이루어지게 되었다. 점차적으로 국제 및 국내관광이 활발하게 이루어져감에 따라서 국제수지측면뿐만 아니라 다각적으로 파급되는 경제적 효용에 대한 인식이 확대되었다.

다시 말하면 관광에 직 · 간접으로 관련되는 사업에 대한 투자의 촉진이나 준비기회의 확대, 지역개발효과 및 조세수입의 증대 등이 그것이다.

국제관광에 의한 외화획득이 국제수지개선에 큰 역할을 담당한다는 것은 앞에서 강조한 바와 같다. 더욱이 부존자원과 자본이 빈약하고 공업제품의 수출이 곤란한 나라에 있어서 국제관광객의 수용은 외화획득의 매우 유효한 수단이 된다.

즉 관광수입은 제약조건이 많은 상품무역에 의한 수입과는 달리 국제친선과 문화교류에 기여하면서 외화수입을 올릴 수가 있어 그야말로 일거양득의 실리를 추구할 수 있다.

국제관광수입은 국제관광량의 증대 이상으로 늘어나고 있어 1960년에 70억 달러에서 1970년에는 180억 달러로 증가되어 연평균 15.7%의 증가율을 나타냈고, 1980년에는 1,030억 달러, 1990년에는 2,680억 달러, 2009년 현재 8,520억 달러의 시장으로 성장하였다. 이후 성장세는 지속되어 최근 2018년 14,390억 달러 2019년에는 14,650억 달러로 성장하였다.

따라서 국제관광수입은 지난 30년 동안 5배 이상 증가하였다. 하지만 2020년에는 코로나19 팬데믹의 여파로 인해 국제관광수입이 전년대비 63.7% 감소한 5,350억 달러로 확인되었다(〈표 1-1〉). 2020년 관광수입은 코로나19로 인한 전 세계 국경 봉쇄 및 해외여행의 현실적인 어려움으로 각국의 관광수지 적자가 발생하고 세계관광 성장이 정체된 상황을 보이고 있다. 조만간 맞이하게 될 포스트 코로나 시대에는 회복될 것으로 기대된다.

〈표 1-1〉 지역별 세계 관광수입

구분	관광수입			성장률		구성비
	2018년	2019년	2020년	'19/'18	'20/'19	2020년
전 세계	1,439	1,465	535	3.0	−63.7	100.0
유럽	569.2	571.8	233.4	4.3	-59.7	43.6
아시아 · 태평양	435.2	441.3	132.5	1.0	-70.2	24.8
미주	320.9	322.8	126.6	-0.6	-60.4	23.7
아프리카	38.8	38.9	14.0	2.2	-63.6	2.6
중동	75.2	90.5	28.4	19.7	-68.9	5.3

주 1) 2020년은 잠정치임
주 2) 성장률은 자국화폐 불변가격을 기준으로 산정한 것임
자료 : UNWTO, World Tourism Barometer(Vol. 19, July 2021)

〈표 1-2〉 연도별/지역별 세계 관광객 수

(단위 : 백만 명, %)

구분	관광객 수			성장률		구성비
	2018년	2019년	2020년	'19/'18	'20/'19	2020년
전 세계	1,413	1,466	399	3.8	−72.8	100.0
유럽	716.0	746.3	235.9	4.2	-68.4	59.1
아시아 · 태평양	346.5	360.4	56.9	4.0	-84.2	14.3
미주	216.0	219.3	69.9	1.5	-68.1	17.5
아프리카	68.7	70.1	18.1	2.0	-74.2	4.5
중동	65.5	70.0	18.2	6.8	-74.0	4.6

주) 2020년은 잠정치임
자료 : UNWTO, World Tourism Barometer(Vol. 19, July 2021)

국제관광객 수는 2012년 최초로 10억 명을 넘어선 후 2019년 14억 6,600만 명을 기록하였다. 하지만 15억 명에 육박하던 세계관광시장은 2020년 코로나 19 팬데믹의 여파로 인해 30년 전인 1990년 수준으로 급감하였다. 2020년 국제관광객 수는 전년대비 72.8% 감소한 3억 9,900만 명으로 집계되었다. 2020년 기준 대륙별 국제관광객 유치 동향을 살펴보면, 유럽지역은 전년대비 68.4% 감소하였으나 전체 국제관광객 중 59.1%인 2억 3,590만 명의 외국인 관광객을 유치함으로써 전체 대륙 가운데 1위를 고수하였다. 미주지역의 경우 전년대

비 68.1% 감소한 6,990만 명의 외국인 관광객이 방문하였고, 아시아 · 태평양 지역은 전년대비 84.2% 감소한 5,690만 명의 외국인 관광객을 유치하였다. 또한 중동지역의 외국인 관광객은 전년대비 74.0% 감소한 1,820만 명이 방문하였으며, 아프리카는 전년대비 74.2% 감소한 1,810만 명으로 집계되었다(〈표 1-2〉).

그런데 관광수입이 많다는 것 하나만 가지고서는 그 나라의 국제관광의 중요성을 나타낸다고 말할 수 없다. 관광수입이 국가총수입과의 관계에 있어서 제품과 서비스의 수출 총액 중에 차지하는 비율이 높을 경우에는 국제관광이 그 나라의 중요한 산업 가운데 하나로서 차지하는 비중이 클 것이며, 그 나라의 정부가 관광사업의 진흥을 위하여 진력하게 될 것은 당연한 이치이다.

관광수입이 많은 나라들의 수출총액에서 차지하는 비율을 보면 스페인이 가장 높고, 오스트리아, 스위스 등이 20% 정도에 달하며, 이탈리아의 경우는 15% 정도로 되어 있다. 물론 이들 여러 나라에서 관광이 외화획득상 중요한 역할을 담당하고 있으며 유효한 경제활동으로서도 간주되고 있다. 그러나 관광수입에서 세계 제1위의 미국은 그 비율이 5%에 지나지 않았다.

관광수입이 많다는 것은 그 만큼 그 나라의 관광객 수용에 대한 노력과 성의를 나타내고 있는 데 달려 있다고 볼 수도 있지만, 보다 기본적으로는 관광객 유인에 있어서 무엇인가 매력적인 대상을 갖고 있는 것으로 인정할 수 있다.

이 관광대상은 뛰어난 자연경관이나 유서깊은 문화재 자원 등을 비롯하여 스포츠, 휴양, 오락 또는 사교 등의 장소로서 적절하고 쇼핑하기에 유리한 점 등이 집약된 총체적인 것이다. 따라서 국제관광객의 증대를 도모하기 위해서는 먼저 국제적 경합관계에 있는 자국의 매력이 무엇이며, 가치가 무엇인가를 인식하고 출발하는 것이 무엇보다도 중요하다 하겠다. 또한 국제관광에 의해서 획득한 외화수입은 다른 일반 상품무역에 의한 수입에서는 찾아 볼 수 없는 유리한 점을 가지고 있다. 그것은 외화가득률이 상품수출의 경우보다는 훨씬 높기 때문에 외화획득수단으로서의 실질은 매우 유효하다고 말할 수 있다. 즉 일반의 상품수출에 있어서는 획득한 외화수입에서 외채의 금리, 원재료, 기계료 등의 수입비용, 운송비 등을 공제하게 된다. 그러나 관광의 경우는 해외선전비, 판촉비와 관광객이 소비하는 물품의 국내수입에 소요되는 비용 등이 그것인데, 그 비율은 통상 10% 미만이다.

국가경제나 국민경제를 감안할 때 외화획득을 위한 관광산업의 진흥에 대한 필요성이 그 어느 때보다 절실히 요구되고 있다.

② 경제발전 기여

국제관광왕래는 한 나라의 외화수입을 가져오게 하고, 국제수지의 상한을 끌어올리는 데 기여할 뿐만 아니라, 관광객이 입국하여 국내에서 소비하는 외화는 그 나라의 경제활동을 확대시키고 산업을 번창케 하며 경제의 발전, 신장에 공헌한다.

국내관광의 경우 관광객에 의한 쇼핑 등의 구매활동은 생활에 필요한 소비활동이 지역적으로 이동, 집중했음에 지나지 않는다고 생각할 수도 있겠으나, 일반적으로 볼 때 관광객에 의한 소비는 여러 가지 경제활동에 자극을 준다. 특히 관광왕래가 없다면 고안되지 않았을 일련의 관광상품과 서비스에 대한 새로운 수요를 창출해 내고 있다는 데서 커다란 경제적 의의와 효용을 인정할 수 있다.

첫째, 관광객의 소비는 숙박비, 음식비, 교통비, 오락비와 토산품 등의 상품 구입비를 비롯하여 여러 형태로 지출된다. 그리고 그 최초의 소비는 점증적으로 회전, 순환하여 이른바 소비의 '승수효과'를 낳게 하며, 여러 관련부문으로 파급된다. 이에 관한 실증적인 연구는 1958년부터 1960년에 걸쳐 미국 '상무성'과 '태평양지역관광협회'가 공동으로 동 협회의 17개 가맹국에 대하여 실시한 관광조사보고서인 '태평양, 극동지역에 있어서 관광사업의 장래'를 보면 잘 나타나 있다. 즉, 관광소비의 '화폐'의 회전 혹은 승수효과를 정밀하게 분석한 모델을 통하여 관찰해 본 결과, 경제외적 제반여건에 따라 일정하지는 않지만, 경제사정에 관계없이 그 '돈'은 당초 지출된 이후 1년 동안에 2, 3회 내지 3, 4회에 달하는 것으로 측정되고 있다. 따라서 이 같은 관광의 '예측연간 회전율'은 결국 관광객이 소비한 당초의 미화 1달러가 1년 동안에 3.2~4.3달러와 대등한 경제활동을 유발하고 있음을 보여 주고 있다.

이와 같이 관광객의 소비가 주는 최초의 자극이 소득을 3배 내지 4배로 늘려 주고, 이 같은 소득은 다시 재화, 서비스의 소비활동에 자극을 주며 팽창시켜 나간다.

둘째, 앞에서 기술한 바와 같이 관광소비의 구조는 먼저 각각의 부문의 경제활동을 활성화시키고 관광기업의 수익활동을 촉진시켜 가는데, 이 같은 경제활동은 여러 관련부문으로 파급된다.

관광객의 증대는 시설의 확대를 필연적으로 수반하게 된다. 따라서 관광시설의 건설에 있어서 이에 소요되는 부지, 자재, 자금과 이를 운영하기 위한 자금에 대한 수요를 낳는다. 이 같은 현상은 결과적으로 지가상승, 자재, 자금공급에 수반하는 관련산업의 발전과 고용증대를 가져오고 새로운 구매력을 낳게 한다. 예를 들면 관광호텔의 건설과 운영은 건축업 발전에 기여할 뿐만 아니라 철강업, 시멘트업, 가구제조업, 내구소비제조업 등 각종 산업의 발전과 기술향상을 가져오고, 이들 산업을 통하여 고용증대를 가져오게 되는데, 이는 모두가 관광수요 증대에 기인하는 투자활동의 결과인 것이다. 또한 구매력의 증대는 수요를 더욱 확대시키고 직접·간접으로 세수증대에도 기여하게 된다. 스페인의 경우에 전체 취업인구의 약 20% 정도가 관광과 직접 관련을 가진 각종 산업에 고용되어 있는 것을 볼 때 관광기업활동의 확대가 고용증대에 얼마나 기여하고 있는가를 잘 이해할 수 있다. 관광산업은 새로운 산업을 유발하고, 산업을 유치하는 지역에서는 활발한 경제활동이 가속적으로 이루어지게 된다.

③ 지역개발촉진

관광이 지역개발의 역할에서 특히 주목을 끄는 점은 주로 관광투자효과와 친관광소비효과로 구성되는 지역경제적 효과이다.

이 가운데서 관광투자효과는 개발사업에 대한 투자효과이기 때문에 그 효과는 단기적이면서도 불연속적이라 할 수 있다. 그런데 이에 반하여 친관광소비효과는 관광기업이 가동함에 따라 생기는 관광소비의 파급효과이기 때문에 그 효과는 연속적이며, 장기적이라고 할 수 있다.

그런데 관광소비는 관광객의 관광행동에 수반하여 지출되는 소비이기 때문에 그것은 직접 관광기업의 수입을 이루고 관광기업체는 이 같은 수입을 바탕으로 하여 기업경영을 영위해 나가게 되는데, 기업체의 기업활동을 통하여 지불되는 지출처는 원재료, 서비스의 매입과 부가가치로 분류되며, 전자는 기업체의 거래선에 지불되고 후자는 임금으로 가계수입이 되거나 기업이익으로 남아서 예금이 되기도 하고 기업의 시설확충자금으로 쓰이기도 하며, 국가의 세수입으로도 된다. 동시에 이 같은 관광소비는 지역경제권내를 순환하면서 파급되어 눈덩이같이 불어나 전체로서 지역발전에 크게 기여하게 된다.

다시 말하면 관광소비는 관광객으로부터 관광기업에, 기업체는 그 거래선에, 거래선은 다시 그 거래선으로, 지역경제권내를 순차적으로 순환하면서 생산액 증대를 초래함은 물론 지역소득의 증대와 고용의 촉진에 이바지하게 된다. 지역개발이 소득격차의 시정을 목표로 하여 추진된다는 관점에서 볼 때 관광산업의 개발은 이 같은 기대에 부응하는 것이라 말할 수 있다. 또한 도로의 건설, 상하수도의 정비, 전력공급 등 관광산업에 관계되는 기반시설의 구성은 지역경제발전의 원동력이 되며, 그것이 공공성을 띠고 있을 경우에는 더욱더 유효한 파급효과를 가져오게 되는 것이다. 이와 아울러 공업국에 있어서의 최고 발전단계를 '대중에 의한 고도소비시대'라고 본다면, 관광산업은 새 시대의 성장산업으로 각광을 받게 되고, 장차에 있어서 무한한 발전이 기대되는 새 산업이라 볼 수 있다.

그러나 지역경제의 부정적 영향, 즉 인플레이션, 외화유출, 계절적 실업, 개발의 불균형, 경제활동의 취약성, 대외경제 종속성 등을 간과해서는 안된다. WTO는 관광객에 의해 발생되는 경제적 효과를 긍정과 부정으로 구분하여 잘 나타내고 있다(〈표 1-3〉).

〈표 1-3〉 관광의 효과

	긍정적 효과	부정적 효과
경제적 효과	농산품에 대한 수요증가로 생산증가, 기술습득, 식품자급자족	지역주민에게 농산품 부족초래
	지역요리의 개발 및 부활, 식품보전 산업발전, 주민에게 더 좋은 식품제공	요리의 국제적 양식의 출현
	쓸모없는 땅 활용	개발 및 공항건설로 비옥한 농토소멸
	관광자의 선호로 이국적 상품수출 증가	인기가 없어지는 상품도 생김

	긍정적 효과	부정적 효과
경제적 효과	해양식품 수요증가로 어업발전	해변의 점유로 어업의 지장 초래
	토목공학 등의 기술활용으로 부두, 방파제가 건설되어 해변이 유용해짐	해변은 유람선 때문에 오염
	새로운 하부구조 건설에 자금 제공	하부구조 건설 부담이 커짐
	관광목적물 판매는 농업이용보다 유리	물의 소비 증가, 공해
사회적 효과	• 사회구조의 변화 농업에서 서비스 공용으로 토산품 산업발전, 소득격차 해소, 교육기회 증가	• 주민의 양극화 소득격차, 관광산업 종사자 유리
	• 가족의 현대화 여자의 지위향상, 자녀에 대한 관용	• 가족의 파괴 이혼증가, 성개방
	• 원주민의 시야 넓어짐, 윤리적 태도의 변천, 편견해소	• 소비지향사회 매춘, 약물남용, 알코올중독, 퇴폐
문화적 효과	• 지역문화의 발전(민속예술, 박물관)	• 토착문화 소멸(수입문화에 대체됨) 문화의 상업화
	• 역사유적보존	• 과다한 관광자로 유적지 파괴
	• 현대건축양식 도입	• 전통적 건물과 비인간화된 현대건물의 병존

자료 : WTO

(2) 관광의 사회 · 문화적 역할

관광의 사회적 · 문화적 영향은 관광의 가치체계, 개인행동, 가족관계, 집단적 라이프 스타일, 안정성의 수준, 도덕적 행위, 창조적 표현, 전통적 의식 및 지역사회조직 등의 변화요인이 되는 상태이다. 다시 말해서 사회 · 문화적 영향은 관광객과의 직접적 또는 간접적 결합이 지역사회의 주민에게 부여하는 영향, 즉 인간에 의한 영향이다. 사회문화적 영향은 관광객과 지역주민의 접촉에 의하여 발생하는 특정한 사회관계로부터 비롯된다. 그런데 관광객과 지역주민간의 상호관계에 대한 문헌의 대부분은 대량관광과 관련하여 언급하고 있다. 예를 들면 ① 일시적인 상호관계라는 점, ② 시간적 · 공간적인 제약이 있다는 점, ③ 자발성이 결여된다는 점, ④ 서로 다른 불균형한 체험을 한다는 등의 특징으로 묘사한다.

따라서 사회적 측면의 연구는 대인관계, 도덕적 행위, 종교, 언어 및 보건 등을 고찰하는 반면, 문화적 측면의 연구는 물질문화 양식과 비물질문화 양식의 문화변동과정을 고찰한다.

타문화권 관광객의 대량유입은 지역문화에 심각한 영향을 준다. 관광의 가장 상식적 결과의 하나는 외래관광객의 사회적 · 문화적 가치를 그 지역에서 받아들인다는 것이다. 왜냐하면 외국으로 여행하는 대부분의 사람들은 미국, 캐나다, 서구 유럽인들이고 세계에 널리 퍼져 있는 것은 서구문명이기 때문이다. 그 결과 비평가들은 전 세계의 서구화로 지역문화가 사라져 버린다고 주장한다. 다른 비평가들은 적응과정이 쌍방교통이라고 주장한다. 지역주민들이 관광객의 가치를 받아들일 수 있고 같은 시기에 관광객이 그들이 방문한 지역의 가치를 받아들일 수도 있다. 이것이 문화의 상호적응이다.

관광목적지의 개발이 긍정적이거나 부정적인 영향을 가져온다는 것은 주지의 사실이다. 목적지 개발의 사회적 영향은 선진국에서는 그다지 중요하지 않다. 그러나 후진국에서는 부정적인 사회적 영향이 더 많다. 관광이 다른 경제활동을 위축시키거나 목적지가 너무 빠르고 집중적으로 개발되면서 사회적 영향은 부분적으로 손상될 수도 있다. 따라서 신중한 스케줄, 훌륭한 경영, 주민의식의 자각 등으로 부정적인 사회적 영향을 최소화하여야 한다. 가장 뚜렷한 사회적 영향은 인구 증가, 고용형태의 변화, 생활 패턴의 변화, 자산가치 상승, 전시효과 등이다.

동시에 관광은 타국의 풍속, 습관, 문물제도 등을 알고 국제친선이나 문화교류의 증진에 기여하는 등 비경제적인 효용도 높이 평가되고 있다. 그리고 '매스 투어리즘'의 시대가 도래함에 따라 교육적 · 문화적 효용, 국민보건, 복지적 효용 등이 주목을 끌게 되어 점차 그 비중이 증대되어 왔던 것이며, 현대사회에서 관광의 효용은 이들을 모두 종합한 것으로 인식되고 있다.

① 문화적 · 교육적 효용

관광은 인간의 정신활동에 대하여 많은 영향을 미치고 있는데, 여기서는 이를 총칭하여 문화적 효과라 부르기로 한다. 인류는 끊임없이 이상을 추구해가고 있는 가운데 문화의 진전이라는 결실을 거두어 가고 있다. 그러나 현실적으로는 민족과 지역에 따라 문화의 양상이 각기 다르게 나타나고 있다. 폐쇄적인 지역사회에 있어서도 문화의 진보는 있을 수 있으나, 그것은 자연적으로 스스로의 고유문화와 전통을 유지하는 것을 위주로 한다.

그러나 관광을 통한 세계 각국의 국민 상호간의 왕래가 빈번해짐에 따라 타국의 국민성을 이해하게 되고, 국정을 알게 되면 자연스럽게 친선의 정이 생기게 된다. 따라서 관광이야말로 무지로 인해서 생길 수도 있는 국가간의 오해, 편견, 의혹, 공포 등을 제거하고, 국제적 우호의 증진을 위하여 커다란 성과를 거둘 수 있으며, 나아가서는 항구적인 세계평화의 기초를 다지는 데 있어 기여하는 바 크다는 것을 아무도 부인할 수 없을 것이다.

이는 미국대통령의 의뢰를 받아 작성한 이른바 '랜돌보고서' 중 '여행이 가지는 문화적 · 정치적 의의에 대하여' 다음과 같이 기술하고 있는 내용을 보아도 쉽게 이해할 수 있다. 즉 이 보고서에서 기술하고 있는 여행은 국가간의 깊은 이해와 평화를 구축하는 중요한 요소인 것이며, 관광을 통해 기대할 수 있는 친선의 촉진 및 상호이해에 대한 것이다. 즉, 미국인이 제2차 세계대전 후 독일이나 일본과 같은 패전국가를 널리 여행하게 된 이래 종전의 적의는 따뜻한 우정으로 바뀌어지게 되었다는 내용이다. 냉전관계에 있던 미국과 소련 사이에서도 여행을 촉진하기 위한 새로운 협정이 체결되어 1959년에는 12,000여명의 미국시민이 소련을 여행하였고, 1960년에는 20,000명을 넘을 것으로 예상했었다. 이 같은 국민의 교류가 국가간의 평화촉진에 공헌하게 된 것은 말할 나위가 없다. 미지의 세계 사람들이 여행을 통하여 친교를 맺게 됨에 따라 국가간의 관계도 친선관계로 유도해 나갈 수 있다는 점을 실증한 것이라 말할 수 있다. 한반도에서도 금강산관광, 개성관광이 일시적으로 열렸을 때 남북간의 긴장 완화에 도움이 되었던 역사를 상기해 볼 수 있다. 2022년 2월 현재 중단된 금강산 관광이나 북한 관광을 재개하기 위한 남북간 노력이 필요하다.

이처럼 여행과정에 의해서 습득한 지식과 체험은 다른 여러 사람들에게 자연스럽게 전해짐으로써 사회 전체에 대하여 커다란 영향을 미치게 된다. 오랜 역사의 모든 과정을 통해서 보면 이국의 문화, 예술이나 산물은 여행자를 통하여 타국으로 건너간 일이 많았다. 커뮤니케이션의 기술이 발달한 현대에 와서는 여행자의 그와 같은 역할은 많이 줄어들었다고는 하겠지만, 사고방식, 행동양식 등은 사람과 사람간의 부담없는 접촉에 의해서 전해지는 일이 많다.

관광은 직접적인 체험을 통하여 사물에 접할 수가 있다는 점에서 우리는 커다란 교육적 효과를 기대할 수 있는데, 관광이 사회에 주는 것이 문화적 효과라 한다면 그것을 개인 단위로 끊어서 보면 교육적 효과라 말할 수 있다. 관광의 주체는 개인인 것이고, 가령 그룹이나 단체의 일원으로서 관광하는 경우라 할지라도 사람은 개인이라는 입장을 떠날 수는 없는 것이다.

'백문이불여일견'이라는 말이 있듯이 이는 자기의 눈으로 실물을 보고 듣는 것이 지식의 가장 확실한 습득이 된다는 뜻이다. 이처럼 관광을 통한 청소년의 지육, 체육, 덕육의 함양은 가장 효과적이라 할 수 있다. 예를 들면 해인사의 팔만대장경이 아무리 위대한 문화유산이라 할지라도 단지 관념적 지식으로 그치는 것보다 진가를 알기 위해서는 현장에 가서 실물을 확인해 보는 것이 가장 첩경이라 할 수 있다. 따라서 "관광지의 대자연, 도시, 전원은 모두 교실이며, 천지만물은 모두 문자만 빼놓은 교과서이다. 그리고 이 같은 교실은 기쁨이 넘치는 교실이며, 그 교과서는 흥미진진한 교과서이다"라고 한 말은 관광을 두고 한 말임에 틀림이 없다.

"관광은 노인에게 있어서는 경험의 일부이지만, 젊은이에게는 교육의 일부이다"라고 한 베이컨의 말은 바로 이 같은 사실을 입증하는 것이라 할 수 있다.

② 레크리에이션효과

관광은 레크리에이션을 수반한 사람의 이동이고 관광을 하는 사람은 항상 넓은 의미의 레크리에이션을 추구하여 심신의 단련, 향상을 얻으려 한다는 데서 다른 목적의 여행과 구별하고 있다.

그러면 레크리에이션이란 무엇인가를 생각해 볼 필요가 있다. 레크리에이션에 대해서는 이제까지 많은 정의와 설명이 있었지만 구체적으로 어떤 활동이 레크리에이션인가를 규정하기는 쉬운 일이 아니다.

본래 레크리에이션이라 함은 원기를 되찾는다든가 영기를 기른다는 것으로서, 병후의 요양이나 피로회복을 위한 휴양 등을 가리키고 있어 마이너스를 되찾는다는 것이 본래 뜻이었으나, 그것이 결국에는 기분전환을 위한 적극적인 모든 활동까지도 포함하게 되었다. 따라서 레크리에이션을 인간의 자기실현을 지향하는 기본적인 욕구를 충족시키는 행위로 보면, 광의의 레크리에이션에는 감상 · 지식 · 견학 · 축제 · 체험 · 활동 · 휴양 · 참가 · 사교 · 체육 등 여러 가지 형태가 모두 포함된다. 그러므로 생활의 변화를 추구하여 이동하는 관광에도 휴양관광, 유람관광, 교양관광이나 학술조사관광 등 많은 유형이 있을 수 있다.

그러면 인간의 활동 가운데서 레크리에이션이 되기 위한 조건으로는 어떤 것이 있는가. 우선 그 공통점을 찾아본다면 건강에 기여할 수 있고, 사회공동생활에 좋은 영향을 끼치는 것이어야 하며, 재생산력의 창출 등을 들 수 있을 것이다. 따라서 레크리에이션이라 하면 사회생활의 테두리 안에서 인간생활의 기본적인 욕구 가운데 하나라 할 수 있는 변화와 참신함을 찾는 것을 목적으로 하는 모든 활동의 총칭이라고 정의를 내릴 수 있다.

오늘날 관광 · 레크리에이션이라는 용어는 흔히 볼 수 있고, 관광의 레크리에이션 효과라는 말도 그 의미가 불명확한 채 잘 쓰여지고 있다. 이는 관광을 통하여 심신의 안정 · 향상을 가져오고 상실해 가는 인간성의 회복과 인간생활의 활력을 증진시킨다는 의미에서의 효과이다. 이 같은 효과를 국민 일반의 차원에서 관찰한다면 국민보건복지적 효과라고 말할 수 있다. 여가(leisure)에 레크리에이션을 즐기는 관광은 건강에도 매우 좋을 뿐만 아니라, 생활에 의욕을 불어넣기 때문에 많은 효과를 기대할 수 있다.

그러므로 레크리에이션이란 말이 쓰여질 경우에는 사회적인 학습, 즉 교양과 견문을 넓힌다는 의미와 좋은 매너(manner)의 습득 내지는 생활화와 집단활동을 위한 훈련 등 광의의 교육적 활동과 결부시켜 사용하는 경향이 있다. 이와 관련하여 학생들의 수학여행은 교육적 효과를 목적으로 한 것인데, 그 이상으로 집단생활을 체험시킨다는 점에서 레크리에이션효과는 크다고 말할 수 있다.

③ 친선효과

우리는 관광의 사회적 효용 가운데서 특히 국제교류를 통하여 거둘 수 있는 여러 효과를 국제친선효과라 부른다. 오늘날 관광에 부과된 기본적 사명 가운데 하나는 국제친선을 위한 상호이해의 촉진인 것이다. 그 때문에 각국의 국민은 될 수 있는 한 많은 기회를 만들어 해외여행을 하여 그 나라 국민과 광범하게 접촉하고 또한 모든 사정을 관찰하는 것이 요망된다. 그렇게 함으로써 상호간의 국민성, 풍속, 관습이 이해되고 우정을 깊게 맺을 수 있는 것이다. 국제정세의 현실에서 볼 때 세계의 항구적인 평화와 번영을 추구하려 한다면 몇 사람의 외교관이나 정치가의 노력만으로는 도저히 그 목적을 달성할 수 없는 것이며, 국민 상호간의 폭넓은 이해와 신뢰와 우정만이 충분한 성과를 기대할 수 있는 것이다. 국제간의 상호이해의 중요성은 새삼스럽게 강조할 나위도 없이 관광은 민간외교로서의 사명을 충분히 발휘하고 있다. 미국이 제2차 세계대전 후 '인사교류계획'에 따라 매년 수만명의 학생 · 교육자 · 각계 전문가를 자국에 초치하고, 동시에 정부의 지원으로 수천명의 학생 · 교육자를 외국에 파견하고 있는 것도 미국이 이 같은 문화적 가치를 인식하고 있기 때문이었다. 그러나 그곳에는 많은 장애가 있는 것도 사실인데, 인종 · 언어 · 생활관습 · 종교 등의 차이 때문에 상호이해가 용이하지 않았던 것이다. 상호이해도 몇 개의 단계로 구분하여 생각할 필요가 있는데, 접촉하는(contact) 단계로부터 대화하는(communicate) 그리고 신뢰하는(confidence) 단계로 순차적으로 다져가야 한다. 아무튼 먼저 접촉하여 상호간에 얼굴을 익히는 단계로부터 시작할 필요가 있는데, 관광은 그러한 기회를 자연스럽게 만들어 주고 있다.

④ 지역문화의 변화

관광은 지역의 문화적 고유성을 변화시키는 역할을 한다. 예컨대 지역주민은 관광자 때문에 문화충격을 경험하기도 하며, 지역문화와 관광문화의 충돌 가능성뿐만 아니라 관광에 의해 수입문화(관광자 출발지의 문화)가 전파됨에 따라 관광자와 원주민의 사이에는 문화접변과 문화표류현상이 발생된다. 문화접변은 서로 다른 문화가 계속적으로 접촉할 때 본래의 문화유형에 변화가 생기는 것을 의미한다. 누네쯔(Nunez)는 상이한 문화가 일정기간 접촉하게 되면 동화되는데, 이 과정에서 접촉인간의 면모, 사회문화적 수준, 인구의 차이가 비대칭적 동화를 초래한다고 주장하였다. 대체로 원주민이 관광자의 문화로 동화되는데, 이것을 서구화 또는 코카콜라화라고 부른다. 유엔보고서에서도 제3세계의 관광이 문화접변을 초래한다는 사실을 지적하고 있다. 또한 문화접변은 보수적 전통을 약화시킬 수도 있고 관광자에 대한 노출의 정도나 관광자와의 집단적 경험에 의해 좌우된다.

문화적 표류(cultural drift)는 원주민이 관광자가 올 때만 그들의 요구에 맞추려 하고 관광자가 출발한 후에는 원래의 상태로 되돌아가는 현상을 말한다. 즉 관광은 지역사회의 문화를 근본적으로 바꾸지 못하며 단지 접촉기간에만 일시적으로 영향을 준다고 볼 수 있다.

맥킨(Mckean)은 토착사회에 외부의 영향이 들어오면 초기에는 토착문화가 어느 정도 유지되지만 외부의 영향이 정착되면 고유한 부분과 외부로부터 흡수된 부분으로 이른바 확장된 전체체계가 나타난다고 하였다. 맥킨은 발리에서 이 사실을 발견하였는데, 여기에서 관광의 역할은 관광소득을 목적으로 조각가, 음악가, 무용가들의 전통성을 유지하도록 고무시킨 것과 발리인의 주체성을 강화시켰다.

⑤ 문화의 상품화

문화의 상품화란 관광자가 문화를 패키지로 구매할 때 원문화의 특징이 소멸되면서 단순히 하나의 팔기 위한 상품이 되는 경우이다.

원주민의 문화행사가 장소와 시간이 변경되어 무대에 올려지거나 편리한 시간에 공연될 때, 이런 것을 가짜 민속문화라고 한다. 예컨대 하와이 문화는 두 가지 중요한 요소가 소멸되고 있다. 즉, 훌라(hula)는 춤과 제스처의 고도의 표현적 조화인데, 관광객의 수요에 따라 자연발생적인 무대가 열리는 시간과는 무관하게 가짜 행사를 공연함으로써 보수없이 기쁨을 주는 알로하(aloha)정신이 변질되었다.

미국의 버몬트 마을은 관광 성수기인 여름에만 교회를 운영하며, 공예품도 대량생산에 의한 산업화된 제품을 판매하고 있다.

프랑스의 한 작은 알프스 관광지도 개발이 진전됨에 따라 지역문화가 관광객을 위한 민속상품으로 바뀌었다.

그린우드(Grenwood)는 관광이 '향토색'을 조장하고 이것을 이용하여 문화를 상품화함으로써 한 지역사회에 끼친 영향에 중점을 두고 사례연구를 통하여 증명하였다. 스페인의 바스크지역에 있는 푸엔떼라비아의 알라르데 의례는 350년이라는 역사 속에서 '집합적 고결성'이라는 바스크족 특유의 개념이 깊이 깔린 공공의례였다. 그런데 스페인 관광성이 알라르데 의례를 국정 축제 행사표에 포함시켜 유포하면서 알라르데는 관광객을 유치하기 위한 '향토색' 목록의 일부로 전환하였고, 시정부에서는 알라르데를 같은 날 두 번 열어야 한다고 선포하였다.

이러한 결정에 지역주민은 이 의례에 참여하는 것을 회피하면서 의무적으로 참가하게 되었다. 따라서 알라르데 의례의 본래 의미는 없어진 것이다. 알라르데는 관광객을 유치하여 소득을 추구하는 공개적인 사업으로 규정됨으로써 시정부는 알라르데를 경쟁적인 관광시장 속에 편입된 푸엔떼라비아의 재산으로 만들어 버렸다. 그러나 이 결정은 그 의례의 고유성과 지역주민에 대한 의례의 힘을 결정적으로 와해시킴으로써 의례의 의미를 직접적으로 손상시켰다.

이밖에도 튀니지의 결혼식 무대공연, 북미 인디언의 민속춤 공연, 아이티의 부두쇼가 무대에 올려진 것이 문화의 상품화 사례라고 볼 수 있다. 이러한 점들 때문에 관광에 의해 초래되는 파괴적인 향토문화의 변화 가능성에 대하여 진지한 검토가 필요한 것이다.

반면, 관광은 소멸되었거나 잊혀져 가는 전통문화를 재현하는 데도 긍정적인 역할을 한다. 또한 관광지화에 의해서 지역주민은 자기문화를 새롭게 인식하고 주체성을 강화하여 문화의 가치를 재발견한다. 지중해에 있는 말타의 경우 관광객의 관심 때문에 지역주민 스스로가 자기문화에 대한 인식을 새롭게 하는 계기가 되었고, 키프러스에서는 민속공연의 증가를 가져왔으며, 세이셸에서도 관광객 때문에 전통문화가 소생되는 등 지역주민의 향토애가 높아졌다는 연구결과가 있다. 따라서 관광의 문화적 역할에 있어서 후자의 경우처럼 긍정적인 측면을 강조하기 위해서는 무엇보다도 지역주민의 의사와 정서에 부합되는 방향을 설정하는 것이 바람직하다.

그런데 지금까지의 관광개발은 경제적 측면과 관광자의 요구에 초점을 두는 반면 관광을 수용하는 지역이나 주민의 요구는 소외되고 있다. 그러므로 관광지 주민의 보호와 복지를 우선시켜야 한다는 주장이 대두된다. 이것은 세계관광기구 회의에서 채택된 권고안 중에 "개발도상국 정부는 관광의 지나친 상업화로 야기될 도덕적 · 심리적 타락으로부터 자국민을 보호해야 할 필요가 있다."는 내용에서 잘 나타나고 있다. 또한 세계은행과 유네스코의 공동세미나에서도 "정부는 당연히 프로젝트를 승인하기 전에 관광프로젝트의 사회·문화적 영향에 대한 연구를 수행해야 한다"고 권고한 바 있다. 한편 세계관광에 관한 마닐라 선언에도 "관광의 요구조건을 충족시키기 위하여 관광지 주민의 사회·경제적 이해와 생활환경을 침해해서는 안된다"는 내용을 포함하고 있다.

(3) 관광의 환경적 영향

관광에 있어 또 하나의 측면은 그 지역환경에 대한 영향이다. 관광이 가져오는 긍정적인 환경영향에는 관광개발로 인한 상수도 공급개선, 하수도 시설개선, 도로정비 등이 있다. 또한 자연경관 및 야생동식물군의 보호 노력으로 멸종의 위기를 벗어나기도 한다.

관광이 초래하는 부정적 환경영향으로는 자연파괴, 지역사회의 붕괴, 폐기물 증가, 풍기문란, 생활물가의 앙등, 화재의 발생, 지역산업의 파괴, 관광객의 대량유입으로 인한 기존 하부구조의 압박, 오염과 밀집, 소음 등의 관광공해를 유발하여 또한 자연자원도 압박을 받는다.

선진국이든 후진국이든 자연환경에 나쁜 영향을 최소화하는 개발을 강조해야 하며 손실의 영향이 가능한 최소화되도록 관광개발 및 운영상의 지혜를 필요로 한다.

현대관광은 필연적으로 관광개발을 요구한다. 관광개발은 잠재력이 높은 관광자원에 투자하여 비관광지를 관광지화하고 관광자원이 소재하는 곳에 관광시설의 정비라는 가공을 베풀어 상품화하는 과정이다. 즉, 토지이용 계획과 시설계획에 따라 관광자원에 인공시설을 더하여 관광활동장소를 제공함으로써 관광의 가치성을 증대시키고 관광객의 유인력을 갖는 것이다. 그런데 지역개발로서의 관광개발은 관광자의 편의를 증진시키며 국민대중의 관광을 용이하게 하는 사회적 성격과 지역경제발전에 기여하는 경제적 성격이 우선하고 있는 실정이다.

따라서 관광개발은 관광지역의 사회, 문화, 환경적 파괴를 감수하면서 경제적 이익에 초점을 맞추는 사례가 빈번하다. 그러므로 관광이 지역에 미치는 경제효과, 사회효과, 환경적 영향의 관점에서 본 연구의 사례는 긍정적인 것보다는 부정적인 측면이 부각되고 있다. 이 가운데서도 환경영향은 문화적 영향, 사회적 소비(손실) 그리고 경제적 효과보다 더 우위에 두고 있다. 왜냐하면 관광활동이 환경파괴의 근원적 역할을 한다는 것은 사실이고, 관광지역의 매력성과 유인성은 바로 자연미(natural beauty)에 있기 때문이다. 이러한 관광의 환경영향 인식을 바탕으로 관광지의 환경보전에 대한 관심이 높아지고 있다.

일본의 경우 국립 · 국정공원의 집단시설지구에는 관광 성수기에 과도한 집중을 방지하기 위해서 자가용 이용을 제한하고 있다. 자동차 규제의 결과 관광지에서는 보행자의 안전확보, 정온의 유지, 자연식생 파괴의 감소, 야생조수의 서식 등의 효과를 보고 있다. 미국의 옐로스톤공원도 광대한 공원구역이 연방정부의 소유이고 최소한의 필요한 시설을 제외하고는 자연 그대로의 생태계가 보전되고, 산불이 발생하는 경우에도 자연소화할 수 있을 정도의 자연보호가 확립되고 있다.

관광지역 환경보존에 일찍부터 힘써 온 영국에서는 national trust에 의해서 오늘날까지 계승되어(국민환경기금 확보) 19세기 후반부터 자연환경이나 역사적 환경을 보호하고 양질의 쾌적한 환경을 계승하고자 하는 자주적 민간단체(amenity society)가 활동하고 있다.

한국의 국 · 도립공원을 비롯한 자연공원은 토지이용상 지대구분을 하여 자연환경지구, 자연보존지구 등을 설정함으로써 자연보호를 배려하고 있다. 그러나 근년에 관광객의 증가에 따른 관광지의 환경문제와 그 보전, 지역주민의 측면에서 본 관광과의 충돌에 대한 연구가 요망된다. 즉, 관광의 환경영향 실태파악이 선행되고 궁극적으로 관광의 환경계획에 관한 지침을 제공하는 것이 필요하다.

화엄사 · 송광사의 산사관광지를 사례로 관광의 환경영향에 대하여 지역주민과 관광객을 대상으로 설문조사하여 비교 · 분석한 결과는 다음과 같다.

첫째, 기반환경에 대한 지각은 관광객보다 주민집단이 더 긍정적이다. 전체 응답자는 기반환경의 항목 중에서 도로사정에 가장 만족하고 있다. 특히 국립공원내의 화엄사주민이 도립공원인 송광사 주민에 비해 만족도가 높았다. 또한 전체 응답자는 학력이 낮은 집단일수록 긍정적인 반응이었다.

둘째, 환경오염에 대한 관광객의 태도 및 주민의 인식은 상반된 특징을 보인다. 즉, 관광객은 환경오염을 유발하는 행동을 하지 않는다는 입장이고, 주민의 생각은 환경오염이 어느 정도 진행되고 있는 것으로 판단하고 있다. 이와 같은 양집단의 의견차이에서 갈등구조화 단계로 발전할 가능성을 예측할 수 있다. 관광객 집단은 대기오염을 유발하는 행동에 대해서만 약간 인정하는 편이고, 주민이 지적하는 환경문제의 항목은 수질과 폐기물오염이라는 점에서도 서로 다른 시각을 갖고 있다. 저학력 집단에서 환경오염의 심각성을 제기하는 것은 그 표본이 주민집단과 일치하는 데 원인이 있다.

셋째, 환경보전에 대한 의식은 관광객과 주민의 비교에서 집단간의 통계수준이 유의미하지 않았다. 통계적으로 유의미한 항목별로 본 전체 평균의 특징은 삼림훼손에 대한 의식이 가장 부족하고 그 다음이 종교생활의 방해, 경관미화의 순서로 나타났다. 특히 송광사의 주민은 경관미화에 대하여 가장 긍정적이다. 관광객은 산사환경의 종교생활을 방해하는 역할에 대해 인정하고 있다는 의식을 보이면서도 경관미화 부분에 대해서는 중립에 가깝고 삼림훼손은 거의 영향을 미치지 않는 태도이다. 주민집단은 지역에 관계없이 관광활동이 종교생활에 주는 영향에 대해 중립적이거나 미미하게 의식하고 있다.

결과적으로 기반환경, 환경오염, 환경보전에 대한 관광환경영향 인식은 대체로 관광객 집단과 현지 주민간에 의견차이를 보이고 있다. 따라서 관광지역의 환경보전과 관련하여 관광과 주민의 충돌의 가능성, 즉 독시(Doxey)가 지적하는 갈등구조의 초기단계로 볼 수 있다.

관광지역의 환경보전은 내부인(관광지역주민)과 외부인(관광객)이 환경에 대한 공유의식과 공동선을 지향할 때 실현할 수 있다는 관점에서 의식화를 위한 환경교육이 요구된다.

3. 관광의 구조

관광은 인류의 발생과 함께 시작되었고 보는 것이 일반적이다. 기원전 770년에 개최된 고대 올림픽을 시발로 Herodotus의 기록(B.C. 500)에 나타난 고대 이집트인들의 신전순례와 종교의식, 그밖에 예술의 감상과 보양, 식도락과 등산 등을 통하여 관광형태가 당대에 이미 이루어졌음을 알 수 있다. 이와 같은 사실을 통하여 관광의 시대는 역사 이전에 시작된 tour시대(고대~1830년대 말)에서 tourism시대(1840년대 초~제2차 세계대전 전)를 거치면서 발전하였다 하더라도 관광주체가 왕족과 귀족 등 일부계층에 한정되어 있었다. 그러나 제2차 세계대전 이후 관광행동에 대중이 포함되면서부터 관광객층이 전 국민으로 확대되는 현대적 의미의 대중관광시대로 이행되었다. 그리하여 현대관광은 국민관광(national tourism), 복지관광(social tourism), 대중관광(mass tourism)의 성격으로 규정되고 있으며, 현대사회에 있어서 관광활동은 국민생활의 기본권으로 인정되어 가고 있는 추세이다.

더욱이 국민경제가 성장함에 따라 여가시간(leisure)의 활용방안으로서 다양한 레크리에이션(recreation)활동이 개발되고 대중화되어 가고 있으며, 그것을 위한 토지수요가 증가되고 시설확장이 이루어지고 있다. 일반적으로 레크리에이션활동은 장소적 이동(여행)을 통해서 이루어지기 때문에 결국 관광행태로서 표출되는 것이 당연하다. 그러므로 관광행태가 현대적 의미의 여가선용을 대표한다고 말할 수 있다.

여기에 관광주체에게 '즐거움'을 충족시켜 주기 위해서는 이동수단과 정보가 필요하고, 대상으로서의 매력적인 자원과 서비스를 포함한 편익시설을 구비하는 것이 필수적이다. 따라서 관광구조는 관광객에 의한 수요발생과 관광산업을 통한 공급의 결합과정으로 특징지어진다. 공간적인 측면에서 보면 관광은 관광객의 출발지(origination)와 목적지(destination) 그리고 양자를 결합시켜 주는 통로(transit, routes) 등 3요소를 포함한다. 즉, 관광은 관광주체와 관광객체 및 관광매체 등 세 가지 요소로 구성된다는 의미이다([그림 1-2]).

[그림 1-2] 관광의 구조

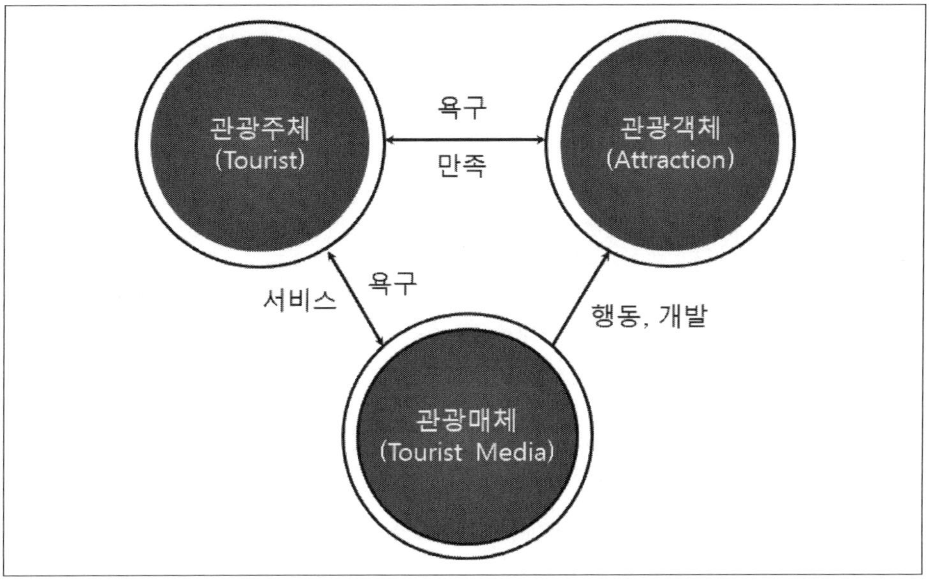

인간이 관광을 통하여 얻을 수 있는 '즐거움'이 충족되기 위해서는 여러 가지 조건이 갖춰져야 한다. 관광은 본질적으로 여행의 한 형태인데, 여행을 하기 위한 이동수단이 한정되어 있을 경우 관광 행동에 크게 제한을 받게 된다. 또한 여행을 할 때는 목적지가 있게 마련인데, 즐거움의 대상으로서 충분한 조건을 갖추고 있지 않은 곳이라면 관광목적지로서의 의미를 부여할 수 없다. 매력적인 대상의 목적지라고 하더라도 만약 그 존재를 알고 있지 못하면 그곳을 목적지로 삼는 관광행동은 일어나지 않는다.

관광지에서 체재를 하면 의 · 식 · 주와 관련한 시설과 서비스를 필요로 한다. 특히 장기체재인 경우 지루함을 느끼지 않도록 하는 수단으로써 부대시설이 필요하게 된다. 이와 같이 관광이 구체적으로 성립하는 데는 여러 가지 조건이 충족되어야 하기 때문에 관광현상은 복잡하고 다양하게 나타난다.

관광의 구성요소는 우선 관광을 하는 사람, 즉 관광주체인 관광자를 말할 수 있다. 관광자는 일반적으로 '관광객'이라고 부르며, 손님이라고 하는 말은 비즈니스의 대상이 될 때에 사용하고 관광주체를 의미할 때는 넓은 의미로 관광자라고 한다.

다음으로 관광자의 다양한 욕구를 충족시켜 줄 대상이 필요한데, 그 대상을 관광대상이라고 한다. 관광대상은 관광자원과 관광자의 욕구충족에 직접적으로 기여하는 관광시설(서비스 포함) 두 가지로 구별할 수 있다.

아름답고 풍부한 자연환경은 즐거움의 소재로서 관광자원이다. 그러나 그 자연의 아름다움을 많은 사람들이 향유하기에는 숙박시설 등의 관광시설과 부수적인 서비스가 필요하다. 물론 관광시설과 서비스가 결여되어 있다고 하더라도 자연의 아름다움을 향유하는 것은 가능하지만 관광대상으로서의 의미는 제한된다. 그러므로 현대의 대량관광시대에 있어서는 관광시설이 매우 큰 의의를 가지고 있다.

관광은 관광자라고 하는 관광주체와 관광자원, 관광시설로 구성되는 관광대상과의 결합된 행동이며 현상이다. 관광주체의 의욕(일반적으로 관광욕구 또는 관광동기)이 강하면 관광대상과 연결은 강하게 될 것이며, 관광대상의 매력이 크면 클수록 관광주체의 의욕을 고취시킬 수도 있다.

그러나 전술한 바와 같이 관광이란 여행의 일종이므로 주체와 대상과의 양자의 결합을 위한 매개를 조성하는 존재가 없으면 구체화하기가 어렵게 된다. 이와 같은 관광주체와 관광대상을 결합시키고 있는 기능을 '관광매체'(또는 매개)라고 하는데 이것은 기본적으로 이동수단과 정보이다. 산업혁명 이래 이동수단이 비약적으로 진보하여 증기선, 기차, 자동차 등이 등장함으로써 관광은 비로소 대중화의 기초적 조건을 갖추게 되었다. 또한 매스미디어의 발달에 따라 타국이나 타지에 관한 정보를 쉽게 얻을 수 있어서 여행에 관한 정보의 보급은 관광자의 관광의욕을 높이게 되었다. 이러한 이동수단(관광이동)과 정보(관광정보)는 현대관광의 기본적 구성요소이며 관광매체의 존재와 그 역할이 늘어나면서 관광의 대중화를 이루게 된 것이다.

영국의 어느 관광연구자는 "투어리즘(tourism)시대가 열리게 된 것은 1840년대 초기에 발생한 교통과 통신망의 발달에 의해서 이룩된 근대적인 현상이다"라고 설명하면서 관광매체의 중요성을 지적하였다.

관광주체의 조건에 의하여 개인여행과 단체여행 그리고 국내관광과 국제관광 등으로 구분되며, 또 여행목적에 따라 휴양 · 견학 · 행락으로 분류한다.

관광대상이 관광자원과 관광시설로 구성된 것은 전술한 바 있으나, 관광자원은 일반적으로 자연자원과 인문자원으로 분류되며 다시 세분화하여 구분한다. 이와 같은 분류를 통하여 관광객의 집합장소(관광지)나 지역의 특성을 부여할 수 있으며 관광자를 유인하는 요인분석에 의해서 관광동향을 파악할 수 있다.

관광의 구성요소를 세 가지로 분류하는 것도 어디까지나 편의적인 것이고, 현실의 관광현상은 복합적인 형태로 존재하는 것이 많다. 주체와 대상 그리고 양자 결합을 매개하는 구조에 부적합한 경우도 적지 않다. 예를 들면 드라이브와 같이 이동하는 것 그 자체가 관광의 대상이 될 수도 있으며 관광의 수단으로서만 기능하는 교통수단도 있다. 관광대상의 사례도 레저랜드(leisure land)와 같은 관광시설 그 자체가 관광대상의 전부인 경우가 있다. 그러므로 관광구조와 구성요소라고 하는 설명은 관광을 이해하는 기본적인 구조이며 문제를 정리하는 방법에 불과하다.

4. 21세기 신산업 – 관광산업

1) 미래경제의 주축산업으로서의 관광산업

관광산업은 국제적 상호이해와 세계평화를 도모할 뿐만 아니라 외화획득이라는 점에서 큰 효용이 있기 때문에 세계 각국은 관광산업의 중요성을 인식하고 21세기의 주축산업으로 예견하고 있다. 세계적인 관광전문지 'The Big Picture'에 의하면 국제관광교역과 국내관광지출을 포함한 전 세계 관광지출액이 '90년 이후 세계 최대의 산업에 도달하였고, 세계 최대의 고용산업의 위치를 확고히 한 것으로 되어 있다. 따라서 관광산업은 2000년대에 그 어느 산업보다도 세계경제의 중추적인 역할을 담당하고 있다.

우리나라에서도 유망한 전략산업으로 평가되는 관광산업의 육성을 위한 관광자원의 개발과 상품화, 그리고 더 넓은 세계시장으로 우리 기업들의 진출을 뒷받침할 수 있는 준비가 필요한 때이다.

관광산업은 대외적으로 볼 때 국가간에 사람의 왕래에 따라 관광과 여행경비 지출이 수반되는데, 이를 국가간 관광거래로 인식한다면 엄연히 무형상품의 수출입으로 볼 수 있다. 이러한 접근태도는 선진국들이 국제관광 부문을 '통상의 한 분야'로 인식하여 수출정책에 포함시키고 있는 점을 보더라도 충분히 그 타당성을 인정할 수 있다. 최근에 국내에서도 IMF의 구제금융 극복을 위한 관광수출을 도모하는 홍보전략으로 대통령이 광고모델로 직접 출현하는 것도 경제적인 국난 타개의 수단으로 관광산업을 인식하기 때문이다. 또한, 민선 2기로 출범하는 각 지방자치단체장의 정책구상의 일성으로 관광산업을 내세우고 있다. 따라서 관광산업은 국익증진과 지역경제발전에 기여할 수 있는 경제살리기 업종으로 주목받고 있는 대상이 되고 있다. 우리나라와 같이 자원이 빈약하고 산업과 경제에 있어서 대외의존도가 높은 나라에서는 잠재적 자원을 잘 활용하는 참신한 아이디어에 의해서 국제경쟁력이 높은 관광상품을 개발하여 세계시장을 지향해야 한다.

오늘날 관광과 여가활동이 우리 생활에 필요불가결한 인간의 기본권으로 인식되면서, 이에 대한 관심과 수요는 가히 폭발적이라 할 만큼 늘어나고 있다. 이러한 추세는 국내외적으로 관광환경의 양적 · 질적 변화를 가속화시킬 것으로 본다. 그러므로 관광산업은 보이지 않는 수출, 굴뚝없는 산업, 황금알을 낳는 거위와 같은 경제가치가 높이 평가되어 국제관광부문은 이제 수출의 한 부문으로 자리잡을 정도로 성장하였고 미래의 산업으로 각광을 받고 있다. 관광산업이 지역진흥책의 하나로 채택되는 이유도 관광객의 소비에 의해 직접 또는 간접적으로 파급되는 경제효과 때문이다. 동시에 직장을 구하기 어려운 과소지역에서는 관광진흥에 의한 고용증대가 매우 커다란 매력이 된다.

관광산업에 의한 경제효과는 개발정비단계의 건설투자 파급효과와 관광객의 여러 가지 소비에 기초한 소비파급효과로 크게 나눌 수 있다. 투자파급효과는 그 성격상 시간적으로 한정된 것이 많고 계속성은 없는 반면에 소비파급효과는 해당지역이 관광지로서 존속하는 한 영속적이고, 이 때문에 관광진흥에 기대감을 갖게 되는 것이다. 소비파급효과의 내용은 관광객의 소비가 숙박, 음식, 기념품 구입, 교통기관 등 여러 가지 관광 및 레크리에이션 시설을 이용한 소비행동에 따라 지출되는 것인 만큼, 그것은 직접적으로 숙박시설, 음식점, 기념품점, 교통기관 등의 수입이 된다. 그리고 그 수입은 사용되는 원재료의 구입과 이윤, 자금보수, 세금 등의 부가가치로 전환되고 거래처 및 종업원에게 지불되거나 이익으로 예금되며 또한 세금으로 납부된다. 물론 이러한 소비파급구조는 단지 관광소비에만 특별하게 나타나는 것은 아니며 다른 상업행위에도 공통적으로 나타나는 것이지만 일반적으로 관광소비의 지역파급효과는 타산업과 비교하여 고부가가치를 나타낸다.

관광산업은 여행업이나 호텔업과 같은 전통의 산업 외에도 새로운 업종들이 속속 그 범위 내에 등장하고 있으며, 그것은 경제적 · 사회적 중요성을 더해 주고 있다. 따라서 나라마다 경쟁적으로 관광산업을 국가전략산업으로 선택하고 있다.

이러한 세계적인 추세에도 불구하고 우리 사회가 지니는 관광산업에 대한 인식은 아직도 초보적인 단계이다. 즉, 관광산업이 생산적 산업이라는 인식보다는 소비적 산업이라는 인식이 더욱 팽배해 있다. 그러면서도 한쪽에서는 지역발전과 국가경제를 위한 관광개발의 중요성을 강조한다. 관광개발의 효과를 인식하면서도 그 사업의 주체인 관광산업에 대한 인식은 부정적인 매우 특이한 이중적 구조를 보여준다. 이 같은 인식의 부재 위에 관광산업의 건강한 발전은 사실상 기대하기 어려운 실정이다. 따라서 미래를 위한 관광산업이 생산적 산업이라는 인식의 확립과 함께 국가경제, 지역경제, 농촌경제를 살릴 수 있는 백색산업으로서 정착될 수 있는 방안을 구체적으로 수립해야 한다.

2) 문화산업으로서의 관광산업

현대사회는 포스트 모던사회, 후기 산업사회를 맞아 삶의 질을 확보하고, 내재화시키는 것에 관한 과제를 안고 있다. 그 단적인 예가 산업화가 진행되면 될수록 현대인에게는 여가욕구가 증대되고 있다는 사실이다. 21세기는 닫힌 세계에서 열린 세계로 확대되면서 무국경 시대에서 이동성이 크게 부각되고 있으며, 상호작용과 상호침투가 맹렬히 일어나 급속히 지구촌화, 세계화가 촉진될 것이다. 이것은 지구촌에 불고 있는 개방과 개혁이란 뜨거운 역사의 바람으로 만남과 교류정신이란 역사변혁의 물결로 온세계가 하나의 보편적 삶의 무대가 되는 국경없는 세상으로 변화되고 있는 현상일 것이다.

21세기에 들어서서 1인당 국민소득의 향상, 자유시간의 증가 등은 여가생활과 위락 등의 수요를 증대시켜 새로운 문화의 창출을 위한 요구가 확산될 것이다. 그리고 뉴미디어의 발전에 따라 더욱 풍부한 문화·여가정보와 서비스를 제공받을 수 있게 되어, 다양한 취미활동을 효율적으로 전개해 갈 수 있는 여건이 조성될 것이다.

관광산업은 관광이라는 인류행동에 기초하므로 문화교류를 촉진시키고 그것에 의해 경제발전도 꾀하는 문화산업이다. 이때 문화는 인간 상호간의 행위, 즉 "사람이 서로 만나 상호작용(interaction)하는 것"을 뜻한다. 그래서 어떻게 하면 관광산업활동, 즉 서비스활동을 통해서 인간에게 가장 바람직하게 상호작용을 촉진시키느냐, 서비스를 잘 인도(delivery)하느냐에 관심을 가지는 것이 이 산업의 목표이다.

21세기를 살아가는 한국인에게 국제경쟁력의 강화는 어쩔 수 없는 도전이다. 우리에게 최고의 국제경쟁력을 갖추는 방법은 自國文化의 확실한 이해로부터 출발해야 하는데, 정작 우리의 역사, 문화에 대해서는 자세히 모르고 있고, 또 자세히 알아보려는 노력도 부족하다. 지구촌시대에 전통문화만을 고집하는 것은 매우 어리석은 일이다. 그러나 우리의 전통문화를 이룩한 그 바탕 위에 세계의 다양한 선진문화를 수용함으로써 전통과 현대가 조화된 주체적 문화의식이 확립될 수 있다.

자연생태관광을 차세대관광(next generation tourism)이라고 부르기도 한다. 21세기에는 어느 나라이건 청정한 자연을 바탕으로 한 생태관광이 각광을 받게 되리라고 전망하는데, 차세대 관광이 반드시 자연관광에만 국한되는 것은 아니다. 왜냐하면 그 나라만이 가지고 있는 문화자원의 독특한 이미지와 특이성에 의해서 경쟁력이 충분히 갖춰진다면 오히려 차세대관광은 문화자원이 자연자원보다 더 유인력이 높은 관광대상(볼거리, 먹거리, 놀거리)이 될 수 있다. 우리의 것을 비하하고 외래문화를 무비판적으로 모방, 애용, 선호하는 태도는 결코 바람직하지 못한 일이다. 우리 것을 아끼고 사랑하는 태도만이 우리 것을 지키고 계승·발전시킬 수 있으며, 이것을 가지고 외국인에게도 우리 문화의 참모습을 보여줄 수 있다. 관광산업의 발전은 마땅히 우리의 고유문화·전통예술·정체성을 바탕으로 하는 異문화적 매력(cross cultural attraction)

이 원동력이 된다.

21세기에 있어서 늘어나는 여가의 활용은 정보사회로의 이행에 따라 변화하게 된 문화적 가치관에 영향을 받을 것이다. 정보사회에 있어서 지배적인 가치관은 자아실현, 자기표현, 상호독립성, 기쁨추구의 역량 등으로 특징지을 수 있다. 이러한 시대적 상황으로 볼 때 우리는 문화수준의 향상과 정신적 가치의 축적을 통한 국부의 창출에 보다 힘써야 한다.

미래사회에서는 문화 자체가 상품화되는 문화의 경제화, 산업화 현상이 심화된다. 정보화 사회의 진전으로 인간의 물질적 욕구가 어느 정도 충족되고 생활과 시간의 여유를 정신적 만족감으로 채우려는 경향이 크게 나타나기 때문이다. 따라서 문화산업은 새로운 고부가가치 산업이자 고용 창출산업이 될 것이다. 더욱이 문화산업은 환경친화산업이라는 장점을 가지고 있다. 20세기 중심 산업인 제조업이 화석연료를 사용하여 자연을 파괴하고 환경오염을 가져오는 산업이었다면, 21세기 중심산업인 문화산업은 무공해의 인간知力을 활용하는 환경친화적인 산업인 것이다.

3) 지속적 발전이 가능한 관광산업

21세기의 시장경쟁에서 이기는 길은 오직 기술발전과 창의력 개발로 우수한 제품을 해외시장에 수출하고, 경제자립을 통한 국가발전을 도모하는데 있다. 관광이라는 산업을 통해서 국가간에는 경쟁관계가 성립할 수도 있고, 협력 · 보완관계가 이루어질 수도 있다. 그러나 관광은 무역과 달리 경쟁이냐 협력이냐 하는 관계에서 한 국가가 승자가 되고 타 국가들이 패자가 되는 경합의 게임, 다시 말해 제로-섬 게임(zero-sum game)이 아닌 것이다.

협력과 교류, 선의의 경쟁을 통해 상호 생산성을 높이고 다수의 수혜자를 창출하는 것(variable-sum game)이 바로 관광산업의 특성이다.

세계는 더욱 좁아지고 이른바 무국경 시대로 이행할 것이며, 다국적 기업의 부상으로 민족국가 대신 블록화 경영과 국경을 초월하는(transnational) 경제활동이 더욱 확산될 것이다.

오늘의 세계가 어디를 향하고 있는가에 대한 의견이 엇갈리고 있음에도 불구하고, 21세기 관광산업의 발전방안을 진지하게 강구해야 한다.

첫째, 정보화시대의 관광산업이 생존하는 길은 역시 정보기술의 적절한 수용이다. 관광산업은 다양한 업종들로 구성되어, 업종의 특성에 따라 정보화의 수용정도는 차이를 보인다. 예컨대, 호텔경영에 있어서 정보기술의 적용은 경영시스템 전반에 변화를 가져왔지만, 이에 따른 통합화와 표준화의 문제는 업계 공동으로 풀어야 할 과제이다.

기술발전은 관광산업의 발전에 큰 영향을 미치는데, 정보시스템에 있어서는 기술혁신의 여행정보 입수와 예약을 용이하게 하며, 전산처리에 따른 인건비 절약으로 소비자에게 저렴한 여행비용 혜택을 줄 수 있다.

오늘날 세계의 여행예약 체계는 CRS(Comuter Reservation System: 컴퓨터 예약시스템)에서 GDS(Global Distribution System: 세계유통시스템)로의 전환이 이루어지고 있고, 인터넷을 통한 월드 서비스의 확대로 관광업체는 전세계를 대상으로 예약 · 판매하게 되었다. 이 결과 기술적으로 우수한 기업을 중심으로 한 업체의 통합이 이루어져 소수의 대규모 업체가 시장을 독점하는 한편, 규모는 작지만 세분화된 틈새시장(niche market)의 여행상품을 전문으로 취급하는 전문여행업체 형태의 기업이 활성화되는 양극화 현상이 대두될 것이다. 여기에 적응할 수 있는 관광산업체의 정보화 혁신을 이루어야 한다.

둘째로, 항공이 관광과 불가분의 관계에 있는 만큼 항공산업과 관광산업은 더불어 같이 발전해 오고 있다. 특히 항공은 관광에 대한 기초 인프라(infrastructure)이기 때문에, 관광산업의 발전을 위해서는 항공이 제약요인이 되어서는 안된다.

21세기 한국은 세계적인 자유화와 개방화의 물결 속에서 세계 각국 기업간의 치열한 각축장이 되고 있으며, 항공시장은 그 대표적인 사례이다. 21세기에는 소비자들의 국적항공사에 대한 선호경향이 사라지고 있으며, 항공사들의 기술수준도 거의 평준화되면서 세계수준에 미치지 못하는 열등항공사의 존립은 갈수록 어려워질 것이다. 관광과 항공은 수직적 연관 때문에 항공사와 관광회사가 계열사의 관계로 범위의 경제를 추구해야 한다.

셋째로는 세계화, 개방화 추세와 함께 컨벤션에 대한 수요가 점차 증대하고 그 규모도 대형화되어 가고 있다. 대부분의 선진국에서는 컨벤션산업의 중요성을 이미 인식하고 각종 국제회의뿐만 아니라 전시회, 박람회, 학술세미나, 제반 문화예술행사, 스포츠 행사 등의 유치에도 총력을 기울이고 있다. 이와 더불어 유치된 각종 행사를 원활하게 개최할 수 있도록 수용환경의 정비 및 확충을 위하여 노력하고 있는데, 특히 전문 컨벤션센터 건립에 적극 투자하고 있다. 그러나 우리의 경우 전문 컨벤션시설이 전무하여 컨벤션 유치에 제약요인이 되고 있으며, 이미 유치된 컨벤션의 준비에도 큰 어려움을 겪고 있다.

컨벤션을 통한 국가홍보는 다른 어떤 방법보다 효율적이다. 개최국의 입장에서는 각국에서 온 컨벤션 참가객들에게 개최국 고유의 문화, 전통, 풍물을 소개함으로써 개최국에 대한 깊은 인상을 심어줄 수 있다. 또한, 체재기간 동안 얻은 개최국에 대한 지식과 정보를 귀국 후 주위에 전파하게 됨으로써 개최국 홍보에 기여하는 효과가 크다. 특히 컨벤션 참가자는 대부분 관련분야에서 큰 영향력을 행사할 수 있는 지도급 인사라는 점을 감안하면 개최국에 대한 이미지의 전파효과는 다른 홍보수단에 비하여 훨씬 크게 나타날 수 있다.

그러므로 우리의 컨벤션산업의 발전을 위해서는 규모의 대형화, 전문화, 복합기능화, 관광상품화의 관점으로 컨벤션시설을 확충해야 한다.

넷째로, 세계의 관광변화의 가장 큰 추세는 자연이나 역사적인 유적을 단지 보기만 하는 정적(靜的)인 관광에서 스포츠에 참여하거나, 주제공원, 축제 등에서 생동감있는 것을 체험하는 동적(動的)인 관광으로의 전환이다. 또한, 세계 모든 관광지의 공통적인 과제인 관광산업의 비수기 타개의 적극적인 해결책으로 이벤트 관광산업이 환영받고 있다. 그것은 바로 이벤트 개최를 통하여 관광성수기를 연장하거나, 새로운 관광시즌을 창출해낸다는 것인데, 세계적인 추세는 북부지역의 관광장애요인인 겨울 기후를 스키경주대회나 겨울 카니발, 심지어는 추위를 참는 '내한(耐寒)페스티발'과 같은 동계 이벤트를 개최하여 새로운 관광시즌을 창출해 내고, 남쪽 지역의 무더운 계절에는 문화행사 등으로 계절적 변수를 극복하려는 시도를 하고 있다. 국내에서도 향토문화예술제가 전국적으로 총 325개에 이른다. 이와 같은 민속축제를 관광상품화하는 데는 초보단계이지만 앞으로 지역정체성에 부합하고 지역주민이 자발적으로 참여할 수 있는 프로그램을 만들어 한국인의 정서에 맞는 고유의 풍속을 표현하고자 하는 이벤트전략에 의해서 효율을 높일 수 있다. 다시 말해서 미래의 관광자원으로 한국적 문화 이벤트를 활성화하는 것은 우리나라의 역사, 문화, 민족성의 결정체인 문화유산을 관광자원화하고 세계적인 축제(events)로 발전시켜 유일성(singularity)과 특이성(uniqueness)을 강조함으로써 대외이미지를 제고하여 관광시장에서의 시장경쟁력을 높이는 일이 될 것이다.

미래학자 토플러에 의하면 21세기는 다품종 소량의 주문생산에 따라 이미지 · 미디어 · 생산 · 소비 · 일과 · 생활방식 그리고 가치관에 이르기까지 모든 면에서 탈대량화(demassification) · 탈규격화가 이룩될 것이라고 했다. 이런 특성을 갖는 정보사회에 대한 인식을 바탕으로 관광산업은 모든 면에서 분산화를 촉진하고 창조성과 개성을 발휘해야 하며, 사회전반에 풍요로움과 삶의 질을 향상하는 데 기여해야 할 것이다.

2 관광대상과 관광자원

1. 관광대상의 성격

관광대상은 관광자의 욕구를 일으키고 충족시켜 주는 목적물이다. 구체적으로 아름답고, 휴양이 가능한 자연경관, 진귀한 문화재나 독특한 분위기를 갖는 지역경관, 풍속, 인정, 생활양식 등등이다. 사회화된 욕구로서의 관광행동을 유발하는 원동력인 관광대상은 목적물로서 관광행동을 유인하는 작용을 한다. 관광행동의 주체인 관광자가 관광욕구를 만족하기 위한 구체적인 관광행동을 행하는 목적물이 되는 객체가 관광대상이다. 관광사업이 개입되면 관광자는 관광객, 관광대상은 관광상품으로 규정한다. 관광행동은 ① 준비, ② 목적지로 이동, ③ 목적지에서 활동, ④ 귀가를 위한 이동, ⑤ 회상의 5단계를 거쳐서 완결된다. 현대사회의 관광대상은 고품질의 관광조건이 정비되면서 그 종류가 보다 다양화되는 측면이 있지만, 크게 보면 관광자원과 관광시설(서비스 포함)로 구성된다.

관광자원은 관광대상의 소재가 되고 관광시설은 관광자원을 관광대상화하는 가치를 부여함으로써 그 자체가 유인력을 갖는다. 관광자원은 자연환경과 인문환경으로 구분되며 본래 관광현상과 무관하게 존재하지만 부분적으로는 관광대상으로서 기능하고 있다.

관광시설은 관광자원과 상호의존관계를 갖기 때문에 관광자원으로서 관광대상의 역할을 하기도 하고, 혹은 그 자체가 관광대상이 되는 경우도 있다. 즉, 숙박시설이나 음식시설 그리고 목적지에서 체재시간을 좌우하는 각종 시설과 서비스이다. 관광시설이 그 역할을 수행하는 관광객의 관광욕구를 만족시키기 위해서는 서비스가 더해지는 것이 필요하기 때문에 관광시설의 의미는 서비스를 포함하고 있다.

우수한 관광자원이라 할지라도 관광시설로서 숙박시설이 구비되지 않으면 여유있게 체재하면서 즐기는 것이 불가능하므로 관광자원과 관광시설은 불가분의 관계에 있다. 또한, 관광자원과 관광시설 중 어느 쪽이 관광대상의 유인력으로서 주도적인가는 상황에 따라 다르다. 관광자원의 매력이 불충분할 때 인위적인 시설이나 이벤트를 개발하여 관광대상으로서 기능을 발휘할 수도 있다.

관광목적이 다양화되고 위락 및 스포츠 등이 증가하는 현대관광에서는 관광대상에 속하는 관광시설의 역할이 크게 강조되는 경향을 보인다. 관광자원은 관광시설과 결합하여 비로소 관광대상으로서의 유인력을 갖는다고 하지만 관광대상은 정보기능과 이동수단이라고 하는 매개기능을 경유하여 관광자와 결합하게 된다. 개개의 관광자원이 아닌 관광시설이 실제로는 복합형으로 관광대상이 되고 있는 것에 주의해야 한다. 제 아무리 아름다운 자연도 사람들에게 알려지지 않는다면 관광현상은 일어나지 않는다. 잘 알려진 관광자원이라 할지라도 목적지에서 숙박시설의 예약이 되지 않고 교통편이 확보되지 않으면 사실상 관광행동으로 이행되지 않는다.

예를 들면 남태평양에 특별히 아름다운 경관을 가진 2개의 섬이 있는데, 관광자원으로서 가치성이 높은 것이다. 그것은 프랑스령 타이티의 Bora Bora섬과 유엔 신탁통치령 포사베 지구의 Kusaie섬이다. 보라보라섬은 타이티로부터 항공편과 호텔 1동이 있기 때문에 관광대상으로서 실제로 기능하고 있다. 반면에 쿠사이섬에 접근방법은 공항이 있는 보사베섬으로부터 부정기선으로 2

일 정도의 시간이 소요되어 방문객도 적고 호텔도 건설되지 못하고 있다. 이런 이유로 쿠사이섬에 대한 존재는 알고 있는 사람이 거의 없다. 따라서 보라보라섬은 관광객을 유인하고, 탁월한 아름다움을 갖고 있는 쿠사이섬은 관광현상이 일어나지 않고 있다. 국내에서도 다도해에 소재하는 관광자원 중에 자연경관과 독특한 생활양식 등은 잠재적 가치가 높은 편이지만 접근성이나 관광시설이 구비되지 않아 관광대상으로서의 기능은 미흡한 실정이다. 따라서 관광자원의 관광대상 가치는 **접근성**(accessibility), **매력성**(attraction), **상하부구조**(superstructure, infrastructure), **이미지**(image) 등에 의해서 결정된다.

우수한 자원의 소재가 있어도 소비가 격증하면 원형이 파괴되어 쇠진하게 되듯이 관광자원이 적절하게 이용되지 않으면 소재로서의 가치를 상실할 수도 있다. 관광자원은 석탄이나 석유 등과 같이 사용하면 감소하는 성질의 것은 아니라 할지라도 인간의 무분별한 남용이 지속되면 즐거움을 위한 관광대상으로서 가치가 감소되거나 소멸될 수 있다는 측면에서 관광자원의 보호문제가 제기된다.

관광자원은 자연관광자원(유형 · 무형), 인문관광자원 그리고 복합형 관광자원으로 분류된다. 자연관광자원은 산지, 고원, 해양, 해안, 하천, 호수, 동식물, 온천, 암석, 폭포, 계곡, 도서(유형적 자연관광자원) 등과 기상(따뜻하고 신선한 날씨 · 달 · 별 · 안개) 등 무형 자연관광자원으로 세분할 수 있다.

인문관광자원에는 사적, 사원, 성터, 성곽, 정원, 연중행사, 민속자료와 예능, 공예기술(무형문화재), 인정, 풍속, 민족성, 생활양식, 예절, 음식물 등이 포함된다.

복합형 관광자원은 도시 · 농산어촌 · 향토경관 · 역사경관 등으로 구분할 수 있다.

관광시설은 ① 숙박시설(호텔 · 모텔 · 여관 · 캠프장), ② 음식시설(레스토랑 · 향토음식점 · 카바레), ③ 물품판매시설(기념품점 · 쇼핑센터), ④ 레크리에이션시설(야외 및 옥내스포츠 취미 · 오락시설), ⑤ 문화 · 교육시설(야외박물관 · 민속자료관 · 동식물원), ⑥ 관광안내시설(관광안내소, 안내원 · 전망대) 등으로 분류된다.

이상의 개별적인 관광자원과 관광시설은 실제로는 복합형태로서 관광대상이 되고 있음에 유의할 필요가 있다. 따라서 관광자원 및 관광시설이 다양하게 분포되어 있는 관광지는 그만큼 관광효과도 크다고 말할 수 있다.

자연관광자원 가운데서 온천(hot spring)은 우리나라의 경우 휴양이나 요양 등의 목적으로 근대 이전에서부터 이용되었고 많은 관광지가 온천을 중심으로 형성되어 왔다. 그러나 관광자원으로서의 비중은 유럽이나 일본에 비하여 상대적으로 낮다. 온천에는 휴양지 · 요양지로서의 온천, 관광지로서의 온천, 도시화된 온천 등 세 가지가 있는데, 도시화된 지역에서도 온천은 유력한 관광자원인 점에는 다를 바 없다. 독일의 바덴바덴(Baden-Baden)이나 일본의 아타미(熱海) · 벳푸(別府)와 같이 오래전부터 관광지화된 온천도 있다.

복합형 관광자원은 자연관광자원과 인문관광자원이 밀접하게 결부되어 있어서 자연이라고만 말할 수도 없고 그렇다고 인문이라고도 볼 수 없는 관광자원이 존재하기 때문에 그렇게 부르는 것이다. 예를 들면 문화재와 자연자원이 결합하여 하나의 매력적인 역사경관을 형성하고 있을 경우 이를 복합형 관광자원으로 파악하는 것이 관광현상을 이해하고 나아가서는 관광사업을 추진함에 있어 필요하기도 하며 효과적이라 할 수 있다. 현재 세계 각국에서 역사적 풍토의 지정, 보전작업이 활발하게 추진되고 있음을 볼 수 있는데, 이것은 바로 복합형 관광자원에 대한 인식에 기초한 것이다.

인문관광자원 중에서 연중행사는 역사적인 전통의식이 있는가 하면 그 지방의 자연적 특성을 살려서 새로 만들어 가는 축제가 있는데 관광객 유인력이 높다. 또한, 축제로서 이벤트(행사)도 관광자원으로서 매우 중요하다. 예를 들면 미국 보스턴 교외의 탱글우드에서 매년 개최되는 음악회(Tanglwood Music Festival)는 많은 국내외 관광객을 유치하고 있으며, 만국박람회나 올림픽 대회는 전세계로부터 많은 관광객이 집결하여 대성황을 이룬다.

레크리에이션 시설은 스포츠에 한정시키지 않고 야외시설로서 스포츠 이외에도 이른바 관광농원 등과 관조(觀鳥)와 같은 자연을 관찰하기 위한 시설도 있다. 관광욕구를 충족시키기 위해서는 각종 시설을 필요로 할 경우가 많으나, 그 위에 인간이 하는 서비스가 시설로서의 기능도 발휘할 수 있다는 점에서 관광대상에는 직 · 간접으로 인적 요소가 포함되어 있다고 볼 수 있다.

2. 관광대상의 현대적 특색

1) 관광의 대중화

관광의 현대적 특색을 이해하기 위해서는 우선 관광의 대중화에 대한 인식이 필요하다. 현대관광은 특권계층에 한정되지 않고 일반대중이 다 같이 향유하게 된 것이 기본적인 특색이다. 물론 경제적 이유, 기타 사정에 의해서 관광을 하고 싶어도 못하는 사람들이 많은 것도 사실이다.

그러나 오늘날과 같이 많은 사람들이 관광을 경험하는 시대는 과거에는 없었다. 그리고 관광의 대중화는 관광을 경험하는 사람의 층이 넓어진 것뿐만 아니라, 여행횟수의 증가, 여행거리의 연장, 목적지에서 체재시간의 증가, 활동내용의 다양화 등의 경향성을 수반하고 있다. 이와 같은 관광대중화의 배경은 1970년대 이후 사회 · 경제적 조건의 현저한 변화에서 기인된다.

① 가처분 소득의 증대
② 여가시간의 증대, 특히 여행을 가능하게 하는 '축적된 여가'의 증대
③ 생활을 적극적이고 즐겁게 하고자 하는 가치관
④ 인구의 도시집중현상에 따른 생활환경의 악화

관광의 대중화에 대응하여 관광사업의 전개가 급속도로 본격화된 것도 관광의 대중화를 더 한층 촉진하게 만든 결과가 되었다. 즉, 관광의 대중화에 부응할 수 있는 교통기관이 발달하고 TV를 위시한 매스미디어를 통한 대량의 관광정보가 제공된 것도 국민의 관광에 대한 지식과 관심을 고조시키는 데 큰 역할을 하고 있다. 유럽에서 19세기 중엽에 등장한 '여행알선업'의 사업이 현재는 폭 넓은 활동으로 발전된 '여행업'으로서 관광사업의 중추적 역할을 담당하고 있다. 단체여행이나 해외여행에서는 여행업의 서비스가 불가결한 것으로 이용자의 요구에 따라 다양한 방식의 알선업무뿐만 아니라 교통, 숙박 등을 미리 조직하여 제공하는 '패키지투어(package tour)'의 기획, 판매를 하는 것으로 관광의 대중화는 촉진되고 있으며 해외여행의 대중화에도 그 영향이 크다.

2) 관광사업의 확대

관광사업이란 관광의 의미와 효과에 착안하여 관광현상을 촉진시키기 위한 일련의 활동이다. 관광사업은 관광객의 요구에 대응하여 존재하며 영리를 목적으로 하고 민간기업과 정부 또는 지방자치단체 등이 주체가 된다. 관광사업의 규모가 확대되고 그 내용이 풍부해지면서 공공기관의 역할이 증대되는 것도 관광의 대중화현상에서 비롯된다. 관광사업의 확대는 대중화와 밀접한 관계를 가지면서 시설의 절대수가 증가하고 있고 그 종류가 다양화할 뿐만 아니라 체재시에 이용하는 시설이나 서비스도 정비하게 하였다. 유한계층만이 관광자였던 시대에는 관광대상도 한정되어 아름다운 자연에 비해 방문객이 미미하여 그 아름다움을 스스로 보존할 수 있었고 관광자가 소수이므로 관광을 이윤추구의 대상으로 하는 민간기업의 수도 적었다. 별도로 공공기관이 행정상의 배려를 할 필요가 없었다.

그러나 현대관광은 대중화에 의해서 관광사업의 성격도 크게 변화하게 되었다. 많은 민간기업이 관광사업에 진출함으로써 관광대상으로서의 시설이 생기고 교통과 정보의 관광매개의 기능도 증대하고 있다. 또한, 관광정책 · 행정이라고 하는 공적 기관의 활동이 적극적으로 전개되고 있다. 정부나 지방자치단체는 관광객의 정보제공, 관광자원의 보호, 공적인 관광시설의 정비, 관광에 관한 모든 기업활동에 대한 규제나 규칙 등의 활동에 역점을 두고 있다. 각국의 공적 기관은 더 많은 국민대중이 관광에 참여할 수 있도록 경제를 포함하여 원조정책을 시도하는데 이와 같은 생각 및 동향을 '복지관광(social tourism)'이라고 한다.

관광이 대중화되면서 자연은 급격히 많은 사람들 앞에 노출되어 자연환경의 자율적 생명이 위기에 처하게 되는 문제가 제기된다. 또한, 새로운 이윤추구의 기회를 잡은 민간기업은 활발한 투자활동을 전개하고 그에 따라 관광의 대중화에 기여한 반면 자연환경 또는 생활환경을 악화시키는 사례도 적지 않다. 이와 같이 현대관광사업은 환경문제를 내포하고 있는 가운데 복잡하게 변화하고 있다.

3) 관광대상의 개발

현대는 관광대상을 계획적 · 적극적으로 개발하는 시대이다. 즉, 관광의 대중화를 배경으로 급증하는 관광수요를 만족시키기 위해서 정부나 지방자치단체 혹은 민간의 대기업은 계획적이고 적극적으로 관광자원을 개발하고 관광시설을 계획 · 정비한다. 관광대상의 개발은 본래의 관광자원의 상태를 인위적으로 보완하여 그 가치성을 확보하는 데 의의가 있다.

이러한 경향의 전형은 프랑스의 랑그독 루시옹(Languedoc Roussillon)에서 볼 수 있다. 이것은 1963년 이래 프랑스 정부, 지방자치체, 민간 토지개발업자(developer) 등 3자가 협력하여 마르세유의 남서부 까마르그로부터 스페인 국경에 이르는 해안선 200km(랑그독 루시옹 지방)를 대규모 관광단지로서 개발한 것이다. 개발의 목적은 ① 저소득층에 바캉스기회를 공급하는 것, ② 로마시대 유적 등의 인문관광자원을 무계획한 개발로부터 보호하는 것, ③ 과소지의 경제개발에 기여하는 것, ④ 프랑스의 관광수지개선을 위한 목적 등이다. 계획완료까지 20년을 필요로 하는 정도의 대규모 장기개발사업으로 종래의 자연조건의 난점이 있었기 때문에 자연발생적으로는 관광지가 될 수 없던 공간을 대규모 관광대상으로 바꾸어 놓았다.

국내에서도 경주를 위한 보문관광단지를 위시하여 자연공원의 집단시설지구, 관광지, 온천관광지, 레크리에이션 등 다종의 관광개발이 이루어지고 있으며 지방화시대를 계기로 도시, 농촌별로 지역관광계획과 개발사업이 추진되고 있다. 그러나 우리는 국토성을 감안하여 다품종 소량생산이라는 전제하에 탈매스화를 위한 다핵방식의 개발이 바람직하다.

4) 복합형 관광자원의 부각

단순한 자연이 아니라 환경으로서의 자연, 즉 인간과 관계에 의한 생활의 향기가 복합적인 대상에 대하여 현대관광자는 매력을 느끼는 것이다. 예를 들면, 프랑스의 전원풍경은 특별히 아름다운 것이다. 이것은 프랑스의 자연 그 자체가 아름다운 것보다도 자연과 인간의 조화로 만들어진 멋진 경관이 관광자에게 감명을 준다. 전통과 현대가 조화된 문화재로 충전된 유럽의 도시경관과 광장중심의 도시구조는 세계인의 관광욕구를 유발하고 있다. 시드니의 오페라하우스처럼 도시경관을 구성하는 요소로서 건물의 예술적 가치가 높은 건축미도 관광대상화에 큰 역할을 한다. 이런 사례는 세계 각국의 여러 도시에 많다. 일본에서는 근년 향토경관으로서 津和野(島根縣), 역사경관으로서 妻籠宿(長野縣) 등이 새로운 관광대상으로서 높은 평가를 받고 있다.

실제로 복합형 관광자원을 자연과 문화재로 나누어서 자세히 보면 개별적인 자원의 가치성은 그다지 높지 않다. 그것이 전체적으로 보여질 때 관광대상으로서 더없이 강력한 유인력을 갖는 것이다.

최근 일본에서는 '역사의 道'를 보존하고 있다. 이것은 고대로부터 존속하고 있는 가도를 '線'의 문화재로서 보존하고 사람들이 그곳을 걸으면서 역사적 환경을 경험하게 된다. 歐美에서도 마찬가지로 독일의 '로맨틱가도', 미국의 '자연탐색도' 등이 있고 모두가 많은 관광객에 의해서 이용되고 있다. 이것은 현대인의 역사에 대한 향수가 나타나고 있는 것과 동시에 현대의 관광대상으로서 복합형 관광자원이 중요하다는 것을 보여주고 있다. 전통적인 생활양식을 보지하고 있는 세계 각국의 농촌도 복합형 관광자원으로서 관광대상화해 가는 추세이다. 한국에 있어서 대표적인 복합형의 관광자원은 山寺를 내세울 수 있다. 한국적인 고유한 비산비야(非山非野)의 산지경관과 여기에 풍수지리설에 입각하여 배치된 가람경관의 조화는 자연과 인간의 상호작용의 결과를 극명하게 보여준다.

5) 관광시설의 역할증대

관광대상의 현대적 특색으로서 관광시설(서비스 포함)의 역할이 크게 부각되고 있는 점도 들 수 있다. 우선 즐거움과 건강유지를 목적으로 하는 오락이나 스포츠 관련시설의 존재가 중요한 관광대상으로서 등장하였다. 이 점은 여가시간이 증대하고 목적지에서의 관광객의 체재시간이 길어질수록 체재활동을 흡수할 수 있는 시설의 역할이 증대하는 것이라고 생각한다.

오락시설도 미국의 디즈니랜드를 필두로 일련의 오락공원(amusement park)

이 오늘날 여러 나라에서 관광대상으로서의 역할을 높여주고 있다. 새로운 유형의 오락공원으로서 상징적인 의미가 부여된 주제공원(thema park)은 오락적 요소가 가미되면서도 문화, 교육시설이 확충된 야외박물관 같은 기능을 하는 곳이 많아지고 있다. 미국 버지니아주의 윌리암스버그(Williamsburg)는 식민지 시대의 버지니아 마을을 복원한 시설이며 여기에 종업원이 당시의 생활을 재현하고 있다. 이 시설의 경영이념은 "미래는 과거로부터 배우는 것이다"이다. 네덜란드 헤이그의 마드로담 주제공원은 네덜란드 각지의 명소와 대표적 시설 129개소를 정확하게 1/25로 축소하여 만든 모형전시관(miniature land)인데, 그 주제는 평화와 번영이다. 최근에 한국을 방문한 중국의 단체관광객이 관광 만족도를 높여준 대상물로서 놀이시설을 중심으로 한 주제공원을 지적한 것은 관광시설의 중요성에 대하여 시사한 바가 있다. 관광지 주민의 환대(hospitality)를 위시한 서비스의 역할도 날로 증대되고 있다.

3. 관광자원의 개념과 분류

1) 관광자원의 개념

관광자원(resources for tourists)이라는 말은 1920년대 이래로 사용된 용어로 이는 "관광자의 활동근원이 되는 제반 현상"을 의미한다. 넓은 의미에서 관광자원은 인간을 중심으로 둘러싸고 있는 삼라만상의 총체라고 볼 수 있다. 즉, 면적(面的)으로 분포하는 자연환경(산악 · 고원 · 호소 · 계곡 · 해안 · 도서 · 온천 · 동식물 등)과 점적(點的)으로 분포하는 인문환경(사적 · 문화재 · 사찰 · 정원 · 근대적 건조물 · 산업시설 등)의 행렬이다. 더욱이 관광자원은 관광객의 주관에 의해서 관광가치가 결정되기 때문에 매우 다종다양할 뿐만 아니라 광범위하다. 어떤 의미에서는 모든 대상이 관광자원으로서의 가치를 지니고 있다고 말할 수 있다.

좁은 의미에서 관광자원은 관광체계를 구성하는 기본요소 중의 하나로서 관광주체인 관광객에게 관광동기나 관광행위를 유발할 수 있는 매력과 유인성을 지닌 유 · 무형의 모든 대상물을 말한다. 이는 건전한 여가문화의 장을 제공하며 동시에 경제개발의 수단으로서도 작용한다. 다시 말해서 관광자원은 관광산업의 측면에서 경제가치와 관광객의 입장에서는 위락, 문화가치를 갖는다. 기본적으로 관광객과의 유기적인 관련성에 의해서 관광자원의 가치부여의 양상이 다르기 때문에 관광객의 특성(성별, 연령별, 직업별)과 시대적 상황에 따라 개념이 달라질 수도 있다.

자원이란 말은 일반 경제용어의 관점과 관광의 관점간에 그 의미를 달리한다. 일반 경제용어로서의 자원은 원재료가 되는 자연물을 가리키며 지하자원, 산림자원, 수산자원 등의 자원은 어느 것이나 어떤 생산물의 제조과정에서 소비되는 것이다. 반면에 관광현상으로서의 자원은 그것을 이용, 소비함으로써 원형이 없어지거나 모양이 달라지는 것은 아니다. 이러한 의미에서 일반산업자원과 본질을 달리하고 있는 것이다. 따라서 관광의 경제적 관점에서 관광자원이라는 용어를 사용하는데, 일반자원과의 차이점은 원칙적으로 이용에 의해서 소모 내지는 소멸되지 않는다는 점이다. 관광자원은 본래 화석에너지 자원(석탄, 석유)이나 광물자원처럼 소비에 의해서 소멸되는 고갈자원과는 다르게 보존하면서 잘 이용하면 지속적으로 사용할 수 있는 순환에너지자원이다. 다시 말해서 관광자원은 "관광대상(인간의 관광요구를 만족시키는 모든 것)의 상위개념으로서 산업자원이 아니라 생활자원으로서, 산업자원과 크게 다른 점은 보호를 필요로 하는 점이다. 그러므로 관광자가 관광자원을 적정하게 이용함으로써 무한정으로 소모하지 않는 것이라는 특색을 지니고 있다. 따라서 관광자원의 개념을 수립할 때 자원(resource), 관광객의 동기(motivation) 그리고 보전(conservation) 등 3요소의 최대공약수가 되는 교집합이 중요한 인식이 된다([그림 1-3]).

관광자원 그 자체는 관광현상과 직접적으로는 무관한 존재이지만 관광행동이라는 측면에서 그 대상이 되는 것이다. 자연적인 것, 시간경과에 의해서 형성된 인문적인 것, 이 양자가 복합한 것 등 세 종류로 분류할 수 있다. 관광대상으로서 기능하는 것에는 관광시설이나 서비스와 결합에 의해서 가능하게 되는 것이기 때문에 관광대상의 소재가 된다. 관광자원은 관광산업에 의해 경제적 가치를 생산해 내는 관광상품이라는 의미로도 사용되고 있다.

[그림 1-3] 관광자원의 개념

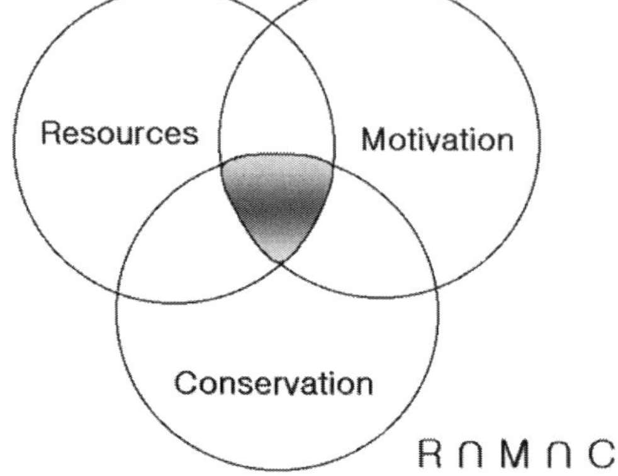

자원이 대상물로서 가치를 갖기까지는 관광객에게 관광재와 서비스를 제공하는 관광기업의 개발의도와 더불어 여기에 관광관련의 제반 시설이 더하여 그것과 관련된 관광자원이 일체가 되어 개발됨으로써 초기의 관광지가 형성된다. 아름다운 풍경을 조망하고, 고찰을 참배하고, 민요, 민속무용을 감상하고, 도시를 탐방하고, 여관에서 쉬는(유유자적) 등의 구체적인 관광행동은 목적지의 사찰, 도시, 여관 등의 유형물과 풍경, 민요, 무용 등의 무형물을 대상으로 그 활동이 가능하게 된다. 이러한 유형물과 무형물이 관광대상으로서의 관광자원이다.

관광객체로서의 관광대상은 관광자원과 관광시설로 나누어지는데, 관광대상이 관광자원과 동의어로 쓰여지는 것은 잘못이다. 앞서 관광자원의 정의에서 관광자원은 그것의 개발을 통해서만 관광의 대상이 됨을 제시한 바 있듯이, 관광대상은 관광자원을 포함하여 관광사업체가 제공하는 재화, 서비스를 바탕으로 한 각종 행동을 포함해서 관광객에게 매력 또는 필요를 느끼게 하는 일체의 사물을 지칭하고 있다. 그러므로 관광자원은 관광객체인 관광대상의 하위개념으로 정리할 수 있다. 다만 관광대상을 엄격히 구분하여 관광대상을 관광자원과 관광시설로 대별하려는 견해(日本)가 있는 반면, 관광시설을 관광자원에 포함시키려는 견해(歐美)가 있음은 주목할 필요가 있다. 후자의 견해

라면 관광대상은 곧 관광자원이라 할 수 있을 것이다([그림 1-4]).

[그림 1-4] 관광대상과 관광자원

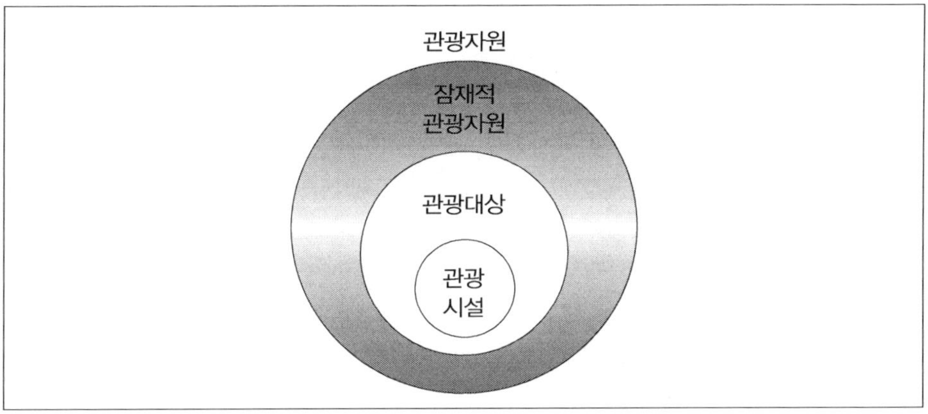

2) 관광자원의 분류

관광자원을 합리적으로 이용, 관리, 보호하기 위해서는 그 구성요별로 구조화할 필요가 있다. 그런데 관광자원은 국가나 지역마다 다종다양하여 분류방법도 학자나 연구기관 등에 따라 다소 차이가 있다. 주요 분류방식에 따른 내용을 소개하고자 한다.

(1) 관광자 중심의 분류방식

① 클라우슨(Clawson)의 분류(1960)

관광자원은 넓은 의미에서 레크리에이션 자원(recreation resources)의 일부라고 볼 수 있는데, 클라우슨은 레크리에이션 자원의 분류를 레크리에이션 지역과 입지상의 기회, 인조건축물의 규모, 이용정도에 따라 이용자중심형부터 자원중심형까지의 연속체(continuum)로 살피고 있다([그림 1-5]).

[그림 1-5] 클라우스의 관광자원분류

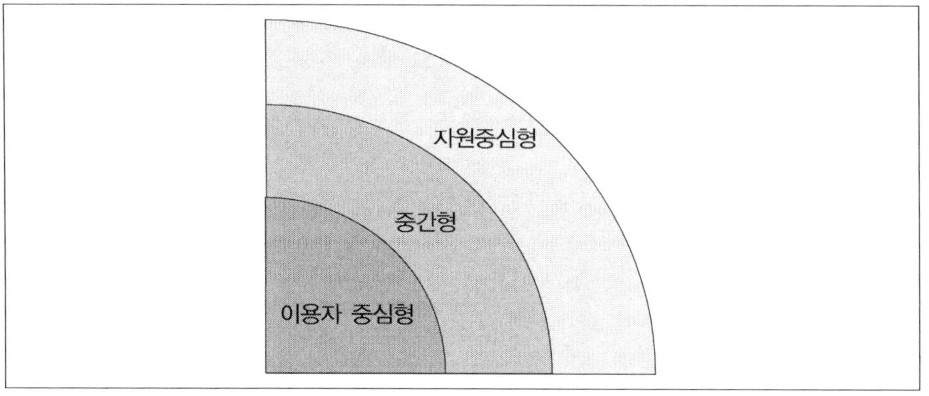

첫째로, 이용자중심형(user-oriented areas)은 일과 후에 쉽게 접근할 수 있으며 소규모의 공간 또는 시설물로서 도시민의 일상적인 여가시간에 이용가능한 공간범위와 시설을 구비하고 있다. 도시공원, 실내수영장, 놀이터 등이 해당된다.

둘째로, 중간형(intermediate areas)은 이용자중심형과 자원중심형의 중간적 위치, 중간적 규모이며 거주지에서 1~2시간 정도 소요되는 거리에 위치하면서 이용자의 활동과 자원의 매력도가 대등한 조건을 갖는다. 수변 레크리에이션 지역이나 소규모 도립 · 군립공원 등이 여기에 해당한다. 대체로 주말이나 당일이용형으로 피크닉, 수영, 낚시 등의 활동이 주류를 이룬다.

셋째로, 자원중심형(resource-based areas)은 자원의 가치성에 초점을 두는데 반해 거기에서 수행되는 활동은 덜 강조하며, 또한 규모가 비교적 광대하여 원시지역에 위치하고 있어 이용규모가 적은 편이며, 국립공원, 산림, 원시 야생지 등이 해당되고 보존이 중시된다(〈표 1-4〉).

그 동안 클라우스의 분류는 관광레크리에이션 지역의 개발 등에 많이 이용되어 왔으며, 모든 레크리에이션 지역은 그것이 자원의 기능적 개념에 부합한다면 어느 정도 이용자 중심형 자원이라고 할 수 있다. 이러한 분류를 관광자원에 적용시키기에는 한계성을 지니고 있어서 그 대표적인 것은 이용자중심형이 관광자원이라 할 수 없다는 것이며, 클라우스의 분류는 자원을 연속체로 살피고 있지만 관광자원의 모든 대상을 포괄하지 못한다는 점이다. 그러나 이 분류방식은 국내에서도 서울을 위시한 대도시에 적용이 가능할 것으로 사료되어 도입할 가치가 있다.

〈표 1-4〉 레크리에이션 자원의 분류와 특징

분류 특징	이용자 중심형	중간형	자원중심형
일반적 입지	이용자에 근접	중간거리에 위치	걸출한 자원지역
이용시기	일과 후	일일, 주말	휴가
활동유형	게임(골프, 테니스, 수영, 피크닉, 도보, 승마, 동물원, 놀이터)	캠핑, 피크닉, 하이킹, 수영, 사냥, 낚시	주요 과학적·역사적 흥미대상의 구경, 하이킹, 등산, 캠핑, 낚시, 사냥
지역규모	일백~수백 에이커	수백~수천 에이커	수천 에이커
관리유형	도시, 지방정부, 민간	국가, 지방정부, 민간	국가

② 미국 ORRRC의 분류(1962)

미국의 관광자원평가위원회(Outdoor Recreation Resources Review Commission)는 레크리에이션 자원을 물리적 자원특성, 개발과 관리의 실태, 이용 정도, 예상행동패턴 등에 근거하여 고밀도 관광지대, 일반관광지대, 자연환경지대, 독특한 자연지대, 원시지대, 역사문화유적으로 나누고 있다(〈표 1-5〉).

첫째로, 고밀도관광지대(high-density recreation areas)는 집중적인 개발지역으로 대규모 이용을 위해 운영되며, 주로 대도시권에 근접되어 있다.

〈표 1-5〉 ORRRC의 레크리에이션 자원분류의 특징

	특징	시설·활동의 종류	입지	이용시기	비고
(I) 고밀도 관광지대	대단위투자가 필요하며, 행락활동의 범위가 다양함, 집약적 개발	도로망, 주차지구, 일광욕, 해수욕장, 인공호수, 운동장, 음주지역	대도시와 인접, 도시공원 내에 위치	1일 및 주말 이용 (연중 이용)	도, 시 또는 국가관리의 형태가 대부분

	특징	시설 · 활동의 종류	입지	이용시기	비고
(II) 일반관광지대	이용밀도가 (I) 보다 낮으며, 규모와 활동 유형이 상당히 큼, 덜 집약적	캠핑, 피크닉, 낚시, 등반, 야외운동	공원 및 산림지, 스키장, 계곡, 호수, 해안, 수렵지	휴가, 주말	민간과 공공기관이 대등하게 운영 · 관리
(III) 자연환경지대	통상 자연을 있는 그대로 즐기도록 유도하는 지역, 대규모임	하이킹, 수렵, 캠핑, 피크닉, 카누, 관광	도립공원, 국립공원	주말, 휴가	민간소유지의 개발이 권장됨. 공공소유지가 대부분
(IV) 독특한 자연지대	경관이 수려한 지역, 자연경관이 특별히 유명한 지역	관광, 관찰, 학습과 같은 소극적 행락 활동	경관, 명소	주말, 휴가	경관적 가치를 갖는 동일한 지역을 관리하는 공공기구가 필요함
(V) 원시지대	자연자체, 야생상태	사냥, 관찰, 야생경험	원격지, 국립공원	휴가	국가가 자연 보호적 측면에서 관리
(VI) 역사 · 문화유적	주요 역사 · 문화유적	역사유적	도시, 지역별 골고루 분포	평일, 주말휴가	공공기관, 민간, 국가가 관리

둘째로, 일반관광지대(general outdoor recreation areas)는 특정한 레크리에이션 이용을 위해 다양하게 개발된 지역으로 보통 주요 대도시권에서 어느 정도 떨어져 있다.

셋째로, 자연환경지대(natural environment areas)는 자연환경내에서 레크리에이션을 위해서 알맞게 개발한 지역으로 복합적인 레크리에이션을 할 수 있다.

넷째로, 독특한 자연지대(unique natural areas)는 뛰어난 경관미와 자연적 불가사의를 지니고 있어 과학적 중요성을 지닌 자원이다.

다섯째로, 원시지대(primitive areas)는 도로가 없으며, 자연 그대로의 상태를 지닌 지역으로 야생경험을 제공할 수 있을 만큼 대규모이고 원거리에 위치하고 있다.

마지막으로, 역사 · 문화유적(historic and cultural sites)은 역사적 · 문화적 중요성을 지닌 장소로서 역사적 사건의 발생지나 고고학적 유적지 등이 여기에 해당된다.

이상의 ORRRC의 분류는 레크리에이션 자원에 대한 개발계획 수립을 위한 보편적인 틀을 제공하고 레크리에이션 자원의 관리에 효과적 수단으로서 제시하였는데, 이 중 고밀도 관광지대에서 원시지대까지의 5가지의 유형은 하나의 분광체(a spectrum)적 성격을 제시하고 있으나, 마지막의 유형인 역사·문화유적의 설정기준에는 동일성이 일치하지 않는 단점이 있다. 미국과 같이 거대한 대륙에서 적합한 관광자원 분류방식이기 때문에 우리의 실정에는 잘 맞지 않을 것으로 사료된다.

③ 건(Gunn)의 분류(1978)

건은 관광자원을 관광자의 유형, 즉 주유형(touring type)과 체재형(destination type)에 기초하여, 그에 따른 자원을 구분하고 있다(〈표 1-6〉).

〈표 1-6〉 주유형과 체재형 관광자원의 종류

	주유형 관광대상 (touring attractions)	체재형 관광대상 (destination attractions)
종 류	• 도로변 경관지 • 수려한 자연지역 • 자연 캠핑지구 • 친구 또는 친척의 집 • 수변지역 • 독특한 관습 • 사당과 문화적 장소 • 토속음식과 위락지 • 역사적 건물과 유적지 • 민족특유의 장소 • 쇼핑지역 • 특수공예 전승지	• 휴양지 • 축제장소와 농가 • 집단캠프장 • 민박가정 • 도박중심지 • 종합공원 • 낚시 · 사냥 · 해안 · 수상스포츠 지역 • 관광목장 • 회의 중심지 • 운동경기장 • 무역회관 • 과학기술회관

첫째, 주유형 관광자원에는 숙박하지 않는 장소를 이동하며 보고 즐기는 자원으로서 노변경관, 친구·친척, 축제, 토속음식, 쇼핑센터, 도시 등을 들 수 있다.

둘째, 체재형 관광자원은 숙박지역내에서 또 그 주변에서 보고 즐길 수 있는 관광자원으로 휴양지, 캠프장, 해안, 관광목장 등을 들 수 있다.

(2) 자원의 가시성(유 · 무형)에 의한 분류

① 일본의 국제관광년기념행사협회의 분류(1967)

1967년 세계관광의 해를 맞이하여 일본의 국제관광년기념행사협회가 간행한 자료에 의하면 관광대상으로서의 관광자원을 자연적 자원과 문화적 자원으로 대별하고 있으며, 그것을 다시 유형자원과 무형자원으로 세분하고 있다(〈표 1-7〉).

〈표 1-7〉 국제관광년기념행사협회의 관광자원분류

- 관광대상
  - 자연적 관광자원
    - 무형- 기후, 풍토 등
    - 유형- 지형, 지질, 기상, 생물 등
  - 문화적 관광자원
    - 무형- 생활, 민속, 분위기, 행사, 예능, 공예기술
    - 유형- 사적, 도시, 정원, 문화재, 향토음식, 산업, 시설

② 국제관광공사의 분류(1979)

1979년 국제관광공사에서 수립한 한국관광장기진흥종합계획에서 관광자원 개발계획의 기준 마련을 위한 관광자원실태 분석기준으로서의 관광자원의 종류는 다음과 같다(〈표 1-8〉).

여기서 유형관광자원은 하나의 현상으로 우리의 시각을 통해 접근이 가능한 것으로 자연관광자원과 인문관광자원으로 대별된다. 그리고 무형관광자원은 시각을 통한 접근이 불가능한 자원이다.

〈표 1-8〉 국제관광공사의 관광자원 분류

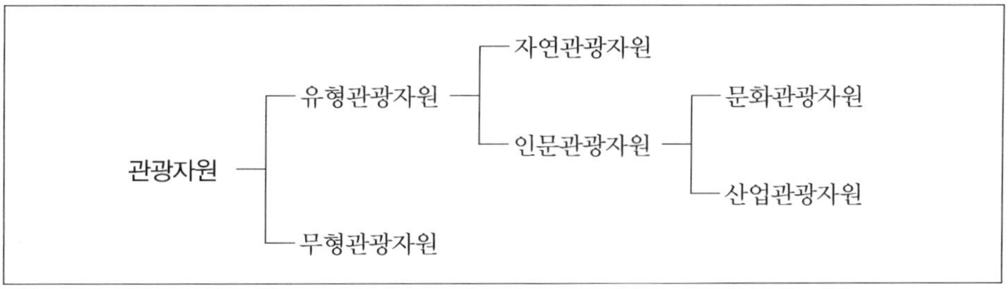

③ 교통부의 분류(1981)

교통부에서는 관광자원이 관광성향의 변화에 따라 계속 생성되며 매우 다양하다는 전제 아래 관광자원을 유형 · 무형관광자원과 대별하고 있는 바, 이는 앞서 제시된 국제관광공사의 관광자원분류를 좀더 발전시킨 것이라 할 수 있다(〈표 1-9〉).

〈표 1-9〉 교통부의 관광자원 분류

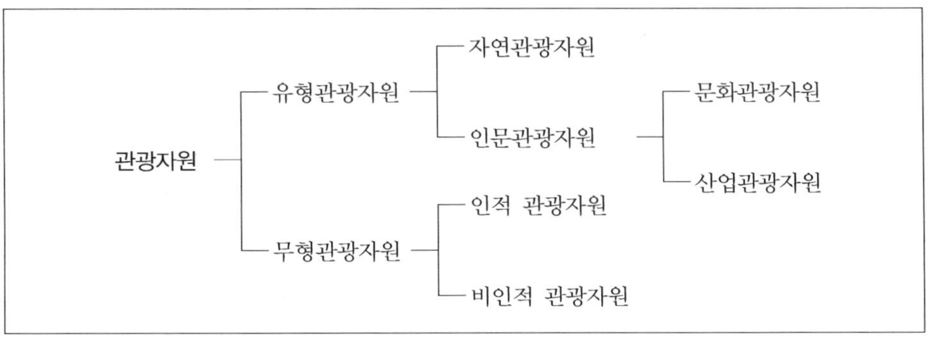

④ 한국관광공사의 분류(1983)

한국관광공사에서 1983년에 국민관광장기종합개발계획의 수립시 설정한 관광자원의 유형은 크게 유형관광자원과 무형관광자원으로 구분되고 있으며, 유형관광자원은 다시 자연적 관광자원, 문화적 관광자원, 사회적 관광자원, 산업적 관광자원, 관광레크리에이션자원으로 세분하였고 무형관광자원은 인적 관광자원과 비인적 관광자원으로 분류하고 있다(〈표 1-10〉). 그런데 이 분류는 관광자원을 유형관광자원과 무형관광자원으로 나누어 무형관광자원을 상대적으로 강조하려는 시도라고 볼 수는 있으나, 무형관광자원은 대부분이 사회적 관광자원과 문화적 관광자원의 범주에 속하는 한계성을 지니고 있다.

〈표 1-10〉 한국관광공사의 관광자원 분류

- 관광자원
  - 유형관광자원
    - 자연적 관광자원 : 천연자원, 천문자원, 동·식물
    - 문화적 관광자원 : 고고학적유적, 사적, 사찰공원
    - 사회적 관광자원 : 풍속, 행사, 생활, 예술, 교육, 스포츠
    - 산업적 관광자원 : 공업단지, 유통단지, 광업소, 농장, 목장, 백화점
    - 관광레크리에이션자원 : 캠프장, 수영장, 놀이시설, 어린이 공원
  - 무형관광자원
    - 인적 관광자원 : 국민성, 풍속, 관습, 예절 등
    - 비인적 관광자원 : 고유종교, 사상, 철학, 역사, 음악, 가곡 등

(3) 자원의 형성원인에 따른 분류

① 자파리(Jafari)의 분류(1974)

관광자원에 대하여 바구니 개념(basket concept)을 적용한 자파리는 바구니에는 내용물과 그 바구니 자체가 있음을 전제하며, 내용물은 바구니에 담긴 제품(product), 즉 관광시설과 교통을 제시하고 있다. 그리고 바구니 자체는 관광목적지의 유인대상(attraction)인 관광배경요소(background tourism elements; BTEs)라 하여 관광배경요소를 세 가지로 나누고 있다.

첫째로, 자연적 관광배경요소는 수자원, 기후조건, 숲, 산과 그 밖의 자연자원과 풍경자원을 총칭하여 말하는 모든 자연적 자원이다.

둘째로, 사회·문화적 관광배경요소는 모든 사회문화적 환경 또는 활동을 포함한다. 몇 가지 예를 들면 어느 지역의 독특한 축제와 행사, 특정지역의 역사·종교·전통·정치·예술을 들 수 있다.

셋째로, 인공적 관광배경요소는 역사적 건물, 기념물, 종교사원 그리고 전통적 또는 현대적 건축물을 들 수 있다. 보통 이 세 가지의 관광배경요소는 자연적·인공적·사회문화적 자원에 있어서 매력있는 관광지를 개발하기 위하여 서로 혼합되는 것이 일반적인 현실이다.

② 피어스(Pearce)의 분류(1982)

피어스는 관광자원이 관광객을 방문하게끔 끌어들이는 것이라 하고 관광자원을 자연자원과 인공자원, 인문자원으로 나누고 있다(〈표 1-11〉).

〈표 1-11〉 피어스의 관광자원유형

관광자원
- 자연자원 - 지형, 동 · 식물 등
- 인공자원 - 사원, 카지노, 기념물, 역사적 건축물, 오락공원 등
- 인문자원 - 언어, 음악, 무용

③ 鈴木忠義(스즈키)의 분류

동경공과대학의 스즈끼 연구실은 관광자원을 자연자원, 인문자원, 관광대상시설을 나누고 있다(〈표 1-12〉).

〈표 1-12〉 스즈키의 관광자원 분류

- 자연자원 : 산악, 고원, 호수, 계곡, 폭포, 하천, 해안, 산호초, 전망지점, 암석, 동물, 식물, 온천, 자연현상
- 인문자원 : 사적, 사찰, 정원, 공원, 비석, 동상
- 관광대상시설 : 관람시설, 오락시설, 스포츠시설, 산업시설, 생활시설, 연중행사

④ 岡本信之(오카모도) 등의 분류(1978)

오카모도 등은 관광대상을 관광자원과 관광시설로 나누고 있으며, 관광자원은 다시 자연관광자원, 인문관광자원, 복합형 관광자원으로 세분하고 있다. 그리고 관광시설은 숙박시설, 음식시설, 물품판매시설, 레크리에이션시설, 문화 · 교육시설, 관광안내시설, 공공서비스시설로 나누고 있다(〈표 1-13〉).

기존의 한국의 관광자원론에서는 津田昇(쯔다 노보루), 末武直義(수에다케나오요시)의 분류방식을 채택한 사례가 많았다. 즉, 자연적 관광자원, 문화적

관광자원, 사회적 관광자원, 산업적 관광자원으로 나누는 방식인데, 이는 자원을 분류의 용이성을 목적으로 시도한 것이다(〈표 1-14, 1-15〉).

1972년 국제관광공사(현재는 한국관광공사)에서 발간한 한국관광자원총람의 경우 3,000여종에 달하는 한국의 관광자원을 자연적 관광자원, 문화적 관광자원, 산업적 관광자원, 관광레크리에이션시설 자원으로 나누고 있는데, 이것도 쯔다 노보루의 방식에 기초하여 레크리에이션 시설자원만 첨가한 것이다.

末武直義(수에다케 나오요시)는 관광자원을 자연자원과 인문자원으로 크게 나누고, 다시 자연자원을 관상적 관광자원과 보양적 관광자원으로 세분하며, 인문자원은 문화적 관광자원, 사회적 관광자원, 산업적 관광자원으로 세분하였다.

이 책에서는 자원의 본질적인 형성원인에 따라 자연과 문화, 복합형, 위락관광자원 등으로 분류하고 각각의 주요 요소별로 구분하여 설명하고자 한다.

〈표 1-13〉 관광대상의 분류

- 관광자원
  - 자연관광자원
    - 유형관광자원 : 산악, 고원, 해양, 해안, 하천, 호소, 동식물, 온천, 기상(눈)
    - 무형관광자원 : 기상(온난, 냉량)
  - 인문관광자원 — 사적, 사사, 성적, 성곽, 정원, 연중행사(축제, 이벤트)
  - 복합형관광자원 — 대도시, 농산·어촌, 향토경관, 역사경관
- 관광시설 (서비스 포함)
  - 숙박시설 — 호텔, 여관, 캠프장
  - 음식시설 — 레스토랑, 바
  - 물품판매시설 — 토산품점, 쇼핑센터
  - 레크리에이션시설
    - 옥외스포츠, 취미, 오락실 : 스키장, 유보도, 레저랜드
    - 옥내 : 볼링장, 공예교실
  - 문화교육시설 — 야외박물관, 민속자료관, 동식물원
  - 관광안내시설 — 관광안내소, 가이드, 전망대
  - 공공서비스시설 — 치안, 보전물, 에너지, 쓰레기 처리

〈표 1-14〉 津田昇(쯔다 노보루)의 분류

- 자연적 관광자원
  - 기후, 풍토 : 계절에 따른 기후, 풍토
  - 풍경 : 산악, 고원, 평원, 삼림, 목장, 도서, 하천, 호소, 계곡
  - 온천 : 각종 온천
  - 천연자원 : 안개, 눈(雪)
  - 동식물 : 식물, 조류, 물고기
  - 도시공원 : 도시미
- 문화적 관광자원
  - 유형문화재 : 건조물, 회화, 조각, 공예품, 서적, 고문서
  - 무형문화재 : 연극, 음악, 공예기술
  - 민속자원 : 의식주, 생업, 신앙, 연중행사, 의복, 기구, 가구
  - 기념물 : 패총, 고분, 도적(都跡), 성적(城跡), 유적, 정원, 교량, 협곡, 해변, 산악, 명승지, 예술공예품, 동식물, 지질
- 사회적 관광자원
  - 인정, 풍속, 행사 : 풍속, 전설, 신화, 전기
  - 국민성, 민족성 : 이종문화의 동화과정
  - 생활, 음식 : 고유의 생활, 각종 음식
  - 예술, 예도(藝道), 예능, 스포츠 : 고전적 · 근대적 예술 및 스포츠
  - 교육문화시설 : 대학, 의사당, 건조물, 고속도로, 고아원, 탁아소, 양로원, 공회당, 미술전시회, 도서관, 문화연구소, 과학연구소
- 산업적 관광자원
  - 공장시설 : 공자의 각종 기계설비, 제조공정, 기술연구소, 후생시설
  - 농장 및 목장 : 과수원, 목장시설
  - 사회공공시설 : 항만, 댐, 운하, 고속도로, 교통시설
  - 견본시, 박람회, 전람회, 전시회 : 국제견본시, 상품, 견본품, 각종 전람회, 전시회

〈표 1-15〉 수에다케 나오요시의 관광자원 분류

- 관광자원
  - 자연자원
    - 관상적 관광자원- 지형, 지질, 생물, 기상
    - 보양적 관광자원- 기상, 지형, 온천
  - 인문자원
    - 문화적 관광자원- 문화유산, 문화적 시설
    - 사회적 관광자원- 사회형태, 생활형태
    - 산업적 관광자원- 농림, 어업, 공업, 상업

4. 관광시설의 개념과 종류

1) 관광시설의 개념

관광시설은 관광을 위한 편익을 제공하는 것으로서 설치된 것이기 때문에 관광자원에 부가된 것을 관광대상으로서 기능되기도 하고 또 그 자체가 관광대상이 된다. 협의로는 관광객의 편익을 위해서 제공되는 설치물로 전망대, 스키장, 유람선 등이 있다. 광의로는 관광객 이외의 용도에도 제공되는 동종의 설치물, 즉 관광관련시설을 포함하는 것이기 때문에 관광사업의 입장에서도 광의로 사용하는 것이 보통이다. 예를 들면 숙박시설은 관광객만이 이용하는 것이 아니라 지역주민, 업무여행자, 기타 용무로도 이용하는 것은 도시내의 숙박시설을 상기하면 용이하게 이해될 수 있다.

관광기본법에는 관광기반시설과 여행관계시설을 관광시설로 규정하고 있다. 관광 기반시설은 공항 · 항만 · 철도 · 주차장 · 여객선 등 육해공의 교통시설, 상하수도 쓰레기처리시설 등의 환경위생시설, 전화 · 방송 등의 통신시설 등이 있고 여행관계시설은 숙박시설, 휴게시설, 안내시설 등을 총칭하고 있다. 관광객의 유치를 도모하고 관광자원을 실제적으로 활용하고 관광대상을 정돈하는 데 있어서는 유형 · 무형으로 받아드릴 수 있는 체재방식을 정비할 필요가 따르게 마련이다. 이것을 인위적 또는 의식적으로 정비한다는 것은 그 토지의 매력을 높이는 동시에 관광지로서 특색을 살린다는 두 가지의 의미가 내포되어 있다. 한마디로 말해서 유치한 관광객을 접대하는 데 필요로 하는 제반사물을 관광시설이라 하는 것이다.

일반적으로 관광시설은 기본시설로서 교통시설, 숙박시설, 휴식시설, 식사시설, 안내와 접대시설 등이 있고 부대시설로서 매점시설, 레크리에이션 시설, 경기시설, 관람시설, 환경위생시설, 보건요양시설, 문화교양관계시설 및 산업경제관계시설 등으로 대별할 수 있다. 이상의 제반 관광시설은 영업목적으로 기업이 경영하는 것이 대부분이고 사실상 관광사업의 주체가 되고 있으니 개개의 입지조건 등을 검토하여 가장 유효한 방향으로 충분히 조정 · 정비되어야 한다. 그리고 인적서비스 문제도 관광시설을 효과적으로 운영하는 데 중요한 요소가 된다.

관광객을 대상으로 하여 설치된 시설 중에는 관광객을 유치하기 위한 시설, 즉 관광욕구를 만족시키는 시설 그리고 관광객을 안전하고 건전한 여행이 되도록 하기 위해서는 여러 종류의 시설을 필수적으로 갖추어야 한다.

2) 관광시설의 종류

(1) 교통시설

관광행동을 성립시키는 기본적인 요소의 하나가 이동이다. 목적지로 이동 또는 귀가의 이동은 교통로와 교통수단에 의해서 행해지는 것으로 기차, 자동차, 항공기, 선박 등이 이용된다. 경우에 따라서는 목적지가 없는 행동 그 자체가 관광대상이 되는 경우도 있다.

교통기관의 발달은 관광수요의 증대, 관광행동 범위의 확대, 이용교통기관이나 활동의 변화 등 관광의 질에 큰 변화를 가져다준다.

교통시설은 공항 · 철도 · 자동차 · 도로(도로표식 포함) · 여객선 · 항만, 그 밖에 케이블카(cable car) · 삭도(rope way), 리프트(lift) 등으로 여행의 전제조건이 이동에 있으므로 이를 기초적 시설 또는 기반시설이라고 한다. 교통관계시설은 관광객을 관광지에 수송하는 외적 교통시설과 관광지내에서 관광의 목적으로 이동할 수 있는 내부 교통시설 등으로 나누어져 있다.

전자의 외적 교통시설은 무엇보다도 신속성, 쾌적성, 편리성 등이 요구되고 이들의 교통시설로서 관광객을 수용하는 제반시설에 영향을 미친다. 이와 같은 관광객 출발지의 시장성과 관광지간의 교통시설에는 어떤 종류의 교통기관이건 적합성 여부에 대한 선택은 지형 및 거리와 관광지의 성질 기타 환경과 조건에 의하여 결정된다.

후자의 관광지내부의 교통시설은 첫째로 자동차관광도로, 관광철도, 주차장, 유보도, 삭도와 유람선 등으로서 전자와는 달리 주로 관광객의 이용목적에 따라 설치된다. 내부 교통시설은 외부 교통시설과는 달리 거의 관광대상과 직접 연결시키는 목적에 사용되기 때문에 신속성보다도 쾌락성이나 오락성 등이 요구된다. 이와 같은 여러 교통시설의 다양성은 관광지 전체의 평가에 영향을 주므로 양질의 인적 서비스가 반드시 수반되지 않으면 안된다. 제반

교통시설의 정돈된 상황은 관광지 전체에 대한 평가에도 관련되며 한 나라의 힘이 될 수도 있다. 그러나 어느 것이나 모두 관광지내에 설치되는 교통시설인 만큼 건설 시에 관광자원의 훼손 방지는 물론이고 기존의 자원과 조화를 추구하는 대책이 필요하다.

(2) 숙박시설

교통시설과 같이 관광사업상 숙박시설을 완비하는 것은 근본적으로 중요한 문제이다. 대부분의 여행은 숙박이 수반되며 여행자를 받아들이는 접대에 대한 평가의 대상이 숙박시설과 관련하기 때문이다. 숙박시설은 호텔, 콘도미니엄, 여관, 여인숙, 민박 등 다양하며 이들은 관광지의 특성이나 이용객의 여러 사정에 따라 결정된다. 한편, 다른 기능을 발휘할 수 있는 부대시설이 요구되는 바 사교장·오락시설·운동시설 등을 설치하고 있다. 일정시간을 초과해서 여행하는 경우에는 불가결한 시설이 숙박시설로 교통과 더불어 관광행동을 성립시키는 기본적인 요소의 하나이다. 숙박을 추구하였던 여행자에 의해서 전문적인 숙박시설이 보급된 것은 근세 이래이고 안전과 위생이 특별히 중요하다. 숙박시설 없이 숙박기능을 가진 교통기관도 있다. 철도열차의 침대차, 일부 여객선이 그것이다. 침대차는 정말로 교통수단으로서 숙박기능이 가능하다. 여객선에는 침대차와는 다르게 교통수단으로서 보다는 관광목적시설로서 선내에 각종 레저설비를 완비한 호화객선이라고 칭하는 것이 있다.

일본에서 일반적으로 이용되고 있는 숙박시설은 호텔, 비즈니스호텔, 콘도미니엄, 유스호스텔, 펜션, 캠프장, 오토캠프장, 여관, 국민숙사, 국민휴가촌숙사, 민숙, 임대별장, 요양, 보양소, 宿坊 등 다종다양하다.

관광여행에 있어서 숙박은 관광활동을 위한 수단으로서 숙박과 숙박하는 자체를 목적으로 하는 경우에 의해서 숙박시설의 설비내용도 다르게 변화한다. 전자에는 안전과 위생이 특히 중요시되고 후자에는 여관내에 다양한 오락시설을 설치하는 등, 이용목적에 따라 시설의 방향을 결정한다.

숙박업은 장치산업으로서 고정자산의 비율이 높고 수익확보를 위해서도 숙박시설의 서비스기능은 다기능화되고 있다. 숙박업의 다기능화는 특히 호텔에서 두드러지고 기본적 기능의 숙박기능, 음식기능, 연회집회기능뿐만 아니라 레저스포츠서비스 기능, 쇼핑 서비스 기능, 건강 · 미용 · 의료서비스 기능, 비즈니스서비스 기능 등의 여러 기능이 독립된 시설기능으로서 대형 호텔을 구성하고 있는 것으로 나타나고 있다.

지방수요를 겨냥하는 도시호텔은 지역개발의 핵심시설로서 기능이 인지되고 있다. 출장객을 중요한 이용자로 하는 비즈니스호텔은 기능성을 중시한 숙박과 비즈니스 기능이 있다. 단체객의 편리를 만족시키기 위한 부대시설과 서비스로 특화된 단체여관도 있다.

요리여관은 고급스러운 식사와 인적 서비스를 제공한다. 숙박서비스의 기본인 청결, 안전, hospitality를 펜숀에서 제공하고 있다. 이와 같이 숙박시설은 관광객층의 요구에 부합되는 서비스 기능을 제공한다.

다양한 업태의 숙박시설이 있지만 호텔에서 하는 것, 펜숀에서 하는 것, 그 시설내용과 서비스 내용은 가격에 따라 크게 차이가 난다. 시설의 종류에 의해서 서비스 내용을 예상할 수 없는 것의 전형은 여관이다. 방의 크기, 식사의 장소, 품질, 인적 서비스(hospitality) 등은 요금을 예상할 수 없는 것이 보통이다. 동일의 방, 동일의 요리에도 숙박하는 인원에 따라 다른 요금을 지불해야 한다. 관광지에 숙박시설이 갖추어져 있다는 것은, 관광객으로 하여금 관광이동을 가능케 할 뿐만 아니라, 행동범위를 확대시키는 요인이 되어 이동의 보조적 기능을 수행하게 되는 경우가 많다. 따라서 관광객을 유치하는 데는 숙박시설의 설치가 필요충분조건이 된다. 또, 관광객에 대한 접대는 일반적으로 접대기능을 갖춘 숙박시설이 담당하게 되며, 관광지로서의 평가대상이 이와 같은 숙박시설의 접대능력에 달려 있는 경우가 많다.

숙박시설에는 호텔, 여관, 여인숙, 그리고 민박 등이 있으며, 이와 같은 시설의 정비는 관광지의 성질, 이용객의 상황 등에 의해서 영향을 받는다.

숙박시설의 사회적 역할은 기본적으로 여행자에게 수면, 음식, 생명 · 재산의 보호 등 세 가지의 기능을 담당하는 시설과 서비스를 제공하는 것이지만, 그 밖에도 사교 · 오락 등의 기능을 담당할 수 있는 시설의 설치를 필요로 한다.

(3) 휴게시설

휴게시설은 유원지 · 휴식소 · 전망대 등이 있고 소규모 시설로는 테이블 · 벤취 · 음료수 등도 여기에 해당된다. 이와 같은 시설은 관광지의 기본적인 서비스시설이므로 지형과 조망, 풍경 등을 충분히 고려해서 관광지의 특성에 부합하면서도 특색있는 유형으로 만드는 것이 과제이다. 휴게시설은 휴게소, 전망대, 드라이브 인(Drive-in), 헬스센터 등이 있는데, 이와 같은 것들은 한 장소에 모여 있는 경우가 많다.

(4) 식당시설

식사는 관광여행에 있어서 단순히 공복을 채우는 것으로서 만족하는 것이 아니고 다소나마 피로를 풀 수 있는 요리가 준비되어야 할 것이며 지역적인 특징과 진미가 풍기는 식사시설이 필요로 할 것이다. 원칙적으로 관광객이 집중되는 곳에 설치되어야 하나 식당시설을 둘러싼 자연환경이 대단히 중요하다. 식사시설로서는 식당, 그릴, 요정, 레스토랑 등의 시설이 있는데, 요리와 함께 관광대상의 역할을 담당한다.

(5) 관광정보시설

관광객 중에는 관광지를 처음 방문하는 경우가 많고 미지의 땅을 방문한다는 의미에서 관광지에 설치된 관광안내소 및 종합 관광안내소의 시설은 불가피하다. 어느 나라에서나 공공기관에서 안내소를 설치하고 무료로 봉사하는 것이 일반적이나 여행사간에 교통업 또는 숙박업자로부터 수수료를 받아 서비스를 하는 경우도 있다. 일본의 경우에는 국제관광객을 위하여 주요 관광지에 한하여 종합 관광안내소를 두고 '도' 지역마다 시 · 군의 관광계에서 이를 맡고 있다. 우리나라에서도 최근에 안내시설이 점차 증대하고 있으나, 국민관광이나 국제관광수요에 비해 절대적으로 부족한 실정이다. 한국의 관광대상 · 자원에 대한 이해와 관광활동전반의 편익을 제공하기 위해서는 우선 관광정보시스템('i' system)을 구축하고, 다음으로 주요도시 및 주요관광지를 중심으로 안내소와 안내시설을 확충해야 한다.

특히 관광지 안에 옹기종기 벌린 매점시설이 있다. 해당 관광지의 특산물 또는 기념품 등을 판매하고 있는 일종의 상행위인 영업시설이다. 이 시설은 여행 중인 관광객들의 여수를 달래는 위로와 기념에 기여하고 있는 시설이다. 안내시설은 주로 여행안내소나 관광안내소를 말하며, 그밖에도 안내판 등을 가리킨다.

이와 같은 시설업무가 여행업에 의해서 수행되는 경우, 특히 여행정보, 옵셔널 투어(optional tour)의 안내, 교통가이드 등이 제공된다. 정보관계시설은 관광대상으로서의 기능성은 그리 크지 않지만, 정보 · 안내 등의 편익을 제공하는 중요한 접대기관으로서의 시설이다.

(6) 레크리에이션 관련시설

레크리에이션 시설은 매점시설, 오락 · 레저시설 등을 가리킨다. 매점시설은 주로 기념품, 토산품 판매시설이며 여행자에게 여행의 즐거움을 주는 기능을 갖고 있다. 관광지에서 토산품의 제공과 지역의 관광수입을 생각한다면 없어서는 안될 시설이다.

또한, 관광객 가운데는 여행의 목적을 자연이나 문화적인 대상의 감상, 접촉 이외에, 오락을 지향하는 사람들이 많기 때문에 관광대상으로서 오락시설의 설치가 중요하다. 관광지에 따라 다르긴 하지만, 이와 같은 종류의 시설을 중점적으로 설치하여 관광개발을 촉진하는 예도 있다. 관광에는 오락적 행동이 수반되기 때문에, 많건 적건 대부분의 관광지에는 오락 및 유흥시설이 설치되고 있다.

스포츠시설로는 해수욕장, 스케이트장, 스키장, 골프장 등의 시설이 있다. 레크리에이션 시설에는 스포츠 외에도 이른바 관광농원이나 그 밖에 '관조(bird-watching)'와 같은 자연을 관찰하기 위한 시설도 있기 때문에 스포츠에 한정하여 생각하지 않는 것이 중요하다.

레크리에이션 시설 가운데는 광대한 부지에 자본을 투자하여 유원지를 만든 시설이 있는데, 철도의 연변이나 도시 근교에 설치되어 1일관광의 대상이 되는 경우가 많으며, 또 디즈니랜드와 같이 대규모 기업의 형태로 경영하는 경우도 있다.

관광객 중에는 여행의 목적을 자연과 문화적인 면에는 관상과 접촉을 소홀히 하고 오락과 유흥시설에만 유독 눈을 돌리는 이가 있다. 관광지의 조건에 따라 다르겠지만 여기에 시설을 중점적으로 설치하려는 기업인들도 상당한 수에 이르고 있다. 세계적인 시설로서 라스베가스 · 몬테까를로 등지는 오락시설 중심의 국제적인 관광지로서 널리 알려져 있다. 어쨌든 크고 작고 간에 관광지라 하면 이 시설이 마련되어 있기 마련이다. 또한 이 시설 안에는 레크리에이션 시설이 부설되어 있다. 형태상으로 보아서는 타의 시설과 중복된다고 하겠으나 기능적으로 보아서는 판이한 시설이다. 가족동반 관광에 잘 어울리는 유원지나 또는 청소년들에게 잘 이용되는 캠프시설 등이 다 여기에 속한다. 수많은 레크리에이션 중에서도 어떠한 레크리에이션이 그 관광지에 알맞는가 하는 것을 심사숙고해서 정비해야 할 것이며 일반 관광객들에게 염가로 건전한 환경을 제공하는 데 관심을 가져야 할 것이다.

(7) 스포츠시설

관광여행이 날로 증가 · 증대 일로에 있는 이때 운동을 주목적으로 하는 경기관광이 부쩍 늘어나고 있다. 해수욕장 · 스케이트장 · 스키장 · 골프장 등이 다 근래에 와서 중요한 관광객 유치시설로서 지역관광사업에 크게 공헌하고 있는 시설이다. 도시 내에 소재하는 스포츠시설 등은 시민의 여가대상으로서 시민의 건강증진에 기여하고 있다.

(8) 환경위생시설

상수도 및 하수도 그리고 오물처리 시설, 즉 환경위생시설의 완비는 관광객들의 체류기간에 극히 유의하여야 할 기본적인 조건이다. 아무리 좋은 자연경관과 관광자원에 둘러싸인 관광지라 할지라도 주위가 불결하고 더러운 냄새가 풍기거나 전염병같은 것이 발생할 우려가 있는 곳은 관광지로서의 적격여부를 좌우하는 중요한 판단기준이 될 수 있다. 특히 현대 관광지에서는 관광객의 증가 추세를 잘 파악해서 여기에 대비할 수 있는 정도의 환경위생시설을 설치하여 보건환경을 유지해 나가야 한다.

보건요양시설로서는 온천장과 피서 · 피한지가 있다. 특히 광천요양지와 기후요양지 등 명성이 있는 관광지는 주로 보건과 요양을 위해서 이용되고 있기 때문에 그의 목적을 달성시켜 줄 수 있는 시설이 요청된다.

(9) 문화 및 예술시설

박물관, 미술관, 기념관 등 일종의 문화시설은 중앙에서 지방에 이르기까지 문화적 창조를 유발시키고, 나아가서는 그곳에 보존되어 있는 문화재가 관광에 활용될 수 있도록 정돈해 놓아야 한다. 다시 말해서 일반 관광객들의 관심을 모으기 위해서 관광시즌을 택해서 그 관광지에 알맞는 문화예술적인 관광행사 등을 베풀어서 그 지역의 대표적인 문화재(지정문화재 · 지방문화재 · 비지정문화재) 등을 전시 · 관람케 하는 시설이다. 특히 이 시설은 일반관광객 및 대중을 위해서나 관광사업의 측면에서도 없어서는 아니될 시설이다.

여기에 산업시설은 현대관광의 한 대상으로서 큰 몫을 담당하고 있다. 관광사업상 새로운 분야로서 등장한 것이 특히 생산공장을 관광시키기 위한 시설, 공예 및 기술 전시를 위한 시설로서 일시적인 임시시설과 상설시설 등 두 가지로 나누어져 있다. 교육 · 문화시설은 박물관, 미술관, 수족관 그리고 과학관 등을 가리키는 말이다.

02
자연관광자원

CHAPTER 02

자연관광자원

1 자연과 관광

1. 자연관광자원의 의의

지구상에는 다종다양한 자연환경이 존재한다. 기후환경은 열대, 건조대, 온대, 냉대, 한대로 구분되며 지형자원은 산지, 고원, 평야, 해안으로 구분되고, 이것을 침식시키며 흐르는 하천에는 수많은 폭포와 계곡 등이 있다. 이들은 지질구조적으로 유년기에서 노년기까지 변화하여 빙하나 화산지형으로도 존재한다. 또한 해양에는 많은 섬이 있고 삼림이나 동식물, 어류 등도 서식하고 있다.

이와 같이 자연환경은 다양하게 분포되어 있을 뿐만 아니라 기후, 지형적인 요인에 의해서 유기적으로 결합되어 각 지역마다 독특한 경관(Landschaft)을 구성하고 있다. 한국에서 생활하고 있는 우리들에게는 사계변화가 당연한 사실이지만, 열대지방 사람들에게는 놀라운 일이고, 장마현상 등은 건조지역 사람들에게는 대단히 신기하게 보일 것이다. 이와 같은 자연현상의 지역차가 관광욕구를 불러 일으켜 관광대상으로서 자연관광자원이 되게 하는 것이고, 그것은 교통 등의 개발조건과 함께 관광지역을 형성하게 된다. 또한, 도시화의 진전은 산업구조의 변화와 함께 도시생활에 긴장감을 주게 되어 시민의 여가활동 중에서 자연지향의 성향을 높여준다.

자연관광자원은 지역고유의 자연경관이므로 그 요소는 매우 다양하다.

- **지형으로 본 경우** : 산지, 화산, 구릉, 고원, 호수, 빙하, 하천(계곡, 폭포), 해안, 섬, 해양, 암석, 온천, 사막 등
- **천문기상** : 달, 별, 눈, 빙하, 온난, 한냉차이 등
- **동식물** : 새, 짐승, 곤충, 물고기, 삼림(낙엽, 신록), 화초 등

1) 산 지

유럽의 알프스, 북미의 록키 등을 위시하여 세계의 산지는 뛰어난 관광자원이 많다. 산지는 해발고도, 원시림, 설선, 암봉 등 산 자체의 변화와 더불어 계곡, 암석, 온천, 화산, 동식물상 등 자연자원의 종합적인 경관이 존재하고 있다. 태초부터 산지를 대상으로 한 신앙도 많고, 한국의 삼신산 오악 그리고 일본에 있는 후지산, 백산, 입산 등에서 볼 수 있는 바와 같이 산지 그 자체를 숭배하거나 산지의 신비성을 이용해서 종교적 환경을 조성함으로써 또 다른 의미의 경관이 조성되어 오늘날의 매력적인 관광대상이 되는 경우도 있다.

히말라야의 에베레스트산의 칸첸준가(Kanchenjunga: 8,598m), 안나푸르나(Anna purna: 8,078m), 마나슬루(Manaslu: 8,156m)라는 거봉들은 체재적 관광가치가 높은 곳이지만 이곳까지 도달하기 위한 등산은 고도의 전문기술이 요구되기 때문에 관광대상으로서의 역할은 충분치 못하다.

알프스의 산지는 등산기지라기보다는 경관자원이 우수하고 몽블랑(Mont Blanc : 4,807m), 마테호른(Mattehorn : 4,478m), 융프라우(Jungfrau : 4,158m) 등의 산봉에는 그것을 조망하기 위한 것으로 스위스에서는 관광기지를 형성하고 있다. 도시에 인접한 산지가 우선순위로 개발되어 이용되고 호소나 계곡 등의 종합적 자원을 형성하며 교통이 편리한 곳에서부터 산지관광의 대상이 생기기 마련이다. 예를 들면, 알프스는 관광대상이 많은 관광자원으로 이용되는 반면에, 알프스보다 해발고도가 높은 히말라야는 대형 관광자원이지만 잠재적 가치성만 인정되고 있다. 일본에서도 북알프스는 관광개발이 추진되고 있으나, 남알프스는 같은 규모이면서도 교통조건이 불리하여 관광가치성이 상대적으로 낮은 편이다. 또한 육갑산은 고베시에서 가깝고 경관이 뛰어난 관광지이지만 그것보다도 해발고도가 높은 영산 등은 관광대상으로서 아직은 미미하다.

화산은 화구, 용암류, 온천 등을 포함하고 있어서 자연관광자원으로서 가치가 높다고 할 수 있다. 이와 같이 산지는 본래의 풍경미와 삼림, 고산식물, 동물, 호수, 온천 등의 자원이 가미되고 고랭지의 맑은 공기와 천상이 아름답게 보이는 것도 포함해서 등산, 스키, 하이킹, 캠프, 오리엔티어링 등 스포츠대상으로서 뿐만 아니라 피서관광지의 대상이 된다.

2) 해 양

바다는 산지와 다른 경관이 전개된다. 대부분이 온난한 기후에 의한 푸른 바다와 사빈 해안, 기암괴석의 암석해안과 섬이 조화된 경관을 이루고 있다. 우리나라의 관동팔경으로 불리는 총석정, 삼일포, 청간정 등은 이런 경우에 해당한다. 바다의 관광가치는 해수욕, 요트, 카누, 보트, 낚시 등의 관광행동을 즐길 수 있을 뿐만 아니라 피서 · 경관감상 등의 목적에도 합치되는 대상이다. 최근에는 해중공원설정 등도 함께 하여 새롭게 해중관광이 관심의 대상이 되고 있는데, 해중의 바위, 산호, 해초, 어류 등 아름다운 수중광경을 배의 유리창에서 바라보는 방법을 채택하고 있다.

3) 하천 · 호수

하천은 유역면적이 넓고 수량이 풍부한 것에서부터 작은 하천, 인공운하까지 여러 가지가 있으나 하천 그 자체보다도 산지 등, 연안의 풍경과 결합한 것이 많다. 라인강의 경관도 연안의 고성, 포도밭, 로렐라이 언덕 등의 풍물과 어우러져서 하천으로서 관광가치가 있는 것이다. 하천 그 자체로서 가치를 가지는 것은 계곡이나 폭포 등의 주위풍경과 함께 어우러져 아름다운 경관을 형성한다. 운하는 베니스와 같이 특수한 도시미의 구성요소가 된다.

호수는 그 형성원인에 따라 자원적인 요소도 다르다. 우리나라에는 산중의 화산성 호수인 천지와 백록담을 제외하면 거의 없는 실정이지만, 이것은 맑은 물과 산지 미가 결합해서 큰 자원이 되는 경우가 많다. 산중에 인공적으로 건설된 댐에 의해 형성된 인조호수도 환경파괴의 위험성이 있지만 형성 후에는 관광자원으로서 가치를 형성하고 있다. 산정호수가 그 예이다. 평지의 호수는 해양과 유사한 자원요소를 갖고 있지만 파도가 적어서 안전하다는 장점이 있다. 또한 여러 가지 양식에 의해 산업관광지와 결합한 경우도 많다.

4) 삼 림

한국에는 산지가 많고 삼림은 산지의 일부로서 신비한 정서를 형성하고 있으며, 그 본래의 치수를 위한 보안림으로서보다도 관광대상으로서의 자원성이 중시된다. 설악산, 오대산 등의 국립공원은 침엽수림지가, 소백산, 속리산, 지리산 등에는 낙엽활엽수림이, 치악산일대는 활엽수와 침엽수의 혼효림 그리고 한라산의 식물분포의 수직차이 등 삼림은 국립공원 지정의 중요한 요소가 되고 있다.

5) 水木花草

수목이나 화초는 반드시 삼림지가 아닌 곳에서도 볼 수 있지만 산지에 있는 고산식물은 자연관광자원으로서 의의가 크다. 아메리카의 세고이아 공원의 대목, 네덜란드의 튤립 재배도 유명하다. 삼림이라고까지 표현하기 어려운 숲의 신록, 홍엽(단풍)은 사계변화와 함께 상당히 중요한 자연관광자원이라고 할 수 있다. 홍도의 풍란, 제주도의 한란 · 풍란, 한라산의 철쭉동산 등도 화초로서 그 지역의 특성을 나타내며, 일본 북해도의 원생화원도 예로 들 수 있다.

6) 동 물

동물도 자연자원으로서 관광대상이 되며 관상하는 것과 포획대상으로 하는 것(낚시도 포함)이 있다. 물론 이들은 야생이고, 동물원 등에서 사육되는 것은 관광자원이기는 하나, 자연자원의 관광대상은 되지 못한다.

곤충에 관해서도, 개똥벌레를 늘려서 마을의 명소로 하려 하는 곳도 있으나, 동물은 전체적으로 감소되고 있는 추세이다. 국립공원 가운데 오대산은 멧돼지, 사향노루, 원앙새 등 포유류 14종, 조류 35종, 곤충 474종, 담수어 20종이 서식하고 있어 지리산, 한라산과 함께 동물분포의 보고로 일컬어진다. 희귀동물은 대부분 천연기념물로 보호되고 있으며, 그 동물의 존재가 큰 자원가치를 창출한다. 일본에서는 1,799개소, 144만 종류의 조수보호구역이 설정되어 있다.

7) 온 천

온천은 휴양, 보양에 큰 효과가 있고, 수려한 풍경과 함께 관광자원으로서의 가치를 형성하고 있는 곳이 많다. 온천에는 보양지 · 요양지로서의 온천, 관광지로서의 온천, 도시화된 온천지 등 3종이 있지만 관광도시화하고 있는 지역에서도 온천이 유력한 관광자원임에는 변함이 없다. 독일의 바덴바덴과 같이 예로부터 관광지화한 온천도 있으며, 일본에서는 온천에 탕치하러 가는 것과 종교적인 참례 등의 목적으로 가기도 하는데, 어민도 여행을 할 수 있게 된 에도(江戸)시대 중기부터 관광 목적지였던 곳으로 온천 관광자원이용의 역사성을 알 수 있다. 한국이나 일본의 입욕법은 유럽과는 달리 치료중심인 외국에 비해서 오히려 보양이나 기분전환 중심이었다. 또한 스키가 레크리에이션 중심이 되면서 온천과 스키의 결합은 산지에서 많다.

2. 자연관광자원의 이용

1) 자연공원의 이용

자연관광자원은 자연의 풍경, 즉 경관, 경색, 풍광, 풍물, 산수, 풍월 등이 있고, 풍경을 구성하는 요소인 지형, 기후, 풍토, 동식물 등을 중심으로 형성되고 있는 자원을 일컫는다. 자연관광자원은 산자수명한 자연경관과 그 속에 내재하는 명소를 찾고자 하는 관광객들의 중요한 목적지로서 역할을 한다.

우리나라는 국토의 65%에 달하는 64,498km²의 임야가 폭넓게 분포되어 있으며, 강원, 충청, 호남지방과 4대강 유역을 중심으로 하천과 구릉지가 넓게 전개되어 있어 수려한 명소들이 자리할 수 있는 자연적 여건을 갖추고 있다.

또한 3면이 바다인 우리나라는 해안선의 발달과 대・소 도서가 분포하여 천혜의 해안 및 해양관광자원이 풍부하게 부존되어 있는 편이다. 이러한 자연환경을 배경으로 하여 우리나라를 대표하는 자연관광자원은 대체로 자연공원으로 이용하는 사례가 많다.

자연공원의 지정은 자연생태계와 자연 및 문화경관 등을 보전하고 지속 가능한 이용을 도모함을 목적으로 한다(자연공원법 제1조). 즉, 휴양적 이용의 소재를 가진 뛰어난 자연풍경지를 하나의 문화적인 의미에서 일반국민의 보건, 휴양, 교화라는 효과를 얻기 위해 설정된 공원이다. 공원은 도시화와 함께 발달했고, 당초 취락공동의 관광무대서 생겨난 것이지만, 복잡한 도시기능 중에서 하나의 중요한 공공시설로서 다양한 형태의 공원이 도시계획에 의해서 형성되었다. 이것이 이른바 도시공원이고, 도시주민의 생활 가운데 여가 및 레크리에이션 대상의 공간이 되었다. 도시화가 진전될수록 도시내부에서 공원의 의의와 중요성이 날로 증대됨에 따라 자연풍경지를 도시민의 야외 레크리에이션 장소로 이용하는 공원기능의 형태가 구축되었다. 자연을 대상으로 하는 자연공원이 종래의 도시공원과 다른 점은 20세기 초반부터 나타났다.

한편, 자연공원의 발달은 도시기능과는 무관하게 18세기 중엽 유럽에서 자연보호나 향토보전을 목적으로 뛰어난 자연풍경지를 대자연 공원으로 지정하여 인위적인 개조로부터 지키고 시민 대중을 위한 관광 야외레크리에이션 장소로 영구히 확보하고자 하는 노력에서도 기인한다. 이것이 국립공원 제정의 동기라고 볼 수도 있다. 뛰어난 자연풍경지를 보호하여 공원으로써 대중의 야외레크리에이션과 함께하는 이른바 자연공원의 사상은 미국을 중심으로 발달하였다.

국립공원은 "자연의 대풍경을 보호개발하고 국민의 보건, 휴양 그리고 교화하는 데 제공해서 이용하기 위해 국가가 설정한 공원"을 말한다. 국립공원제도의 발상지는 미국이다. 19세기 중반경 그때까지 오랫동안 유지되어 온 야생식물 자원이 개척의 파급으로 파괴되어 가고 있는 것을 감지한 것이 국립공원제도 수립의 계기가 된다. 1870년 Doane-Washburn탐험대에 의해서 보고서가 작성되고, 1871년 옐로스톤(Yellowstone)국립공원을 설치할 방안이 미국의회에 제출되어, 1872년 3월 1일 그랜드대통령 조인을 통해 세계에서 처음으로 국립공원이 설정되었다. 현재 미국에 국립공원은 50개에 이르며 세계 주요국에서 이와 같은 국립공원제도를 도입함으로써 그 총수는 현 시점에서 수 백개소에 달하고 있다.

일본에서는 미국의 국립공원 사상이나 제도의 영향으로 닛꼬(日光), 후지(富士), 하코네(箱根)와 같은 자연의 대풍경지를 국가적인 자연공원으로 하자는 운동이 일어나고 국립공원제도에 관한 조사연구가 시작되는 한편, 구체적인 후보지 조사에 착수했다. 1931년에 국립공원법이 제정되고 戰前에 15개의 국립공원이 지정되었고, 戰後 1946년 이세시마국립공원이 지정된 것을 계기로 28개소의 국립공원을 지정하였다. 1958년 국립공원법은 자연공원법에 의거해서 자연경관을 1급(국립공원), 2급(국정공원), 3급(도도부현립자연공원)으로 구분하였다(〈표 2-1〉). 최근에는 해안의 오염이나 매립 등 지형변화가 나타나기 때문에 1970년 자연공원법의 일부를 개정하고 국정공원의 해역을 해중공원지구로 설정하여 산호나 열대어등 귀중한 해중생물을 보호하고 있다.

〈표 2-1〉 일본 자연공원의 종류

등 급	공원명	기 준	관 리
1	국립공원	일본풍경을 대표함에 부족함이 없는 뛰어난 풍경지(해중관광을 포함)이며, 환경청장관이 자연공원법의회의 의견을 듣고, 구역을 정하여 지정하는 것	국가관리
2	국정공원	국립공원에 준하여 뛰어난 자연풍경지로서 환경청장관이 자연공원법의회의 의견을 듣고 구역을 정해서 지정하는것	도도부현 관리
3	도도부현립 자연공원	뛰어난 자연풍경지로써 도도부현의 조례에 의해 구역을 지정하는 것	도도부현 관리

자연공원은 자연생태계와 수려한 자연경관, 문화유적 등을 보호하고 지속적으로 이용할 수 있도록 하여 자연환경의 보전, 국민의 여가와 휴양 및 정서생활의 향상을 기하기 위하여 지정한 일정구역으로 국립공원, 도립공원, 군립공원, 지질공원으로 구분된다. 2020년 말 기준 우리나라의 자연공원은 총 92개소로, 이 중 국립공원 22개소, 도립공원 30개소, 군립공원 27개소, 지질공원 13개소이다.

자연공원의 지정기준은 자연생태계, 경관 등을 고려하여 대통령령으로 정한다.

자연공원으로서 국립공원은 우리나라의 자연생태계나 자연 및 문화경관을 대표할 만한 지역으로서 환경부장관이 지정·관리한다.

국립공원에는 주봉을 비롯한 산악 및 산봉, 능선과 재, 기암괴석, 계곡과 폭포 및 호소, 동굴, 도서 등의 다양한 지형들이 발달·분포하여 경관적 특성이 뛰어나며, 천연기념물을 포함한 주요 식생이 분포하고 동물이 서식하고 있다. 뿐만 아니라 국보와 보물을 위시한 사찰과 사적지, 정자, 산성 등의 문화유산과 지방기념물 및 민속자료, 경승 등이 풍부하게 소재하고 있으며 온천과 약수터, 해수욕장 등의 보양 및 위락자원도 다수 분포하고 있다.

국립공원과 더불어 자연공원으로서 도립공원은 도지사 또는 특별자치도지사가, 광역시립공원은 특별시장·광역시장·특별자치시장이 각각 지정·관리하며, 군립공원은 군수가, 시립공원은 시장이, 구립공원은 자치구의 구청장이 각각 지정·관리한다.

이들 도립공원에도 국립공원과 마찬가지로 경관이 수려한 지형들이 발달되어 있으며 문화유산을 풍부하게 소재하고 있다. 또한 해수욕장을 위시한 약수터 등도 분포하여 행락공간으로서의 기능을 더해주고 있다. 그리고 자연공원으로서 '군'지역을 대표할 만한 군립공원은 1981년 전북순창군의 강천산이 처음 지정되었으며 2010년 현재 27곳을 지정하고 있으며 그 면적은 238,380km²이다. 그밖에도 자연공원으로서 지질공원 13개소가 지정되어 있다.

2) 자연공원의 종류

(1) 국립공원

국립공원은 우리나라를 대표할 만한 자연생태계 보유지역 또는 수려한 자연경관지로 환경부장관이 지정한 곳이다. 1967년 12월 29일 지리산국립공원 지정을 최초로 1960년대에 지리산·경주 등 4개소, 1970년대에 설악산·속리산 등 9개소, 1980년대에 다도해 해상 등 7개 공원, 2013년에 무등산국립공원, 2016년에 태백산국립공원을 포함하여 총 22개의 국립공원을 지정하였다.

국립공원의 총면적은 6,726.298㎢(육상기준 전 국토의 3.96%)로서 이 중 육지면적은 3,972.589㎢, 해면면적은 2,753.709㎢이며, 해면이 포함된 공원으로는 다도해해상국립공원(해면 1,975.198㎢), 한려해상국립공원(해면 408.488㎢), 태안해안국립공원(해면 352.796㎢), 변산반도국립공원(해면 17.227㎢)이 있다(〈표 2-2〉).

환경부의 소관하에 있는 국립공원은 그 효율적인 관리 및 운영을 위해 1987년 7월 1일부터 국립공원관리공단을 발족하여 관리하고 있다.

국립공원계획의 결정도 환경부장관이 하며, 자연공원법에서 명시한 국립공원, 도립공원, 군립공원, 지질공원의 지정은 대통령령으로 정한 지정기준에 의하여 행하여지며 그 기본원칙(자연공원법 제2조의2)은 아래와 같다.

〈표 2-2〉 국립공원 지정 현황

(단위 : ㎢)

지정 순위	공원명	지정연월일	위치	공원구역 면적(㎢)	비고
1	지리산	1967.12.29	전남·북, 경남	483.022	
2	한려해상	1968.12.31	전남, 경남	535.676	육상 127.188 해면 408.488
3	경주	1968.12.31	경북	136.550	
4	계룡산	1968.12.31	충남, 대전	65.335	
5	설악산	1970.03.24	강원	398.237	
6	한라산	1970.03.24	제주	153.332	
7	속리산	1970.03.24	충북, 경북	274.766	
8	내장산	1971.11.17	전남·북	80.708	
9	가야산	1972.10.13	경남·북	76.256	
10	덕유산	1975.02.01	전북, 경남	229.430	
11	오대산	1975.02.01	강원	326.348	
12	주왕산	1976.03.30	경북	105.595	
13	태안해안	1978.10.20	충남	377.019	육상 24.223 해면 352.796
14	다도해해상	1981.12.23	전남	2,266.221	육상 291.023 해면 1,975.198
15	북한산	1983.04.02	서울, 경기	76.922	
16	치악산	1984.12.31	강원	175.668	

지정순위	공원명	지정연월일	위치	공원구역 면적(㎢)	비고
17	월악산	1984.12.31	충북, 경북	287.571	
18	소백산	1987.12.14	충북, 경북	322.011	
19	변산반도	1988.06.11	전북	153.934	육상 136.707 해면 17.227
20	월출산	1988.06.11	전남	56.220	
21	무등산	2013.03.04	광주, 전남	75.425	
22	태백산	2016.08.22	강원, 경북	70.052	
계				6,726.298	육지 3,972.589(59.1%) 해면 2,753.709(40.9%)

※ 국립공원 22개소 6,726.298㎢(전 국토의 3.96%, 해상포함 6.70%, 국토면적 100,401㎢)

자료 : 환경부, 2020년 12월 31일 기준

[그림 2-1] 국립공원

1. 자연공원은 모든 국민의 자산으로서 현재 세대와 미래세대를 위하여 보전되어야 한다.
2. 자연공원은 생태계의 건전성, 생태축(生態軸)의 보전 · 복원 및 기후변화 대응에 기여하도록 지정 · 관리되어야 한다.
3. 자연공원은 과학적 지식과 객관적 조사 결과를 기반으로 해당 공원의 특성에 따라 관리되어야 한다.
4. 자연공원은 지역사회와 협력적 관계에서 상호혜택을 창출할 수 있도록 관리되어야 한다.
5. 자연공원의 보전 및 지속가능한 이용을 위한 국제협력은 증진되어야 한다.

자연공원은 용도지구를 공원자연보존지구, 공원자연환경지구, 공원마을지구, 공원문화유산지구, 공원시설지구의 5개로 나누어 각 용도지구별로 허용가능행위를 〈표 2-3〉과 같이 자연공원법 제18조에 규정하고 있다([그림 2-2]).

[그림 2-2] 용도지구 현황

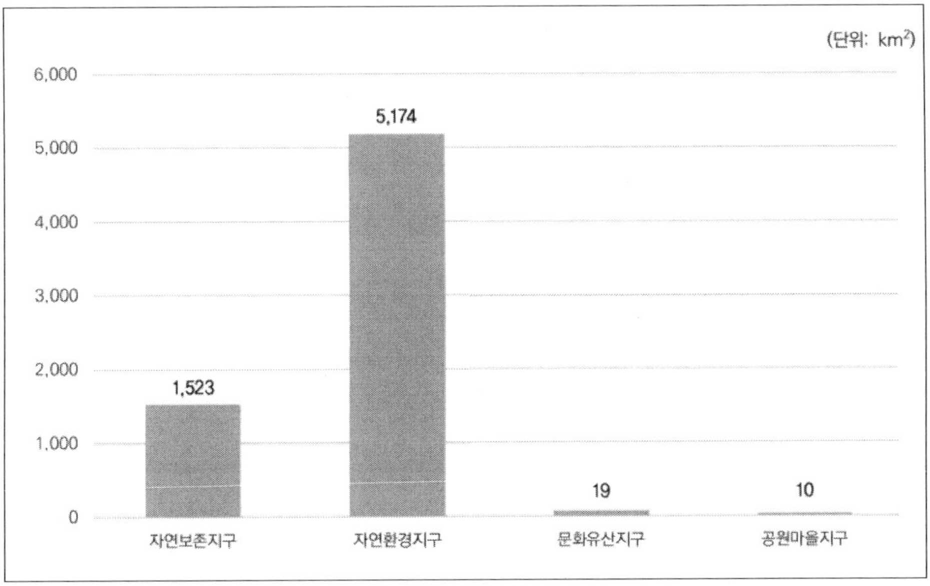

〈표 2-3〉 자연공원의 용도지구별 허용행위

구분	허용행위
공원자연보존지구	① 학술연구나 자연보호 또는 문화재 보호, 관리 위해 필요하다고 한정되는 행위 ② 대통령령 기준에 따른 최소한의 공원시설의 설치 및 사업 ③ 군사시설 · 통신시설 · 항로표식시설 · 수원보호설치 등으로서 이 지역이 아니고는 설치할 수 없다고 인정되는 최소한의 시설의 설치 ④ 고증절차를 거친 사찰의 복원과 사찰경내에서의 불사를 위한 시설 및 그 부대시설의 설치 ⑤ 문화체육관광부장관이 종교법인으로 허가한 종교단체의 시설물 중 자연공원으로 지정되기 전의 기존 건축물에 대한 개축 · 재축(再築), 대통령령으로 정하는 고증 절차를 거친 시설물의 복원 및 대통령령으로 정하는 규모 이하의 부대시설의 설치 ⑥ 「사방사업법」에 따른 사방사업으로서 자연 상태로 그냥 두면 자연이 심각하게 훼손될 우려가 있는 경우에 이를 막기 위하여 실시되는 최소한의 사업 ⑦ 공원자연환경지구에서 공원자연보존지구로 변경된 지역 중 대통령령으로 정하는 대상 지역 및 허용기준에 따라 공원관리청과 주민(공원구역에 거주하는 사람으로서 주민등록이 되어 있는 사람을 말한다) 간에 자발적 협약을 체결하여 하는 임산물의 채취행위
공원자연환경지구	① 공원자연보존지구에서의 허용행위 ② 대통령령으로 정하는 기준에 따른 공원시설의 설치 및 공원사업 ③ 대통령령으로 정하는 허용기준 범위에서의 농지 또는 초지(草地) 조성행위 및 그 부대시설의 설치 ④ 농업 · 축산업 등 1차 산업행위 및 대통령령으로 정하는 기준에 따른 국민경제상 필요한 시설의 설치 ⑤ 임도(林道)의 설치(산불 진화 등 불가피한 경우로 한정한다), 조림(造林), 육림(育林), 벌채, 생태계 복원 및 「사방사업법」에 따른 사방사업 ⑥ 자연공원으로 지정되기 전의 기존 건축물에 대하여 주위 경관과 조화를 이루도록 하는 범위에서 대통령령으로 정하는 규모 이하의 증축 · 개축 · 재축 및 그 부대시설의 설치와 천재지변이나 공원사업으로 이전이 불가피한 건축물의 이축(移築) ⑦ 자연공원을 보호하고 자연공원에 들어가는 자의 안전을 지키기 위한 사방(砂防) · 호안(護岸) · 방화(防火) · 방책(防柵) 및 보호시설 등의 설치 ⑧ 군사훈련 및 농로 · 제방의 설치 등 대통령령으로 정하는 기준에 따른 국방 또는 공익을 위하여 필요한 최소한의 행위 또는 시설의 설치 ⑨ 「장사 등에 관한 법률」에 따른 개인묘지의 설치(대통령령으로 정하는 섬지역에 거주하는 주민이 사망한 경우만 해당한다) ⑩ 허가받은 사업을 시행하기 위하여 대통령령으로 정하는 기간의 범위에서 사업부지 외의 지역에 물건을 쌓아두거나 가설건축물을 설치하는 행위 ⑪ 해안 및 섬지역에서 탐방객에게 편의를 제공하기 위하여 대통령령으로 정하는 기간의 범위에서 관리사무소, 진료시설, 탈의시설 등 그 밖의 대통령령으로 정하는 시설을 설치하는 행위

공원마을지구	① 공원자연환경지구에서 허용되는 행위 ② 대통령령으로 정하는 규모 이하의 주거용 건축물의 설치 및 생활환경 기반시설의 설치 ③ 공원마을지구의 자체 기능을 위하여 필요한 시설로서 대통령령으로 정하는 시설의 설치 ④ 공원마을지구의 자체 기능을 위하여 필요한 행위로서 대통령령으로 정하는 행위 ⑤ 환경오염을 일으키지 아니하는 가내공업(家內工業)
공원문화유산지구	① 공원자연환경지구에서 허용되는 행위 ② 불교의 의식(儀式), 승려의 수행 및 생활과 신도의 교화를 위하여 설치하는 시설 및 그 부대시설의 신축·증축·개축·재축 및 이축 행위 ③ 그 밖의 행위로서 사찰의 보전·관리를 위하여 대통령령으로 정하는 행위

국립공원에 대한 기본방향은 '80년대에는 관광진흥의 일환으로서 개발 및 이용의 측면이 강조되어 왔으나 '90년대 이후부터는 과다이용, 무질서한 행락질서로 인한 자연자원의 파괴 및 환경오염에 대처하는 보호우선정책으로 전환되고 있다. 국립공원에 대한 보호방침은 크게 세 가지로 첫째, 자연자원의 적극적 보호 및 합리적 이용도모 둘째, 환경오염의 근원적 예방 셋째, 탐방객의 안전관리와 편익의 최대이용으로 요약할 수 있다.

(2) 도립공원

도립공원은 시·도내의 자연생태계나 경관을 대표할 만한 지역을 보호, 육성하여 국민의 적정한 이용을 도모할 수 있도록 개발·관리하기 위하여 지정한 곳이다.

도립공원의 지정기준 및 공원계획내용, 용도지구의 구분 등은 앞의 국립공원 편에서 언급한 내용과 동일하게 자연공원법 및 동시행령, 시행규칙을 따른다.

우리나라의 도립공원은 경북 금오산도립공원이 제1호로 지정된(1970.6.1.) 이래 '87년도에는 전국에 21개소가 지정되어 있었으나 '88년 변산반도와 월출산도립공원이 국립공원으로 승격되어 19개소로 줄어들었다가, '89년 태백산 그리고 '98년에 팔영산, 천관산이 새로이 지정되었고, 2000년대에 10개소가 추가로 지정되어 2009년 31개소, 2022년 현재는 30개소이다. 30개의 도립공원 중 전남 신안군 소재 신안갯벌 도립공원이 162.000km²로 가장 넓으며 제주도 서귀포시 제주곶자왈 도립공원이 1,547km²로 가장 좁다(〈표 2-4〉, [그림 2-3]).

〈표 2-4〉 도립공원 현황

(단위 : ㎢)

지정순위	공원명	위치	면적	지정일
1	금오산	경북 구미, 칠곡, 김천	37.262	1970.06.01
2	남한산성	경기 광주, 하남, 성남	35.166	1971.03.17
3	모악산	전북 김제, 완주, 전주	43.309	1971.12.02
4	덕산	충남 예산, 서산	19.859	1973.03.06
5	칠갑산	충남 청양	31.059	1973.03.06
6	대둔산	전북 완주, 충남 논산, 금산	59.993	1977.03.23
7	마이산	전북 진안	17.220	1979.10.16
8	가지산	울산, 경남 양산, 밀양	104.347	1979.11.05
9	조계산	전남 순천	26.750	1979.12.26
10	두륜산	전남 해남	32.910	1979.12.26
11	선운산	전북 고창	43.683	1979.12.27
12	팔공산	대구, 경북 칠곡, 군위, 경산, 영천	125.607	1980.05.13
13	문경새재	경북 문경	5.478	1981.06.04
14	경포	강원 강릉	1.689	1982.06.26
15	청량산	경북 봉화, 안동	49.509	1982.08.21
16	연화산	경남 고성	21.847	1983.09.29
17	고복	세종특별자치시	1.949	2013.01.17
18	천관산	전남 장흥	7.936	1998.10.13
19	연인산	경기 가평	37.691	2005.09.15
20	신안갯벌	전남 신안	162.000	2013.12.31
21	무안갯벌	전남 무안	37.123	2008.06.05
22	마라해양	제주도 서귀포시	49.755	2008.09.19
23	성산일출해양	제주도 서귀포시	16.156	2008.09.19
24	서귀포해양	제주도 서귀포시	19.540	2008.09.19
25	추자	제주도 제주시	95.292	2008.09.19
26	우도해양	제주도 제주시	25.863	2008.09.19
27	수리산	경기안양, 안산, 군포	7.035	2009.07.16
28	제주곶자왈	제주도 서귀포시	1.547	2011.12.30
29	벌교갯벌	전라남도 보성군	23.068	2016.01.28
30	불갑산	전라남도 영광군	6.887	2019.01.10
계	30개소		1,147.530	–

자료 : 환경부, 2020년 12월 31일 기준

[그림 2-3] 주요 국 · 도립공원의 분포

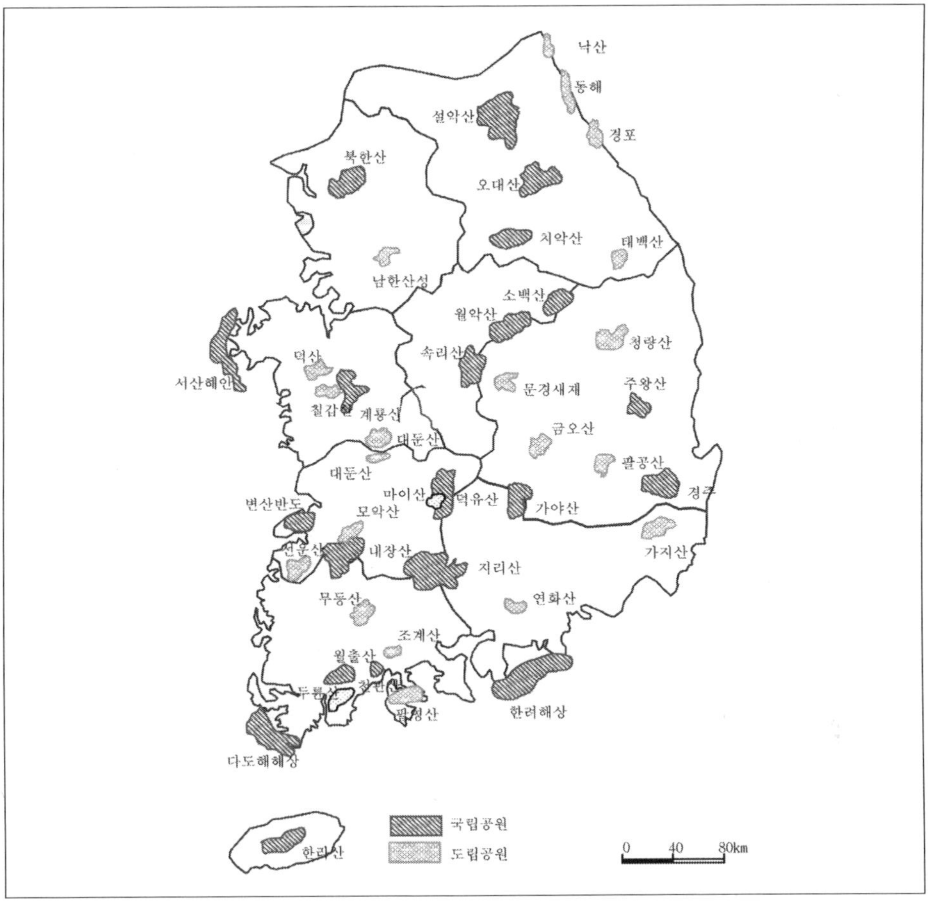

(3) 군립공원

군립공원은 군내에서 자연생태계나 경관을 대표할 만한 지역시장 · 군수가 군립공원위원회의 심의를 거친 후 도지사의 승인을 얻어 지정하는 공원이다. '80년대에 21곳, '90년대에 5곳을, 2002년에 1곳을 추가로 지정하여 2009년 27개소에서, 충남 연기군(현재 세종특별자치시) 소재 고복이 도립공원으로 승격(2013), 강원도 정선군 배방산이 신규 군립공원으로 지정(2011년)되어 2022년 현재도 전국의 군립공원은 27개소가 있다(〈표 2-5〉).

〈표 2-5〉 군립공원의 현황

(단위 : ㎢)

지정순위	공원명	위치	면적	지정일
1	강천산	전북 순창군 팔덕면	15.800	1981.01.07
2	천마산	경기 남양주시 화도읍, 진접면, 호평면	12.461	1983.08.29
3	보경사	경북 포상 송라면	8.510	1983.10.01
4	불영계곡	경북 울진군 울진읍, 서면, 근남면	25.595	1983.10.05
5	덕구온천	경북 울진군 북면	6.275	1983.10.05
6	상족암	경남 고성군 하일면, 하이면	5.106	1983.11.10
7	호구산	경남 남해군 이동면	2.839	1983.11.12
8	고소성	경남 하동군 악양면, 화개면	3.035	1983.11.14
9	봉명산	경남 사천시 곤양면, 곤명면	2.645	1983.11.14
10	거열산성	경남 거창군 거창읍, 마리면	3.271	1984.11.17
11	기백산	경남 함양군 안의면	2.013	1983.11.18
12	황매산	경남 합천군 대병면, 가회면	21.784	1983.11.18
13	웅석봉	경남 산청군 산청읍, 금서 · 삼장 · 단성	17.960	1983.11.23
14	신불산	울산 울주군 상북면, 삼남면	11.585	1983.12.02
15	운문산	경북 청도군 운문면	16.173	1983.12.29
16	화왕산	경남 창녕군 창녕읍	31.300	1984.01.11
17	구천계곡	경남 거제시 신현읍, 동부면	5.871	1984.02.04
18	입곡	경남 함안군 산인면	0.961	1985.01.28
19	비슬산	대구 달성군 옥포면, 유가면	13.382	1986.02.22
20	장안산	전북 장수군 장수읍	6.274	1986.08.18
21	빙계계곡	경북 의성군 춘산면	0.880	1987.09.25
22	아미산	강원 인제군 인제읍	3.159	1990.03.22
23	명지산	경기 가평군 북면	14.027	1991.10.09
24	방어산	경남 진주시 지수면	2.588	1993.12.16
25	대이리	강원 삼척시 신기면	3.664	1996.10.25
26	월성계곡	경남 거창군 북상면	0.650	2002.04.25
27	병방산	강원 정선군 북실리	0.500	2011.09.30
계	27개소	-	238.308	-

자료 : 환경부, 2020년 12월 31일 기준

(4) 지질공원

국가지질공원은 지구과학적으로 중요하고 경관이 우수한 지역으로서 이를 보전하고 교육 · 관광 사업 등에 활용하기 위하여 환경부 장관이 인증한 공원이다(자연공원법 제4조). 2012년 12월 27일 제주도와 울릉도 · 독도가 국가지질공원으로 최초 지정된 이래 2020년 12월 말 기준 13개소가 지정되었으며, 총넓이 13,149㎢로서 전 국토의 12.32%가 국가지질공원으로 지정되었다. 한편 고시일로부터 4년마다 국가지질공원의 관리 · 운영현황을 조사 · 점검하여 재평가한다(〈표 2-6〉).

〈표 2-6〉 지질공원 지정 현황

(단위 : ㎢)

지정순위	공원명	위치	면적	지정일
1	울릉도 · 독도	경북 울릉군	127.9	2012.12.27
2	제주도	제주 제주시, 서귀포시	1,864.4	2012.12.27
3	부산	부산 7개 자치구(금정구, 영도구, 진구, 서구, 사하구, 남구, 해운대구)	296.98	2013.12.6
4	강원평화지역	강원도 4개군(화천군, 양구군, 인제군, 고성군)	1,829.1	2014.04.11
5	청송	경북 청송군	845.71	2014.04.11
6	무등산권	광주 2개 자치구(동구, 북구), 전남 2개 군(화순군, 담양군)	246.31	2014.12.10
7	한탄강	경기 2개시 · 군(포천시, 연천군), 강원도 철원군	1,164.74	2015.12.31
8	강원 고생대	강원도 4개시 · 군(태백시, 영월군, 평창군, 정선군)	1,990.01	2017.01.05
9	경북 동해안	경북 4개시 · 군(경주시, 포항시, 영덕군, 울진군)	2.261	2017.09.13
10	전북 서해안권	전북 2개군(고창군, 부안군)	520.3	2017.09.13
11	백령 · 대청	인천광역시 옹진군	67	2019.07.10
12	진안 · 무주	전라북도 진안군, 무주군	1.155	2019.07.10
13	단양	충청북도 단양군	781	2020.07.27
계	13개소	-	13,149.45	-

자료 : 환경부, 2020년 12월 31일 기준

3. 자연관광자원의 보호

1) 자연보호의 필요성

관광자원이 관광행동의 대상이 되면 대상지역을 중심으로 기반시설에서부터 각종 편의시설 등을 위시한 관광시설이 필요하다. 다시 말해서 인위적인 개발이 필연적인데, 이와 같은 개발은 어떤 의미로든 자연파괴를 일으킬 가능성이 있다. 실제로 지금까지의 관광개발과정에서 자연파괴의 사례가 빈번하게 나타나고 있는 것이 사실이다. 그러나 개발을 수반하지 않으면 자연자원의 관광가치를 충분히 확보할 수 없다는 데 문제가 있다. 따라서 어떻게 하면 자연을 훼손하지 않는 범위 내에서 관광대상으로써 개발해야 하는 것인지가 자연관광자원을 관광대상화하는 과제이다.

자연자원의 특징을 잘 이해하고 이용자가 그것을 잘 식별하는 관광행동이 중요하다. 즉, 어느 지역에 관해서는 미개발상태로 존재시키는 완전한 보양지역, 보호와 개발이 조화를 이루어 존재하는 지역 그리고 자연이 인공적으로 개발된 형태이면서도 보호가 잘 되고 있는 지역 등으로 구분해야 한다. 자연의 원시존재는 인간의 심신을 편안하게 해주는 치료자이며 훌륭한 의사로 여겨진다. 미국의 에워 프레스 국립공원과 같이 주조낙원으로 되어 있는 곳에선 인간이 자연 안에 들어간 하나의 구성요소이며, 그 조화를 파괴하는 것은 불가능한 방관적 관상자로서 존재하며, 또 그것이 방문객에게는 강렬한 인상을 준다. 일본에서는 국토의 2/3를 차지한 삼림의 30%가 국유림이며, 또 국립공원·국정공원을 설정하여 삼림유지, 확보에 배려를 하고 있는 것도 보호방법으로서 중요한 것이다. 일본은 1897년 삼림법 제정이후 삼림이 갖는 국토보전기능을 확보하기 위해서 보안림제도가 확립되고 그 관리에 의해 수원의 재해방지, 보건 및 풍치보존을 하고 있다. 특히 풍치 보안림 및 보건보안림은 명소등의 풍치보존, 공중보건을 목적으로 하는 것으로 이것이 약 24,000개가 지정되어 있는 것은 중요한 의미를 갖는다. 자연자원은 어디까지나 그 원시성을 보존하는 곳에 그 근본적인 존재가치가 있고, 개발은 편리함의 순간에 지나지 않는다. 최근 국립공원의 접근성을 높이기 위한 도로개설로 인하여 공원구역

내의 생태계가 파괴되는 등의 사례, 골프장, 스키장건설에 따른 생태계의 변화, 대량 방문객의 입장으로 발생하는 쓰레기문제 등은 관광이 관광자원의 가치를 감소시키거나 소멸하게 하는 패러독스이다.

이런 문제에 대해 생각할 수 있는 것은

① 지역특성을 잘 이해하고, 그 지역 내에서 절대적으로 보호하는 것과 개발하는 것과의 인식을 명백하게 하는 것, 지역용량 등 연구에 입각하여 적정잠입수를 산정해서 개발하는 것이 필요하다.

② 자연자원 지역 중 대도시 주변의 당일관광권에 속하는 지역 내와 체재형 관광권에 속하는 지역 내에서 행하여진 레저타입을 잘 상정해서 개발하는 것, 어디서나 동일한 형태로 개발이 이루어지는 것이 문제이다.

③ 한 지역에 과도한 집중을 피하기 위해서는 잠재적 가치를 보유한 자연자원지역을 재발견하여 확대개발하는 형태로 분산이용을 도모해야 한다.

관광활동의 주된 대상 중에 가장 큰 비중을 차지하고 있는 것이 자연자원이라고 할 수 있는데, 이러한 자연자원의 보호와 효율적인 관리는 관광자원의 보호와 밀접한 관련을 갖고 있는 것이다.

2) 우리나라 자연보호의 역사

우리나라는 전국토의 70%가 산지로 구성되어 있고 지리적으로 온대에 속하여 봄, 여름, 가을, 겨울의 4계절이 명확히 구분되어 있어 옛날부터 수려한 자연자원을 바탕으로 찬란한 문화창조의 슬기를 닦고 문화민족으로서의 터전을 다져왔다고 할 수 있다.

우리나라 자연보호의 역사를 살펴보면 신라시대 화랑도의 심신수련 활동을 통한 자연보호의식의 함양이라든가, 조선시대 '경국대전'과 같은 법률에서 산림의 관리와 나무가꾸기 등의 세부요령 규정과, 민간에서는 里 단위의 계를 결성하여 자율적으로 소나무 숲을 보호하는 등 오늘날과 같은 자연보호운동의 시원이 되고 있다.

그러나 일본이 강점기 이후에 민족의 수난과 함께 산야는 파괴되기 시작하여 1876년 강화도조약 이후 동학혁명, 청일전쟁 등 몇 차례의 전화를 입는 동안 유명 명산들이 볼품없게 벌거숭이로 변모해 버렸다. 이리하여 애써 가꾸어 놓았던 자연자원은 일본인의 수탈과 파괴로 황폐되고 말았으며 광복 이후 자연의 복원에 눈을 돌리 틈도 없이 6 · 25전쟁으로 인해 자연 파괴의 참화는 극에 달하게 되었다.

한편, 일제의 자연파괴와 수탈 속에서도 우리의 자연보호운동은 명맥을 이어와 1933년 8월 8일 칙령 제224호로 조선총독부 보물, 고적, 천연기념물보존령이 제정되어 이에 따라 동식물 등 각 분야에 관계되는 전문가로 구성된 보존회를 조직하고 전국 각지의 명승, 고적, 천연기념물 등에 대한 조사연구, 보존운동이 전개되었다.

1945년 해방과 더불어 미군정이 실시된 이후에도 일제 때의 보존회를 그대로 답습하여 1948년 대한민국 정부가 수립되기까지 자연보존사업의 일이 계속되었다. 1960년 11월 10일 국무원령 제92호로 문화재보존사업위원회 규정이 공포, 발효되었으며 1960년대에 관광사업법, 산림법, 조수보호 및 수렵에 관한 법, 문화재보호법, 공해방지법 등을 제정하여 이제 완전히 우리의 힘으로 보다 적절하게 자연보존활동을 할 수 있는 기틀을 마련하게 되었다.

1960년대 이래의 급속한 경제개발로 인한 자연환경의 파괴를 방지하고 자연보호의식을 국민에게 심어 주고자 1963년 12월에 학자와 전문가들로 구성된 모임을 만들어 자연보존의 필요성을 국민들에게 보급하기 시작하였는데, 그 주요활동은 국립공원을 비롯한 주요 자연자원보존을 위한 정부자문에 응하기도 하고 일반국민과 학생을 대상으로 대중강연회를 개최하는 한편, 홍보책자와 희귀동식물의 증식과 복원활동을 실시함으로써 국민들에게 자연보호사상을 고취시켜 왔다. 이 같은 활동은 1965년에 창설된 한국산악회, 1969년에 발족한 한국야생동물보호협회, 1975년에 설립된 한국환경보호협회의 계몽책자 발간, 강연회 등으로 국민들의 환경보호의식 고취에 많은 도움을 주었으며 이들 단체들 이외에도 많은 단체의 활동을 기저로 하여 자연보호 범국민운동이 싹트게 되었다.

이러한 추세 속에서 1977년은 우리나라의 자연보호운동사에 있어서 획기적인 전기를 맞이하게 되었다. 1977년 10월 5일 당시 정부는 자연보호운동을 전개하기 위하여 정부에 필요한 기구를 설치하고 민간단체도 결성, 자연보호위원회와 민간기구인 자연보호중앙협의회가 구성되었고 자연보호운동에 대한 앞으로의 방향을 제시하고 모든 국민의 성실한 실천을 다짐하는 자연보호헌장을 1978년 10월 5일 선포하기에 이르렀다.

또한 정부는 급속한 도시화 과정에서 자칫 소외되고 나약해지기 쉬운 청소년을 대자연의 품안으로 끌어들여 집단화한 야외훈련을 통하여 자연에 대한 올바른 인식을 전달하고 심신을 단련토록 하여 질서, 우정, 협동, 봉사, 인내의 정신이나 호연지기를 길러줄 수 있는 청소년 수련시설의 필요성에 따라 자연 속에 설치, 운영하게 되어, 1980년대에 자연학습원 조성의 기본계획을 수립하여 중앙시범자연학습원을 비롯하여 각 시 · 도별로 1개소씩 자연학습원을 조성하였다.

3) 자연관광자원보존사례와 인식

관광활동이 환경파괴의 근원적 역할을 하는 사실에 대하여 비판하는 이유는 관광지역의 매력성과 유인성이 바로 자연미(natural beauty)에 있기 때문이다. 이러한 관광의 환경영향 인식을 바탕으로 자연관광자원 보전에 대한 관심이 높아지고 있다.

일본의 경우 국립 · 국정공원의 집단시설지구에는 관광 성수기의 과도한 집중을 방지하기 위해서 자가승용차 이용을 제한하고 있다. 이러한 자동차 규제의 결과 관광지에서는 보행자의 안전확보, 정온의 유지, 자연식생파괴의 감소, 야생조수의 서식 등의 효과를 보고 있다.

미국의 옐로스톤공원에서도 광대한 공원구역이 연방정부의 소유이고 필요 최소한의 시설을 제외하고는 자연 그대로의 생태계가 보존되어 산불이 발생하는 경우에 자연소화할 수 있을 정도로 자연보호가 확립되고 있다. 국립공원에서 visitor center, ranger(미국국유림의 순찰경비대원)의 활동은 자연보호에 기여하는 큰 역할을 수행하고 있다. 국립공원의 집단시설지구내에는 비지터

센터가 있고 국립공원내의 자연, 역사물 등을 전시하여 관계도서나 토산품을 판매하고 있다. 가장 대단한 것은 학문적 소양을 갖추고 지역에 대한 지식이 풍부한 레인저가 상주하면서 방문객에 대한 교육적인 안내자로서 역할을 하는 점이다.

자연관광자원 보존에 일찍부터 힘써 온 영국에서는 national trust에 의해서 오늘날에 계승되고(국민환경기금 확보), 19세기 후반부터 자연환경이나 역사적 환경을 보호하고 양질의 쾌적한 환경을 계승하고자 하는 자주적 민간단체(amenity socity)가 활동하고 있다. 1865년에는 공공용지 공지 보도보존협회가 발족하여 주세장원의 입회지에 기원을 둔 공공용지나 보도의 보호를 진행하였다. 전원에서의 국민의 야외 레크리에이션이 활발하게 행해지도록 공적인 수용을 정비하는 것에 중점을 두고 있다. 한편 자연보호청이 지정한 국립 자연보호지는 귀중한 조수의 보호를 중심으로 하는 자연의 원시상태 보존을 목적으로 1968년에 124개소, 26만 에이커를 보급하여 자연연구나 교육활동에 이용하고 있다.

한국의 국립공원을 비롯한 자연공원은 토지이용상 지대구분을 하여 용도지구 등을 설정함으로써 자연보호를 배려하고 있다[3].

자연관광자원 보호에 관해서는 전원지역의 관광, 관광자원 관리와 환경보전에 초점을 맞춤으로써 자연자원 보전은 관광의 지속적인 발전의 관건이 된다는 이념을 수립해야 한다. 또한, 무분별한 개발로부터 자연을 지키고 자연

---

3) 공원관리청은 자연공원을 효과적으로 보전하고 이용할 수 있도록 하기 위하여 다음과 같은 용도지구를 공원계획으로 결정한다.
  1. 공원자연보존지구:
    가. 생물다양성이 특히 풍부한 곳
    나. 자연생태계가 원시성을 지니고 있는 곳
    다. 특별히 보호할 가치가 높은 야생 동식물이 살고 있는 곳
    라. 경관이 특히 아름다운 곳
  2. 공원자연환경지구: 공원자연보존지구의 완충공간(緩衝空間)으로 보전할 필요가 있는 지역
  3. 공원마을지구: 마을이 형성된 지역으로서 주민생활을 유지하는 데에 필요한 지역
  4. 공원문화유산지구: 「문화재보호법」 제2조제3항에 따른 지정문화재를 보유한 사찰(寺刹)과 전통사찰보존지 중 문화재의 보전에 필요하거나 불사(佛事)에 필요한 시설을 설치하고자 하는 지역

보전의 관점에서 적정한 관광자원의 이용이 중요하다.

국민의 여가이용과 국민관광의 건전한 발전을 위한 야외휴식, 녹지공간 이용 및 편의시설 확충 등을 위하여 정부에서 많은 재정적 지원을 해가며 1970년부터 관광지개발사업을 추진하여 특히 1980년대의 관광개발계획은 활발했었다. 관광지개발계획에 따라 편리한 관광도로가 건설되고 국민들은 휴식과 레저를 위한 관광을 폭넓게 즐기게 되었다. 그러나 폭발적인 관광인구와 자가용 차량의 증가 그리고 충분치 못한 서비스시설 등으로 관광개발은 적지않은 문제를 야기시켰다. 관광도로가 자동차공해와 연관되어 인식되어 있을 정도로 관광개발에 의한 공해문제는 심각한 것 같다. 대체로 전국 각 지역의 관광지는 관광인구 수용력의 한계를 넘어 포화상태에 이르고 있다.

인류의 마지막 희망을 걸고 있는 남극대륙에도 최근에 한 해 동안 약 3,500여명의 관광객들이 몰려 환경오염을 재촉하고 있다.

오늘날의 관광에서는 관광과 환경의 상호 갈등관계를 최소화시키고 상호 유기적 관계에 특징을 둔 대안(alternative)관광, 보전(sustainable)관광, 자연(nature)관광, 녹색(green)관광, 생태(ecological)관광 등의 형태가 강조되는 추세이다.

지구적 생물권역주의(bioregionalism)에 의거한 신환경패러다임(NEP, New Environmental Paradigm), 변증법적 자연주의와 생태적 다양성 보존, 정치생태학과 녹색정치사상 등의 새로운 환경윤리 및 환경적 가치를 추구해야 하는 것으로 자연관광자원의 보호를 기대할 수 있다.

신환경 사고(NEP)는 자연을 자연 자체로서 인식하고 비인간적 존재의 위상을 존중하여 인간과 자연의 일체적 조화를 강조한다.

변증법적 자연주의는 인간의 작위 · 행동에 의하여 영향받지 않은 이른바 "일차적 자연"(first nature)의 영역 또는 잠재성을 지향한다. 이는 단순히 자연과 인간의 경쟁이 아닌 공생(symbiosis)을 중요시하는 것이다.

자연의 야생상태를 보전하기 위한 환경단체들의 슬로건 중에서 대표적인 "쿠나문화"(Kuna Culture)에 대한 예시로서 "땅은 우리의 어머니이며 모든 지구상의 생물은 우리의 형제자매이다"라는 외침은 자연자원 보존의 당위성을 잘 말해주고 있다.

지구적 생물권역 보전을 위한 유네스코의 MBP(Man & Biosphere Program)

세부목표와 계획을 예시하면 다음과 같다.

① 자연보전, 생태계의 최소한의 훼손
② 자연보호와 관리를 위한 법적 · 행정적 기초제공
③ 특정한 종적 자원의 보호
④ 생태계 위기관리의 해결을 위한 실험적 접근
⑤ 장기적인 환경모니터링 시행
⑥ 지역발전을 위한 계획 증진
⑦ 토지이용과 관리에 대한 지역주민의 참여
⑧ 환경교육과 훈련의 증진
⑨ 생물권 보전과 관리에 대한 지식의 증대 등

4) 천연기념물

천연기념물이란 우리나라나 어떤 지역의 자연계를 대표할 수 있는 고유한 동물 · 식물 · 지질 · 광물로부터 원시림이나 자연풍경, 천연보호구역에 이르기까지 넓은 영역에 걸쳐 분포되어 있다.

정부의 지정문화재 목록에 있는 256종의 천연기념물 가운데 식물이 172종으로 주종을 이루고 있으며, 수종은 은행나무, 느티나무, 향나무, 백일홍 등의 순이다. 동물은 전국적으로 분포하는 것이 많고 대륙과 해양의 접촉지역이고 중위도 지방인 까닭에 철새 도래지가 많은 것이 특징적이다. 지역별 분포는 경북, 전남, 경남의 순인데 이곳이 생물의 생활조건에 좋은 환경인 까닭이다.

(1) 식물분야

거목 또는 고목이거나 희귀종 · 자생지 · 군락 등을 멸종위기에서 보호하는 것으로 다양하다.

관광의 가치가 높은 것으로는 양평 용문사의 은행나무(지정번호 제30호), 올벚나무(제39호), 속리산 법주사 입구의 정이품 소나무(제103호), 청도 운문사의 반송(제180호) 등이 있다. 제주도의 문주란 자생지(제19호)나 울릉도 성인봉의 원시림(제189호), 희귀종인 괴산의 미선나무(제147호)가 유명하고 인공림인 함양의 상림(제154호)은 방수림이고 남해군 물건리의 방조어부림(제150호)은 조수를 막고 고기떼를 모으기도 한다. 남해안과 도서지방에는 주도의 상록수림(제28호)을 비롯한 지정림이 많이 있다.

(2) 동물분야

조류로서 고유종인 광릉 숲(11호)의 크낙새는 천연기념물 제197호로 지정되어 있으며 따오기(제198호), 황새(제199호), 팔색조(제204호), 저어새(제205호), 느시(제206호), 흑비둘기(제215호) 등이 있다. 인천 앞바다의 두루미 도래지(제250호)와 낙동강 하구의 을숙도나 주남저수지는 탐조활동이 성하고 철새 보호에 노력하는 곳들이며 울릉도의 흑비둘기 서식지는 제237호로 지정되었다. 어류로는 열목어(제74호)와 제주도 천지연의 무태장어 서식지(제27호), 쇠고래(제126호), 한강 유역의 황쏘가리(제190호)가 유명하다. 산간지방에는 희귀종인 사향노루(제216호), 산양(제217호) 등이 있으며 양축동물로 기장면의 오골계(제135호)와 진도의 진돗개(제53호)가 지정 · 보호받고 있다.

(3) 지 질

광물로서는 상주 운평리의 구상화강암(제69호), 부산 전포동의 구상반려암(제267호), 서귀포의 패류화석(제195호), 의령 신라도의 빗자국(제196호), 함안의 새 발자국 화석(제222호) 등이 있다. 동굴은 영월의 고씨굴(제219호)을 위시한 종유동굴과 제주도의 협재굴(제236호) 같은 용암굴이 있다. 마르형태의 화산 분화구가 특이하고 식물상이 다양한 산굼부리도 천연기념물 제263호로 지정 · 보호되고 있다.

(4) 화석관광

생태관광의 매력은 아이들에게 교육관광의 산교육장으로 제격이다. 책으로 배우는 것들을 실제로 보고 느끼면서 살아있는 교육을 받게 되고 나아가 국토에 대한 남다른 애정을 키우게 된다. 여기에 어떻게 보존할지도 함께 생각한다면 일석이조의 효과를 얻을 수 있을 것이다. 화석이 포함된 지층으로서 천연기념물로 지정된 것에는 다음과 같은 것이 있다.

① 경북 왜관 금무봉의 화석사리 포함지 : 이는 낙동강, 즉 상부 주라기에 속한다

② 제주도 서귀포의 패류화석 : 주로 제4기에 형성된 서귀포층에 속한다. 경남 의령의 서동에 있는 우흔(빗물자국)이 있는데 이는 백악기 지층의 빗물자국으로 세립사암 혹은 사질점판암의 엷은 층이다.

③ 경남의 하동 금남면, 합천 율곡리, 경북의 의성 봉암산, 군위 우보면에서 공룡의 골격 화석이 발견되었으며 현재 경남 고성군 하이면 덕명리 해안에 있는 공룡발자국 화석을 보면 한반도가 공룡들의 서식지였음을 알 수 있다. 이곳에는 1억년 전 중생대 때 한반도에 살았던 공룡들의 발자국이 수많은 새발자국과 함께 남아 있다. 이곳 공룡발자국 화석은 모두 3천여 개로 규모면에서 세계 3대 산지의 하나로 손꼽힌다. 공룡발자국을 낮에 선명하게 보려면 조수간만의 차가 큰 음력 보름을 전후해서가 적기이며, 평소에는 해안에 물이 빠지는 저녁때라야 가능하다. 이곳은 고성군청 문화공보실에서 관리를 맡아서 한다. 이곳은 삼천포에서는 자동차로 20분 정도이고 진주를 오가는 항공편도 있다.

④ 포항의 장기층과 연일층과 울산분지 : 포항시 일원에서 해안을 따라 영일~울산에 이르는 지역에 수백종의 신생대 바다생물과 육상식물의 화석이 무더기로 산재해 있다. 여태까지 포함, 울산지역에서 나온 동물화석은 육안으로는 잘 안보이는 바닷말에서부터 고래, 상어 등 큰 포유동물에 이르기까지 60여종에 이른다. 경주 국립공원과 가깝게 있어서 이곳 사적관광과 연계시키면 더욱 효과적이다.

5) 천연보호구역

천연보호구역은 보호해야 할 천연기념물이 풍부한 일정 구역을 선정한 곳으로 규암의 해식애가 독특한 경관을 이룬 홍도(제170호), 해발고도에 따른 수

직적 식물상이 나타나는 화산지형의 보고 한라산(제182호), 웅장하고 다채로운 산악미를 자랑하는 설악산, 고층 습원이 발달한 양구 · 인제간의 대암산과 대우산, 인제 · 고성간의 향로봉과 건봉사 지역이 각각 지정되었다.

이는 보호할 만한 천연기념물이 풍부한 대표적인 일정한 구역을 선정하여 지정하게 되는데, 현재는 홍도, 한라산, 설악산, 강원도 양구와 인제에 걸쳐 있는 대암산과 대우산, 인제와 고성에 걸쳐 있는 향로봉과 건봉산 등 다섯 군데가 지정되어 보호를 받고 있다.

(1) 홍 도

제170호로 지정되었고 전남 신안군에 소재하며 20여 개 섬들로 구성되어 있다. 이 섬을 구성하고 있는 규암과 풍화에 의한 사암 등에는 육지에서 볼 수 없는 독특한 것이 있다. 이 규암은 풍화에 강하여 해안선이 절벽을 이루고 차별적인 해식에 의하여 특이한 경관을 이루고 있다. 식물상이 다양하여 274종이 있는데 부락근처에 있는 당산림은 원시림처럼 잘 보전되어 있고 이곳이 지역주민의 신앙생활의 중심이 되어 있다.

식물상의 특색은 큰 군락이 있고 흰동백이 자생하며 풍란 등 난초과 식물이 많다.

동물상으로 육상동물은 남방계의 종류가 많은 것이 특징인데 나비종류가 많고 새 종류에 있어서도 현재까지 알려진 54종 가운데 대부분이 텃새이거나 남방계이고, 북방계는 11종에 불과하다. 흑비둘기, 염주비둘기, 흑로 등은 특히 보호에 유의해야 할 것들이며, 해안동물은 무척추동물 117종과 어류 233종이 있는데, 그 대부분이 외양성이어서 서해안에서는 발견되지 않는 것이 많다.

(2) 한라산

제182호로 지정되었으며, 이 지역에는 해발고도에 따른 수직적 식물상이 나타나는 것이 특징이다. 제주도는 제3기 말과 제4기 초에 걸쳐서 화산분출이 있었고, 정상에는 화구호인 백록담이 있고 주위에는 360여 개의 기생화산의 화산군이 있다. 이 기생화산들이 도처에 아름다운 곡선을 이루면서 특유한 풍경을 나타내고 있는데 이것을 '오름' 또는 '악'이라 부른다. 한라산의 상류천은 해안지방에서 용천을 이루므로 촌락은 물을 따라 해안에 발달하였고 화산활동으로 용암굴이 많은 것도 특이하다.

제주도는 그 위치, 지형, 지질, 기후 및 과거 지질시대의 변천에 따라 1,465종에 달하는 많은 식물의 종류가 있으며, 이 가운데는 이곳에서의 자생식물(한국의 30%)과 고유종, 즉 특산식물이 전체 식물의 20%나 된다.

이 지역의 난대성 상록수림은 해안 가까운 계곡이나 평지에 남아서 보호구역이 되어 있고 이들은 대체적으로 고도 600m부터 해안에 이르는 곳에 있다. 동물상을 살펴보면 일본계의 것도 있고 남방계의 것은 서로 혼식하는 흥미 있는 지역이다. 아열대의 평지나 중턱의 산림지대, 산정에는 각각 청개구리, 북방산개구리, 무당개구리들의 서식지가 수직적으로 나타나며 모든 동물에서 한반도에는 없는 고유의 종이 많다. 또한 육지와 오랫동안 떨어져 있었으므로 언어, 풍속, 산물 등에서 특이함을 보여주고 수산물도 매우 풍부하다.

(3) 설악산

제171호로 암질과 그 구조의 차에 의한 차별침식의 결과로 웅장한 모습과 다채로운 경관을 보여주고 있다. 즉 암질 또는 절리에 따르는 차별침식은 십이선녀탕 계곡과 같은 험준한 지형과 많은 기암괴석이 나타나 절경을 이루었다.

설악산도 한라산처럼 수직적 변화의 식물분포를 나타내고 있는 것이 특징이다. 그리고 많은 종류의 식물종과 대표적인 원시림은 훌륭한 관광자원이 되고 있다. 대청봉(1,708m)의 바람꽃, 꽃쥐손이, 산정 암벽의 에델바이스 같은 고산식물은 지질시대의 유존종이라 하여 연구가치가 있다. 무엇보다 식물들의 고도와 지형에 따르는 것으로 경관이 아름답고 다채로운 것이 그 특징이다.

동물상으로 반달곰, 조류로는 까막딱따구리, 솔개, 잣까마귀, 흰배멧새 등이 비교적 높은 곳에서 볼 수 있고 한지성, 고지성의 곤충들이 서식하고 있으며 멸종의 위기에 있는 크낙새, 산양, 사향노루 등과 희귀종인 까막딱따구리가 있으며 내설악, 외설악이 같은 환경인데도 육수생물상이 다르다.

설악산의 경우는 천연보호구역으로 지정되었을 뿐 아니라, 1982년에는 유네스코가 지정하는 '생물권 보존지역'으로도 선정되었다. 천연기념물은 그 성질상 영구불변한 것이 아니다. 대상물이 멸종했거나 멸종해 가고 있는 것, 대상지가 변경되어 지정 대상에서 해제되는 것, 보호능력에 따라 그 가치가 더욱 높아지는 것 등 다양하다.

합천의 백도 도래지는 해방 뒤에 백도가 오지 않고 있으며 진안의 줄사철나무 재생지는 멸종되었고 밀양의 백송, 영암의 향나무는 고사해서 지정이 해제되었다.

이처럼 문화체육관광부는 체육기념물의 보존 내지 보호상태를 수시로 점검하여 문화재위원회의 의결을 거쳐 새로 지정하기도 하고 그 지정을 해제하기도 한다. 그런데 보다 중요한 것은 열목어를 비롯한 중요 천연기념물들이 공해로 인하여 멸종의 위기에 놓여 있다는 것이다. 보다 실질적이며 근본적인 보호대책이 필요하다.

4. 북한의 자연관광자원 보호

1) 자연보호구와 천연기념물

북한지역에는 전체면적의 약 80%가 삼림지역이고 산악지역이며, 고산지대에는 희귀한 동식물이 서식하고 있다. 북한의 토지법에는 동식물, 천연기념물, 명승의 보호규정을 정하고 자연보호림구역 지정 근거를 마련하고 있다. 북부산악지역에 서식하는 희귀동식물 보호를 위해 이에 상응한 대책을 세워 놓고 있다. 백두산 동쪽 장백산구역(21만ha)을 국제생물보호구역으로 지정하였고, 최근에 묘향산 일대를 자연보호구역으로 지정하여 이 지역에 서식하는 사향노루, 복장노루, 곰, 범을 비롯하여 박달나무, 느티나무, 기름나무, 약초를 보존하고 있는 것으로 밝혀지고 있다. 이외에 차일봉 식물보호구역(함남), 부전 부채붓꽃 보호구역(함남), 천불산 동물보호구역(함남), 조선범 보호구역(양강도의 삼지연군, 대홍연군, 백암군 등 해발 2천m 산림지대)을 지정하였다(〈표 2-7, 2-8〉).

북한에서는 천연기념물의 범주에 희귀동물, 희귀식물, 철새 서식지, 식물 군락, 수령이 많은 고목에 한정하지 않고, 여기에 동물보호구역과 식물보호구역 그리고 자연보호구역, 자연경승지(호수, 동굴, 기암괴석, 폭포, 풍화작용과 해수침식에 의하여 조성된 바다동굴, 절벽, 바위섬 주변경치를 바라볼 수 있는 언덕 등)까지 포함시키는 독특한 구분방식을 택하고 있다.

그리고 천연기념물부류에 속하는 자연자원 중 일부는 명승지(우리나라의 자연공원에 속하는 국립공원, 도립공원, 관광휴양지, 지정관광지 등이 망라되는 개념)에 포괄시키고 있다. 따라서 북한에는 자연공원 개념이 없고 명승지(경관지에 해당)와 천연기념물에 각기 포함시키고 있어 단조로운 분류를 하고 있다. 명승지로 지정된 곳은 19개소가 있는데 이 가운데 우리나라 분류기준에 따를 때 국립공원에 해당할 정도의 자원가치가 있는 명산은 백두산, 금강산, 구월산, 묘향산, 칠보산(함북), 장수산(황해도), 오가산(평북 화평군) 등 7개 산이 있다. 또한 관광명소에 해당하는 지정명승지는 모란봉(평양), 약산 동대(영변군), 석담구곡(석담 아흔아홉굽이 · 황해도 벽성군), 주을온천(함북 경성군), 시중호(강원도 통천군 강동리), 몽금포(황남용연군), 총석정(강원도 통천군), 박연폭포(개성시 산성리), 백령굴(평북 구장군)이 있다.

천연기념물이지만 그 자원가치와 관광자원의 매력으로 볼 때 경승지(명소)로 재평가될 수 있는 곳은 61개소(1980년 정부원고시 제27호)가 있다. 이들 지정천연기념물(지리부문)의 특징을 보면 내륙산악의 폭포, 자연굴, 분화구(옛날화산), 해안호(자연호), 기암, 절벽, 바위섬, 송도(소나무섬), 해식굴, 입석(선바위), 사구, 하안단구, 백사장, 계곡, 온천, 호소(늪), 포구, 산봉우리, 해안기암 등이 망라되고 있다.

〈표 2-7〉 천연기념물

천연기념물	서식지 · 소재지	내 용
화석림	평양시 중구역	중생대 쥬라기(1억5천만년전)의 송백류식물이 화석으로 남아 있음
환송리 청서	평남 순천군	청설모(솔서피), 다람쥐 일종
평남 너화	평남 안주군	모피로 쓰임
	함남 평원군	희귀 철새(북한에서 월동함)
쑥섬 검은 낯	평북 정주군	저어새의 일종
저어새	보사리	
황해남도 학	황해도 서남부	두루미(백학, 현학), 재두루미 서식
황해남도 황새	황해도벽성, 배천	소나무, 전나무에 서식
	평산, 연안군일대	
풍산 개	풍산군, 갑산군	우리나라의 진도견과 함께 명견
송악산 크낙새	개성시 송악산	딱다구리의 일종
개풍 학	개성시, 개풍군	두루미 도래지
용강 떡갈나무	평남 용강군	용강군 해안지대 자생
함종 약밤나무	평남 강서군	중국에서 전래된 밤나무
금성리 검은 황새	평남 덕천군	산간절벽에 서식 · 등이 검고, 배가 희며 눈자위가 붉은 희귀황새
방현리 백로	황남 배천군	백로 도래지
보천보 흙돼지	보천군 혜산시	일명 "동피"
개심사 약밤나무	함북 명천군	자생하는 밤나무
나진 산벚나무	웅기군 서수라	자생 벚나무(북방산 벚나무)
묘향산 청조	묘향산	일명 "산보로", 희귀조
금강산 국수나무	강원도 금강산	희귀식물
금강산 금강초롱	강원도 금강산	희귀식물
창덕리 나도 박달나무	자강도 전천군	단풍나무 일종
개성 백송	개풍군 연강리	희귀종 소나무
오하리 나도 박달나무	평북 대관군	단풍나무 일종
동림 들메나무	평북 동림군	희귀 노목
석현 엄나무	강원도 문천군	자생목
본궁 반송	함흥시 흥남구역	300년 수령의 노송
삼방 왕제비꽃	강원도 고산군	제비꽃 종류 중 가장 큰 것
승백루 갈새	평남 안주군	삼방협에 자생
		바위벼랑, 높은 집에 서식하는 새

자료 : 한국관광공사

〈표 2-8〉 천연기념물 보호구역

지정천연기념물 보호구역	서식지 · 소재지	내 용
자모산 동물보호구역	평남 순천군	물까치, 어치, 짝바구리, 복장노루, 멧돼지, 삵, 솔서피
맹산 만주 흑송림	평남 맹산군	흑송군락지구
나비섬 바닷새 보호구역	평북 선천군	검은 꼬리 갈매기, 꽉새, 가마우지, 바다뿔 주둥이 서식지
원도 바닷새 보호구역	평북 철산군 원도	바닷새 서식지
장산곶 식물보호구역	황남 용연군	희귀식물(갯노가자, 소사나무 등) 서식지
탑동산 동물보호구역	황북 서흥군 탑동	가침북달(이팝나무),백리향(라일락)등 희귀 식물 군란
통천 알섬 바닷새	강원도 통천군	꽉새, 검은 꼬리 갈매기, 가마우지,
보호구역	흡곡리	바다뿔주둥이 등 서식지
대나무(운만대, 신의대) 군락	함북 화대군 목진리	희귀 대나무군락
관모봉 식물보호구	함북 경성군 관모봉	희귀 고산식물 서식지
웅기 알섬(난도) 바닷새 보호구역	함북 웅기 알섬	바닷새 서식지
북수백산 식물보호구역	양강도 갑산군	희귀식물 서식지
차일봉 식물보호구역	양강도 풍서군, 부전군	희귀식물 고산식물 서식지
백암리 부채꽃 군락	양강도 부전군	희귀식물 고산식물(나리과) 서식지
백두산 식물보호구역	양강도 보천군	백두산계 고산식물 서식지
후창 조릿대나무 군락	양강도 후창군	평북, 함경도 내륙지방 서식

자료 : 한국관광공사

2) 장백산 자연보호구역

백두산을 중심으로 한 산간지대에는 고산지대에 서식하는 동식물이 원시 상태 그대로 잘 보존되어 있기 때문에 자연의 보고라 할 수 있다. 1960년 UNESCO가 백두산 북부 산간지대를 국제생물보호구역(면적 21만 ha, 1,800여 종의 동식물 서식)으로 지정하였다. 중국은 이 지역의 자연보호를 위하여 장백산 보호구역으로 설정, 엄격히 관리하고 있으며, 북한 역시 백두산 남부, 동부 일대를 자연보호구역으로 설정하여 자연생태계를 보호하고 있는데, 특히 이곳에 서식하는 호랑이를 보호하기 위하여 “조선범 보호구역”도 설정하였다.

중국은 백두산 북쪽지역을 1960년대에 보호구역으로 지정하고 1980년대에 와서 외부에 공개하였다. 보호대상구역은 백두산 산정(서남, 북, 서북, 동북), 천지(북쪽 30%수역), 그리고 천지 너머 서북, 북쪽 원시림지구이다. 이 구역은 중국 길림성, 안도현, 무공현, 장백현 경내에 속한다. 면적은 약 2,000km², 남북 78.5km, 동서 53.2km에 이른다.

현재 백두산 일대에 대한 동식물 탐사가 이루어지고 있으나 최근까지 밝혀진 자료에 따르면 식물은 2,343종(218과, 807속, 4아종, 214변종, 50품종)이 자생한다고 한다. 보호구는 광대한 천연동물원, 식물원과 같으며 생태계가 잘 보존되어 있고 한대림과 온대림이 함께 있다. 끝없이 펼쳐지는 삼림에 고등식물 1,400여종이 있고 이중 희귀식물 80여종, 경제수목(목재용 나무) 80여종과 고사리, 버섯, 이끼 등 포자식물이 자란다.

백두산 천지가에 살고 있는 초본생 식물은 구절초, 두메양귀비, 투구꽃, 상우담, 분홍바늘꽃이 있다. 옛부터 유명한 "백두산 삼보"는 이곳에서 채취되는 산삼, 녹용(매화록의 뿔), 초피(담비 털가죽)를 말하며, 근년에는 월귤나무, 머루(산포도), 들쭉나무를 이용한 술과 식품을 만들기 위하여 집단재배를 하고 있다. 월귤나무는 진달래과에 속하는 상록관목수이다. 고산지대에서 자생하는 이 나무의 크기는 5~30cm, 타원형의 두꺼운 잎사귀를 가진 이 나무는 여름에 꽃(흰꽃, 분홍꽃)이 피고 가을에 직경 7~10mm의 붉고 둥근 열매를 맺는다. 열매는 당분, 산, 비타민 A, 비타민 C 성분이 있어 음료, 과일즙, 술을 만드는 데 쓰이고 한약재(방광염, 요도염)로도 이용된다. 우리나라 내륙고산지대에 자생하는 머루는 술(붉은 포도주)의 원료가 된다. 북한은 경제림 조성의 일환으로 백두산 고지대에 540ha의 월귤나무 재배단지를 조성하였다. 들쭉나무는 키가 작은 관상목이며, 그 열매는 약재, 과일즙, 술, 식품(잼)의 원료로 이용된다.

줄기에 둥근 잎들이 5~6잎씩 뭉쳐서 돋아나며 가을에 붉은 열매를 맺는다. 백두산일대의 들쭉밭은 약 3만 정보가 된다.

한편 동물의 종류 역시 다양하며 산짐승 50여종 가운데 희귀동물인 자색담비, 매화무늬 사슴, 금색무늬 표범, 수달, 말사슴, 호랑이, 사향고양이, 검은 곰, 멧돼지 등 29종이 있다. 그리고 조류는 280여종, 곤충은 2,000여종이 발견되었고, 이외 양서류, 파충류, 산천어 등이 서식하고 있다.

3) 이명수

삼지연읍에서 남쪽으로 내려가면 이명수라는 계곡이 있는데, 이곳은 산수가 아름다운 명소로 알려져 있으며, 이곳에 이명수 폭포(북한지정 천연기념물 제345호)가 있다. 폭포의 높이는 15m, 폭 27m이며 여러 갈래의 폭포로 되어 있고 지하수가 솟아 흘러내리는 특이한 형태의 폭포이다.

4) 삼지연

삼지연은 과거 무산군 삼장면 서부지역에 해당하는 고산지대에 있다. 멀리 서북쪽으로 백두산 연봉, 대소 연지봉, 소백산이 바라다보이고 남쪽으로는 북포태산 고봉이 보인다. 옛날에는 원시림이 우거진 이 일대를 천평 또는 삼지연이라 하였고 그 주변의 광활한 지역을 무인경, 천리천평이라고 불렀다. 일망무재의 수해 속에 자리잡은 삼지연은 나란히 세 개의 작은 자연호수로 되어 있다. 이곳은 북한의 자연명승지 제237호로 지정되어 있다. 여기서 발원하는 물이 동북쪽 산간계곡을 따라 강두수가 되고 강두수는 주위 계곡수와 합류하여 소홍단, 대홍단수를 이루어 두만강으로 흘러든다. 삼지연은 옛날에는 칠성지라고도 하였는데 세 호수 중 가운데 호수가 가장 크고 아름다우며, 잔잔하고 푸른 물, 호수가의 모래와 돌부스러기가 백사장을 이루고 호반에는 숲이 병풍처럼 둘러져 있다. 삼지연은 백두산이 화산활동중이던 시기에 용암, 경석이 이곳까지 흘러내려 산골짜기를 메워 오늘날 보는 바와 같이 약 30개소의 대·소 호수를 형성한 것이다. 호수의 면적은 0.46km², 둘레 2.54km, 평균수심 3m, 호수의 수면높이는 해발 1,585m이다. 이 일대에는 고산지대 기후의 특징을 보이고 있어 연평균기온이 1~2℃, 8월에는 17℃ 정도이고, 한겨울철에는 -20℃ 이하를 나타낸다. 호수 주위에는 이깔나무, 자작나무, 분비나무, 가문비나무 등이 무성하며, 숲속에는 메닭(산닭), 사슴, 곰, 검은 곰(흑담비), 사향노루, 우는 산토끼가 살고 있다. 이 가운데 메닭과 삿금은 천연기념물로 지정되어 있다.

5) 자연보호구역

(1) 식물보호구

대상자	위 치
맹산 흑송 보호구	평남 맹산군 새마을리
양덕 송이버섯 보호구	평남 양덕군 산성리
신미 식물보호구	평북 선천군 신미도
삭주온천 식물보호구	평북 삭주시 일원
황포 만삼 보호구	자강도 낭림군 황포리
장산관 식물보호구	황남 용연군 장산리 및 오차진
수양산 식물보호구	황남 신원군 및 해주시 일원
멸악산 식물보호구	황북 인산군
두유산 식물보호구	강원도 천내군 동흥리
차일봉 식물보호구	함남 부전군 차일리, 양강도 풍산군 일원
백암 부채꽃 보호구	함남 부전군 백암리, 문천리
운만죽, 신의죽 보호구	함북 화대군 목진리
관모봉 식물보호구	함북 경성군 관모리
무봉 식물보호구	양강도 삼지연군 무봉

(2) 동물보호구

대상자	위 치
동계 동물보호구	양강도 백암군 동계
대흥동 동물보호구	양강도 보천군
신원 동물보호구	자강도 낭림군 신원 노동자구
김석 동물보호구	자강도 동신군 금석리
당아산 동물보호구	평북 동창군
천불산 동물보호구	함남 신흥군
사수산 동물보호구	함남 정평군
천마산 동물보호구	평북 천마군
백산 동물보호구	자강도 송원군
금수봉 동물보호구	황북 연수군
대각산 동물보호구	황북 곡산군
위용산 동물보호구	황북 토산군
크낙새 보호구	황북 인산군 및 평산군
	황남 평천군

(3) 자연보호구

보호구역	위 치	대 상
백두산	양강도 삼지연군	표범, 호랑이, 담비, 노루, 사슴, 수달 등 50여종, 온대, 한대수림, 초본 650여종
오가산	자강도 화평군	표범, 사향노루, 날다람쥐 등 산짐승, 수목, 초본 730여종
묘향산	평북 향산군	곰, 사향노루, 산양 등 33종, 조류 115여종, 식물 600여종
구월산	황남 안악군 은율군	복작노루, 멧돼지, 고슴도치 등 30여종 크낙새 등 조류 100여종, 식물 600여종
금강산	강원도 금강군	사향노루, 곰, 수달, 산양 등 산짐승, 뻐꾸기, 밀화부리, 말새 등 조류 100여종, 금강초롱, 금강국수나무 등 식물 1,000여종
칠보산	함북 명천군	곰, 삵, 너구리, 여우 등 산짐승, 가시고기, 황어 등 민물고기

(4) 바닷새 번식보호구

종 류	내 용
운무도, 대간도 덕도 알섬(난도) 알섬(난도) 나비도	평북 정주군 앞바다 평남 온천군(강서) 앞바다 함북 선봉군 앞바다 강원도 통천군 앞바다 평북 선천군 신미도 서쪽바다 호군이 꽉새, 가마우지, 보리갈매기, 바다뿔수표 등

(5) 천연기념물 보호구

대상지	위 치
백두산 조선범 보호구 추애산 조선범 보호구 큰곰보호구 풍산개 보호구 산천어 보호구 양화 밥조개 보호구 생복 보호구 자연굴 보호구 동계수 산천어 보호구	양강도 삼지연호 강원도 고산군 추애산(1,530m) 자강도 용림군 양강도 예산군 자강도 백암군 하천 함남 신포시 양화리 함남 낙원군(근호) 함남 김야군 호도반도 양강도 백암군 동계수

자료 : 한국관광공사

2 산지 및 동굴 관광자원

1. 산지 관광자원의 의의와 가치

1) 산지 관광자원의 의의

관광대상이 되는 자연자원 가운데서 산지, 고원, 구릉, 대지 등은 매우 주요한 비중을 차지하고 있으며 그 이용이나 개발이 가장 많이 이루어진 곳이기도 하다.

관광이 가장 일찍 발달한 유럽에서도 관광지, 피서지로서의 알프스, 피레네 등의 산지는 유럽인들에게 가장 빈번한 휴식의 장소였다. 산은 높은 산으로부터 낮은 산에 이르기까지 여러 가지 유형이 있고, 또 계절에 따라 그 경관이 변화하며 계곡, 호소, 동식물 등과 조화를 이룸으로써 그 자원적 가치를 향유한다.

산이 중요한 관광대상지로 등장되는 배경은, 깊은 자연 속에 있어 항상 자연의 신비를 간직하고 있는 곳이며, 고도에 따라 조망이 뛰어나고, 고산의 동식물 연구 등 학술탐구의 장소적 역할과 신비성을 이용한 신앙의 대상이 되기 때문이다. 특히, 자연의 신비성과 종교적 환경이 조화를 이루어 특수한 경관을 형성함으로써 관광대상으로 부각된다.

아름다운 산봉과 계곡, 기암절벽이 어울린 웅장한 산세, 계절에 따라 나타나는 삼림의 색체 경관변화([그림 2-4]), 동식물의 조화로운 생태 등 산지는 다양한 관광자원에 의해서 복합적 경관을 이룬다. 따라서 산지는 자연적 관광자원의 보고이며 관광가치가 높은 매력적인 관광대상이 될 수 있다. 종래의 산지관광의 형태는 보는 관광(sight seeing)에 한정되어 있었으나 점차 '움직이는 관광'의 대상으로 등산, 스키, 피서, 하이킹, 전망, 보건 휴양지로 그 이용의 흐름이 변화되고 있다. 또한, 교통수단의 발달로 접근성이 용이해지고 여가시간의 확대 등에 따라 장기 체류지의 휴양지(리조트)로서, 주변 관광자원과 연계성을 가진 관광거점지로 발전되어 가고 있다.

[그림 2-4] 단풍(캐나다의 메이플 로드)

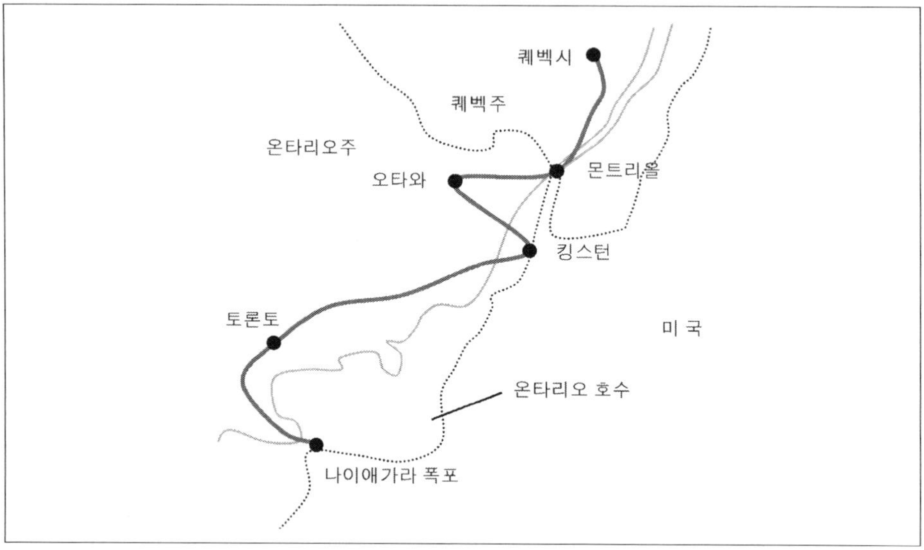

고대로부터 산을 신성시하여 산지신앙이 발달하였다. 즉, 중국의 오악에 대한 숭산(崇山)사상을 비롯하여 네팔의 히말라야산맥, 그리스의 올림프스산, 바빌로니아의 에크르산에 대한 신앙이 대표적인 예라고 할 수 있다.

우리나라에서도 일찍이 산천을 숭배하는 원시신앙이 발생하였고 인간의 길흉화복도 지세와 지덕에 좌우된다고 믿어 부족의 정착지나 왕도를 정할때 신성지역을 두어 산천에 제사하여 왔다. 이러한 산천숭배사상과 불교사상이 접하여 소위 불연국토영지신앙(佛緣國土靈地信仰)이 형성되어 초기 교학불교의 사원은 신성한 영지의 발원과 수도의 목적으로 건립되는 것이 원칙이었다. 교종계 사찰은 삼신산(금강산, 지리산, 한라산)과 오악(북악의 백두산, 남악의 지리산, 동악의 금강산, 서악의 묘향산, 중악의 북한산) 등의 영지를 따라 설립되었다.

더욱이 한국 불교가 이론적 원리보다도 실천적 수행을 통하여 행동으로 접근하려는 선종이 도입됨으로써 사원은 수행처로서 신성한 것을 중요시 여겨 조용하고 한적한 곳, 속세에서 멀리 떨어진 자연영역에 건립되어 간다. 특히, 구산선문(九山禪門)의 입지가 내륙산간으로 상향이동하면서 변방지역을 선택한 것은 심산유곡이 수행장소로 적합했기 때문이다. 성(聖)의 세계를 한폭의 그림으로 나타내고 있는 오백라한도(五百羅漢圖)의 구도가 전체적인 바탕을 산수화로 하고 산수 속에 오백라한을 묘사하고 있는 것은 나한상은 모두가 대자연을 무대로 수행을 계속하고 있는 모습을 나타내고 있는 것이다.

선문은 배산임류(背山臨流)의 하천상류에 위치하면서도 산곡의 소분지에 점하여 계곡물이 모여 완만히 감싸는 곳, 물을 얻기 용이하면서도 산이 사방으로 둘러쳐진 아늑한 곳에 입지하여 조산조수(朝山朝水)적 형태를 띠고있다. 즉, 선문의 입지는 택리지에서 나타나는 山, 水, 方位에 해당되는 풍수사상의 조건에 부합되는 형세에 위치하고 있다. 따라서 선찰의 입지는 승지(勝地), 복전(福田), 복림(福林) 등으로 표현되어 이른바 지덕을 갖춘 길상지택이며 풍수지리상의 명당에 점지하여 산이 병풍처럼 배후를 두르고 장천(長川)과 용곡(龍谷)이 감싸고 있는 형세를 이룬다. 결국 한국의 사찰은 입지자체가 名山과 결부되어 유명한 산에는 반드시 유명사찰이 있다. 사찰이 산에 위치하므로 위치적 관점에서 산사(山寺)라고 한다. 산은 본래 웅장하고 신비하며 아름다움에 속성이 있으므로 여기에 선문이 생기고 이것이 오늘날의 조계종의 흐름이다. 특히 고도 산업사회의 현 시점에서 명산대찰(名山大刹)은 인간이 상주지를 떠나 일정기간 휴식을 취하는 대상으로서 국민보건이나 국민교육의 측면에서 중시되고 있다. 여기에 문화적 요소로서 고찰이 소재하여 자연과 역사가 동일장소에 근접하여 함축됨으로써 현대관광에서 요구되는 복합형 관광자원으로 각광을 받게 된 것이다.

이밖에도 전국 240개 고을마다 진산과 주산이 있어 숭산의 대상이 되어왔다. 이처럼 우리나라의 산지는 고유한 민족신앙으로 숭상되면서 애니미즘의 민속을 형성하고 나아가 토착적인 민속신앙으로도 전승되어 샤마니즘의 대상이 되기도 했으니 서울의 삼각산과 개성의 덕물산, 공주의 계룡산, 김제의 모악산 등이 무속신앙의 대상으로 유명하였다. 신라시대에 화랑도의 생활양식 가운데 "유오산수 무원부지(遊娛山水 無遠不至)"하였기에 집단으로 산천을 순례하며 심신을 연마하려고 관동의 여러 승지와 지리산과 금강산에 이르기까지 전국의 명소를 찾았다는 기록이 있는데, 이는 우리나라에 있어서 단체관광의 효시라고 볼 수 있는 것이다.

'팔역지'를 쓴 조선시대의 이중환은 그의 산수론에서 금강산 · 설악산 · 오대산 · 태백산 · 소백산 · 속리산 · 덕유산 · 지리산 · 칠보산 · 묘향산 · 가야산 · 청량산을 12명산으로 꼽고, 그 위용과 경관을 극찬하였다. 또한 육당 최남선은 북한산 · 백두산 · 원산(圓山: 함북 길주와 단천 사이에 있는 2,309m 높이의 산) · 낭림산 · 두류산(평남 양덕과 함남 문천 사이에 있는 1,324m 높이의 산) · 분수령(강원도 평강의 서북에 있음. 높이 1,128m) · 금강산 · 오대산 · 태백산 · 속리산 · 장안산(전북장수에 있는 산. 1,128m) · 지리산을 12명산, 12종산이라고 하였다. 이중환의 12명산은 택리(擇里)적인 것과 명승을 주로 하였고, 최남선은 명승지를 이루는 산 외에 8도의 진산이라고 할 수 있는 종산을 포함시킨 것이 특색이다.

구한말에는 근대화에 힘입어 국내의 여행사정이 다소나마 호전되어 전국을 일주하는 여행자들이 많이 생겨났는데, 이들에 의하여 대한팔경이 지정된 바 있다. 이는 백두산 · 을밀대 · 묘향산 · 금강산 · 한라산 · 해운대 · 지리산 · 석굴암 등으로 남과 북에 각각 4개씩 분포하며, 이 중에 5개가 산을 대상으로 하고 있다.

일반적으로 널리 알려진 아름다운 산지는 오늘날 대부분 명승, 경승지로서 국 · 도립공원으로 지정되어 있다. 이는 산지의 관광가치를 반증하고 있다. 자연경관에 의한 명승지는 청학동 소금강, 울진의 불영사 계곡 일원, 거제 해금강, 해남의 두륜산 일원, 송광사 · 선암사 일원, 상백도 · 하백도 일원, 완도 정도리 구개 등이 있다.

자연적 관광자원 가운데 산지와 구릉지, 계곡, 암석, 폭포와 이들을 덮고 있는 지표상의 식생 등은 매우 중요한 부분을 차지한다. 일찍이 관광산업이 발달한 유럽에 있어서 보양지로 지중해의 바다를 이용한 역사는 매우 오래되었으나, 피서 · 휴양지로서 알프스나 피레네(Pyrenees) 등의 산지를 이용한 것은 그 보다 훨씬 뒤의 일이었다. 중세까지는 높은 산에 마력을 가진 신이 있다고 믿어 접근을 꺼려 왔었던 까닭인데 19세기에 들어와서야 등산활동의 황금기를 맞아 알프스의 여러 처녀봉들이 차례로 정복되었다.

마테호른의 처녀 등정을 마지막으로 알프스의 모든 봉우리에 올랐던 유럽인들은 갖가지 등산장비를 갖추어 접근성을 높였다. 따라서 알프스의 웅대한 산악미와 빙하, 설산 풍경에 매료된 관광객은 물론 산지를 대상으로 하는 스포츠(등산, 스키) 등에 관광인구가 집중되고 있다. 등산철도나 케이블카 등의 설비를 갖추고 숙박 및 오락시설을 마련한 뒤에 알프스 등산 및 동계 스포츠의 거점도시가 많이 발달하였는데, 샤모니(Chamonix), 체르마트(Zermatt), 그린델발트(Grindelwald) 등이 대표적이다. 몽블랑, 마테호른, 융프라우와 아이거(Eiger; 3,970m)는 등산거점으로 유명하다.

일본의 경우는 신기습곡산지인 환태평양 조산대에 속하여 험준한 산지가 많고 길게 발달한 화산대와 온천, 풍부한 겨울철 강설 등이 훌륭한 경관을 이루고 있는데 중부지방의 후지산, 카가지방의 시로이산 등지에서 종교적 이유의 신앙적 등산이 이루어졌었다. 또 포사 마그나(fossa magna)라 불리는, 지구대의 서쪽에 모여 있는 높은 봉우리들을 '일본 알프스'라고 부르며, 산지관광지로 개발하여 등산활동이 성하고 스키를 비롯한 스포츠 활동도 활발하다.

2) 산지 관광자원의 가치결정조건

과밀화와 공해를 연상시키는 도시화가 일반화된 20세기 이래 그로부터 벗어나려는 현대인들은 산을 찾아 긴장을 풀고 즐거움을 얻고자 하는 욕구로부터 비롯되어 전문적인 등산활동까지 대중화되고 있다. 특히 교통기관의 발달로 수천 미터 높이까지 비교적 쉽게 접근할 수 있고, 고산지대에도 숙박시설이 갖추어져 산지관광을 활성화시켜 주고 있다. 이러한 추세는 유럽과 미국, 일본은 물론 우리나라와 타이완에서도 현저하다. 산지는 그 생태가 주는 미적 가치에 있어서 계절성 · 시간성 · 접근성의 차이로 평가와 가치기준이 다르나 관광대상화를 위해서는 다음의 조건들을 고루 갖추어야 한다.

(1) 생태적 조건

① **지형조건** : 산지 관광의 으뜸이 되는 것으로 산봉(peak), 계곡, 능선(ridge), 기암, 절벽, 폭포 등의 지형경관이 풍부하고 잘 조화되어야 한다. 풍부하고 다양한 지형변화가 주는 경관미와 웅장함, 특이성 등의 조건을 말한다. 관광개발의 조건, 관광활동의 지형공간(site)도 포함된다.

② **지표조건** : 지표상에 삼림, 초원으로 피복된 식물과 서식하는 동물의

종의 다양성 및 희귀성, 보존상태 그리고 암석의 분포 등과 특히 화산, 온천 등의 부수적인 요소가 조화된 것이다.

(2) 전망조건

자연적 관광자원이 외부를 향하여 나타내는 원근의 조망으로서 산에 올라서 무엇을 볼 것인가 하는 시야에 펼쳐지는 여러 가지 미(美)적 기준(심미성)들이다. 여기에는 평야, 바다, 도시, 구름, 석양, 일출, 국경선, 행정구역 경계선 등 조망권내의 주변조건들도 포함된다. 대개 산정이나 산봉마다 조망할 수 있는 물리적 조건과 조망되는 권역내에 내용의 다양성이 확보되는 것이 관건이다. 한국의 산지는 대체로 전망조건과 관광객의 심미성 요구에 부합되는 사례가 많다.

(3) 문화경관조건

산지내에 천연기념물이나 사찰, 국보나 보물 등의 문화재가 얼마나 소재하고 있으며, 이들이 자연경관과 어떻게 조화를 이루고 있는가 하는 것이다. 우리나라의 산사는 이러한 문화경관조건이 우수하여 고유성을 인정할 수 있는 자원이다. 한편 2011년 현재 제주도는 세계 7대 자연경관후보지(28곳)에 올라 있다.

(4) 접근성 조건

관광객과 결합에 의한 관광대상화를 전제할 때 산지자원의 가치성을 좌우하는 결정적인 조건이 접근성이다. '구슬이 서말이라도 꿰어야 보배'가 되듯이 이용자가 용이하게 출입할 수 있는 조건은 대단히 중요하다. 접근성 조건을 향상시키기 위해서는 삭도(줄사다리, 줄다리, 케이블카, 리프트 등)를 위시한 여러 형태의 인위적인 개발이 필연적인데, 본래의 자원을 훼손하지 않는 범위에서 최소한의 시설을 선택해야 한다. 산지경관은 보는 위치나 체험하는 장소에 따라 감상의 내용이 크게 다른 점을 감안해야 하며 간과해서는 안된다.

(5) 시설조건

산지에 대량 관광객이 접근할 때, 지형장애를 극복하기 위한 관광도로 시설이 요구된다. 전망을 위한 타워시설이나 산지내부의 동선시설, 안전, 보건, 위생시설 등을 위시한 각종 편의시설조건은 관광가치성을 결정하는 데 중요한 요소로 작용된다. 우리나라의 산지는 자연공원법의 집단시설지구를 설정하여 주요 시설조건을 갖추고 있다. 그런데 한국의 산지는 산사면이 완만하고 고위평탄면 등이 발달하여 관광시설의 입지조건이 유리한 편이다.

(6) 원시성 조건

보존가치의 우수성이 확보된 처녀지역, 즉 일차적 자연(first nature)을 말하는 것이다. 대륙에 비해 국내의 산지에서는 취약한 조건이나 산지자원의 보호와 관리여하에 따라 증진될 수 있는 요소이다. 장기간 타 지역과 고립되어서 형성된 종족의 생활상(ethnicity)이 포함되면 관광가치성은 더 높게 평가될 수 있다.

2. 한국의 산지 관광자원의 특색

한국의 산지는 대부분 자연공원영역으로 지정되어 국민관광대상으로서 이용률이 높다. 따라서 한국을 대표하는 자연관광자원은 산지라고 말할 수 있다.

한반도의 산지는 중생대 말엽의 대보조산운동과 그후 장기간의 침식작용과 신생대 제3기의 지괴운동, 그리고 그 이후의 침식작용이 그 주요한 형성원인(process)이 된다.

우리의 국토는 제3기 이전에 거의 완성되고 신기에 이르러서는 격심한 지각운동은 없었으며 완만한 조륙운동[4]이 계속되었기 때문에 비교적 안정지괴를 이루어 몇 만년이란 장기간의 침식시대를 경과하였다. 그리하여 우리나라

---

4) 광범위한 면적에 걸쳐서 지괴가 서서히 융기 또는 침강하는 운동을 말한다. 지구상에서 광범위하게 분포하는 퇴적암층을 조사해 보면 그 층의 상태 등에 큰 변화없이 거의 수평으로 넓은 지역이 퇴적되어 있는 것을 볼 수 있는데 이는 조륙운동의 결과이다.

의 산지는 대부분 미약한 융기량과 장기간의 침식으로 저기복의 저 산성산지가 대부분이다.

산지는 전 국토에 분포하여 대부분의 취락과 도시의 입지와 관련되고 있어서 병풍산이 많다. 병풍산은 국민의 주거(1차 공간), 생산(2차 공간)지역과 인접하여 접근성이 양호하고 여가(3차 공간)대상으로서 근린공원으로 활용할 수 있는 것이다. 산지의 분포는 북부지방에 백두산(2,744m)을 비롯하여 2,000m 이상의 높은 산지가 많고, 중남부지방은 1,000m 내외의 저산지들이 많아 북고남저의 지형을 이루며 대체로 동사면이 높고 서사면으로 갈수록 낮은 동고서저의 경동지형을 이루는 것이 특색이다.

한반도의 지체구조는 조산운동[5] 및 화산활동으로 인하여 매우 복잡하게 되어 있으나 주요산맥은 지질구조에 따라서 한국방향산계, 중국방향산계, 랴오뚱방향산계 등 3대 방향으로 구분되어 있다. 이러한 산맥의 경계는 근대 이전의 상황에서는 교통의 장애가 되어 지역(고을)마다 독특한 생활양식이 형성되어 지역성을 뚜렷하게 함으로써 인문관광자원의 다양성에도 영향을 미치는 결과가 되었다.

우리나라는 국토의 약 70%가 산지인 산악국가이나 오랜 기간에 걸쳐 풍화침식을 받아 서남부지방에는 잔구성의 낮은 구릉성 산지(monadnock)[6]가 발달하고 있다. 우리나라의 높은 산들은 대부분 함경산맥, 마천령산맥, 낭림산맥, 태백산맥, 소백산맥 등에 분포하고 있다. 남쪽에서는 한라산(1950m)이 가장 높으며 화산활동으로 인하여 지형의 성상이 다양하고 그 지형적 특색을 배경으로 많은 관광지가 발달되어 있다. 우리나라의 고도별 산지의 분포를 보면 대체로 2000m 이상이 전 국토의 0.45%, 1500~2000m가 45%, 1000~1500m가 10%로 대부분 북부지방에 분포한다. 500~1000m의 산지는 전 국토의 약 40%

---

5) 일반적으로 산지를 형성하는 운동을 말한다. 보통 습곡, 단층, 요곡, 경동운동 등이 일어나서 지층의 암층이나 퇴적층 등이 복잡하게 변형된다. 조륙운동보다는 비교적 좁은 범위에 걸쳐서 나타나며 주로 퇴적암층이 무거워지면 본래의 퇴적상태가 변형되면서 일어나는 특성이 있다.

6) 침식윤회의 종말기에 준평원상에 남아있는 돌출된 고립구릉이다. Davis가 명명한 것으로 이는 미국 뉴햄프셔에 있는 Monadnock산이 전형적인 형태를 하고 있는데서 기인된 말이다.

이다. 한반도 전체의 평균고도는 482m로, 아시아 평균고도 960m에 비하면 매우 낮은 편이다.

국토의 여건상 산악국인 우리나라는 산지를 중심으로 한 관광개발이 필연적이라고 볼 때, 관광요소로서의 산지의 특수성을 검토할 필요성이 있다. 즉, 우리나라의 산들은 비교적 큰 산맥들로 연결되어 있으며 주요 능선상의 산봉과 계곡의 기복이 낮아서 등산로의 발달이 용이하다. 능선을 오르고, 능선을 가로지르는 횡단, 산정을 감고 도는 순환 등 이른바 등산의 세 가지 노선을 고루 갖추고 있을 뿐만 아니라 태백, 광주, 노령, 소백, 등 주요 산맥들이 1일 10~15km의 산행 속도를 기준으로 할 때 10일~20일 간의 장기 종주 등산로를 개설할 수 있다는 점과, 산맥에 따라 남 → 북, 동 → 서간에 상당한 계절성의 차이가 있다는 점 등은 관광요소로서의 충분한 특수성을 지니고 있다.

특히, 우리나라의 주요 문화재, 관광자원, 자연풍경들이 산지를 중심으로 이루어져 있음을 고려할 때 전 국토가 등산 탐방으로 이어지게 되는 관광루트를 개설한다면 미래의 국민관광의 추세인 "움직이는 관광"을 수용하는데 산지는 가장 주된 역할을 맡게 될 수도 있다.

우리나라에 분포하는 암석은 화강암과 편마암이 대부분이며 그중 화강암이 자연공원인 산지의 산봉이나 산사면에 분포하여 암봉을 이루고 기암괴석의 형태로 남아 관광자원이 된다.

산봉은 암석이 노출되어 풍화침식을 받은 산봉과 식생과 토양으로 덮여져 있는 산봉으로 나누어진다. 대체로 암봉의 산봉이 관광객의 목적물이 된다.

산봉에는 화강암이 주로 분포되어 풍화침식을 받아 수직 또는 수평으로 절리(joint)[7]가 발달하고 있다.

지하의 기반암이 수직이나 수평으로 절리되면, 풍화작용은 절리면을 따라 활발하게 진행되어 풍화작용을 받은 부분은 푸석푸석한 풍화층을 이루게 된

---

7) 모든 암석에서 발견되는 수직, 경사짐 또는 수평면의 분할선을 말한다. 즉 암석의 물리적인 연속성을 단절하는 분쇄(fracture) 혹은 분할선을 말한다. 화강암 절리의 발달은 냉각에 의한 수축으로 형성되는 경우도 있다. 절리는 지하 깊은 곳보다는 지표 부근에서 많이 나타나며 지형형성 작용에 직접적인 역할은 크지 않으나 침식의 모든 영력을 돕고 있어 지형에 대한 간접적인 영향이 매우 크다고 볼 수 있다.

다. 이 푸석푸석한 풍화층을 saprolite라고 부른다. 그러나 풍화층이 발달하면 수직, 수평으로 갈라진 블록의 풍화층 내에는 단단한 핵석(core stone)이 존재한다. 이러한 풍화작용을 받은 기반암이 지상에 노출되면 푸석푸석한 부분은 제거되고 핵석이 불안정하게 쌓여 석탑처럼 나타나게 된다. 이것을 지형학적 용어로 토어(tor)라고 부른다. 토어의 가장 위층에 있는 핵석은 그 아래 큰 핵석이나 기반암 위에 있지만 각각 분리되어 있으므로 불안전하게 걸려 있다. 불안전한 맨 위층의 핵석은 일정한 방향으로 힘을 가하면 흔들리게 되는데, 이런 바위를 이른바 흔들바위라고 한다. 우리나라의 대표적인 흔들바위는 설악산 계조암 흔들바위, 충북 영동군 영국사 흔들바위, 남해 금산의 흔들바위, 여수 향일암 흔들바위, 금정산 칠성암 흔들바위, 강원도 원성군 흥양리 흔들바위 등이다. 흔들바위는 아니지만 탑의 형식을 취하고 있는 토어의 예는 충북 중원의 공기돌, 속리산의 문장대, 북한산의 해골바위, 대둔사의 동심바위, 의령의 탑바위, 삼학도의 갓바위, 화양동의 첨성대, 속리산의 입석대와 청거대, 금정산의 무명봉의 공기돌 등이다.

산사면은 산지의 산봉과 평지 사이에 경사가 있는 산록이다. 구릉지의 사면도 이에 포함될 수 있다. 이러한 산사면은 식생, 암석, 토양으로 구성되어 있는 경우가 많다. 산사면이 암석층으로 덮여 있는 경우 판상절리(sheeting joint)[8]된 암석이 계곡에 분포하여 암괴퇴적물로 남아 있는 곳이 있다. 심산유곡이라고 하는 깊은 계곡의 물이 암괴퇴적물 아래로 흐르는 경우 계곡미와 더불어 여름철의 피서지로 각광을 받는다.

산사면의 토지는 본래 농업, 임업, 목축지역으로 이용되어 왔으나 최근 관광공간으로 변모하고 있다. 관광공간의 경우 스키장, 골프장, 수렵장, 관광농업, 관광교통로 등이 산사면에 입지하고 있다[9]([그림 2-5]). 수렵장은 경남, 제주, 전남, 전북 등에 있으며 매년 겨울 동안 수렵장 이용일을 정하여 수렵을

8) 하중의 제거로 발달되어 지표에 평행하게 동심원으로 배열되는 절리를 말한다. 판상 절리의 간격은 팽창률의 차이로 인하여 지표에 가까울수록 좁고 깊을수록 넓어지는데, 지하 70~100m 깊이까지 나타나는 경우는 드물다.

9) 제주도 올레길에서부터 시작된 도보관광이 발달하면서 완만하고 평탄한 산사면은 둘레길 등으로 명명되어 각광받는 관광자원이 되고 있는 실정이다. 지리산, 북한산 등 주요 산지의 산사면에는 도보관광코스가 개발되어 전국토를 이어가는 것으로 발달하고 있다.

허용하고 있다. 주요 수렵대상 동물은 멧돼지, 고라니, 산토끼, 수꿩, 산비둘기, 까마귀, 오리, 참새 등이다. 전남과 전북의 수렵장은 순환수렵이며 수렵동물은 지역별로 확정된다. 멧돼지는 구례, 곡성, 화순, 담양, 완주, 진안, 임실, 백운산, 팔영산 등이고 청둥오리는 고흥반도, 꿩은 김제, 부안, 옥구, 고창 등이며 물오리는 영암, 해남, 여천, 강진 등에서 사냥이 허용된다. 거제와 제주는 상설수렵장이 있다. 수렵의 허용기간은 대체로 매년 11월 초이다.

[그림 2-5] 코리아 둘레길

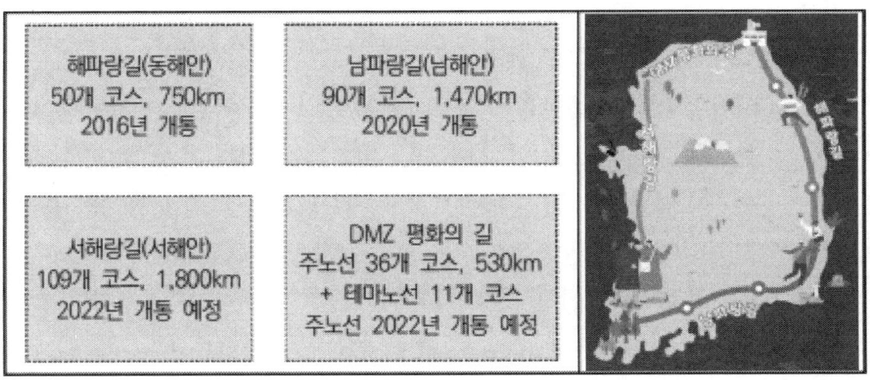

우리나라 산사면은 골프장으로도 많이 이용되고 있다. 골프장은 관광휴양지역으로 지정되어 운영되고 있다. 골프장은 관광휴양지역에도 건설되지만 관광단지개발에서 그 개발의 시설내용에 포함되는 경우가 많다.

산사면은 고랭지농업, 목축, 임업 등의 토지이용이 탁월하여 그 자체가 관광대상이 되는 경우도 있고 삼림욕장 등으로 이용되고 있으며 산사관광지도 바로 이와 같은 입지특성을 갖는다. 산사면이나 고위평탄면 등은 산성(남한산성 등)을 위시한 문화재, 목장(대관령 등), 특수작물재배(보성의 다원 등)경관, 기능을 포함하여 관광대상화되고 있으며 특히 휴양, 오락적 토지이용에 적합하다. 한국의 산지가 미래의 관광대상으로써 잠재력이 높이 평가되는 것도 바로 산사면이 완만한 경사를 이루어 산지 리조트개발에 유리한 조건을 갖추고 있기 때문이다.

한편, 우리나라의 화산지형은 백두산과 개마고원일대, 울릉도, 제주도, 철원－평강－연천－전곡으로 연결되는 주변지역 등에 발달되어 있다. 이곳에는 모두 현재의 화산활동이 이루어지고 있는 곳은 아니지만 과거 화산의 활동으로 화산지형(사화산)이 발달되어 있다.

관광자원의 배경이 되는 화산지형은 마그마가 분출한 분화구, 마그마가 흐르면서 굳어져 만들어진 용암동굴, 마그마가 분출력에 의해 공중으로 높이 에워싸면서 형성된 용암수형, 주상절리[10]의 형상으로 발달한 애(崖), 큰 화산의 산사면에 발달한 기생화산 등이다. 화산지형으로 인하여 관광객유동이 많은 곳이 제주도이다. 제주도의 주요 화산지형 관광지는 용두암, 협재굴과 쌍용굴, 만장굴과 금녕사굴, 산방산, 정방폭포, 천지연폭포, 한라산의 백록담, 산굼부리분화구, 성산일출봉, 외돌괴, 제2정방폭포 등이다.

제주도의 화산활동은 신생대 제3기와 제4기에 있었으며, 그 주요 화산암은 조면암과 현무암이었다. 이 중 현무암이 가장 넓게 분포하고 있기 때문에 하천의 하상이나 해안에는 검은 암석이 넓게 분포하여 계곡을 흐르는 해안에는 검은 암석이 넓게 분포하고 있다. 현무암의 색으로 인하여 계곡을 흐르는 하천수가 검게 보인다. 제주도에 많은 돌은 대부분 현무암이다. 이 암석은 밭, 과수원, 묘지, 목장, 관광지의 도로 주위에 담으로 쌓여 있다. 제주도의 많은 관광지 중에서 제주도의 돌과 나무를 소재로 조성된 관광지가 탐라목석원이다.

마그마의 분출로 인하여 제주에는 360여 개의 기생화산[11]이 있으며 마그마의 냉각속도의 차이에 따라 생성된 용암동굴이 발달하였고, 용암수형[12] 등과

---

10) 암괴나 지층에 있어서 기둥모양의 절리가 지표에 대해 수직적으로 형성되어 있는 형태를 말한다. 용암이 분출되어 굳어진 화산암지역에서 많이 나타나는 현상이다. 특히 현무암이 두껍게 덮여 있는 지역에서는 평면형이 6각형인 형태의 주상절리가 수십m의 높이로 발달해 있다. 이들 지역에서는 절리면을 따라 암주들이 쉽게 풍화되어 제거되므로 급애를 이루며 특히 하안이나 해안에서는 이 급애면상에 폭포가 발달하는 것이 보통이다. 제주도 서귀포의 정방폭포, 천지연 폭포 등은 그 대표적인 예이다.

11) 주 화산의 산록에 형성되어 있는 작은 화산추를 말한다. 즉 주 화산이 형성될 때 그 산록의 지각의 틈을 따라 용암이 분출되어 만들어진 것으로 화구를 나타내는 것도 있으며, 단지 분석구를 형성하고 있는 것도 있다.

12) 용암 속에 보존되어 있는 나무의 줄기 혹은 가지모양의 형태이다. 유동성이 큰 용암류에 잘 나타난다. 용암이 수목에 접하게 되면 그 접한 면이 급히 고결 · 냉각되고 수목의 외형이 그대로 복제되어 만들어진다. 수목의 본체는 그후 타 없어지거나 탄화된다. 유

같은 독특한 매력물이 있다.

미래의 산림 휴양수요에 대비하고 산림의 소득경영 일환으로 산촌주민의 소득증대를 도모하며 신비로운 자연의 혜택을 누리게 함으로써 국민의 건전한 정서함양과 아울러 자연의 고마움을 체험할 수 있도록 자연휴양림 조성사업을 산림사업의 역점시책으로 추진하고 있다.

자연휴양림은 경관이 수려하고 다수 국민이 이용하기 편리한 장소에 자연생태계 경관을 최대한 보전하면서 조성할 방침으로 '88년에 유명산 등 3개소를 시작으로 하여 대부분 '90년도에 조성되었으며, 2000년 이후에도 4개소가 조성되었다.

자연휴양시설은 기본시설로서 진입로, 주차장, 산책로, 잔디밭, 야영장, 광장, 벤치, 운동시설, 급수대, 오물처리장, 임간수련장 등이 있으며 특수시설로서 임산물판매장, 낚시터, 수렵장, 산지과수원, 조수사육장 등을 설치할 수 있다.

산림청에서는 급증하는 국민의 생태관광수요를 산림에서 적극적으로 흡수하기 위해 산림휴양시설을 조성하여 운영하고 있다. 숲속 야영장과 산림경관이 수려하고 국민이 쉽게 이용할 수 있는 지역에는 자연휴양림을, 도심에서 가깝고 지역주민의 이용 빈도가 높은 지역에는 산림욕장을 조성하고 있다. 산림욕장은 도시민들이 많이 이용하는 도시근교에 위치한 산림 안에 산책로, 자연관찰로, 탐방로, 간이 체육시설 등 산림욕과 체력단련에 필요한 기본시설을 조성하는 것으로 2020년 말 기준 총 211개소가 운영 중이다. 또한 캠핑 수요의 폭발적인 증가에 따라 2016년 1월 27일 「산림문화·휴양에 관한 법률」 등 개정을 통해 숲속야영장 조성근거 및 시설기준을 마련하여, 2020년 말 기준 총 24개소를 조성하였다(〈표 2-9〉).

자연휴양림은 2020년에 6개소(국립1, 공립4, 사립1)를 신규로 추가로 개장하여, 전국적으로 총 181개소를 운영하여 이용자 수가 2011년 이후 이용자수가 1천만명 이상을 기록하고 있으며, 2021년에는 3개소를 추가로 조성할 예정이다. 자연휴양림은 워라벨과 웰빙을 중시하는 국민의 가치관이 점점 더 확

동성이 큰 용암류가 입목 사이를 흘러 용암수형을 만든 다음, 용암 수위가 낮아지면 용암류 표면보다 돌출된 직립용암수형이 만들어지게 되는 것이다.

산된다고 볼 때 그 수요가 크게 증가될 것으로 예측된다(〈표 2-10〉). 산림욕장은 도시민들이 많이 이용하는 도시근교에 위치한 산림 안에 산책로, 자연관찰로, 탐방로, 간이 체육시설 등 산림욕과 체력단련에 필요한 기본시설을 조성하는 것으로 2020년 말 기준 총 211개소가 운영 중이다. 또한 캠핑 수요의 폭발적인 증가[13]에 따라 2016년 1월 27일 「산림문화 · 휴양에 관한 법률」 등 개정을 통해 숲속야영장 조성근거 및 시설기준을 마련하여, 2020년 말 기준 총 24개소를 조성하였다.

〈표 2-9〉 연도별 자연휴양림 이용객 현황

구분	이용자 수	국립 자연휴양림	공립 자연휴양림	사립 자연휴양림
2011년	10,604	3,582	6,281	741
2012년	11,615	3,737	7,077	801
2013년	12,780	3,760	7,677	1,343
2014년	13,954	3,523	9,362	1,069
2015년	15,629	3,841	10,777	1,011
2016년	15,238	4,240	9,646	1,352
2017년	16,713	4,353	10,308	2,052
2018년	15,331	4,571	9,675	1,085
2019년	15,989	4,657	10,286	1,046
2020년	11,058	3,073	7,336	649

자료 : 산림청, 2020년 12월 31일 기준

〈표 2-10〉 산림휴양시설 운영 및 조성계획

(단위 : 개소)

구분	계	2019년까지 운영	2020년 조성	2021년 이후
계	434	393	23	18
자연휴양림	186	175	6	5
숲속야영장	26	14	10	2
산림욕장	222	204	7	11

자료 : 산림청, 2020년 12월 31일 기준

13) 코로나19 상황이 영향을 미친 것으로 사료됨

3. 북한의 산지 관광자원

북한은 전체면적의 80% 이상이 산지가 차지하여 고산, 고봉준령, 계곡, 여울(灘)이 많다. 동해안 지방은 급격한 산세와 암벽이 많아 오랜 세월에 걸쳐 풍화작용과 침식작용으로 인해 많은 기암절벽, 기암괴석이 많은 아름다운 해안경관을 조성하고 있다. 내륙지방에는 높고 웅장한 산, 푸른 숲, 고원, 맑은 물이 흐르는 계곡, 계절따라 변하는 산의 경치로 구성된 산지환경은 고려조와 조선조부터 이미 빼어난 경승지를 찬탄하는 시인묵객이나 예술가들의 평가가 있었다. 이 같은 대표적 경승지에 대한 평가, 지정이 과거에 있었고, 지방마다 명소가 제각기 지정된 것을 보면 선인들의 자연에 대한 미적 · 예술적 감각이 뛰어난 것으로 볼 수 있다. 특히 북한지역의 자연경승지로 이름난 곳은 관동팔경 · 관서팔경이 있고, 명산으로서 백두산, 묘향산, 금강산, 구월산, 석담구곡(황해도 벽성), 모란봉(평양)이 있다. 근세에 들어오면서 칠보산(함경북도 명천), 장수산(황해도 재령군), 순양산(해주), 삼방협(강원도 세포), 명사십리, 몽금포가 새롭게 평가되었다. 그리고 1940년대에는 부전고원, 압록강, 개성, 주을온천, 연백온천, 금강산(전역)이 널리 알려지기 시작했다.

과거에 관동팔경과 관서팔경에 있었던 자리의 누각, 정자는 6 · 25전쟁시 전화를 입어 대부분 소실되었다가 근년에 북한에서 보수하여 이른바 "근로자 문화휴식터"로 개조하여 이용하고 있다. 북한에서는 이들 명승지의 장소(건물)들이 봉건통치자, 지주, 자본가들의 유흥지였다는 비판적 시각 때문에 자연경관과 역사문화자원에 대한 가치성 평가가 왜곡되어 관광정책이나 문화정책에 있어 민족문화보존을 소홀히 하는 모순된 점이 있다.

강원도에 위치한 관동팔경은 북한지역에 3개소, 남한에 5개소가 있다([그림 2-6]).

[그림 2-6] 관서팔경 및 관동팔경

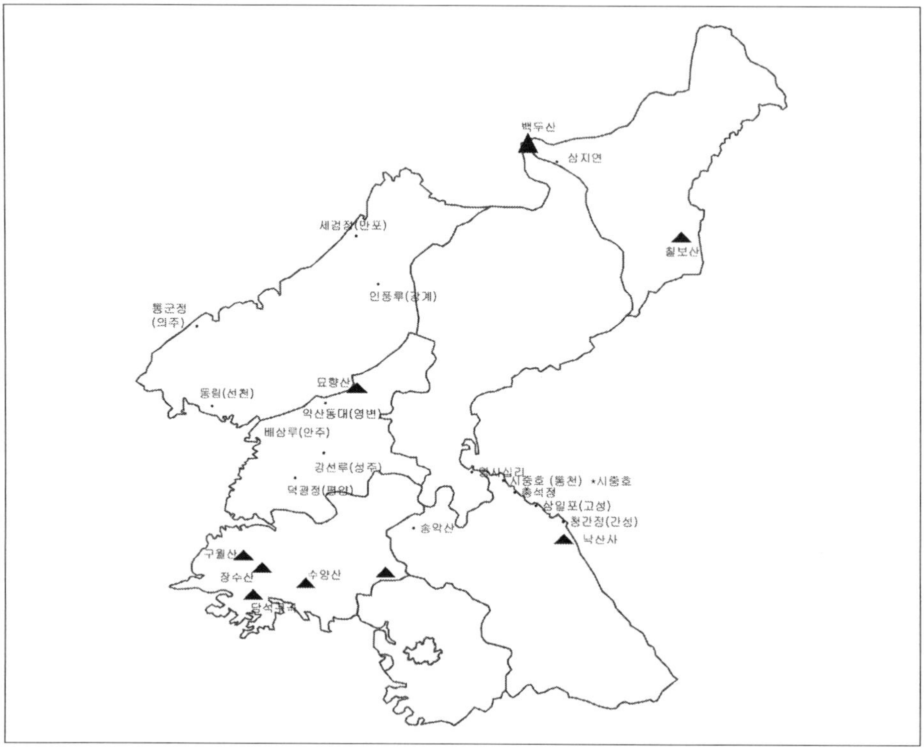

1) 관동팔경

(1) 시중대(侍中臺 : 통천군)

원래 흡곡현 시중대라고 불렀으며, 해안선 안쪽에 시중호(석호로 형성된 자연호)가 있고 이곳은 휴양지로 이용되었고, 현재는 이곳에 시중호 관광휴양지로 개발되었다. 이 시중대 대신에 경상북도 울진군 평해에 있는 월송정을 꼽기도 한다.

(2) 총석정(叢石亭 : 통천군)

금강산 북쪽 외금강의 바다쪽으로 이어지는 곳에 웅장하고 촛대처럼 우뚝 솟은 바위섬이 있고, 그 위에 소나무와 정자가 있다. 푸른 동해를 굽어볼 수 있고 내륙쪽으로는 금강산의 연봉이 보여 천하의 절경으로 이름이 높다. 지질학적으로 총석정이 있는 직립암(直立岩)은 주상절리(柱狀節離, columnar Joint)라고 부르는데, 이처럼 희귀한 암석형성은 제주도 천제연에서도 찾아볼 수 있다.

(3) 삼일포(三日浦 : 고성군)

금강산의 동쪽부문인 해금강 방면에 위치한 이곳은 바다쪽으로 포구를 이루며, 주변에는 아름다운 숲, 바위가 널려있다. 물이 맑고 경관이 빼어나 신라시대 이후 명승지로 널리 알려져 왔다. 신라시대의 화랑들이 이곳에 머물면서 심신수련을 했다는 기록이 전해오고 있다.

현재 이곳은 관광지로 개발되어 있다.

(4) 청간정(淸澗亭 : 남한, 고성군 간성)

우리 한국의 고성군에 있는 최북단의 명소이다. 속초시 북쪽 가까이에 자리 잡은 청간정은 북쪽으로 해금강을 마주하고 있다.

(5) 낙산사(洛山寺 : 남한, 양양군)

배후지에는 서쪽으로 외설악, 척산온천이 있고, 가까이에 의상대가 송림속에 바다를 굽어보고 있다. 남쪽으로는 하조대, 강릉 경포대가 있다. 현재 이 일대를 동해도립공원으로 지정, 보호하고 있다.

(6) 경포대(景浦臺 : 강릉시)

이곳에 경포호가 있고, 이 자연호수를 배경으로 전망장소를 만들면서 경포대로 명명했다. 바다쪽으로 경포대 해수욕장이 있다. 이 일대를 경포도립공원으로 지정하였다. 배후지에는 내륙쪽으로 오대산의 소금강, 월정사, 대관령, 용평 스키장이 있다.

(7) 죽서루(竹西樓 : 삼척군)

일명 관동 제1일루라고 부른다. 남쪽으로는 맹방 해수욕장, 후진 해수욕장, 삼척 해금강, 무릉계곡, 초당동굴이 있다. 관동팔경에 있는 정자들이 죽서루를 제외하고 모두 바다를 향하고 있으나, 죽서루는 유일하게 내륙을 향하고 있다.

(8) 망양정(望洋亭 : 울진군)

경상북도 울진군 근남면에 자리잡은 망양정은 가까이 북쪽으로 연호정, 서쪽으로 불영사와 성유굴이 있으며 남쪽의 평해면에 월송정이 있다. 그리고 서북쪽 내륙방면에 덕구온천이 있다.

2) 관서팔경(평안도)

(1) 세검정(洗劍亭 : 만포시)

압록강가에 자리잡고 있으며 강 건너 만주 집안지방(옛날 고구려 수도였던 국내성)이 굽어보인다. 세검정으로부터 내륙쪽으로 수강루가 있다.

(2) 인풍루(仁風樓 : 강계시)

옛 강계성 서쪽에 자리잡은 인풍루는 압록강으로 흘러 들어가는 독로강가에 자리잡고 있다. 인풍루 남쪽에는 양파루가 있었으나 현재 남아있는지는 알 수 없다.

(3) 통군정(統軍亭 : 의주군)

압록강 하구에 있고 만주를 바라보는 이 통군정에서 남쪽으로 백마산성(임경업 장군이 주둔했던 성)이 있다. 통군정은 압록강 기슭 삼각산 위의 정자(서기 1538년, 조선중종 33년 건축)이며 단층 목조건물이다. 양주는 옛부터 중국대륙의 관문이었으며 또한 중국 대륙의 외침을 가장 먼저 받던 곳이어서 국방요새지로서 전략적 위치를 가져왔다. 이곳 백마산성은 만주오랑케 침략을 격퇴하던 최북단 전선요새였다.

(4) 동림(東林 : 선천군)

평안북도 서남쪽에 위치한 이곳은 옛부터 경치가 수려하고 동림폭포가 유명하다.

(5) 약산동대(藥山東臺 : 영변군)

영변읍성의 서편에 있는 약산 위의 누각이다. 구룡강변 동대로 지칭하며, 이곳에서 둘러보는 주위경치는 빼어나다. 동대 주변에는 진달래, 소나무 숲, 기암괴석으로 이루어지는 경치가 유명하다. 약초가 많이 채취되기 때문에 약산으로 불리는 이곳에는 각종 식물 200여종이 서식하는 것으로 알려져 있다. 또 이곳에 약수터(약수광천)가 있다. 이 앞으로 돌아 지나는 계곡물은 남쪽의 청천강으로 흐른다.

영변읍성은 철옹성이라고도 부르며 고려조의 강감찬 장군이 거란군을 이곳에서 격파했다. 동북쪽에는 유명한 묘향산과 보현사가 있다. 서북쪽으로는 태천군 관내의 관광명소 창랑대, 탁영대, 협수대가 있다.

(6) 백상루(白祥樓 : 안주군)

청천강 하류기슭에 있는 이곳은 평안남도에 속한다. 안주는 옛날 평안도에서 큰 도읍의 하나였으므로 훗날 평안도(평양과 안주의 첫 자를 따서 만든 지명)라는 행정구역 명칭이 등장하게 되었다.

백상루는 서기 1757년(조선 영조 30년)에 세운 T자 모양의 목조건물이다. 서기 612년 이 앞 청천강은 을지문덕장군이 수나라 침략군을 섬멸한 전적지이다. 백상루는 안주의 서쪽교외에 있으며 동쪽에는 망경루가 있었으나 그 관리 상태는 알 수 없다. 근처에 칠불사가 있었으나 현재 확인되지 않는다.

(7) 강선루(降仙樓 : 성천군)

평안남도 중앙에 위치한 성천은 대동강 상류에 있다. 상류의 지류에 성천이 자리잡은 이곳에 강선루가 있다. 성천의 서북쪽에도 명소가 많이 있는데 종심연, 우가연, 경산대, 무등대, 선바위 등이 있다.

(8) 덕광정 또는 연광정(德光亭, 練光亭 : 평양시)

대동강변 북안에 있다. 모란봉 기슭의 산위에 있는 이 정자는 멀리 강건너 경치를 바라볼 수 있는 장소이다. 근처에는 영명사터(고구려 사찰), 청류정(조선시대 숙종 때 건축), 부벽루, 숭녕전(단군, 동명성왕을 모신 사당), 을밀대, 현무문, 금전문 등이 남아있다.

3) 북한의 명소

내륙지방에는 산간지역 급류에 의하여 생성된 많은 물웅덩이(沼, 淵, 潭, 池)가 있고 주변의 절벽, 숲, 모래(沙場)와 함께 어울려 명소가 된 곳이 있다. 금강산의 경우 계곡급류가 만들어낸 상팔담(8개의 연못이 연이어 있는곳), 구용연, 용부연(평북 희천), 그리고 각 지역에 산재한 용연, 용소, 용담, 우담, 용정, 조연, 석연은 이에 속한다. 급류가 계곡을 흘러내리면서 이루는 여울은 북한 전역에 많은 편인데, 이들 여울이 경승지나 숲을 지나는 지점에서 옛날 상춘객, 피서객이 많이 몰려 자연을 즐긴 것으로 보인다. 태탄(황해도), 덕지탄(함경남도 고원)을 들 수 있다. 이러한 곳에는 '대(臺)'의 지명이 많이 붙어 있는데, 예를 들면 평안북도 태천의 탁영대(옛날에는 계곡 그늘에서 몸을 씻고 쉬는 휴식터를 탁영대라고 불렀다), 협수대, 창랑대, 희천의 금선대, 법왕대, 고적대, 척반대 평안남도 강서의 봉황대, 해금강의 입석대 등이 있다. 그리고 '동(洞)', '동천(洞天)', '곡(曲)'자 지명이 있는 곳은 고을, 계곡이 깊고 숲이 우거진 피서지와 휴식처를 지칭하는데, 북한땅에도 이 같은 지명이 전해온다. 예컨대 용혈동(함경남도 고원), 동천(구월산), 황해도 벽성의 서담구곡(아홉굽이), 장수산의 십이곡(열두굽이), 함경북도 연사군 삼포리의 천상수 구십구곡(아흔아홉굽이) 등이다.

해안지역에 해식동굴이 있듯이 내륙지방에는 자연동굴과 석회암동굴이 많이 있다. 전자의 경우에는 금강산 북쪽의 금윤굴(달리 금란동, 길이 20m, 높이 10m, 폭 3m, 굴 속에 어류 서식), 원수굴(평북 창성), 풍혈(순천), 돈산굴(덕천) 등이 있으며, 후자에는 용원동굴(개천군), 상초동굴(구장군 상초리. 길이 70m, 폭3~4m, 높이 13m), 동룡굴(구장군 소민리. 길이 1,700m, 일명 지하 금강이라고 부름), 백령굴(구장군 대풍리. 길이 6,000m. 일명 백령 대굴) 등이 있다.

그리고 기암괴석이 유명한 구경거리가 되거나 관광대상이 되고 있는 곳은 북한전역에 많이 분포되어 있는데 옛 문헌과 지도를 보면 입석(선돌), 입암(선바위), 광석(넓은 바위), 귀암(거북바위), 각암(모난 바위), 학암(학바위), 천주석(하늘을 떠받들 듯이 높이 솟은 바위), 노적봉(곡식을 쌓아놓은 듯한 모양의 산봉우리), 난암(달걀모양의 바위), 매암(매바위), 휴암(올빼미 바위), 적암(붉은 바위), 적벽(붉은 절벽, 금강산, 회창군), 장암(막대바위), 사인암 등이 있다.

오늘날 북한에서 천연기념물로 지정된 곳은 함북 명윤의 선바위(103m), 평북 남주군 남압리의 막대바위(14m), 용연군 몽금포리의 오차바위(15m), 함남 이원군의 거북바위, 평북 향산군의 천주석(높이 60m), 명천군의 노적봉(50m), 황해도 연산군의 쌍절벽(100m, 80m), 강원도 통천군에 있는 총석정, 함북 명천군 칠보산의 노적봉과 영접바위, 함북 경성의 학사대가 있다.

북한의 하천에 삼각주[14)]의 형성이 압록강, 두만강, 용흥강 등 대표적 강 이외는 보기 힘들다. 이와 달리 하천의 경우에 상류 하천유역이 암석, 암반이 많은 탓으로 급류와 맑은 물이 흘러 바다에 접하는 하천 하류지역에 포구가 많이 형성되고 있다. 맑은 물과 급류는 하천 상류에 맑은 물웅덩이(沼, 淵)를 만들어 주위경치와 함께 아름다운 경관을 조성한다.

함경남도와 강원도 북부, 황해도 서부해안에는 포구가 형성되어 주변경치를 조망할 수 있는 높이의 낮은 언덕 또는 바위를 '대'라고 부르는데, 북한지역에서는 이 같은 곳이 많이 발견된다. 산악계곡의 경승지나 해안지역에서 특히

---

14) 하천의 물은 하류로 내려옴에 따라 유속이 느려져 하구에서는 현저하게 완만해진다. 따라서 하구 부근에는 운반되어 온 모래나 진흙 등이 퇴적하고 또 부유하고 있던 진흙도 바다로 들어가면 식염 중의 나트륨이온 등과 중화하여 침전하므로 퇴적물에 의한 특수한 지형이 생기게 된다. 그런데 선상지의 경우와 마찬가지로 유로가 방사상으로 나뉘어져 토사를 운반, 퇴적하게 되므로 상류측에 정점을 갖고 ⊿모양으로 수면을 메워 들어가게 되는데 이것을 삼각주라 한다.
삼각주의 형태를 평면적으로 보면 나일강 삼각주와 같은 원호상 삼각주, 이탈리아의 로마를 통과하는 티베르강의 첨각상 삼각주, 미국의 미시시피강의 조족상 삼각주 및 북미 매켄지강이나 한국의 낙동강의 만입 삼각주 등의 네 가지 유형으로 분류된다. 삼각주라는 말은 그리스인 헤로도투스가 이집트를 방문하였을 때 나일강에 존재하는 섬들이 삼각을 이루는 데 착안하여 붙여진 것이다.

많이 발견된다.

함경남도 이원군의 유선대, 단천군의 망해대, 함흥시의 귀경대, 북청군의 광석대, 시중대, 사리원시의 백학대, 봉황대, 개천군의 무진대, 태천군의 탁영대, 창랑대, 회창군의 벽운대, 삭주군의 은선대, 망운대, 창성군의 낙폭대, 봉황대, 초산군의 상운대, 희천시의 금선대, 은율군의 사선대, 수경대 등이 있다.

북한지역에서 천연기념물로 지정되어 관광자원으로서 가치가 있는 대표적인 폭포는 다음과 같은 것이 있다.

- 천신폭포(평북 향산군 향산리)
  높이 86m, 폭 20m, 다단계폭포
- 산주폭포(평북 향산군 향암리)
  높이 29m, 폭 6m, 5월 말까지 폭포가 결영됨
- 이명수폭포(양강도 삼지연군 이명수 노동지구)
  높이 15m, 폭 27m
- 비봉포(강원도 고성군 온정리)
  높이 139m
  ※ 금강산 4대 폭포
  비봉포, 구룡연, 십이포, 조양포
- 백악폭포(함남 영광군 천북산리)
  높이 34m, 폭 5m
- 용연폭포(평북 향산군 향암리)
  높이 84m, 폭 3m, 폭포 위에 깊이 1.5m, 직경 3m의 용소가 있음
- 박연폭포(개성시 산성리)
  성거산과 천마산 사이 계곡을 따라 흐르는 물이 이루는 폭포이며, 높이 35m, 직경 8m, 둘레 24m에 달한다. 폭포수가 떨어지는 곳에 둘레 120m, 직경 40m에 달하는 큰 소(고모담)가 있다.
- 동림폭포(평북 동림군 고군영리)
  높이 10m, 주위 경치가 아름다워 관서팔경의 하나로 꼽힌다. 폭포위에 용암, 용소, 병풍바위가 있다.

• 용수폭포(자강도 시중군 천장리)
기존 행정구역의 강계군에 속함. 시루봉 중턱 해발 500m 지점에 위치해 있으며 높이 76m

• 십이포(강원도 고성군 온정리)
별명 은선대 폭포, 다단계 폭포이며 총 높이 289m, 폭 4m

• 구룡폭포(강원도 금강산)
높이 74m, 폭 4m, 근처에 팔담, 연주담, 옥류동 계곡이 있다.

• 삼단 폭포(양강도 삼지연군 백두산 기슭)
기존 행정구역의 무산군에 속함. 3단으로 이루어진 폭포이며 높이 40m

• 비선폭포(평북 향산군)
묘향산내에 있는 폭포, 높이 30m

• 무릉폭포(평북 향산군)
묘향산내에 있는 폭포이며 넓은 암반 위로 흘러내린다. 이 일대 3km에 걸쳐 무릉폭포를 비롯하여 은선폭포, 비선폭포, 은하폭포, 여선폭포, 9층폭포, 서곡폭포 등이 분포되어 있다.

• 수양폭포(황해남도 벽성군)
거대한 암반위에 비스듬히 흘러내리는 폭포이다. 높이는 50m 정도 추정

• 조양폭포(고성군 금강산)
비로봉 서편 구성동 골짜기에 있으며, 높이 31m, 폭 3m이다. 근처에 가막소, 구기연, 석조폭포, 봉의대가 있다.

4) 백두산의 특산물

(1) 미인송

백두산의 중국쪽에 자생하는 소나무의 일종이다. 높이 40~50m까지 곧게 자라며 나무아래 등치에만 껍질이 있고 줄기에는 껍질이 없어 부드럽다. 껍질은 엷은 주홍색을 띠고 있다. 나무가 곧게 자라고 미끈하며 균형이 잡혀있어 미인에 비유하여 미인송이라 부르며, 껍질이 붉어 홍송으로 불리기도 한다. 주로 건축용 자재로 쓰인다.

(2) 약용식물

백두산 일대에는 많은 식물이 자생하고 있으며, 이 가운데 식용이 되는 산채가 많이 채취되며, 약재가 되는 약초는 약 110여종에 이른다. 대표적인 것은 오미자, 대황(일명 장군초이며, 영신환의 원료), 불로초(일명 영지버섯, 장수버섯, 만년버섯이며, 신경쇠약, 신경통, 강장제, 간장염 등 만성질환 치료약재의 원료), 들쭉, 산삼과 해발 1,800~2,300m의 고산 이끼지대에서 자생하는 홍경천, 해발 500~1,400m의 혼효림지대의 저계곡, 강변, 급경사지에 자생하는 가시오가피 등이 있다.

(3) 들쭉술

이 일대에 자생하는 들쭉나무 열매와 잎으로 만드는 토속주로 북한 전역에 보급되어 있다. 들쭉 열매는 식품으로도 가공하는데, 들쭉을 채취하여 혜산시에 있는 혜산들쭉 가공공장으로 보내며 들쭉술, 들쭉주스, 들쭉 잼, 단묵, 캔디 등의 가공식품이 생산된다.

(4) 자작나무 수액

삼지연군, 보천군 산간지대에 자생하는 자작나무에서 이른 봄에 수액을 채취하여 이를 가공, 음료와 약용으로 이용한다. 간장병 치료와 강장제로 이용된다.

이상과 같이 북한지역에서의 관광자원은 비교적 다양한 편인데 특히 산악경승지, 해안경승지, 온천이 많다. 아직 내륙지역의 자원에 대하여 구체적으로 공개된 것은 없으나 옛 문헌자료를 미루어 볼 때 공개된 것 외에도 훌륭한 자원이 많이 있는 것으로 보인다. 이 가운데 문화재 부문의 관광자원은 문화정책이 편향되고 소홀한 탓으로 상당수의 문화재가 없어지거나 무관심한 태도로 잊혀져 가는 것이 많다고 판단된다.

최근 들어 관광에 대하여 관심을 갖고 있으나 그 대상이 개발된 곳, 보존된 것에 국한되고 전통문화유산(사찰, 고적, 기타 문화재)을 배격하고 있으면서도 새로운 관광대상으로 삼고자 하는 태도가 역력하다. 현재에 이르기까지 북한의 관광자원은 육로교통편이 확보되거나 교통이 편리한 곳은 소개하고 있으나 내륙지방의 관광지는 제대로 소개되지 않고 있어 관광개발과 수용태세가 극히 미흡한 것이 입증되고 있다.

북한의 관광개발정책 방향은 주민(근로자, 농민)을 위한 휴식과 휴양의 장소제공에 맞추고 있고 충분한 휴가기간, 여가부여와 여비가 주어지지 않으며 시설이 간소하고 빈약한 편이므로 여가생활과 관광을 즐기는 데 미흡한 실정이라고 보아도 좋겠다.

관광에 관련한 법령과 제도는 어디까지나 노동자에 관련한 사항(생산성 향상을 위한 체력관리, 건강회복을 위한 요양)에 주력하고 있어 진정한 의미의 여가활용기회 부여, 인간의 질적 삶 보장, 자기개발과는 무관한 노동정책과 조절관리수단으로 볼 수 있다.

국토개발에 관련한 기본법인 토지법에서 국토종합개발계획의 한 항목으로 관광시설(휴양지, 요양지)개발, 해안개발(관광지, 명승지, 천연기념물, 유적의 보호), 풍치림 보호를 규정하고 있고 동시에 노동법에서는 휴양 · 요양시설과 문화시설의 확충을 명시하고 있다. 그러나 우리 한국처럼 관광개발의 목적, 내용, 대상지 선정 등 구체적 설명이 없고 관광에 대한 특별법이 존재하지 않으며 주민을 위한 종합휴가대책, 관광기회부여, 다양한 관광시설과 공간의 조성을 위한 제도적 장치가 마련되어 있지 못하다. 따라서 관광호텔, 야영장, 관광지, 종합레저시설 등에 대한 투자 및 지원에 대한 규정이 마련되어 있지 못하다. 근년에는 희귀동식물 보호를 위해 일부지역을 자연보존지구로 지정 · 관리하고 있다. 그리고 제3차 7개년계획기간 중에 주요 경승지개발에 투자계획을 세워 추진하고 있다(〈표 2-11〉).

〈표 2-11〉 북한의 경승

구 분	특 징	대표적 경승지	
		지 역	관광명소
산	산세가 수려하고 기암괴석이 많음	평양 개성 평안북도 자강도 양강도 황해남도 황해묵도 함경북도 강원도	대성산, 용악산, 모란봉 송악산 묘향산(향산군), 약산(영변군) 오가산(화평군) 백두산(삼지연군) 구월산(은율군), 장수산(재령군), 수양산(해주시) 정방산(황주군 및 사리원시) 칠보산(명천군), 관모봉(연사군) 금강산(고성군, 금강군, 토천군, 회양군)
폭포 및 계곡	골이 깊고 수량이 풍부함	개성 평안북도 자강도 양강도 황해남도 함경남도 함경북도	박연폭포 천신폭포, 산주폭포, 용연폭포, 동림폭포(동림군) 용수폭포(시중군) 이명수폭포(삼지연군) 석담구곡(벽성군), 장수산십이곡(신원군) 백악폭포(영광군) 천상수아흔아홉굽이(연사군), 부령팔댐(청진시)
동굴	• 석회암층이 넓게 분포되어 석회동굴이 많음 • 동해안에는 조수 간만작용에 의해 해식동굴이 많음	평안남도 평안북도 함경남도 강원도	개천 꽃동굴(개천시) 용문대굴, 백령대굴(구장군), 용원동굴(개천시), 상초동굴(구장군) 운포동굴(흥원군) 금강굴(고성군)

자료 : 한국관광공사.

4. 동굴 관광자원

1) 동굴의 관광적 가치

동굴은 웅장하고 신비한 지하경관, 지질과 희귀한 동굴생물의 생태관찰, 그리고 인류의 초기생활 등 학술조사의 대상과 전략기지의 저장고 및 특수작물의 재배 등 다양한 효용성을 지니고 있어 관광대상화가 활발하게 이루어지고 있는 추세이다. 동굴은 지상의 여러 자원보다 특이한 요소가 많아 관광자원이 되므로 우리나라에서도 많은 동굴이 개발, 이용되고 있다. 동굴의 분류방법은 생성원인이나 형성과정, 그리고 형태에 따라 다르지만 우선 자연동굴과 인공동굴로 대별할 수 있다.

자연동굴은 생성원인에 따라 용암동굴, 석회동굴, 해식동굴, 기타 동굴 등으로 세분할 수 있다.

인공동굴은 인위적으로 시공된 동굴로써 원시주거(shelter), 산업, 군사적 목적 등에 의해 축조한 동굴이 많다. 즉, 중국의 혈거나 우리나라 선사시대의 수혈식 주거, 광산의 갱도, 북한이 조성한 땅굴 등이 대표적인 사례이다.

동굴의 관광가치는 그 동굴 내부의 독특한 지하경관이 동굴의 생성시기와 규모, 위치에 따라 그 성상을 달리하고 있는 점을 들 수 있다. 또한, 자연적으로 형성된 동굴내부에 역사적 · 문화예술적 의의를 함축한 것도 있다. 예컨대 스페인에 있는 알타미라 동굴벽화의 예술성이나 제주도 빌레못 동굴과 같은 주거유적 등의 역사성을 말하는 것이다. 따라서 주요 동굴자원은 천연기념물이나 지방기념물로 보호되어 관광이미지를 더욱 높여준다. 더욱이 동굴내부의 온도가 계절에 따라 피서, 피한의 대상이 되는 것도 관광가치로서 인정될 수 있는 점이다.

우리나라의 동굴은 대개 고도가 낮은 산간이나 하천주변에 발달함으로써 관광객의 접근성이 비교적 유리한 편이다. 뿐만 아니라 동굴과 인접하여 다른 관광자원이 소재하는 경우가 빈번하여 광역적인 관광권역을 형성할 수 있어서 동굴자원의 관광가치성은 큰 것이다. 예를 들면, 울진의 성류굴은 백암온천과 관동 8경, 단양의 고수동굴은 단양 8경과 충주호, 영월의 고씨동굴은 장릉과 청냉포와 연결하는 관광권역을 형성하고 있다.

현재 우리나라의 자연동굴은 220여 개소로 파악되고 있으며 그 분포는 강원도가 가장 많고, 충청북도, 제주도, 경상남도 순이며 이 4개도가 60%이상을 차지하고 있다. 우리나라의 동굴관광자원은 자연동굴로서 반도부에 발달한 석회동, 제주도의 용암동, 해안과 도서에서 볼 수 있는 해식동이 있으며, 인공동굴로서 폐광지대의 갱도에 대한 관광가치를 부여할 수 있는 가능성과 미래에 각광받을 수도 있는 땅굴 등이 있다.

특히 석회동굴은 다양한 내부구조를 이루고 있는 석순을 비롯하여 종유석, 석주 등의 경관미는 관광가치가 높다. 남한에 발달된 동굴 중에서도 단양의 고수동굴, 삼척의 초당굴, 울진의 성유굴, 영월의 고씨굴은 그 규모나 경관미가 훌륭하여 각 지역으로부터 관광객을 많이 유치하고 있다. 따라서 정부에서는 전국적으로 동굴미가 아름다운 것을 골라 천연기념물 및 지방기념물로 지정하여 보호 · 관리하고 있다(〈표 2-12〉, [그림 2-7]).

동굴이 천연기념물로 지정된 것은 강원도 삼척의 대이리동굴과 초당굴, 영월의 고씨동굴, 평창의 백룡동굴을 비롯하여 충북 단양의 고수동굴, 온달동굴, 노동동굴, 경북 울진의 성유굴, 전북 익산의 천호동굴이며 용암동굴로서 제주도 북제주군 김령굴 및 만장굴과 용암동굴지대가 여기에 속한다.

동굴이 지방기념물로 지정된 것은 강원도 영월의 용암굴을 비롯하여 연하, 대야, 정선의 화암과 비룡 등과 충북 단양의 천동굴, 경북 문경의 아산굴, 전남 화순의 아천산 천연동굴 등이다.

[그림 2-7] 주요 동굴 관광자원의 분포

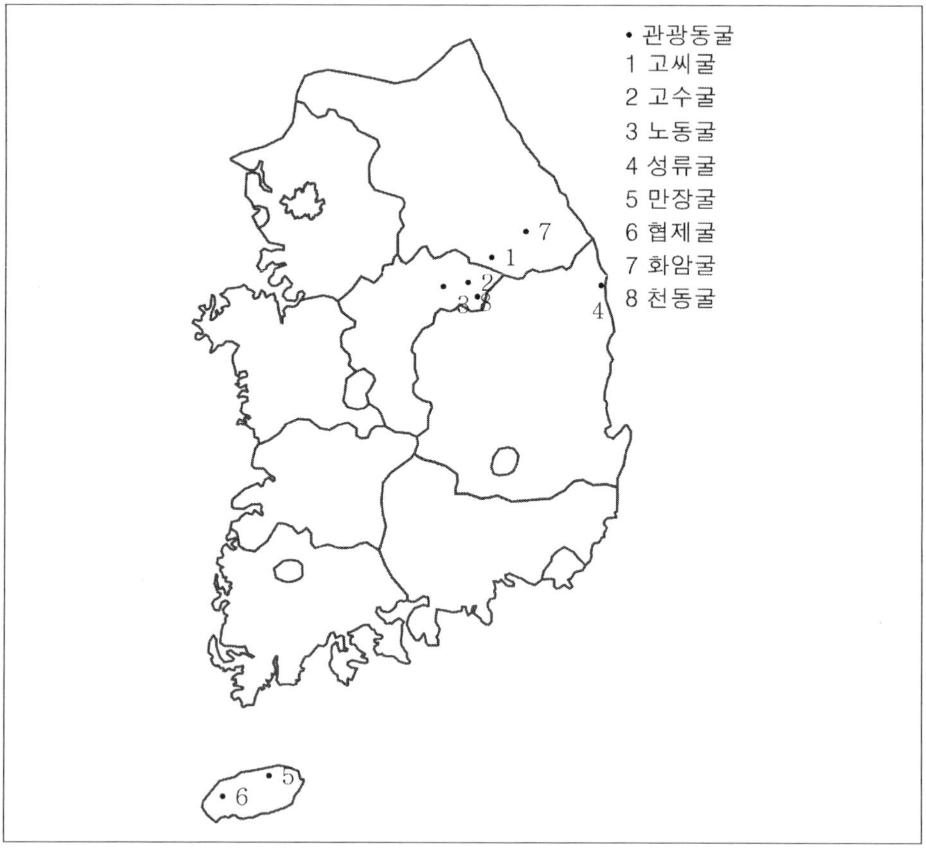

〈표 2-12〉 천연기념물 및 지방기념물 지정동굴

한국의 천연기념물 동굴						
순 번	지 역	명 칭	길이(m)	소재지	특 징	비 고
1	강원	삼척 대이리 동굴지대* (관음굴, 환선굴)	1,600(관음굴) 6,500(환선굴)	삼척시 도계읍 대이리	석회동굴	천연기념물 178
2	강원	삼척 초당굴*	4,000	삼척시 근덕면 금계리	석회동굴	천연기념물 226
3	강원	영월 고씨굴*	3,000	영월군 하동면 진별리	석회동굴	천연기념물 219
4	강원	평창의 백룡동굴*	1,098	창평군 미탄면 마하리	석회동굴	천연기념물 260
5	충북	단양고수리동굴*	710	단양군 단양군 고수리	석회동굴	천연기념물 256
6	충북	온달동굴	658	단양군 영춘면 하리	석회동굴	천연기념물 261
7	충북	노동동굴*	950	단양군 단양읍 노동리	석회동굴	천연기념물 262
8	전북	천호동굴	677	익산군 여산면 대성리	석회동굴	천연기념물 177
9	경북	울진의 성류굴*	470	울진군 근남면 여산리	석회동굴	천연기념물 155
10	제주	제주도 금녕굴 및 만장굴*	705(금녕굴) 6,978(만장굴)	북제주군 구좌읍 동금녕리	용암동굴	천연기념물 98
11	제주	제주도 용암동굴지대 (소천군, 황금굴, 협재굴)*	2,980(소천굴) 180(황금굴)	북제주군 한림읍 협재리	용암동굴	천연기념물 236
12	제주	제주 어음리 빌레못동굴	11,749	북제주군 애월읍 어음리	용암동굴	천연기념물 342
13	제주	제주 당처물동굴	110	북제구군 구좌읍 월정리	용암동굴	천연기념물 384
14	제주	제주 용천동굴	2,470	제주시 구좌읍 월정리	용암동굴	천연기념물 466
15	제주	제주 수산동굴	4,520	서귀포시 성산읍 수산리	용암동굴	천연기념물 467
16	제주	제주 선흘리동굴	4,481	제주시 조천읍 선흘리	용암동굴	천연기념물 490
17	강원	정선 산호동굴	1,700	정선군 여량면 여량리	석회동굴	천연기념물 509
18	강원	평창 섭동굴	1,200	평창군 평창읍 주진리	석회동굴	천연기념물 510
한국의 지방기념물 동굴						
순번	지역	명 칭	길이(m)	소 재 지	특 징	비 고
1	강원	영월 용담굴		영월군 하동면 진별리	석회동굴	강원기념물 23
2	강원	영월 연하동굴	350	영월군 영월읍 연하리	석회동굴	강원기념물 31
3	강원	영월 대야동굴	200	영월군 하동면 진별리	석회동굴	강원기념물 32
4	강원	정선 화암굴*	450	정선군 동면 화암리	석회동굴	강원기념물 33
5	강원	정선 비룡굴	500	정선군 정선읍 용탄리	석회동굴	강원기념물 34
6	강원	명주 동대굴	1,500	명주군 옥계면 산계리	석회동굴	강원기념물 35
7	강원	명주 서대굴	260	명주군 옥계면 산계리	석회동굴	강원기념물 36
8	강원	명주 옥계굴	1,500	명주군 옥계면 산계리	석회동굴	강원기념물 37
9	강원	강릉 비선굴?	1,400	명주군 옥계면 산계리	석회동굴	강원기념물 38
10	강원	태백 용연굴	200	태백시 화전2동	석회동굴	강원기념물 39
11	강원	삼척 저승굴	1,200	삼척시 도계읍 한내리	석회동굴	강원기념물 40
12	강원	삼척 활기굴	300	삼척시 미로면 활기리	석회동굴	강원기념물 41
13	강원	삼척하장 월둔동굴	700	삼척시 하장면 원동리	석회동굴	강원기념물 58
14	충북	단양 천동굴*	300	단양군 단양읍 천동리	석회동굴	충북기념물 19
15	전북	마산동굴	180	무주군 적상면 사산리	석회동굴	전북기념물 41
16	전남	화순 아천산 천연동굴	200	화순군 북면 수리	석회동굴	전남기념물 24
17	경북	문경 모산굴	200	문경군 가은읍 성저리	석회동굴	경북기념물 27
18	경북	안동미림동굴	40	안동군 북후면 석탑리	석회동굴	경북기념물 36
19	경남	합천배티세일동굴		합천군 쌍책면 사양리	석회동굴	경남기념물 70
20	제주	북촌동굴	100	제주시 조천읍 북촌리	용암동굴	제주기념물 53

*은 관광대상화된 동굴
자료 : 문화재청

문화재청 문화재정보에 따르면 동굴관련 문화재 지정이 102건으로 나타나고 있다. 그 내용을 보면 국보 1건, 보물 2건, 사적 1건, 국가민속문화재 1건, 천연기념물 33건, 명승 7건이고 시도유형문화재 6건, 시도기념물 36건 그리고 국가등록문화재 10건, 문화재자료 5건 등이다. 그것은 동굴관광자원의 성상은 자연물이라 할지라도 문화와 결합된 관광가치를 의미하는 것이다.

2) 동굴관광자원의 형성원인 및 분포의 특색

(1) 용암동굴

용암동굴은 지하 깊은 곳의 암장(magma)이 지표에 분출하면 이것을 Lava라고 한다. 이때 Lava가 화구에서 산지사면을 따라 정상에서 낮은 곳으로 흘러내릴 때 그 용암류는 공기와 마찰되어 외부는 냉각되고 굳어지나 내부는 그대로 방향을 계속하여 유출하게 된다. 이렇게 하여 내부에는 길다란 공동(空洞)을 형성하게 되는데, 이것을 용암굴(lava tunnel)이라고 한다. 용암굴은 제주도의 화산지형에 발달하고 있는데 동굴 내부의 경관이 단순하고 수평적으로 긴 터널을 이루어 석회동굴에 비해 규모가 크다. 이보다 용암의 통로가 좁고 소규모인 것을 용암관(lava tube)이라 하며 용암중에 함유되어 있는 가스가 증발하면서 막힌 동굴을 가스터널(gas tunnel)이라 한다. 용암동굴은 한라산이나 일본의 후지산(富士山)과 같은 순상화산(aspite)[15] 및 용암대지(pedionite)[16]에

15) 유동성이 큰 염기성 용암의 분출로 형성되어 경사가 완만한 화산을 말한다. 대체로 화산체의 규모가 크고, 높이에 비해 기저부가 넓으며, 사면경사가 완만한 것이 특징이다. 순상화산의 산록에는 용암동굴이 나타나기도 하는데, 이는 용암류가 흐를 때 표면이 냉각, 고결된 다음 중앙부의 용암이 제거되어 이루어진 것들이다.

16) 다수의 분화구로부터 대량의 용암이 분출되어 기존의 기복이 매몰됨에 따라 형성되는 대지를 말한다. 유동성이 큰 현무암이 분출될 때 형성되는 것이 보통이므로 이를 현무암대지라고도 한다. 대상화산(pedionite)이라는 말과 같은 의미로 사용되어 왔다. 용암의 유동성이 클수록 그리고 지표의 요철이 적을수록 용암대지가 발달되기 쉽다. 이 형태의 지형은 화산지형 가운데 가장 면적이 큰 것이 특징이다. 가장 대표적인 것은 인도의 데칸고원으로 그 면적은 약 50만km², 두께는 1000~2000m나 된다. 그밖에 미국의 콜롬비아 고원, 남미의 파라나 고원, 파타고니아 고원, 남아프리카의 드라켄즈버어그 고원 등이 있으며 우리나라에는 철원·평강 용암대지가 알려져 있다. 철원, 평강, 용암 대지는 해발 200~510km 면적 641km², 백두 용암대지는 동서 240km, 남북 400km로 용암층 두께는 200~300m의 규모를 갖는다.

서 주로 발달하고 있으며 그 규모는 유동성에 따라 달라진다. 후지산은 유동성이 적은 산성용암이기 때문에 동굴의 길이가 최장 1.7km이고 한라산이나 하와이의 마우나로아(Mauna Loa)산 등은 유동성이 큰 알칼리성 용암으로서 그 규모가 크고 길이가 긴 것이 특징이다.

용암동굴의 내부구조는 일시적인 화산작용으로 만들어진 공간이므로 석회동굴에 비해 단조로운 편이다. 동굴의 천장이나 측면의 벽에는 마그마가 흘러가면서 자국을 남겨 용이 기어가는 문양이 남아 있다. 쌍룡굴의 경우 천장에 두 마리의 용이 기어가서 만나는 자국이 있다. 협재굴의 경우 용암동굴로 생성되었지만 시간이 경과하면서 동굴내부의 용식작용에 의해 석순과 종유석이 형성되어 석회동굴모양으로 진전되고 있다. 이것은 바닷가의 패류풍화물질이 바람에 날려 동굴의 지표에서 물에 용해되어 동굴내부로 스며들면서 석회암 동굴내부에서 형성되는 지형이 만들어지고 있기 때문이다.

우리나라의 주요 용암지대는 개마고원지대를 중심으로 하여 철원에 이르는 지역과 울릉도에 이르는 지대 그리고 제주도 지역이다.

특히 제주도 용암동굴의 형성은 용암의 유동방향과 일치하여 주로 북서 및 북동해안 지대에 분포하고 있다. 이런 용암지대에 형성된 대표적인 용암굴은 애월면의 빌레못 동굴을 비롯하여 김녕의 사굴과 만장굴이 있고, 그 외에 황금굴, 협재굴, 구린굴, 소천굴, 미천굴 등 100개 이상으로 추정된다. 이들 제주도의 용암동굴은 그 천장의 높이가 높은 것도 있으나, 어떤 것은 3~5m에 달하며, 그 폭도 6~10m의 대규모적인 것도 있으며 길이도 10m에서 수 km에 달하는 것도 있다.

오늘날 세계적으로 굴의 길이나 규모에 있어서 인정을 받고 있는 만장굴은 그 길이가 10.7km나 되어 관광동굴로서 이미지가 높다. 일반적으로 용암동은 동굴 내부가 단조로운 편이나, 이 만장굴은 곳곳에 용암류의 흐름의 변화로 이채로운 형태가 많아 관광객의 흥미를 끈다. 만장굴의 총 연장길이가 지금까지 6.8km로 알려져 왔으나 1977년 한일합동조사단에 의해 10.7km로 밝혀졌다. 아프리카 케냐에 있는 11km의 용암굴에 이어 세계 제2위의 규모라는 평가가 공인되었다. 2007년에는 '제주 화산섬과 용암동굴계'가 유네스코의 세계자연유산으로 지정되었다.

(2) 석회동굴

일반적으로 석회암지대에 빗물이 스며 들면 용식(corrosion)[17] 작용을 일으켜 다양한 지형을 형성하게 되는데, 이런 지형을 총칭하여 카르스트(karst)지형이라 부른다. karst라는 용어는 유고슬라비아 Karst지방의 해안(아드리아해 북동연안)에 이런 지형이 많아 이곳의 지명에서 유래된 것이다.

Karst지형은 석회암층의 분포가 지표에 노출되었을 경우와 지하에 묻혀서 빗물이 스며들어 형성된 두 가지 형태가 있다.

석회암이 지표에 노출된 경우는 빗물이 석회암의 틈(절리)을 따라 용식되어 와지(오목한 지형)를 형성하게 된다. 따라서 용식의 정도, 와지의 크기에 따라 돌리네(Doline)[18], 우발라(Uvale), 폴리에(Polie), 콕핏(Cockpit), 카렌펠트(Karrenfeld) 등의 지형이 형성된다.

한편, 석회암이 지중(地中)에 있을 때 빗물이 구조선이나 절리를 따라 지하로 스며들어 석회암을 용식시켜서 석회동굴(lime stone cave)을 형성하게 된다. 석회동굴에는 탄산칼슘, $CaCO_3$를 포함한 물이 공기에 증발되어 $CaCO_3$ 결정을 이룬다. 이때 동굴 천장에서 하부로 매달리면서 형성된 것을 종유석(stalacitite)[19] 이라 하고, 동굴바닥에서 천장을 향하여 형성된 것을 석순(stalagmite)이라고 한다. 이런 현상이 장기간 계속되면 종유석과 석순은 점점 발달하여 상호 연결되는데, 이것을 석주(Column)라고 한다. 따라서 석주의 굵기와 길이는 동굴 생성시기의 척도가 되기도 한다. 종유석의 연도측정기준표에 의하면 직경

---

17) 지형 변화의 한 작용중 삭평형 작용의 하나이다. 암석중 여러 가지 광물 성분 또는 기타 성분이 물과 접했을 때 화학적 변화를 일으켜 물에 용해됨에 따라 암석이나 지층이 침식되는 일종의 화학적 풍화작용이다.

18) 남 슬라브어로 doline(dolina)는 곡 또는 구멍을 의미한다. 돌리네는 그 가운데에 물이 지하로 스며드는 구멍이 있어서 낙수혈이라고도 하며 우리나라 관서지방에서는 '덕', 강원도 대화지방에서는 '구단', 삼척지방에서는 '움밭', 충북 단양 지방에서는 '못밭'이라고 불린다. 돌리네는 전형적인 지표의 카르스트현상으로 원 또는 타원형의 윤곽을 지닌 카르스트 요지이다. 직경은 10~1,000m, 깊이는 2~100m이다.

19) 좁은 의미로는 석회동굴의 천장에서 아래로 발달하는 일종의 암주를 말한다. 이는 지하수에 용해되어 있는 탄산석회가 동굴 천장부에서 재침전되어 발달하는 것이다. 넓은 의미로는 석회동굴 내부에 발달하는 모든 지형, 즉 종유석을 비롯하여 석순, 석주, 석화 단구 등을 말한다. 후자의 경우는 특히 스펠레오뎀(speleothem)이라고 한다.

5mm, 길이 100mm의 종유석의 형성기간은 14년이며 직경 3cm, 길이 50cm의 종유석은 1760년, 직경 10cm, 길이 1m의 종유석은 55,000년의 시간이 경과한 것이다.

세계적으로 Karst지형의 주요 분포지역을 보면 유고슬라비아의 Karst지방, 남프랑스의 Causses지방, 스페인의 Andalusia지방, Greece, Yucatan반도의 북부, 쿠바의 북부, 미국 Tennessee의 중부, 중국의 호남지방, Thailand, Burma, Celebes남부, Java, 일본의 추방동 등지에 많이 분포하고 있다.

우리나라에도 함남 동남부, 평북 북부, 황해도 전역과 강원도 남부, 충북 및 경북 북동부 지역이 주요 분포지이다.

이들 지역에 형성된 주요 석회동굴을 보면 미국 Kentucky주에 있는 Mammoth Cave, New Mexico주의 Colsbad Cave · Swiss Hollo Cave, France의 Grouffre, Yugoslavia의 Postojna Cave, 일본의 아기요시타이(秋吉臺)와 아기호도우(秋芳洞) 동굴이 있다.

우리나라의 석회동굴은 1,000여 개에 달하는 동굴이 있다. 그 중에 규모가 큰 것은 300여 개에 달한다. 대부분의 동굴이 고생대 대석회암통에 속하는 지반층에 발달하고 있기 때문에, 생성년도는 4~5억년 전의 것으로 추측하고 있다. 이들 동굴은 옛부터 신비로운 지하관정으로 알려져 왔으며, 우리 조상들의 신앙, 수도장 등의 성스러운 장소로 이용되기도 하였으며 때로는 피난처로 이용되기도 하였다.

석회동굴의 내부에는 광장, 종유석, 석순, 석주, 석회화단구, 호소, 폭포, 석교, 아라고나이트의 결정체 등 여러 가지 모양의 형상석이 만들어진다. 이러한 지형경관(speleothem)이 수직과 수평으로 발달하여 변화무쌍한 경관을 이루고 있어서 자연의 오묘함, 신비감을 잘 나타내고 있다. 동굴의 내부온도는 대체로 12~15℃ 정도이고 기온의 일변화 및 연변화가 거의 나타나지 않는 관계로 생물의 진화가 느리다. 동굴의 내부에는 박쥐, 봉사새우, 노래기 등이 있다. 우리나라의 대표적인 석회동굴은 삼척군 도계면 대이리의 관음굴과 환선굴, 영월군 하동면 진별리의 고씨굴, 단양군 대강면 고수리의 고수동굴, 울진군 근남면 구산리의 성유굴 등이다. 석회동굴 내부의 석회화단구에는 구슬모양의 돌이 있는데 이것을 어란석이라고 한다. 이 어란석은 해마다 조금씩 자란다.

우리나라에서 동굴에 대한 학술적 연구로서는 1958년 울진의 성유굴을 답사한 것을 시초로 오늘날에도 많은 조사연구가 이루어지고 있다.

우리나라의 주요 석회동굴은 평북의 동룡굴, 울진의 성류동굴, 영월의 고씨동굴, 용담굴, 정선의 화암굴, 비용굴, 삼척의 환선굴, 관음굴, 초당굴, 연지굴, 전북 익산 천호굴, 충북 단양의 고수동굴, 원출굴, 곰굴, 경북 문경의 관산굴 등이 있다.

(3) 해식동굴

해식동굴(sea cave)은 해안에서 끊임없이 일어나는 파도에 의하여 만들어진 동굴을 말한다. 특히 해안이 암석으로 형성되었을 경우 계속되는 파도는 암석을 침식하게 되고 또 절리나 균열이 생기면 이 부분은 다른 부분보다 빨리 파괴 · 침식되어 동굴을 형성하게 된다.

또 하천 양쪽에도 계속된 하천의 흐름에 의하여 암석이 침식되어 양안에 굴을 형성하는 경우가 있는데, 이것을 해식동굴이라 한다.

해식동굴은 대체로 해수면과 같은 지점에 형성하는 경우가 많으나 수륙의 변화에 따라 육지에 동굴이 생기는 경우도 있고 어떤 경우에는 바다 깊은 곳에 동굴이 형성되는 경우도 있다. 즉, 해수면상에 형성된 해식동굴이 육지가 융기하거나 반대로 바닷가 침강하면 육지에 동굴이 형성하게 되고, 그와 반대로 육지가 침강하거나 바닷가 융기하면 동굴은 수중에 형성된다. 우리나라의 동해안과 같이 융기된 해안은 해식동굴에 물이 빠진 이수해식동굴로 해발 4m 상에 위치하며, 외국의 예로는 베트남의 호롱만에 있는 레만동굴이 있으며 이것은 해수면보다 25m 높은 지점에 위치한다. 제주도의 산방굴도 융기해안의 해식동굴이다.

한편, 해안이 침강하여 해식동굴의 일부가 침수되면 해면 밑으로 동굴이 위치하게 된다. 전남의 다도해에 있는 소규모 동굴에서 흔히 볼 수 있는 것으로 외국의 예로서는 이탈리아 카프리섬의 아주레(Azure)동굴이 대표적이며, 아드리아해의 해식동굴은 해수면에 완전히 침수된 해중동굴이다.

우리나라에는 제주도, 남해안, 동해안에서 해식동굴이 분포되고 있다. 해식동굴로서 대표적인 것은 제주도 산방산에 있는 산방굴, 정방굴을 비롯하여 여수의 오동도굴, 남해도의 쌍홍문굴, 월성의 용굴이 있고 그 외에 울릉도나 독도에 많다. 이들은 대부분 해면보다 높은 육지상에 발달되어 있다.

우리나라 해식동굴의 특징은 동굴의 폭에 비하여 동굴 천장이 높다는 것이다. 이 해식동굴은 오늘날 용암동굴과 석회동굴에 비하여 많은 위험이 따르기 때문에 관광대상이 되고 있지는 못하나 앞으로 인기높은 해저관광이 개발되면 상당히 매력적인 관광목적지가 될 것으로 기대된다.

3 하천 및 해안 관광자원

1. 하천 관광자원

1) 하천 관광자원의 의의

하천은 산지지형과 조화된 명승, 경승지를 이루어 "지자요산 인자요수(智者樂山 仁者樂水)"라 하여 고대 관광시대부터 각광받던 관광대상지였다. 현대관광에서도 하천의 유로를 따라 유람선이 운행되고 선형으로 이동하면서 하천의 주변경관을 감상하는 것 또는 수상스포츠 활동 등이 활발하다. 스포츠는 유속이 빠른 하천을 이용하는 래프팅에서부터 수영, 요트, 보트, 수상스키, 카누 등에 이르기까지 점점 다양해지고 있다. 특히, 유럽을 위시한 대륙에서는 하도를 이용하는 교통체계에 의해서 관광권역을 형성하고 있으며 내륙관광뿐만 아니라 해양관광과 연계성을 갖게 한다. 세계적인 하천 관광자원으로서 독일의 라인강유역, 프랑스의 세느강유역, 미국의 미시시피강유역 등이 있다. 또한, 하천지형은 자연명승지로서 수변지향의 관광지가 발달한다.

우리나라에서도 하천자원을 중심으로 발달하고 있는 관광지는 매우 많은 편이다.

하천은 기반암[20]이 풍화 · 침식되어 하도가 만들어지고 산사면과 계곡, 평야 등의 하도를 따라 흐르는 유수에 의하여 형성된다.

하천 내부에서는 침식(erosion), 운반(transportation), 퇴적(deposition)작용을 한다. 침식은 흐르는 하천의 유수가 하상이나 하천 양안에 압력을 가하여 이루어진다. 하천의 침식력은 유량이 풍부할수록, 유속이 느려질수록 왕성하여 하천지형의 경관미를 구축한다. 즉, 하천의 상류방향으로 침식력이 작용하는 두부침식[21]은 폭포[22]의 발달에 영향을 미친다. 하천은 단단한 암석층(경암)과 연한 암석층(연암)이 접촉되어 있는 면을 따라 흐르면서 폭포를 이루고 상류의 급경사 지점에서 낙차가 큰 폭포의 경관은 장관을 이루어 매력적인 관광대상이 된다. 세계적으로 이미지가 높은 사례는 미국과 캐나다의 나이아가라폭포, 브라질의 이구아스 폭포가 있다. 우리나라에서는 정방폭포, 천지연폭포, 천제연폭포, 용소폭포, 토왕성폭포, 비룡폭포, 오연폭포, 불일폭포, 천당폭포, 형제폭포, 옥녀탕폭포, 금선폭포, 구룡폭포, 달기폭포, 희방폭포, 명금폭포 등이 유명하다. 하상의 기반암층이 하부에 연한 암석층과 상부에는 단단한 암석층이 산지의 계곡을 따라 발달되어 있으면, 연한 암석층이 먼저 풍화 · 침식되어 작은 동굴이 만들어지고 그 다음으로 상부의 단단한 암석층은 결국 절리되어 암벽이 형성된다. 이러한 암벽 위로 하천의 유수가 있으면 폭포가 된다.

폭포에서 떨어지는 유수는 모래와 자갈을 도구로 폭포 밑의 하상을 연마하

20) 지각을 구성하는 지층으로 표토 밑의 굳어 있는 암석을 말한다. 앞으로 풍화가 진전되면 역시 토양으로 변하게 되는 것이다. 침식으로 표토가 유실된 곳은 기반암이 바로 지면 위로 노출되어 있는데 이것 역시 토양층으로 변할 것이다.

21) 곡의 최상류부, 즉 곡두에서 생성된 풍화물질이나 붕괴물질이 주로 포상류에 의해 삭박되는 작용을 말한다. 두부침식은 근본적으로 하천의 유로를 상류쪽으로 연장시키는 역할을 한다. 이에 따라 유역의 확대와 분수계의 이동이 행해지며 인접하는 하천과의 사이에서 하천쟁탈도 일어난다. 그리고 사면에서 형성되는 우곡과 하천 종단면의 천이점에 해당하는 폭포 등도 두부침식의 한 예라고 할 수 있다.

22) 하천의 종단면에 있어서 급격한 경사의 변화, 즉 천이점에 해당하는 수직의 경사를 갖는 부분을 말한다. 경암층과 연암층이 서로 교차되어 나타나는 지역에서 하천의 차별침식 결과 형성되는 것이다. 폭포는 하천침식작용의 일종인 두부침식의 대표적인 예이다. 폭포는 낙하하는 물의 와류에 의해 생성된 폭호에 의해 기부가 파괴되어 점차 후퇴한다. 북미의 나이아가라폭포는 이렇게 해서 연평균 0.7~1.0m 정도 후퇴하며, 최초의 장소에서 약 11km 후퇴하였다고 알려지고 있다.

여 하상의 기반암을 원통이나 단지모양의 동그란 구멍을 만들게 된다. 이러한 하상의 와지(窪地)를 구혈(pothole)[23]이라고 한다. 또 폭포의 기반암은 파괴되어 깊게 파여 큰 소를 형성하게 되는데, 이것을 폭호(瀑壺)라고 부른다. 암벽을 낙하하는 물, 구혈과 폭호 등이 발달된 곳은 관광지로 선정되어 발달하게 된다. 하천이 산지나 구릉지를 곡류하여 흐르면서 계곡을 발달시켰고 하식애와 소(沼)를 형성하였다.

2) 우리나라 하천관광자원의 특색

우리나라 하천의 흐름은 북고남저와 동고서저의 산맥의 주향과 대체로 일치하여 서남방향이 대부분이다. 따라서 유로가 짧은 편이며, 평야지대를 사행하여 왕성한 퇴적작용으로 하상계수가 높은 하천이 많다. 더욱이 계절에 따른 수량의 변화가 크고 겨울 동안의 결빙 등으로 수상 관광활동에 불리한 조건도 있다.

우리나라는 하상계수(연중 하천수의 최소량과 최대량의 비)가 1 : 700이나 되어 세계 최대치이며 하천의 관광가치를 저하시키고 있다. 이것은 세느강 1 : 34, 다뉴브강 1 : 17, 미주리강 1 : 75, 미시시피강 1 : 119, 템즈강 1 : 8, 나일강 1 : 30과 비교할 때 하상계수가 너무 높은 것을 확실히 알 수 있다. 이것의 원인은 6, 7, 8월에 전체 강우량의 70% 이상이 집중하는 강우인 경우도 있으나 하천의 인위적인 관리를 잘못한 데도 그 원인이 있다. 다행히도 정부는 국토개발의 주안점을 4대강 개발에 역점을 두고 많은 다목적댐을 축조하여 큰 성과를 올리고 있다.

우리나라 하천은 유로의 변화가 심하다. 이것을 사행(蛇行)작용이라 하는데, 평야나 산간 등을 사행하는 유로(meander)에는 라인강의 로렐라이 언덕,

---

23) 하천침식작용 중에서 마식작용의 결과로 주로 급류를 이루는 곳이나 폭포의 바로 밑에 형성된 요지를 말한다. 구혈이라고도 한다. 일반적으로 하천에 의해 운반되던 원력이 하상의 요지에 들어가 선회하면서 마식작용을 일으켜 형성되며, 주로 조직이 균질인 암석, 즉 화강암과 같은 암석의 하상면에 잘 발달하여 나타난다.
포트홀은 일반적으로 수cm~수십m, 깊이는 직경에 대해 크고 작은 여러 가지로 나타난다. 그 배열은 절리 등에 지배되어 다소 규칙성을 띠는 것도 있지만 때때로 평활한 하상 위에 포트홀이 조족상으로 연결되어 사행유로를 취하는 경우도 있다.

양자강의 삼협, 나일강의 애스원이 그 예이다. 하천 상류에는 계곡을 따라 빠른 유속으로 측방침식[24)]이 왕성하여 절경을 이루는 예도 많은데, 영월의 청랭포, 충주의 탄금대, 부여의 낙화암, 여주의 신륵사, 서울의 워커힐, 절두산, 행주산성, 죽서루, 촉석루, 고석정 등은 사행유로와 주변의 경관이 결합되어 경승지를 이룬다. 이런 경승지는 금강, 영산강, 낙동강이나 동해로 흐르는 하천에서도 무수히 나타나 한국의 고유한 경관미를 구성하는 요소가 된다. 유속의 압력을 많이 받는 하식애의 산지나 구릉지는 하천의 양안에 위치한 대(臺)가 되어 하천경관을 조망하는 장소가 된다. 전망대로 선정된 대(臺)에 휴식하려는 관광객을 위하여 누각이 설립되어 놀이공간으로 발달하였다.

하천의 중상류에서는 모래와 자갈이 하상에 압력을 가하는 하방침식[25)]에 의해서 하상의 기반암을 노출시키고 기반암석을 마식하여 하도를 매끈매끈하게 한다. 이러한 반들반들한 기반암석이 반석을 형성하게 되면 계곡미를 향상시켜서 피서를 위한 놀이공간을 제공한다. 우리나라의 대부분 산지에서 발달한 하천은 하천의 양안이나 하상에 반석을 형성하여 관광지로 발달하였다. 이러한 조건을 가지고 있는 계곡은 백운동계곡, 비금계곡, 등선폭포계곡, 천불동계곡, 백담사계곡, 토왕성계곡, 소금강계곡, 무릉계곡, 한신계곡, 피아골계곡, 달궁계곡, 안덕계곡 등이다.

하천의 중 · 하류에서는 운반물질의 유속이 점점 느려져서 하상이나 하천의 양안에 토사를 퇴적시킨다. 운반물질이 하천의 양안에 퇴적될 경우 보호사면

24) 하천에 의한 지형의 침식작용 중의 한 유형을 말한다. 보통 하천의 하방침식이 활발하게 진행되어 그 하천이 평형상태에 도달하게 되면서 하방침식은 끝나고, 그 대신 측방침식이 시작되는데, 이것은 주로 하곡을 좌우로 넓히는 작용이다. 즉 유로를 좌우로 이동시켜가며 곡류 하천을 형성하고 곡저를 넓히면서 하천 양안에 넓은 범람원, 즉 충적평야를 형성하게 된다.

25) 유년기 하천 또는 하천의 상류에서 활발히 진행되는 침식작용의 하나이다. 다량의 조립물질이 하상 위를 통과하며 기반암을 깎는 마식작용이 가장 큰 역할을 하며 굴식과 용식도 보조역할을 한다. 하방침식이 활발해지면, 하상이 깊이 파이며 하천 종단면의 구배가 완만해진다. 유년기 지형의 하천은 하곡의 경사가 급한 관계로 하방침식이 성하여 협곡을 형성한다. 장년기 이후에는 하방침식이 약해지면서 측방침식이 커지고, 운반작용이 활발해진다. 지반운동이 부활되어 하상의 경사가 커지면 침식이 부활되어 하방침식이 심해진다. 또 능선을 횡당하는 선행성 하천은 산맥의 융기속도와 같은 속도로 하방침식이 작용되며, 그곳에 횡곡이 형성된다.

에 퇴적되며 또한 하천의 하상 일부가 주위보다 조금 높을 경우, 낮은 곳보다 퇴적량이 많아진다. 이때에 퇴적물의 일부가 수면 위로 나타나게 되고 퇴적되는 속도는 더욱 빠르게 진행되어 섬이 만들어지게 되는 것이다. 이러한 섬은 하천의 중간에 위치하게 되어 하중도(河中島)라 한다. 북한강의 하상에 흙, 모래, 자갈 등이 퇴적되어 하중도를 형성하고 있는 것이 중도(中島)이다. 이 중도가 위치한 춘천호반은 1969년 관광지로 지정되었고, 1987년 다시 국민관광지로 개발되었다. 중도는 아직도 취락이 입지하고 그 토지는 경작지로 이용되고 있지만 상당부분의 토지는 관광지로 이용된다. 중도에는 중도나루터가 있고, 청소년 야영장과 수영장이 있다.

하천의 하구에도 퇴적지가 형성되는데, 하천의 하구에 형성된 퇴적지는 하천의 유속이 격감하여 퇴적된 것이다. 이러한 퇴적지를 삼각주라고 부른다. 삼각주는 하천이 바다나 호수를 만나 형성되는 충적지형이며, 하나의 하천이 삼각주에서는 여러 개의 분류(分流)로 나누어진다. 분류된 하천의 양안에는 자연제방이 발달하고, 그 뒤에는 자연제방보다 다소 낮은 배후습지가 만들어진다. 우리나라의 가장 대표적인 삼각주는 낙동강 삼각주로서 을숙도, 명호도, 신호도, 대저도, 일웅도, 맥도 등의 섬으로 되어 있다.

하천의 하류에는 겉의 표면이 반들반들한 둥근 암석을 많이 발견할 수 있다. 이러한 둥근 암석은 하천에 의하여 운반되면서 구르기 운동을 계속하였기 때문이다. 겉면이 일정하지 않고 돌출부가 많은 암석일지라도 하천에서 구르기 운동을 계속하면 몽돌이 된다.

우리나라 하천의 하구는 독일의 엘베강이나 런던의 템즈강과 같은 삼각강(estuary)[26]의 형태를 이루고 있어서 내륙과 해양을 연결하는 연계 관광루트를 형성할 수 있는 유리한 자연조건을 갖추고 있다. 그러나 최근에 낙동강, 금강, 영산강 등은 하구언을 축조하여 삼각강의 기능을 활용할 수 없는 실정이다.

한강, 낙동강, 금강, 영산강 등 4대강 유역에는 경승지, 정자, 서당, 서원, 수표석, 사찰, 시장 등이 있고 각 지역마다 독특한 놀이문화의 기능을 다할 수

26) 소기복의 해안이 침수하면서 곡저경사가 작은 하류지역이 침수하면 나팔모양의 평면형을 가진 입강이 형성된다. 이와 같은 입강을 에스츄어리 · 삼각강이라고 한다. estuary라고 하는 용어는 라틴어로 조석을 의미하는 aetus에서 유래한 것이다.

있는 다양한 요소가 산재되어 관광대상의 역할을 하고 있다.

대부분의 하천은 국·도립공원에 해당하며 최대의 관광시장인 수도권의 북한강, 남한강일대는 국민관광지로 지정되어 하천의 관광이용도는 높은 편이다. 그러나 우리나라는 가항하천의 길이가 짧아서 하천수로를 따라 유행(遊行)할 수 있는 관광가치는 유럽대륙 등과 비교할 때 낮은 편이다(〈표 2-13〉). 그러므로 인위적인 운하건설이 실현된다면 우리나라 하천의 관광가치는 지금보다 더 증대될 수 있는 것이다.

우리나라의 하천은 유로가 짧고 면적도 좁은 편이며, 하방보다 측방침식이 우세한 하상이 높은 조건 때문에 수상스포츠나 수상관광권역을 형성하는 데 제약이 되고 있다.

동해안과 서해안, 그리고 남해안의 낮은 구릉성 산지에서 발달한 작은 하천들은 해안에 모래를 공급하여 사빈을 형성하였고, 하천의 하구에는 사주의 발달로 석호가 형성되어 관광대상화되고 있다.

〈표 2-13〉 주요 하천의 길이와 유역면적

길이순위	1	2	3	4	5	6	7	8
하천명	압록강	낙동강	두만강	한강	대동강	금강	임진강	섬진강
길이(km)	790	525	521	514	439	401	254	212
유역면적(km²)	31,739	23,860	10,513	26,279	16,673	9,886	8,118	4,897
길이순위	9	10	11	12	13	14	15	16
하천명	청천강	예성강	용흥강	재령강	영산강	성천강	만경강	형산강
길이(km)	199	174	135	129	116	99	98	52
유역면적(km²)	5,831	4,048	3,397	3,671	2,798	2,338	1,602	1,167

자료: 한국문화관광연구원.

2. 호수관광자원

1) 호수의 개념

호수 또는 호소로 번역되는 lake는 라틴어 lacus에서 유래된 것이다. 아프리카의 nyanzas, 몽고의 nor, 영국의 tarn 등과 같은 지방어는 모두 이 같은 호수를 의미하는 말이다. 호수는 지형학적으로 "육지에 둘러싸인 지역에 존재하는 정수괴(靜水塊)로서 바다와는 직접 연결되어 있지 않은 것"으로 정의된다. 일반적으로 요지(凹地)에 물이 고인 곳을 호(湖), 소(沼) 혹은 지(池)라고 하는데, 호수의 크기는 일정하지 않으나 수심이 5m 이상인 것을 말한다. 소 혹은 소택(swamp)은 수심이 5m 이하의 곳으로 늪이라고도 한다. 호수는 식생의 존재여부 등에 의해 호(湖), 소(沼), 연못, 소택, 습원 등으로 구분하여 칭하기도 한다.

호(lake)는 호수 중앙의 수심이 5m 이상으로서 그 중앙부에는 수생식물이 존재하지 않는 경우를 말한다. 소(weiher)는 최심부가 5m 이하, 보통 1~3m로서 수생식물이 번성한 것이며, 연못(pond)은 이들 호소보다 작은 규모로서 일반적으로는 인공적인 것을 지칭한다. 소택은 최심부가 1m 이하로서 호소 전역에 식생이 번성한 상태를 말하며, 습원(moor)은 이미 수초는 존재하지 않고 습지식물로만 가득 찬 형태를 말한다.

바다와 연결되어 있는 경우일지라도 호소로 취급하는 경우가 있는데 이들은 흔히 석호라고 부른다. 세계 최대 호수는 카스피 해(37.1만km^2), 최심의 호수는 바이칼호수(1,620m) 그리고 최고의 호수는 티티카카호(수면고도 3,812m), 최저의 호수는 사해(수면고도 392m)로 기록되어 있다.

호수 관광자원은 스위스와 이탈리아의 빙하호, 미국과 캐나다의 오대호 지역, 중국의 서호, 일본의 비파호, 아이슬랜드와 뉴질랜드의 빙하호 등에서 탁월하게 발달되어 있다.

2) 호수의 분류

(1) 성인에 의한 분류

호수는 그 형성원인에 따라 자연호와 인공호로 분류한다. 자연호는 ① 침식호(하천이나 빙하, 지하수 침식 혹은 용식작용), ② 하식호(하천의 유로변동에 의해서 이루어진 것), ③ 석호(해안의 사주와 사취에 의해서 형성), ④ 폐색호(산사태 · 화산분출 · 하천이나 빙하 운반물질 등에 의해 골짜기나 강이 차단되어 형성), ⑤ 함몰호(단층이나 화산활동과 관련), ⑥ 칼데라호, 화구호(화산의 화구에 형성) 등이다.

인공호는 저수지를 비롯하여 인위적인 제방축조나 방조제, 댐건설에 의해서 형성된다.

(2) 수온에 의한 분류

호수의 물은 태양복사에 의해 가열되므로 표면수온은 일반적으로 그 때의 기온과 같지만 계절에 따라 다소 차이를 보인다. 표면수온과 관련하여 호수를 세 가지 유형으로 분류한다.

① 온대호(겨울철에만 수온이 4℃ 이하), ② 열대호(연중 4℃ 이상), ③ 한대호(연중 4℃ 이하)

(3) 염분농도에 의한 분류

호수는 다른 육수와는 달리 정체수이므로 각종 염류의 용해도가 높은 호수가 많다. 따라서 호수는 그 염류의 용해량에 따라 함수호(salt-water lake)와 담수호(fresh-water lake)로 구분된다. 전자는 500mg/ℓ 이상의 염분농도를 갖는 경우를 말하며, 후자는 그 이하의 농도를 갖는 호수를 말한다.

함수호가 형성되는 원인은 해안에 인접하여 해수가 유입되는 경우와 대륙내부의 건조기후지대에 위치하여 증발량이 큰 경우 등으로 구분할 수 있다. 사해, 그레이트 솔트호 등은 후자의 대표적인 사례이다.

3) 우리나라의 주요 호수관광자원

우리나라에 발달된 호수 관광자원은 자연호가 희박하고 대부분이 인공호이다([그림 2-8]).

자연호는 동해안의 석호(lagoon)[27]와 화산지형에서 발달한 칼데라호[28]와 화구호에 불과하다. 석호는 송지호, 청초호, 영랑호, 경포호 등 강원도 북동안에 집중적으로 발달되어 있다. 칼데라호는 백두산의 천지, 화구호는 한라산의 백록담이 해당된다.

인공호는 수해방지, 용수공급, 용수조절, 관개사업 및 발전 등 다목적의 치수사업의 일환으로 하천의 상류나 중류의 하폭이 좁은 지점을 선택하여 댐을 구축하여 이루어진 호수를 말한다. 우리나라 주요 댐의 발달은 4대강 수계, 즉 한강, 금강, 영산강, 낙동강 수계에 많으며, 이 지역은 우리나라 최대 다우지이기도 하다.

한강에는 북한강수계에 화천댐, 춘천댐, 의암댐, 소양강댐, 청평댐 등 5개댐이 있고, 이 댐은 모두 다목적 댐으로 형성되어 홍수조절, 발전, 용수공급에 큰 역할을 하고 있다. 남한강댐으로서는 충주에 충주댐과 괴산에 괴산댐의 다목적댐이 있어 한강의 수량조절에 큰 역할을 하고 있다.

금강수계에는 소규모의 댐으로 청양댐, 해월댐, 문천댐 등 3개 댐이 있고 다목적댐으로는 대청댐이 있다.

영산강 유역에서는 나주댐, 광주댐, 장성댐, 담양댐 등 4개 댐을 두고 있는데, 이는 모두가 농업용수를 확보하기 위한 단일목적댐으로 담수규모가 작아 취약지구가 되고 있다. 섬진강 수계에는 주암댐이 대표적이다.

---

27) 연안류의 작용으로 형성되는 사주, 사취 등이 만의 입구를 막아 바다와 분리되어 형성된 호소이다. 하천의 유입으로 염도가 차츰 낮아지고 주변은 소택지로 변하여 갈대 등의 식물이 자라며 유지화되는 경우가 많다. 동해안의 석호는 수심이 보통 2m 이하이다. lagoon은 산호초 중 환초안의 물을 지칭할 때도 사용되는 용어이다.

28) caldera는 화구의 지름이 1.6km 이상인 것을 말한다. 칼데라는 화산의 모습이 이루어진 후 2차 폭발이나 함몰에 의해서 화구가 커진 것이다. 우리나라의 경우 백두산 천지(둘레 약 11km), 울릉도 나리분지가 해당한다. 한라산의 백록담은 지름이 500m 정도에 불과하므로 화구호에 해당한다. 칼데라에 물이 고인 것을 칼데라호라 한다.

[그림 2-8] 주요 호수의 분포

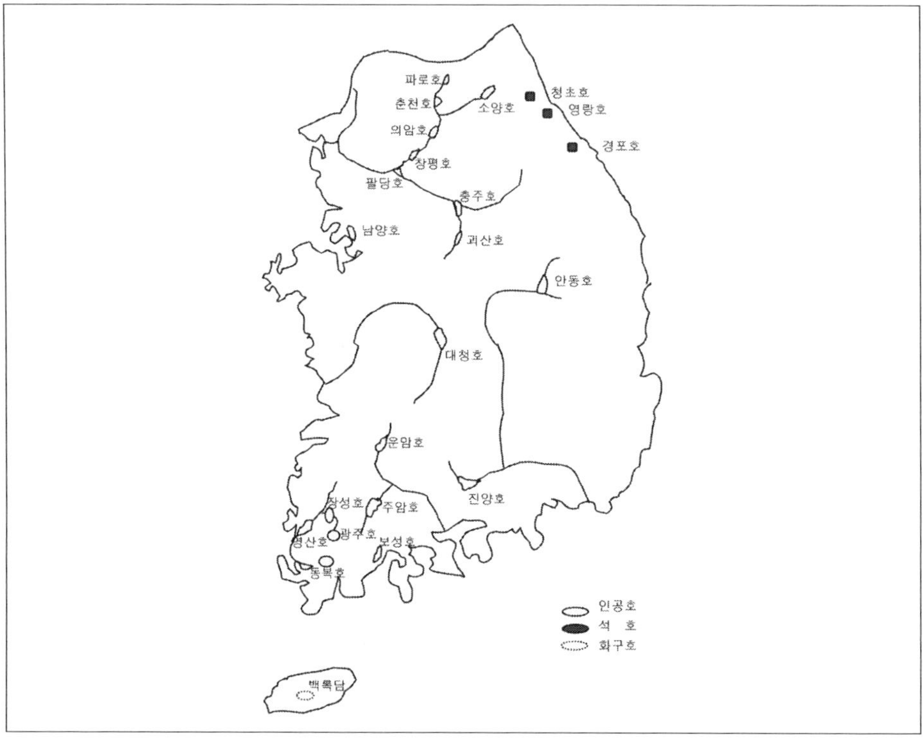

낙동강에는 다목적댐으로 안동댐이 있고 임하댐, 합천댐, 함양댐이 있으며 안동강 지류의 남강에 다목적댐이 있다.

방조제는 아산만의 아산방조제, 남양방조제 및 삽교방조제 등이 대표적이다. 최근에 방조제가 조성된 시화호는 수질이 악화되어 관광기능을 차치하고라도 호수 개발에 대한 시행착오가 지적되고 있다. 조성과정에 있는 새만금호의 경우도 수질과 관련된 논쟁이 있다. 호수는 흐르지 않고 정지된 상태의 물이기 때문에 장기적으로 수질보존의 문제를 신중히 검토해야 할 것이다. 스위스의 레만호, 일본의 비파호처럼 기술적인 수질관리가 모범적인 사례도 있지만 이집트의 애스원호는 호수자원 개발에 실패한 것으로 평가되고 있다. 우리나라의 인공호수 특히 낙동강, 금강, 영산강 등의 경우 하구언 건설로 하천의 유로 전체가 호수화되어 있는 상황에서는 철저한 수질관리만이 본래의 다목적을 달성하여 관광가치도 보지될 수 있다.

더욱이 호수자원은 관광대상화를 위해서 각종 관광편의시설을 위시한 유람선시설, 호반공원, 레크리에이션시설 등의 개발은 수질을 파괴하지 않는 범위 내에서 이루어져야 한다.

3. 해안관광자원

1) 해안관광자원의 의의

해안관광자원은 해안(coast), 연안(shore line), 바다(marine), 섬(island) 등의 지형요소로 구성된다. 해안지형은 성인상 침수(침강)해안과 이수(융기)해안으로 대별되고 각각은 경관의 차이가 크다.

침수해안은 해안선이 복잡하고 도서가 많은 것이 특징이며 스페인의 리아(Lia)지방에서 전형적인 리아스식과 노르웨이해안에서 발달한 피오르드(Fjord)식이 있다. 전자는 침식곡(V자곡)이 침수된 것으로 우리나라의 남해안에서도 볼 수 있듯이 해안의 고도가 낮은 편이지만 후자는 빙식곡(U자곡)이 침수되어 해안의 고도가 높은 것이 경관상으로 구별되는 것이 특징이다. 리아스식 해안에는 간석지가 넓은 편이지만 사빈[29)]도 발달하여 해수욕장이 형성되고 무엇보다도 도서경관이 포함되어 풍부한 관광자원이 소재하게 된다. 피요르드식 해안은 웅장한 지형의 성상(性狀)과 그 특이성에서 매력을 찾을 수 있다.

이수해안은 해안선이 단조롭고 암석이나 사빈으로 구성된다. 암석해안에는 해식애(sea cliff)[30)], 해안단구(coastal terrace)[31)], 해식동(sea cave), 파식대[32)],

---

29) 모래가 많이 퇴적한 해안지형을 말한다. 해수욕장으로 이용되어 우리에게는 낯익은 지형이다. 대량의 모래를 운반하는 하천이 흘러들거나 고화되지 않은 제3기층이나 제4기층이 노출되어 이수해안에는 사빈이 두껍게 발달한다. 한편 하천으로부터 모래를 공급받아 형성되는 사빈에 있어서는 퇴적물이 유역분지의 지질과 하천의 특성을 예민하게 반영한다. 동해안으로 유입하는 하천은 하상구배가 급해 다량의 토사를 공급하는 데 대하여 하상구배가 극히 완만한 낙동강 하구에 사빈이 세사로 구성되어 있는 것은 위와 같은 원인으로부터 기인한다고 할 수 있다.

30) 파도 · 조류 · 연안류 등이 해안선 가까이에서 작용하는 침식작용으로 폭풍시의 거센 파도에 의해서 특히 활발하게 진행된다. 해식애는 암석의 종류 · 구조 · 해안의 개방성 · 연안의 수심 · 매개물질의 크기 등에 따라 다르다. 해식애는 파랑 자체의 타격에 의한

시스택(sea stack)[33] 등이 발달하는데, 이것은 관광가치가 높은 해안경관을 구성한다.

우리나라의 해안의 해식애 자원이 발달한 대표적인 관광지는 강원도 통천군의 촉석정, 변산반도의 채석강, 부산의 태종대 등이다. 해식동굴이 발달된 곳은 제주도의 산방굴, 남해의 음성굴과 백명굴, 홍도의 슬금리굴, 오륙도의 굴섬 등이다.

사빈해안에는 사빈(beach), 사취[34], 사주, 석호, 육계도[35], 육계사주, 사구(sand dune) 등이 발달하여 해수욕을 위시한 다양한 관광활동의 대상이 된다. 해수욕장은 500m 이상의 사빈과 25℃ 이상의 해수온도, 이른바 3S(sun, sea, sand)조건과 관광편의시설이 입지할 수 있는 장소(site)로서 사구의 조건도 필요하다. 세계적인 해수욕장으로서는 하와이, 자메이카, 인도네시아의 발리섬, 지중해의 시칠리아섬 등 무수히 많다.

특수한 해안지형으로서 산호초 해안은 산호초[36]가 해안과 도서의 연변을

작용, 자갈, 모래 등을 매개물질로 하여 암석을 마모하는 작용, 암석의 깨진 틈에 있는 공기가 급히 팽창하여 암석이 부서지는 작용, 암석 중의 용해성분이 파도에 용해되는 작용 등이 있다. 이러한 작용으로 나타나는 지형으로 해식애, 해식동, 해식대 또는 파식대, 그리고 sea-stack 등이 나타난다.

31) 해안단구는 파식에 의하여 형성된 기반암의 침식면이나 과거의 해면에 관련되어 이루어진 평탄면이 불연속적으로 이수되어 해안선을 따라 계단상으로 분포되어 있는 지형이다.

32) 해면 밑에 나타나는 침식면으로 해식작용에 의해 형성되어 바다쪽으로 완만하게 경사진 암석면을 말하며 해식대라고도 한다.

33) 암석해안에서 기반암이 육지로부터 분리되어 고립된 촛대와 같이 생긴 바위섬, 즉 헤드랜드가 파도에 의해 분리되어 남은 일부를 말한다. 외돌괴 · 촛대바위 · 등대바위 등으로 불리는 것은 대부분이 시스택에 해당된다고 할 수 있다.

34) 파랑과 연안류에 의하여 모래가 해안을 따라 운반되다가 바다 쪽으로 계속 내다 쌓여 형성되는 해안퇴적지형을 말한다.

35) 육계사주에 의해 육지와 연결된 섬을 말한다. 해안의 전면에 섬이 있으면 파도가 밀려올 경우 섬에 가려진 뒷부분에서는 파도가 약해져 퇴적작용이 일어나게 된다. 이와 같은 퇴적작용에 의해 사취가 성장하여 육지와 섬을 연결한 것이 육계사주이고 연결된 섬이 육계도이다. 아프리카 남단의 희망봉, 지중해 입구의 지브로올터 등이 여기에 해당되며, 우리나라의 경우에는 제주도 성산포의 일출봉, 양양의 죽도, 신의주 앞바다의 다사도, 영흥만의 호도반도와 갈마반도, 충남 서산군 안면도 몽산포 남쪽의 마검포 등이 알려져 있다.

따라 발달한 보초[37]와 육지와 산호초간에 해면이 끼어 있는 거초가 있으며, 도서의 경우 섬 전체가 물에 잠겨 산호초만 남게 되면 환초가 된다. 산호초 해안은 우리나라에서는 볼 수 없으며, 오스트레일리아 동부해안에 대보초가 대표적이고 하와이, 괌도 등 대양상의 화산섬에서 잘 나타난다.

해안지형은 자연경관자원을 형성하는 기초가 된다. 18세기에 영국에서 해수욕이 보급된 것을 계기로 해안 및 해상은 관광공간으로서 가치성이 인정되었으며, 바캉스가 대중화된 현대관광시대 이후에는 해안관광에 대한 수요가 날로 증대되고 있다. 유럽에서는 20세기에 이미 해안 리조트개발을 추진하여 해상의 관광공간화가 두드러지고 리조트의 이용자가 대중화되고 있는 추세이다.

해안관광자원은 연안의 푸르고 맑은 바다, 상쾌한 바람, 맑은 해안선, 온화한 기후 등을 갖춘 쾌적한(amenity) 조건뿐만 아니라 이국적인 문화적 배경도 중요하다.

관광과 레크리에이션 활동은 관광지를 형성하고 있는 여러 가지 구성요소에 영향을 받게 된다. 해안지역은 산악지역과 같이 다종의 관광자원을 포함하고 있으며, 특색있는 관광형태가 존재한다.

해안관광활동은 크게 두 가지로 볼 수 있는데, 하나는 해안경관을 보고 감상(see and feeling tourism)하는 것과, 다른 하나는 해안이나 바다를 활동무대로 행동하는 관광(active tourism)으로 구분할 수 있다. 해안경관을 자연경관과

---

36) 열대지방의 해안에서 조산호충의 석회질 유해나 석회조류가 집적되어 이루어진 암초를 말한다. 산호초의 발달은 조산호층의 생육조건에 의해 결정된다. 조산호층은 수온 18℃~36℃, 염분 27~40o/oo의해 수에서 잘 번식하며, 산호초는 적도를 중심으로 남북위 30° 간의 해역에 잘 발달한다. 그리고 공생하는 조류는 광선을 필요로 하기 때문에, 수심 30m 미만의 얕은 해저가 서식장소로서 적합한데, 그 중에서도 10m 미만의 곳이 가장 알맞다. 또한 조산호층은 산소와 각종 영양염류를 필요로 하기 때문에 맑은 해수가 심하게 요동하는 해안에서 잘 번식한다. 끝으로 산호초가 성장하려면 해저가 암반으로 되어야 한다 이러한 조건들은 해드랜드처럼 외해에 노출된 해안이나 또는 섬인 경우에는 탁월풍(무역풍)이 불어오는 쪽의 해안에 특히 잘 발달한다. 하천이 유입하는 만두부에는 산호초가 형성되지 않으며, 산호초의 종류에는 거초, 보초, 환초가 있다.

37) Ch. Darwin(1842)에 의해 제창된 산호초의 종류 중 하나이다. 육지에서 분리된 산호초로서 해안을 따라 길게 연장되어 있으며 보초와 육지 사이에는 석호가 존재한다. 세계 최대의 보초는 오스트레일리아 북동부의 해안에 발달한 대보초(the Great Barrier Reef)로서 폭 16~320km, 길이 1,900km의 규모를 갖고 있다. 그밖에 뉴우칼레도니아, 피지제도 등에도 현저하게 나타난다.

인문경관으로 구별하면, 자연경관에는 ① 아름다운 백사장, ② 기암이나 거석 및 단애의 경치, ③ 다도해, 해중, 해저의 경관, ④ 일출과 일몰의 광경 등이 있다. 한려해상국립공원이나 다도해국립공원은 우리나라의 대표적 해상경관을 갖춘 관광지이며, 해중이나 해저관광도 미래의 해안 관광대상으로서 그 흡인력이 높을 것으로 예상된다.

인문경관의 해안 관광자원은 어촌의 감상, 어항 및 등대, 수산양식 및 가공 등이 이에 속한다. 이밖에도 해안지역의 독특한 역사, 문화, 민속 등도 수변 여가자원으로서 관광가치는 매우 큰 것이다. 특히 도서지역의 경우 역사적으로 육지와 격리된 생활양식의 고유성은 관광객의 유인력을 높일 수 있다.

해안은 해수욕장을 위시하여 보우팅, 요팅, 수상스키, 스킨스쿠버, 스카이다이빙, 낚시 등 해상 및 해중활동 등의 스포츠 활동무대로서 의의가 크다. 전술한 바와 같이 오늘날의 관광은 보는 관광에서 행동하는 관광으로 그 형태가 변화하는 특징을 보이는데, 그 대표적인 것이 해안관광이라고 할 수 있다. 그러므로 해안관광은 청소년(신세대)들을 중심으로 스키관광과 더불어 크게 부각되고 있는 관광대상이다.

해안관광지로 가장 대표적인 것은 역시 해수욕장, 마리나, 해중공원 등인데, 최근 미국을 중심으로 한 세계 각국에서는 해안관광에 관심이 집중되는 추세이다. 우리나라는 삼면이 바다로 둘러싸여 있는 천혜의 요건을 갖추고 있으면서도 해수욕장 정도의 이용에 그치고 있는 현실을 감안하면 해안 관광개발의 필요성이 제기된다. 미래의 관광은 해양시대의 패러다임에 부합되고 통일한국에 대비한 관광공간에 대한 구조를 계획해야 한다. 따라서 국토종합개발의 U자형(동, 서, 남해안)의 축은 미래의 관광대상으로서 그 의의가 큰 것이며, 세계화를 지향하는 VPMS(블라디보스톡－부산－목포－상해)벨트를 형성하는 것 또한 중요하다. 더욱이 북부(snow belt)와 대칭을 이루는 남부(sun belt)의 남해안 리조트 개발은 남북간의 관광중심(重心)의 균형을 유지할 수 있는 방안이 된다.

2) 우리나라의 해안관광자원

우리나라는 3면이 바다로 둘러싸인 반도국으로, 국토의 면적에 비하여 해안선의 길이가 대단히 긴 것이 특색이다. 동해안은 해안선이 단조로운 편이나 황해안과 남해안은 매우 복잡하여 심한 대조를 이루고 있다. 특히, 다도해로 불리는 서남해안은 이른바 리아스식 해안이다.

동해안은 태백산맥과 함경산맥이 해안을 끼고 달리기 때문에 해안선이 비교적 단조로우나 곳에 따라서 다소의 출입이 나타난다. 북쪽에서부터 웅기만, 나진만, 청진만, 성진만, 영흥만, 영일만, 울산만 등의 만입이 잘 발달되어 있다. 동해안에는 깊은 수심과 맑은 물, 풍부한 어족, 관동팔경이나 해안선의 풍량과 질 좋은 해수욕장 그리고 온천과 동굴 등이 있어 다양한 관광활동이 가능하다.

황해안과 남해안에는 동해안의 만입보다 규모가 훨씬 큰 만과 바다로 돌출한 반도들이 많이 나타난다. 황해안에는 서한만과 경기만 등의 1차적인 만과 광량만, 대동만, 해주만, 남양만, 아산만, 가로림만, 천수만 등의 2차적인 만이 분포하고 있다. 여기에 옹진반도, 태안반도, 변산반도, 무안반도, 해남반도, 고흥반도, 여수반도 순천만, 여수만, 진해만, 웅천만, 수영만, 부산만 등 반도와 만이 있으며 진도, 완도, 거금도, 돌산도, 남해도, 거제도를 비롯한 대소의 섬들이 무수하다.

우리나라는 3,962개의 도서를 가지고 있으며 이중 남한에만 3,444개가 있어 관광자원으로서의 개발이 시급하며 해안도 총 연장 8,700여km로서 국토면적에 비해 세계적인 것이다.

이러한 해안과 도서를 중심으로 한려해상 국립공원, 서산해안 국립공원, 다도해해상 국립공원 등 3개의 국립공원을 지정하고 있다. 이들 섬에는 문화재, 천연기념물, 유적, 희귀동식물과 각종 민속자료 등이 보존되고 있으며 해양에 점적으로 분포하는 다도해 경관과 개별 도서의 고유한 경치 등은 관광자원의 보고가 되고 있다. 우리나라 대부분의 도서는 관광지로서 개발이 부진하여 실제로 관광객의 이용률은 낮지만, 도서가 갖는 잠재적 관광자원의 가치성은 매우 높게 평가할 수 있다.

지금까지는 우리의 생활권이 직접 미치지 않았기 때문에 인식이 미약했지만, 앞으로는 이들 섬에 대한 인식이 국토의 연장이라는 의미에서 뿐 아니라 국토개발이나 관광레저의 차원에서 크게 부각될 것임에는 틀림없다.

한편, 해수의 조석변화 때문에 동해안의 해안선은 대체로 일정한 부분에 머물러 있으나 황해안에서는 조위의 변동에 따라서 해안선이 주기적으로 이동한다. 파도가 동해안보다 비교적 잔잔한 황해안의 여러 만에서는 간조시 육지와 이어지는 간석지가 넓게 노출되는데, 이러한 곳을 근년에는 제방을 쌓아 간척사업을 벌여 새로운 간척지가 넓게 분포하고 있다. 간척지는 황해안 뿐만 아니라 남해안 일대에도 나타난다. 이와 같은 간척지에는 해안관광활동을 위한 토지이용계획이 수립되고 있다. 본래 서해안에 광범위하게 발달한 간석지는 모래해안에 비해 관광적 이용의 효율성이 낮았지만, 최근에 갯벌축제 등을 비롯한 이벤트 관광을 도입하여 새롭게 부상되고 있다.

남해안은 부산, 진해, 마산, 충무, 여수, 목포에 이르기까지 다도해를 이루고 있고 해안선의 굴곡이 심하여 독특한 해안경관을 지니고 있으며, 마리나시설을 할 수도 있는 조건을 갖추고 있다. 남해안에는 임해입지형의 중화학공업단지가 형성되어 산업관광자원과의 연계성도 유리하고 충무공의 전적지를 비롯하여, 각종 문화유적이 많아서 문화와 역사의 관광을 겸할 수도 있다. 또한, 온화한 기후조건으로 난대성 식물이 분포하고 활엽수도 탁월하며, 철새의 도래지가 많아 남국의 정취를 즐길 수 있다. 무엇보다도 남해안은 수온이 높아서 동계의 피한지의 이용 가능성과 하계의 관광이용 기간이 가장 길어서 관광계절성을 극복할 수 있는 여지도 있다.

서해안은 해안선의 굴곡이 심하고 바다가 얕으며, 만의 형성이 대규모적이고 간만의 차가 극히 심하다. 이와 같은 조건은 조력발전이나 간척에 의한 국토확장에 유리하고, 곳에 따라서는 중공업 기지의 적지가 된다. 많은 관광지와 잠재적인 해수욕장이 있고 넓은 생산지와 배후지, 또는 도시가 있어 관광자원의 개발이 유리하고 또 그 필요성이 절실히 요구되는 지역이기도 하다.

서해안에는 지역에 따라 특색있는 어종들이 생산되고 있다. 이들을 식도락에서부터 양식이며 채취, 바다낚시, 가공 등을 포함하여 관광대상화할 수 있고, 곳곳에서 풍어제같은 민속행사와 소박한 고유의 놀이문화도 관광대상화하기에 적합한 자원이 된다.

3) 해수욕장의 분포

해안선을 따라 형성된 사빈은 여름철 해수욕장으로 이용되고 있어 우리에게 가장 친숙한 해안지형 중 하나이다. 사빈은 모래로 이루어져 있으며 사령의 영향이 직접 미칠 수 있는 부분까지를 말하며, 해안사구란 사빈의 배후에 형성되는 모래언덕으로 사빈에서 바람에 의해 이동하여 오는 모래로 형성되며 사빈보다 대체로 높은 위치에 발달하여 사빈 배후에 식생경관을 이루기도 하는 지형이다.

사빈과 사구의 구성물질인 모래는 해안에 노출된 암석이나 근해의 해저에서 공급되기도 하지만, 대규모의 사빈은 주로 배후 하천에서 공급되는 모래의 공급량에 따라 그 규모가 결정되는데, 대규모의 것은 주로 동해안에 발달되어 있다. 동해는 수심이 깊고 파랑의 활동이 활발하여 태백산맥과 함경산맥에서 흘러내리는 하천들에 의하여 운반된 토사는 하구에 삼각주을 형성하지 못하고 해안을 따라 이동하면서 사빈과 사구를 형성하기 때문에 하천 하구를 중심으로 규모가 큰 사빈해안이 잘 발달하여 있다.

남한의 동해안에서는 주문진~강릉 사이 일련의 사빈이 거의 연속적으로 분포하는데, 이곳 해안에는 연곡천, 사천, 남대천 등 비교적 큰 하천들이 흘러든다. 또한, 이들 하천유역의 기반암이 주로 화강암이기 때문에 사빈의 모래가 석영, 장석 등의 광물성 퇴적물로 구성되어 있으며, 사빈의 색깔도 전체적으로 흰빛을 띤다.

영일만에 발달한 사빈도 대체로 그 규모가 큰데, 이곳은 모래가 풍부하여 해안에서 내륙쪽으로 모래의 이동이 활발하게 나타나기도 하는 곳이다. 동해안의 사빈 배후에 발달한 사구는 대부분 일렬로 배열되어 있으며 이 사구의 열이 해안선과 나란히 발달한 곳도 발견된다. 한편, 이러한 사구열에는 해송이 발달한 사례가 많은데, 이것은 방풍림의 역할을 하기도 한다.

황해안에도 사빈이 곳곳에 발달되어 있다. 우리나라의 큰 하천들은 대개 황해로 유입되지만 심한 조차 때문에 이들 하천의 하구는 삼각강의 형태를 유지하고 하구의 토사는 사빈의 발달에 직접적인 영향을 미치지 못하는 경우가 대부분이다. 해안선의 출입이 심한 황해안에서는 태안반도나 안면도처럼 바다로 돌출해 있는 지역은 외해에서 접근하는 파랑의 영향을 직접 받아 해안에 사빈이 발달하므로 해수욕장으로 이용된다.

대천 해수욕장의 사빈은 주로 패사로 구성되어 있는데, 이러한 물질은 전적으로 근해의 해저에서 공급된 것이다. 태안반도와 안면도의 사빈은 현재 침식을 받아 후퇴하고 있으며 만리포와 몽산포 해수욕장처럼 작으나마 하천을 끼고 있어 모래를 공급받고 있는 곳에서만 사빈이 안정상태를 유지하고 있을 뿐이다.

황해안에서도 사구는 사빈과 결부되어 나타나는데, 만리포의 경우는 북서계절풍의 강한 바람에 의해 모래가 산으로 불어 올라가면서 사구[38]를 형성하기도 하며 소수의 사구열이 나타나는 경우도 있다.

사빈은 경기만, 남양만, 천수만 등지에서와 같이 외해에 직접 노출되지 않는 해안에서도 형성되고 있으나 이러한 해안의 사빈은 파랑의 작용이 활발하지 못하여 두께가 얇으며 길이가 짧고 전면에는 펄로 구성된 간석지가 나타나기 때문에 해수욕장으로는 적합하지 않다.

남해안은 도서가 많고 해안선 출입이 매우 심하여 사빈의 발달이 미약한 편이다.

동해안은 북쪽에 강원도 고성군의 화진포 해수욕장에서부터 남쪽 경남 양산의 일광해수욕장까지 주요 해수욕장이 35개소가 분포하고 있다. 그 중에 강원도는 해안선이 길어 해수욕장이 전체의 20%인 19개소가 분포하고 있으며, 경상북도가 12개소, 경상남도가 4개소가 분포하고 있어서 우리나라 전국 주요 해수욕장 102개소 중 35개소(34.3%)가 동해안에 분포하고 있다.

남해안은 부산의 송정해수욕장에서부터 전라남도 진도군의 관매도 해수욕장까지 33개소(32.3%)의 해수욕장이 분포하고 있다. 그중에 부산 5개소(4.9%), 경상남도 8개소(7.8%), 전라남도에 20개소(19.6%)가 분포하고 있다. 남해안은 해안의 굴곡이 심하여 세계적인 리아스식 해안을 형성하고 있으며 많은 도서가 소재하고 있을 뿐 아니라 오랫동안 해식에 의하여 형성된 해식애가 곳곳에 많이 발달되어 있어서 경치가 한결 아름답다.

38) 신두리 사구는 세계자연유산 등재 준비중임

특히 이 지역에는 부산의 해운대와 태종대를 비롯하여 벚꽃의 진해시, 거제시 소재의 해금강의 해안경치, 이충무공의 전적지, 남해군의 남해대교, 여수의 진남관과 오동도 등 자연 및 인문관광자원이 소재하고 있어서 우리나라 최초 해상국립공원으로 지정되었다. 따라서 남해안지역은 대도시들을 배경으로 하고 있기 때문에 해수욕장이 더욱 증가할 것으로 기대된다.

서해안은 북쪽으로 경기도의 실도 해수욕장에서부터 남쪽으로 전라남도 신안군 장목리 해수욕장과 목포시의 외달도 해수욕장까지 24개소(23.5%)가 발달하고 있다. 그 중 인천광역시에 2개소, 경기도에 4개소(3.9%), 전라북도에 3개소(2.9%), 충청남도에 9개소(8.8%)가 분포하고 있다.

한편 제주도에는 제주시의 이호해수욕장과 서귀포시의 중문해수욕장을 비롯하여 10개소(9.8%)의 해수욕장이 섬 주위에 분포하고 있다. 해안별 해수욕장은 동해가 가장 많고 남해, 서해, 제주해안의 순으로 발달하고 있다. 세 해안의 해수욕장 분포는 [그림 2-9], 〈표 2-14〉와 같다.

[그림 2-9] 주요 해수욕장의 분포

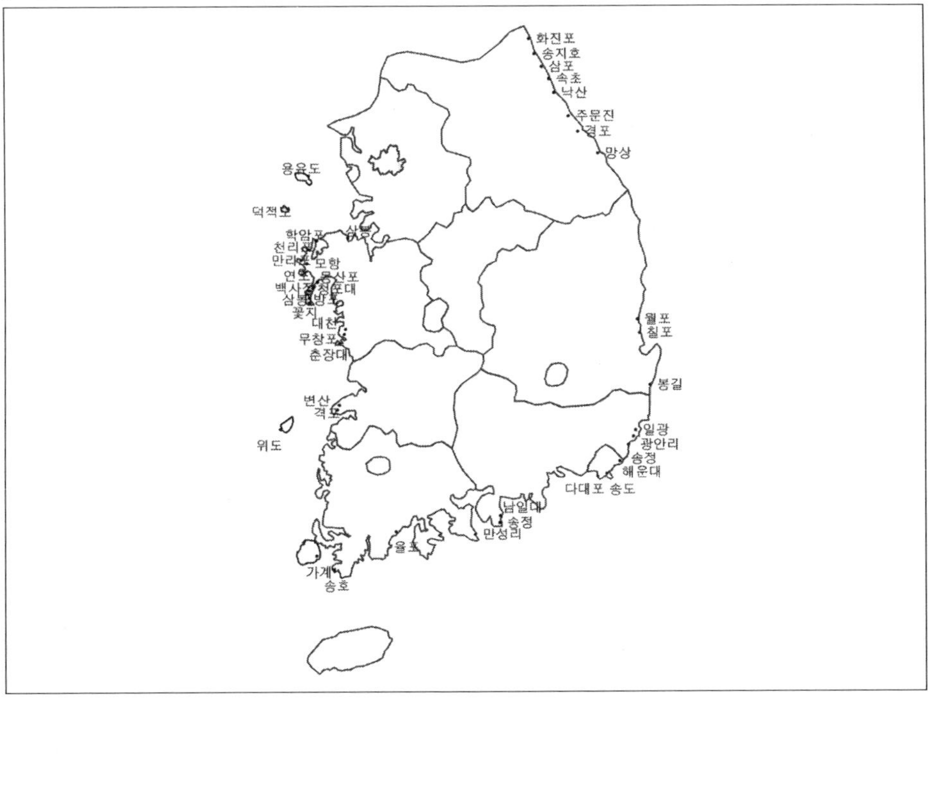

〈표 2-14〉 주요 해수욕장의 분포

해안	해수욕장 객	해수욕장 객수	비율	해안	해수욕장 객	해수욕장 객수	비율	해안	해수욕장 객	해수욕장 객수	비율
동해안	경포	1,751,457	37.3	서해안	대천	8,664,200	42.7	남해안	해운대	4,571,000	37.13
	낙산	634,927	13.5		만리포	2,036,840	10.1		광안리	4,132,000	33.60
	망상	600,135	12.8		춘장대	1,528,000	7.5		부산송정	1,295,000	10.54
	경포	1,751,457	37.3		대천	8,664,200	42.7		해운대	4,571,000	37.13
	낙산	634,927	13.5		만리포	2,036,840	10.1		광안리	4,132,000	33.60
	망상	600,135	12.8		춘장대	1,528,000	7.5		부산송정	1,295,000	10.54
	칠포	331,000	7.2		몽산포	1,444,550	7.2		다대포	665,000	5.45
	화진포	285,919	6.3		무창포	1,359,080	6.7		송호	419,400	3.44
	삼포	280,616	5.9		꽃지	1,208,890	5.96		만성리	283,430	2.33
	송지호	205,332	4.3		격포	792,482	3.91		율포	225,000	1.83
	주문진	185,701	3.9		삼봉	671,080	3.32		남일대	180,000	1.47
	속초	167,870	3.5		청포대	380,350	1.87		송도	160,000	1.33
	월포	142,000	3.2		영포	370,110	1.82		가계	132,219	1.07
	봉길	100,000	2.1		용유도	355,000	1.74		남해송정	130,000	1.05
					학암포	290,030	1.43		일광	105,000	0.86
					백사장	275,690	1.34				
					방포	226,520	1.11				
					모항	179,245	0.89				
					변산	152,060	0.75				
					위도	137,900	0.69				
					천리포	103,640	0.52				
					덕적도	100,000	0.49				
총계		4,684,957	100	총계		20,275,667	100	총계		12,295,049	100

4. 북한의 물 관광자원

1) 천지 12경

천지는 호반경관을 대표할 수 있는 곳이 12개소가 있는데, 빼어난 경승지는 아니나 독특한 모습을 보여주는 것이 특색이다. 즉 선인도(신선이 노는 곳으로 묘사된 곳), 우량교(일명 견우다리), 부천석(천지의 북쪽 출구에 해당하는 달문 앞 큰 바위무더기), 향명초당(천지 호반에서 서북, 동북쪽 물가에는 완만하고 넓은 평지가 있으며, 풀과 꽃이 자란다), 백화원(호반에는 백두산에 자생하는 꽃피는 식물들이 군생한다), 종덕사(천지 북편 천활봉 아래에 있으며, 이곳은 천지를 내려다보고 주위의 연봉을 볼 수 있는 전망대와 같다), 방학대(천지 동편 기슭에 있는 넓은 언덕이며 학이 노는 곳으로 표현된다), 금선천(천지 서편 물가의 연못), 옥장천(천지 서편 기슭에 있는 곳이며 천지 속으로부터 지하수가 솟아나는 곳이다), 린연(기린 닮은 바위), 봉연(봉황새 닮은 바위) 등이 천지 12경이다.

2) 주 지

호수가 둥근 모양을 이루고 있어 일명 원지라 부른다. 중국 만주어로는 '부르후리'로 부르며 청나라시대에는 이곳을 천녀욕탕처라 불렀다고 하며, 우리 민족은 옥녀늪이라고 불렀다고 한다. 지명의 유래는 옛날 이곳 호숫가에 목욕하러 내려온 천상선녀와 산속에 사는 청년이 결혼하여 아이를 낳았는데, 훗날 청나라를 세운 여진족의 시조가 되었다는 전설과 가을철 붉은 단풍이 물들 때 호수 물도 붉게 물든다는 데서 비롯되었다고 한다. 여름철에는 푸른 녹음이 수면에 비치어 에메랄드같이 투영된다.

3) 소천지

백두산 천지 아래에 있는 자연호로 주지 근처에 있으며, 주지보다 규모가 크다. 이 호수로 들어오는 물줄기는 있으나 흘러나가는 물줄기는 없어서 항상 일정한 수량이 유지되고 있다. 가을이 되어 소천지 주위가 붉게 물들면 호수도 붉게 반사된다. 해발 1,850m의 위치에 있는 소천지는 백두산 기생화산의 화구호로 중국에서는 방백호라고 부른다. 둘레는 260m, 면적은 5,380m이고 주위는 원시림으로 둘려 있다.

〈표 2-15〉 북한의 물관광자원

구 분	특 징	대표적 경승지	
		지 역	관광명소
하천	• 동해안으로는 작은 하천들이 서해안으로는 긴 하천이 흐르고 있음	평 양 평안북도 황해남도 함경북도 함경남도	대동강, 보통강 압록강(자강도, 양강도, 평안북도 35개 시 · 군 통과) 예성강 두만강 성천강, 용흥강
호수	• 자연호는 수초와 민물고기가 서식하고 호반의 경치가 아름다워 관광자원의 가치가 높음 (주로 동해안에 위치) • 서해안 및 내륙은 인공호가 발달	남 포 평안남도 평안북도 양 강 도 황해북도 함경남도 함경북도 강 원 도	태성호(남포직할시) 연풍호(개천군) 수풍호(삭주군) 삼지연, 천지(삼지연군) 서흥호, 은파호(은파군) 광포(정평군), 장진호(신포시), 부전호(부전군) 서번포(선봉군), 장연호(어랑군) 삼일포(고성군), 시중호(통천군)
해수욕장	• 모래사장이 발달하고 숲이 많아 개발가치가 높은 곳이 많음 • 주로 동해안에 분포	남 포 황해남도 함경남도 함경북도 강 원 도	와우도 몽금포(용연군), 구미포(용연군), 형제도(해주시), 서해(은율군), 진강포(과일군) 마전(함흥시) 용현(청진시), 속후(신포시) 명사십리, 송도원(원산시), 송전(통천군)

자료 : 한국관광공사

4 온천(hot spring)관광자원

1. 온천의 형성원인 및 분류

1) 온천의 형성원인

온천(hot spring)이란 지열로 인해 높은 온도로 가열된 지하수가 분출하는 샘을 말하는 것으로 휴양, 요양의 효과가 크고 주변풍경과 결합되어 관광자원으로서의 가치를 구성한다. 대개 화산대와 일치하는 지역에 주로 분포하고 있는데 화산국인 일본, 아이슬랜드, 뉴질랜드를 비롯해 미국, 캐나다, 에쿠아도르, 콜롬비아 등 남북아메리카 화산대와 중부유럽 내륙국가에 많이 산재되어 있다.

세계적으로 유명한 온천은 독일의 바덴바덴(Baden-Baden), 캐나다의 반프트(Banft), 미국의 옐로스톤 공원(Yellowstone park), 일본의 아타미(熱海) 등이 있다.

온천의 형성원인은 다음 세 가지의 영역(process)으로 볼 수 있다.

① 화산작용(지하 화산암 가열-지표에 솟음)
② 지열(지하로 침수한 물이 더워지고 암석들과 화학변화)
③ 단층열(습곡[39])이나 지각운동으로 인한 열 때문에 만들어지는 것)

광물질의 함유 정도를 가지고 온천여부를 정의하기도 하는데, 우리나라의 경우에는 1/1000 이상의 광물질을 함유하고 있는 경우를 온천수로 정의한다. 그러나 광물질의 함유 여부를 기준으로 할 경우 이는 광천수라고 부른다.

온천의 수원은 대부분 지표에서 스며들어간 순환수이며 극히 일부는 지하 마그마로부터 공급되는 처녀수이다. 온천의 열원은, 화산지대의 경우 화산성 온천으로 그 원인이 분명히 밝혀져 있으나 비화산성 온천의 경우 열원이 확실히 밝혀져 있지 않다. 온천의 용출은 단층[40])이나 절리와 같은 열하를 따라 지하심층부에서 상승하여 지표에 나온 것으로 직접 지표에 용출한 것도 있고 또 어떤 것은 얕은 곳의 투수성 지층내에 수평적으로 유동하므로 구조선이나 단층, 열하, 투수성 지층의 분포지 및 이를 포함하는 지질구조선에 따라 온천이 분출한다.

일반적으로 지하에서 용출된 온수가 그 지역의 연평균 기온 이상일 경우의

---

39) 횡압력에 의하여 지층의 상부에 잡힌 주름을 말하며, 대체로 퇴적암에서 가장 잘 볼 수 있다. 습곡구조는 향사와 배사가 있는데 지층이 위로 구부러져 올라간 부분을 배사, 아래로 구부러져 내려간 부분을 향사라 한다.

40) 지각을 구성하고 있는 지층 · 암석 · 맨틀의 구성물질 등이 하나의 면 또는 대를 경계로 상대적으로 어긋난 현상을 단층이라 한다. 이때, 지층과 암석 등이 어긋난 면을 단층면, 이 면의 상위에 있는 지괴를 상반, 그 하위에 있는 지괴를 하반이라고 한다.

샘을 온천이라고 하는데, 이때 온도는 채수 당시의 상태를 말한다. 따라서 온천수의 용출지점의 온도나 기후에 따라 온천의 개념이 달라질 수 있기 때문에 나라마다 온천의 기준이 다르게 나타난다. 우리나라는 일본과 같이 수온이 25℃ 이상의 지하에서 용출된 온수를 온천으로 규정하지만, 독일에서는 20℃ 이상의 광천은 모두 온천으로 인정하고 있다.

지하에 온천이 존재하는 것은 지표부의 지온과 화학성분을 정밀하게 관찰함으로써 인식이 가능하다. 특히 식물이 무성한 곳, 눈이 쌓이지 않거나 잘 녹는 곳, 뱀이 군생하는 곳, 너구리굴 등에서 김(수증기)이 나오는 곳 등은 주변보다 지온이 높다는 증거이므로 좋은 온천징후가 된다.

물의 화학성분이 특이한 장소 역시 온천이 존재할 가능성이 높은 곳이다. 석회화(Travertine)를 비롯하여 석고, 수산화철, 수산화알루미늄 등 온천침전물이 부착된 곳이라든가, 물에서 특이한 맛과 냄새가 나는 경우 역시 지하에 온천수가 존재할 가능성이 높은 곳이다. 유화수소가 함유되었을 경우 계란 썩은 냄새가 나며, 이산화탄소가 함유된 물은 상쾌한 맛을 내고, 유리광산이 함유되었을 경우에는 시큼한 맛을 풍긴다.

우리나라에 온천이 용출되는 지역의 지질은 충북 수안보의 천개암 · 황해도의 마산온천 · 평안남도의 용강온천 · 함북의 주을온천은 편마암을 기반암으로, 또 함북의 은율 · 길주 · 명천은 현무암과 조면암을 기반암으로 하는 것을 예외로 하면 주로 화강암을 기반암으로 하고 있다.

온천수는 함북의 길주, 명천시를 연결하는 이른바 지구대에서 용출되는 경우도 있으며 이처럼 지각의 열하에서 용출되는 경우도 있지만, 일반적으로 기반암내의 절리나 단층면에서 용출하는 것이 대부분이다.

온천의 열원으로 가장 많은 영향을 끼치는 것은 지열이다. 지온은 항온대에서 심도에 비례하여 증가하게 되는데, 일반적으로 지하의 증온율은 30~35m에 1℃로 보고 있다. 따라서 지중온도는 다음과 같이 계산된다.

$$TD = Ta + aD$$

* TD = 심도 Dm에서의 온도 　　Ta = 그 지역의 평균온도
a = 그 지역의 지중온도 증가율 　　D = 심도

그러므로 어느 지방의 연평균 온도가 18℃, 지중온도의 증가율은 0.25일 때 심도 100m 깊이의 지온은

$$T100 = 18℃ + 0.25 \times 100$$
$$T100 = 43℃$$

로 계산된다.

2) 온천의 분류

온천의 분류는 학자나 국가에 따라 차이가 있지만 일반적으로 온천수의 수온, 용출형태, 광물질의 용해도, 개발 상태에 따라 구분하고 있다.

(1) 수 온

온천수의 수온에 의해서 냉천(25℃ 이하), 미온천(25~34℃), 온천(34~42℃), 고온천(열천: 42℃ 이상) 등으로 분류한다. 우리나라의 온천중 수온이 70℃가 넘는 것으로는 황해도의 정안(74℃), 안구(79℃), 백천(88℃), 마산(97℃)이며, 이 지대는 우리나라 최고의 온천대이다. 한편 남한에서 온도가 가장 높은 온천은 경남 창녕군 부곡온천(78℃)이고 가장 낮은 곳은 충청남도의 도고온천(25℃)이다. 우리나라 온천의 평균온도는 45.5℃로 나타나고 있다.

(2) 용출형태

온천의 용출형태에 따라 E. Suess는 용천과 간헐천(geyser)으로 구분하고 있다. 용천은 온천수의 분출이 계속적으로 일어나는 온천을 말하며, 간헐천은 온천수가 일정한 시간간격을 두고 주기적으로 용출하는 형태의 온천을 말한다. 간헐천의 형성은 지하 깊은 곳에서 상승한 더운 물이나 과열수증기가 지표와 공동(空洞)간에 수압이 높아지면 분출하고 이 공동에 다시 새로운 지하수가 유입되어 재가열되는 동안은 간헐천의 휴식기가 된다.

오늘날 세계적으로 유명한 간헐천을 보면 아이슬란드의 Great Geyser, 미국의 Yellowstone, 뉴질랜드의 Waymang 등을 들 수 있다.

(3) 광물질 용해도

온천수중 광물질의 용해도에 의한 것으로 물 1ℓ 중에 1g 이상 고형물질이 용해되어 있으면 광천(spa)이라 하고, 그 이하의 것을 단순천이라고 부르며, 탄산이 1g/kg 이상인 것을 탄산천이라고 한다. 또 다량의 식염이 함유된 것을 염류천이라고 하며, 이는 다시 강염류천(식염 15g/kg이상), 약식염천(5g/kg 이하)으로 구분된다. 그밖에 유황·황화수소 등이 함유된 유황천, 라돈(Rn)이나 라듐(Ra)이 함유된 방사능천 등이 있다.

단순천은 우리나라에서 흔히 볼 수 있는 것으로 피로회복과 신경통 등에 효과가 있다. 식염천은 노약자에게 유용하고 유황천은 외과질환에 효능이 있다.

(4) 개발상태

온천의 개발 상태에 따라 자연형, 휴양(보양)형, 관광지형으로 구분한다. 자연형 온천지는 온천지의 자연상태와 사회개발형태를 비교할 때 자연상태가 더 많이 남아 있으나, 온천이 자연그대로 용출하는 온천지로서 이것은 관광시장과 원격지에 위치하기 때문에 개발할 때까지는 많은 시간을 필요로 하는 곳에 위치하는 온천을 말한다.

휴양(보양)형 온천지는 자연형 온천지에 비하여 자동차나 기타 교통편을 이용할 때 접근성이 상대적으로 용이하며 그곳에 유입하는 관광객을 위하여 숙박시설이 발달한 상태로, 아직은 온천이용형태가 탕치 형태를 벗어나지 못한 상태의 온천을 말한다.

관광지형 온천지는 목적 자체가 휴양이나 보양적 목적에 있는 것이 아니고, 레크리에이션 목적의 관광객을 위하여 개발한 온천이다. 이것은 온천주변의 시설이나 온천객의 수용상태의 시설이 기업적으로 발달하는 형태의 온천지역을 말한다. 관광도시화 현상이 뚜렷하고 환락적 성격이 강하다.

이밖에도 온천의 이용유형에 의해서 초보이용형태, 집적이용형태, 고도집적이용형태로 분류한다. 온천의 기능에 따라 일본의 야마무라(山村順次)는 탕치장의 단계(목욕탕 수준, 온천객이 지방주민들로 구성, 입탕객수 1년 10만명 이하, 소규모 관광객), 휴양지 단계(연간 10만명 이상의 입탕객수, 인근 대도시 주민까지 포함한 온천객), 휴양지 · 유람지 단계(수도권 관광시장과 결합된 것. 도내뿐만 아니라 도외의 유인력, 연간 50만~100만명의 입탕객수), 온천 관광도시화 단계(수도권은 물론 전국적인 관광객 분포, 250만명 이상의 온천객) 등의 분류방식을 제시하였다.

한편, 냉천은 광천 중 수온이 낮은 천으로 약수라고 하는데, 우리나라에서는 명승지가 되고 있다. 예를 들면 명암약수(국민관광지, 청주), 초정약수(공업입지), 부강약수(충남), 오색약수(설악산), 화암약수(정선), 방아다리약수, 달기약수(주왕산 국립공원) 등이 있다.

2. 온천의 분포와 의의

1) 온천의 분포

세계의 온천은 환태평양 조산대, 알프스 히말라야 조산대, 피레네 산지, 호주북동부, 바이칼호, 아프리카 동부 · 남부 · 마다가스카르섬 · 남아공화국, 중국대륙(동부) 등에 주로 분포하고 있다.

환태평양조산대의 일본열도로부터 북으로 캄차카 반도 및 알류우샨열도를 지나서 알래스카, 아메리카 대륙의 서안을 달리는 로키, 안데스산맥에 연하여 온천이 집중한다. 또 뉴질랜드와 피지, 솔로몬제도 그리고 필리핀 제도를 경유해서 타이완에 온천이 많다.

이렇게 환태평양지역은 온천 집중지역으로 환태평양조산대, 화산대, 지진대와도 일치한다. 온천현상은 제3기 이후의 신기조산대의 화산활동이 활발한 지역에서 탁월하게 나타나고 있다. 따라서 같은 성질을 가진 알프스 히말라야 조산대에 온천이 분포하여 피레네산맥에서부터 알프스산중, 아펜닌산맥, 카라카스산맥, 히말라야산맥을 경유해서 말레이반도, 인도네시아의 선다열도에 특히 집중되어 있는 것이다([그림 2-10]).

유럽 여러 나라의 온천군도 이런 연장선상에 있는 것으로 화산도의 아이슬랜드도 마찬가지이다. 또한 아트리아 동부의 리후트바레이(대지구대)는 고시기의 화산활동과 관련하여 온천이 많다.

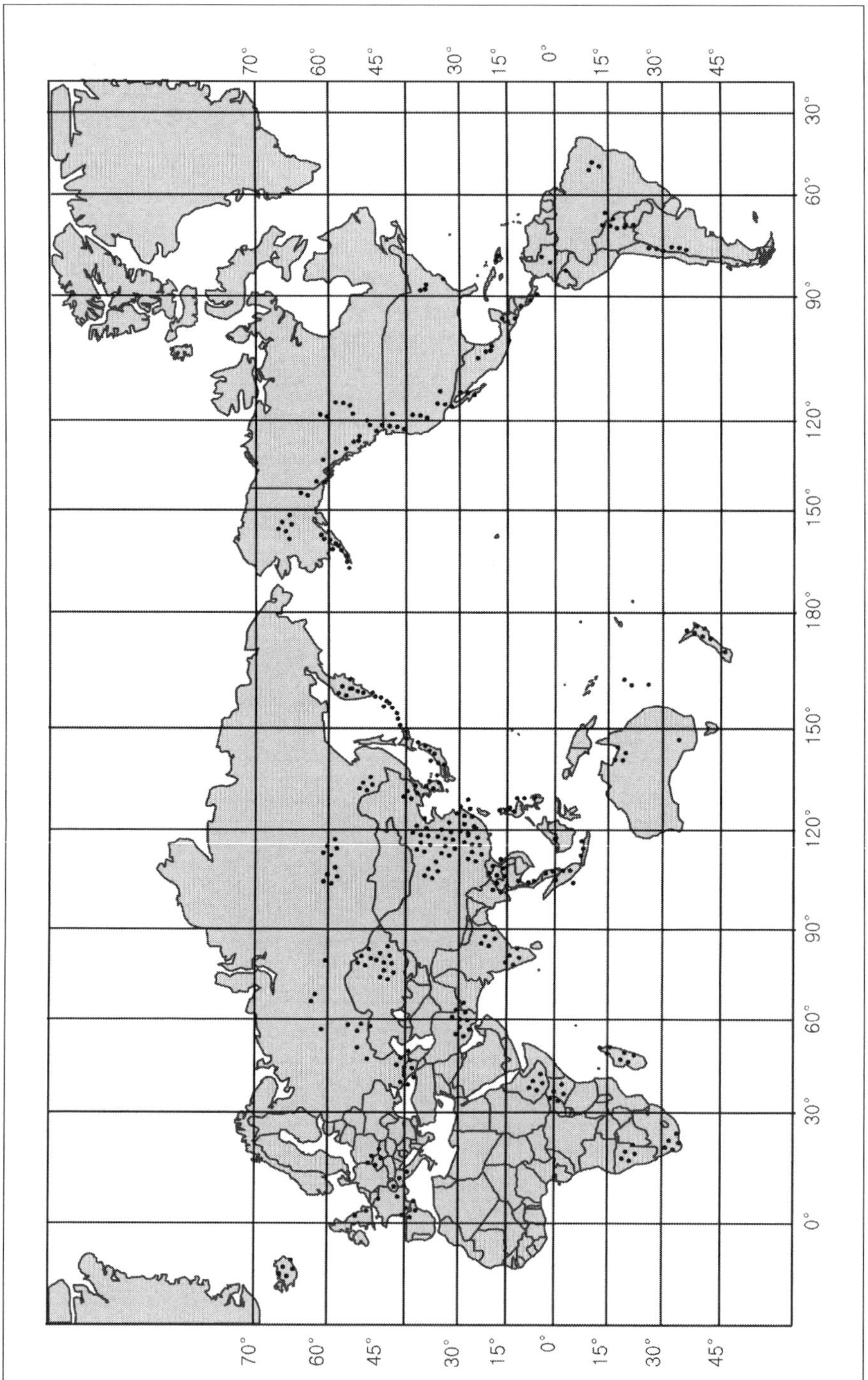

[그림 2-10] 세계의 온천분포

한편, 화산활동과 관련이 없는 지역에서도 온천이 발달되고 있다. 예컨대 중국에서는 동부의 화북, 화중평원과 화남, 러시아의 바이칼호 주변, 인도반도와 남아프리카, 오스트레일리아 북동부 등에 광범위하게 분포하고 있다.

2) 온천관광자원의 의의

동서양을 막론하고 온천은 치료를 위해서 사용된 역사가 있다. 유럽의 온천은 지금도 요양·보양적 이용이 그 중심을 이루고 있다. 미국과 뉴질랜드, 동남아시아 등지에서는 레크리에이션장으로서 온천수를 즐거움의 대상으로 이용하고 있다.

이렇게 국가나 지역에 따라 온천이용의 방법이 다르며 각 온천의 지역적 특성을 파악할 수 있다.

유럽의 온천지는 근년 독일의 바덴바덴(Baden-Baden)을 위시해서 넓은 온천요양지, 보양온천지로서 확립되고 있다. 이곳에서는 사회보장제도의 혜택을 받은 요양자가 호텔·펜숀 등에서 장기체재를 하면서 온천요양을 한다. 그것을 위한 중심시설로서 온천치료관(Kur mittel haus: cure device house), 온천관(Bade haus: bath house), 온천보양관(Kur haus: cure house) 등이 광대한 녹색의 온천보양공원(Kur park: cure park)과 일치되어 배치되어 있다.

한편, 호텔 중에는 이러한 온천요양시설을 가지고 있는 것도 있다. 유럽인들의 온천이용행태를 보면 일반적으로 요양보양객은 약 1~3주간의 장기체재를 하면서 온천보양관을 이용하며 각종 목욕법으로 온천요양을 한다. 또한, 피로를 풀기 위해서 온천수를 즐기는 것이 일과가 되고 있다. 쿠아하우스에서 실내악과 온천보양공원의 일각에서 연주되고 있는 정적인 음악을 즐기는 사람들도 있다. 더욱이 울창한 녹음을 감상하고, 온천보양공원내의 산보도로를 걷기도 하고, 벤치에서 휴식을 하기도 하며, 때로는 카지노나 경마 등에 참여하기도 한다.

식사는 호텔내에서 하는 경우도 있지만 시가지를 산책하면서 감상하는 레스토랑에서 외식을 하는 경우도 흔하다. 이와 같이 온천에서 치료를 하기도 하고, 병후의 회복을 위한 전지(傳地)요양도 하고, 건강유지를 위한 것, 현대사회에서 증가하고 있는 스트레스 해소를 위한 사람들이 증가하고 있다. 유럽의 온천지는 예방의학적 견지에서도 큰 의의를 가지고 있는 것이다. 따라서 유럽 국가에서의 온천은 지하로부터 용출온도 20℃ 이상의 따뜻한 샘을 말하는데, 이것은 우리나라의 25℃ 이상에 비해서 약간 낮은 온도로 설정된 것이다. 물론 단순한 지하수와 구별하기 위해서 용해물질의 함유치를 정하고 그것에 의해서 천질이 결정되고 있다. 일반적으로 유럽에서는 온천의 온도가 낮고, 광물질 용존량은 풍부하다. 특히 간장병이나 위장병에 효과가 있다는 점에서 온천요법사의 지도에 따라 실시되고 있다. 온천지는 공기가 청정한 녹색의 수목이 분포하는 고지나 구릉지대에 주로 입지하고 기후요양지로서의 기능도 겸하고 있다. 오늘날에는 알프스 산중에 동계스키장으로서 급속히 발전하고 있는 온천지도 있고 단순한 요양, 보양온천지로부터 야외 레크리에이션지, 건강을 증진하는 장소, 관광거점 등 새로운 기능을 더하여 서서히 변화되고 있다.

미국이나 캐나다는 온천지 발달 초기단계에서 일부 온천지에서 온천요양을 주제로 하던 것이, 야외레크리에이션이 활발해지는 것과 더불어 차제에 요양의 의의를 상실해가고 있고 대온천장이나 각종오락을 위한 온천욕으로 변화하고 있다. 뉴질랜드에서도 마찬가지로 로드투어(road tour)온천은 현지에서 주로 볼거리의 대상이 되고 있으며 또 난방용으로 이용되기도 한다. 뉴질랜드 북도의 넓은 지열지대의 온천증기는 아이슬랜드나 이태리에서처럼 발전용으로 사용하고 유럽과 같은 온천의 이용은 거의 볼 수 없다.

남미나 동남아시아 등 개발도상국의 온천은 일부에서 질병요양을 위해서 목욕수로 사용하기도 하지만 대부분 레크리에이션을 위한 입욕이 주가 되고 있다. 그러나 온천욕장과 숙박시설 등의 관광시설이 구비되지 못한 경우가 많다.

한국에서는 타이완이나 일본과 마찬가지로 온천지가 단기체재의 관광지로서 성립되고 대욕장이나 개별욕실의 입욕을 즐기는 사람들이 증가하고 있다.

중국에서는 현재 2,600여 개의 원천이 발견되어 170개소의 온천요양지, 500개소의 온천요양소가 있고 피부병, 류마티스, 심혈관병, 위장병 등의 치료에 온천이 사용되고 있다.

러시아에는 유럽제국과 마찬가지로 온천이 요양으로 이용되기도 하며, 대규모의 온천치료시설이 정비되어 있어서 다수의 탕치객이 방문한다.

온천지는 특히 코카서스지방에서 흑해연안에 걸쳐서 많이 분포되어 있다. 즉, 피차코르스크, 키스로부오호스크나 소치 근처에는 세계최대의 유화수소천이라고 하는 마체누타온천 등 유력한 온천지가 분포하고 있다.

우리나라의 온천관광지의 형성과정은 요양, 보양지(탕치장)의 초보단계(조선시대 및 일제시대)에서 온천관광지(1945~1970년대)단계를 거쳐 온천관광도시화(1980년대 이후)로 발전해 가고 있다. 그러나 한국의 온천지는 최근에 환락적 성격의 부정적인 측면으로 발전되는 양상도 보이고 있다. 천연의 온천자원이 갖는 본래의 기능을 유효하게 활용하여 온천의 보양적 관광대상화를 추진하는 것이 바람직하다.

3. 한국의 온천

1) 온천의 역사

한반도에서 온천의 발견 시기는 삼국시대로 소급되며, 초기에는 치료수로 이용하였다. 특히 온천과 관련된 지명을 갖고 있는 곳은 근대 이전에서부터 온천 이용의 역사가 있거나 온천 징후가 있는 것으로 판단할 수 있다. 즉, 온(溫)·정(井)·천(泉)·부(釜) 등으로 된 지명이 전국에 약 426개소에 이른다. 조선시대 이후 온천의 발달은 왕족이나 귀족 중심으로 목욕수·치료수 등으로 이용한 사례가 많으며, 세종조에는 온양·동래·유성 등의 온천 이용을 일반인에게 허락한 적도 있다. 온양온천은 질병치료에 효험이 있어 태조, 세종, 세조가 이곳에 거동하여 머무르면서 목욕하고 유숙한 어실(御室)이 있었다.

우리나라에서 온천이 관광기업화된 것은 1920년대 일본인들이 인공굴착에 의한 본격적인 온천개발 이후이다.

해방 당시 전국에는 42개소의 온천지가 있었는데, 이중 남한에는 15개소가 개발되어 숙박시설과 목욕실을 갖추고 있었다. 해방 직후에는 온천이 지역주민의 목욕수에 불과한 이용행태를 보였으나, 국민관광의 발전과 함께 온천에 대한 수요가 증가함에 따라 새로운 온천공이 개발되고 숙박시설 및 각종 관광편의시설을 갖추어 종합휴양관광지로 발달하고 있다. 1960년대 이후 국민관광개발 열기에 따라 현대적 관광지로 계속 발전하고 있다. 더욱이 종전의 치료보양적 기능에 더하여 위락관광적 성격이 강하게 나타나고 있는 것이 오늘날의 추세이다. 정부는 1981년 온천자원에 대한 적절한 보호와 효율적인 온천개발 · 이용 및 관리를 도모함으로써 공공의 복리증진과 지역경제 활성화 등에 이바지하기 위하여 「온천법」을 제정하였다. 정부에서는 온천법에 의거하여 온천을 보양휴양지로 지정 · 개발하고 있다. 2020년 현재 440개소의 온천지구가 설정되어 있는데 경북이 99개소로 제일 많고 다음으로 강원 56개소, 경기 49개소, 부산이 46개소 등 전국적으로 형성되고 있다. 온천지구의 개발은 '80년대까지 24개소에서 '90년대에 28개소가 추가로 개발되어 2020년 현재 이용되는 곳은 591개소이고, 연평균 이용자가 호남, 제주, 인천, 세종을 제외한 전 지역에서 100만명 이상이고 충남, 경북, 부산, 경남 등 온천이 발달된 곳에서 이용자수가 높게 나타난다(〈표 2-16〉). 그러나 과도한 온천공의 개발에 따른 지하수 오염문제 등 부정적인 면도 제기되고 있다. 특히 1980년대에 부곡, 온양, 유성온천을 중심으로 관광도시화가 진행되면서 유흥관광지로 변천되는 특징을 보인다. 따라서 자연을 파괴하지 않는 범위내의 온천개발의 과제와 온천 본래의 기능에 부합되는 유럽방식의 요양, 보양의 이용행태를 유지하는 것이 요구된다.

〈표 2-16〉 시도별 온천현황

구분	계 (이용업소)	신고수리 (이용업소)	보호지구지정			보호구역지정			개발계획수립	연간이용인원 (단위: 천 명)	지정면적	
			계 (이용업소)	이용중 (이용업소)	개발중 (이용업소)	계 (이용업소)	이용중 (이용업소)	개발중 (이용업소)			보호지구 (단위: ㎡)	보호구역 (단위: ㎡)
서울	10 (8)	0 (0)	1 (2)	1 (2)	0 (0)	9 (6)	8 (6)	1 (0)	0	1,137	149,800	94,964
부산	46 (72)	2 (0)	4 (39)	3 (39)	1 (0)	40 (33)	34 (32)	6 (1)	0	6,560	3,592,389	293,861
대구	15 (13)	0 (0)	2 (1)	1 (1)	1 (0)	13 (12)	12 (12)	1 (0)	0	1,894	1,731,500	79,285
인천	11 (1)	4 (0)	4 (1)	0 (1)	4 (0)	3 (0)	0 (0)	3 (0)	2	35	5,229,723	32,833
광주	3 (2)	0 (0)	2 (1)	1 (1)	1 (0)	1 (1)	1 (1)	0 (0)	0	152	946,493	2,391

구분	계 (이용업소)	신고수리 (이용업소)	보호지구지정			보호구역지정			개발계획수립	연간이용인원 (단위: 천 명)	지정면적	
			계 (이용업소)	이용중 (이용업소)	개발중 (이용업소)	계 (이용업소)	이용중 (이용업소)	개발중 (이용업소)			보호지구 (단위: m²)	보호구역 (단위: m²)
대전	4 (69)	0 (0)	1 (66)	1 (74)	0 (0)	3 (3)	3 (3)	0 (0)	0	1,528	938,854	18,221
울산	15 (18)	1 (0)	4 (11)	4 (11)	0 (0)	10 (7)	7 (7)	3 (0)	1	1,015	3,818,217	102,784
세종	3 (3)	0 (0)	0 (0)	0 (0)	0 (0)	3 (3)	1 (1)	2 (2)	0	7	0	32,836
경기	49 (31)	6 (0)	16 (13)	7 (13)	9 (0)	27 (18)	15 (17)	12 (1)	0	2,633	15,892,914	404,414
강원	56 (45)	14 (1)	16 (30)	8 (27)	8 (3)	26 (14)	14 (14)	12 (0)	0	2,204	17,066,357	409,939
충북	22 (42)	4 (0)	10 (36)	5 (36)	5 (0)	8 (6)	6 (6)	2 (0)	0	1,702	18,786,245	30,822
충남	29 (79)	15 (0)	11 (77)	7 (77)	4 (0)	3 (2)	2 (2)	1 (0)	0	8,359	10,601,375	53,454
전북	15 (6)	1 (0)	9 (2)	2 (1)	7 (1)	5 (4)	4 (3)	1 (1)	0	368	10,384,207	19,943
전남	14 (34)	1 (0)	9 (30)	5 (30)	4 (0)	4 (4)	3 (3)	1 (1)	0	911	8,254,485	142,786
경북	99 (97)	10 (3)	31 (45)	16 (45)	15 (0)	58 (49)	48 (49)	10 (0)	3	7,246	46,336,364	534,923
경남	38 (68)	3 (0)	10 (47)	6 (47)	4 (0)	25 (21)	19 (21)	6 (0)	1	6,109	11,594,488	272,517
제주	11 (3)	3 (0)	2 (1)	1 (1)	1 (0)	6 (2)	2 (2)	4 (0)	0	330	1,867,747	93,090
합계	440 (591)	64 (4)	132 (402)	68 (398)	64 (4)	244 (185)	179 (179)	65 (6)	7	42,190	157,191,158	2,619,063

주: 행정안전부, 2020년 12월 31일 기준

2) 온천의 분포와 수질

남한에 분포하는 온천은 제3기 화산대에서 벗어난 비화산성 열원의 온천이 주류를 이루고 있으며, 대부분이 화강암지대에 분포하고 있다. 특히 남한의 온천밀집지역은 한반도의 중서부(온양, 도고, 유성, 이천온천)와 중동부(척산, 오색, 덕구, 백암, 수안보온천) 및 남동부(경산, 도곡, 마금산, 동래, 해운대온천) 등지로 충남북과 경남북에 밀집 · 분포하고 있다. 우리나라 온천수질의 특성은 거의가 저농도의 약알칼리성의 단순천으로 되어 있다. 이 같은 수질의 특성은 그 근원이 비화산성에 속하고 있어 열원(magma)으로부터 어떤 특질의 광물질공급도 거의 받지 않는 데서 기인한다. 즉, 우리나라 온천은 천수(天水)가 기원이 된 지하수형 온천이므로 그 근원은 지하심부의 열원으로부터 다른 특질의 혼합이 거의 없는 상태에서 심부암석과 반응에 의해서 본질이 결정된 것이다.

수온상으로 본 온천분포를 살펴보면, 동남부에 위치한 경남 부곡이 54~78℃로 남한 제일의 고온온천이고 이천, 도고, 경산, 오색 등은 20~39℃ 이하로 저온천형에 해당된다. 이밖에 중간형인 온양, 덕산, 유성, 수안보, 백암, 덕구, 동래, 해운대, 마금산, 척산 등은 40~60℃이다. 따라서 충남 · 북과 경남 · 북 일대에 분포하는 온천들은 거의가 고온천형에 속함을 알 수 있다. 우리나라 온천의 열원이 되고 있는 화강암의 분포는 전국토의 60%를 차지하고 있기 때문에 최근에 온천지구의 설정지역은 전국적으로 확대되고 있으나 저온의 온천이 많은 편이다.

한국의 온천수는 지질구조대가 투수층의 대수층 역할을 하여 상승하는 유형에 속하기 때문에 용출열수의 양은 많지가 않다. 그러므로 몇 개의 온천공의 시추로 양수가 시작되면 수위가 곧바로 낮아지는 현상이 여러 온천에서 나타나고 있다. 따라서 오늘날 우리나라의 온천수는 거의 온천 목욕수로 이용되고 있으며 온천수가 40℃ 미만일 때는 보일러로 가열하여 이용하고 있는 실정이다. 각 온천지에서 온천공 소유권자들은 보다 고온의 열수를 확보키 위한 심부의 시추를 계속하고 있는 실정이다. 이와 같이 온천지마다 심부를 계속 시추하고 자연적으로 순환되는 양을 무시하여 과잉 양수가 계속된다면 필연적으로 온천공은 점점 깊어지고 온도의 저하, 수질의 변화가 일어나게 되어서 결국에는 고갈상태를 면치 못할 것이다.

온천수를 효율적으로 이용하기 위한 온천의 적정한 이용과 보호가 필요하며, 온천지에 대한 효율적인 관리가 중요한 과제로 등장하고 있다(〈표 2-12〉).

4. 북한의 온천

1) 분포의 특색

북한에는 길주－명천 지구대와 연관된 제3기 화산암류의 분포지역에 밀집되어 있으나, 황해도 지역은 구월산을 중심으로 분포하고 있다([그림 2-11]).

북한전역에 150개소가 넘는 온천, 광천, 약수가 있는 것으로 추계되는데 금강산 구역에는 온천이 있으나 광천이 아닌 석간수 형태의 약수터가 분포하고 있다. 금강산 온천은 조선조 초기에 양진(현 온정리의 옛지명)온천으로 알려져 있다. 조선시대 이후 온정리 온천은 서울을 비롯한 외래객의 탕치 휴양장소로 이용되어 왔다. 그리고 온천은 아니지만 호수의 밑바닥에서 채취하는 진흙으로 건강관리, 미용, 신병치료에 이용하는 곳으로 시중호와 동정호가 있다. 북한에서는 이와 같은 진흙이용을 '감탕' 치료라고 한다. 국내외 여행자를 위한 감탕시설을 갖추어 휴양관광지로 이용되는 곳은 현재 시중호이다. 시중호의 감탕을 내용으로 한 여행상품이 해외로 소개되고 있는데, 시중호지구는 1973년 휴양지구로 개발(290만m²)하여 요양소(56만m²), 물리치료실, 별장식 호텔, 일광욕장, 유선장, 낚시터를 설치하였다. 시중호 지구의 향후 확대개발계획에는 호텔(500실), 골프장(18홀 규모 2개소), 콘도미니엄(1개소), 빌라, 스키장(1개소) 건설을 계획하고 있다.

온천은 현재 온정천(온정리)에서 용출하고 있는데, 수온은 37~44℃이고 성분은 라듐천이며 호텔(2개소), 여관, 휴양소(2,800m²), 전문음식점, 기념품상점, 온천탕(1개소)이 운영되고 있다. 온정리가 휴양지로 요건을 갖추자면, 투자를 확대하여 온천휴양지로 개발하여야 하며 온천탕은 시설이 노후하고 협소하여 재개발이 필요하다. 약수터를 정비하여 여행자가 위생적으로 이용할 수 있도록 하고 약수터가 있는 곳에 휴게소를 설치하는 것도 필요하다.

온천은 남한보다 북한지역에 비교적 많이 분포되어 있는데, 이것은 백두화산계에 속하는 함경북도 청진일대의 온천(주을, 온보) 등과 길주·명천지역, 낭림산맥의 서편에 뻗어 있는 강남산맥(삭주)과 적유령산맥(운산, 석탕, 대관, 향산, 신풍, 동신 등 온천지), 낭림산맥의 아래 줄기이고 마식령산맥 윗 산악지대의 성천·양덕 온천지, 함경남도 남부에서 경기도 광주쪽으로 추가령구조곡을 따라 곡산·노탄온천이 있다. 그리고 황해도에는 전도에 걸쳐 많은 온천이 발견되었는데, 이 지역에는 뚜렷한 산계가 없으나 평안남도 용강에서 동남쪽으로 내려오면 은천(안악군), 송화(송화군), 달천·삼천(삼천군), 신천(신천군), 평천(평천군), 벽성(벽성군), 연안(연안군), 백천(백천군) 등의 온천이 산재해 있다.

[그림 2-11] 북한의 온천분포

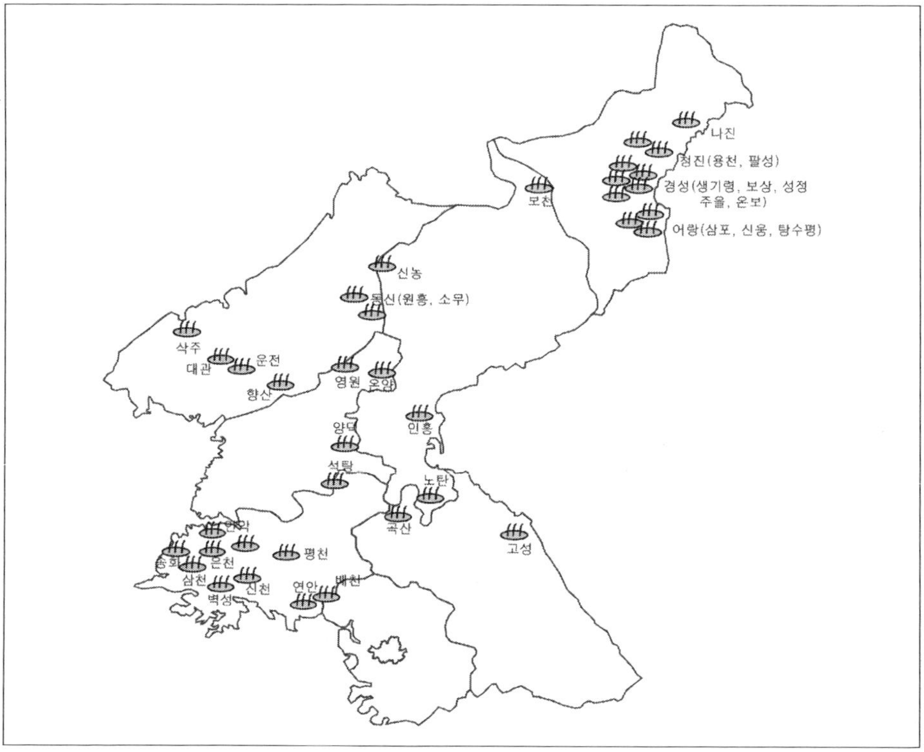

북한지역의 지명을 보면 온정·온수로 불리는 곳은 오늘날 모두 온천으로 개발되었다. 이와 관련하여 약수터, 약천, 광천에 해당하는 곳은 옛날에 냉천으로 불린 곳으로 기록되고 있다. 오늘날 북한에서는 냉천에 해당하는 곳은 일괄적으로 '약수터'로 부르고 있다. 이들 온천과 약수터를 근로자 휴양지, 보양지로 지정하여 휴식장, 휴양소를 개발하고 있으나 상업적 시설, 위락시설을 갖추지 못한 빈약한 시설을 가진 것으로 판단되어 관광휴양지로서의 기능은 기대할 수 없는 것 같다. 공개된 약수터는 북부 산간지역인 평안북도에 집중적으로 분포되어 있는데, 이곳에만 약 30개 약수터가 있다. 다른 지역에는 평안남도(3개소), 평양시(2개소), 강원도(5개소), 황해도(5개소)에 분포되어 있다 (〈표 2-17, 2-18〉).

〈표 2-17〉 북한의 온천과 약수

구분	특징	대표적 경승지	
		지역	관광명소
온천	• 화산활동의 영향으로 온천 발달 • 함북과 황해남북도에 집중되어 있음 • 대체로 수온이 높고 수질 양호	평안남도 평안북도 황해남도 자 강 도 양 강 도 함경북도 강 원 도	성천온천, 석탕온천, 용강온천 운산온천 웅진온천, 달천온천 원흥온천 백두온천, 내곡온천 주을온천, 온보온천, 경성온천(경성군), 세천온천 외금강온천
약수	• 화산활동의 영향으로 광천 발달	남 포 평안남도 평안북도 함경북도 강 원 도	강서약수 청산리약수, 신덕샘물 창성약수, 옥호동약수, 백운약수 금강샘물 삼방약수(세포군), 광명약수(원산시)

〈표 2-18〉 북한의 온천과 약수

구분	주요 내용	주요 시설
온정리	• 장전항에서 남쪽으로 8km 떨어진 곳이 휴게소 구역인 온정리 • 온정은 온천에서 유래한 지명으로 약 15세기부터 온천으로 유명 • 휴게소 바로 옆에 김정숙휴양소가 있으나 관광객 숙박은 불가능	• 기념품 상점 • 북한음식을 판매하는 식당 • 스낵, 음료수 판매 및 휴식시설 • 사진관, 병원 등
금강산 온천	• 1999년 11월 개장 • 수온 섭씨 37~42도의 약한 방사능을 띤 라듐 온천휴양지로 유명 • 맑고 투명하여 비누가 잘 풀리며 여러 가지 질병에 효험 • 금강산 등반 후 관광객들이 피로를 풀며 쉴 수 있는 곳	• 게르마늄 온탕 • 게르마늄 습·건식 사우나 • 옥돌 보행탕 • 옥료탕, 옥돌탕, 연주탕, 폭포탕 • 노천탕, 개별탕 등

자료 : 한국관광공사

2) 백두산 온천지구

백두산은 지질시대를 통하여 수차에 걸쳐 화산폭발이 있었는데, 그 결과 장백온천군, 천지호온천군, 대궁온천군 등 30여 곳에서 많은 온천이 발생하였다. 이 온천들은 모두 해발 1,757~2,155m 사이에 분포되어 있는데, 백두산 북사면 관광루트에서 볼 수 있는 장백온천군과 호반온천군이 대표적이다. 장백온천군은 장백폭포하류 900m 지점의 하안단구[41]에 발달하였다. 해발고도 약 1,000m 지역에 103개의 온천이 분출하고 있는데 온천군의 중앙부에 이도백하가 흐르고 있으며, 온천들은 하천의 오른쪽에 많이 집중되어 있고 비교적 큰 분수구만해도 7개나 된다. 이도백하 왼쪽의 온천분수는 분산되어 있으며 수온은 40~78℃이지만, 가장 뜨거운 온천은 계란이 익을 수 있는 82℃가 되는 곳도 있다. 온천수의 시간당 분출량은 1.8~3.6t이며, 최대분출량은 5.96t이다. 온천수의 색깔은 무색 투명한 담록색이며, 유화수소의 냄새가 풍긴다. 이 온천은 수온이 높고 분출량이 많기 때문에 온천욕과 각종 질병치료에 이용된다.

호반온천군은 세 곳이 있는데, 그 하나는 천문봉 아래 천지호면에 나타난다. 겨울에 길이 200m, 폭 20m 정도의 천지물이 얼지 않을 정도로 온천수가 나오며, 수온은 42℃ 내외이다. 그러나 온천수의 수온이 1984년의 측정결과 40℃에서 33℃ 내외를 나타냄으로써 점차 낮아지는 추세를 보이고 있다. 다른 하나는 백두봉 서쪽 천지 호면의 동쪽으로 깊숙이 들어간 절벽 밑에 분포되어 있는데, 두 개의 온천이 있어 겨울철에도 호면이 얼지 않는다. 수온은 10℃이고 호면에서 기포가 올라오는 것을 볼 수 있다.

백두산의 북서쪽 이도백하의 서편에 장백산 약수천이 있다. 이 약수는 개울가 현무암 암벽 사이에서 솟아 나오는데, 지하 깊숙한 곳에서 중탄산수가 강한 압력에 의하여 지표로 솟아오르며, 물에는 칼슘 · 마그네슘 · 나트륨 성분이 있다. 이 약수는 1ℓ 에 이산화탄소가스 1,500mg, 중탄산염 1,400mg, 마그네슘 134mg, 칼슘 110mg이 함유되어 있는 것으로 조사되었으며, 위장병, 심장병 · 만성질환에 효험이 있다고 한다. 하루 용출량은 약 4만ℓ 가 되며, 이곳을

41) 하천의 하상높이가 현재보다 높았던 시기를 보여주는 하천 양 쪽의 계단상의 지형이다. 하성 단구라고도 한다.

찾는 휴양객 · 관광객에게 공급되는 것은 물론 병으로 포장하여 중국에서 시판되고 있다. 수질이 좋고 물맛이 산뜻하고 시원하여 청량음료수, 천연사이다로 널리 알려져 있다. 교통이 불편한 편이나 주위에 송림이 우거져 있고 요양원과 숙소가 설치되어 여름철에는 피서지, 보양지로 이용되고 있다.

활화산(아소국립공원 : 큐슈)

계림의 산수

하식아치(중국)

벳푸의 노천온천(일본)

채석강의 퇴적층(변산)

후지산

도크식 댐의 열린수문(양자강)

나이아가라 폭포

소삼협의 유람선(양자강)

주상절리(대포동해안 : 제주도)

시스택(외돌괴)

화산탄(제주자연사 박물관)

소주운하(중국)

용암수형(제주도)

판상절리(강화도 마니산)

성산일출봉에서 본 사주, 육계도

산봉(내장산 서래봉)

토어(목포 유달산)

해식애(괌도의 산호해안)

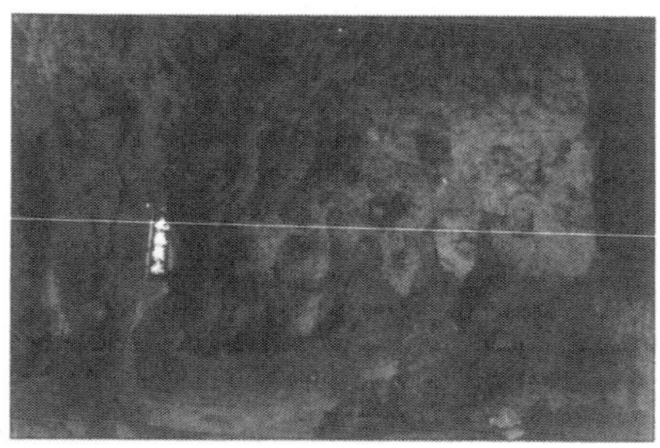
종유동의 스펠레오뎀

무협(양자강 삼협중의 하나)

기생화산(일본의 아소산)

03
문화관광자원

CHAPTER 03

문화관광자원

1 문화와 문화재

1. 문화의 개념과 본질

인간은 모든 생물의 종(species) 중에서 유일하게 상징행위(symboling)라는 독특한 능력을 가지고 있다. 상징력이란 외계의 사물과 사건들(things and events)에 대해서 자유롭고, 인위적으로 의미를 창작, 부여하고 결정하며, 그런 의미들을 이해할 수 있는 능력을 말한다. 이런 의미들은 감각으로 포착될 수도 없고 이해될 수도 없다. 예컨대, 성수(聖水)는 보통의 물과 같은 것이 아니다. 그것은 보통 물과 구별되는 어떤 가치를 가지고 있고, 이 가치는 많은 사람들에게 특별한 의미가 있는 것이다. 어떻게 하여 보통 물이 성수로 되었을까? 그 대답은 간단하다. 인간이 그 물에 의미를 부여하고 그것의 중요성을 결정한 것이다. 물론 이런 의미는 다른 사람들에 의해서 이해될 수도 있고, 만약 그렇지 않다면 그 물은 그들에게 아무런 중요성을 가질 수 없다. 그러므로 상징을 한다는 것(symboling)은 곧 의미를 창조하고 부여하는 것뿐만 아니라 그것을 이해하는 것을 포함하는데, 의미는 행동(acts)으로 부여될 수도 있다. 북미해안의 콰키우틀족이 행하는 포틀랏치(potlach) 행동은 부와 지위를 상징한다.

상징행위는 물건이나 행위 그리고 색깔로써도 표현할 수도 있다. 빨간 색깔은 용기를 표시하는 뱃지일 수도 있고, 비자본주의 이데올로기 또는 사회조직을 표시하는 색깔일 수도 있다. 그리고 흑색은 반드시 상(喪)을 표시하는 색깔은 아니다. 오스트레일리아의 어떤 원주민들간에는 백색이 상(喪)을 표시하는 색깔로 사용된다.

우리는 물건, 행동, 음, 색 등 상징행위에 의한 산물들인 현상(a class of phenomena)을 얻는다. 인간을 모든 다른 종의 동물들과 구분시키는 것이 바로 이러한 부류의 사물과 사건들(this class of things and events)이다. 즉 이러한 현상들이 바로 모든 문명 또는 모든 문화들을 구성하는 재료가 되고 있다.

'상징물'이란 상징행위의 산물, 즉 상징행위에 의거한 사물 혹은 사건(a thing or event dependent upon symboling)으로 정의해도 좋겠다.

인간과 문화는 불가분의 관계에 있다. 인간 없이는 문화가 있을 수 없고, 문화를 갖지 않은 인간도 있을 수가 없다. 따라서 문화의 모든 정의는 인위적인 것(man made)이다.

인간을 상징행위를 하는 한 동물로 규정하고, 상징행위와 관련하여 문화를 정의한다. 문화는 바로 인간의 상징행위에 의하여 비로소 성립된 것이다. 문화의 다양성은 인종, 혹은 특수한 인간집단과 관련하여 나타난다.

"문화"(culture)라는 단어는 인류학의 선구자인 영국인 에드워드 타일러(Edward B. Tylor)에 의해서 소개되었고, 하나의 전문적인 용어가 되었다. 그의 저서 '원시문화'(Primitive Culture, 1871)에서 그는 문화를 "지식, 신앙, 예술, 법률, 도덕, 관습, 그리고 사회의 구성원으로서 인간에 의해 얻어진 다른 능력이나 습관들을 포함하는 복합적 총체(complex whole)"로 기술하고 있다. 타일러는 문화란 인간(human species)만이 갖는 독특한 것이고, 인간(man)과 다른 하등동물들간에는 근본적인 차이가 있다는 점을 분명히 했다. 매우 통속적 개념의 하나는 문화란 마음(mind) 속에 존재하고 개념들(ideas)로써 구성되어 있다는 것이다. 인간이 만든 모든 것이 문화라는 것을 말해주는데, 이 정의는 지나치게 포괄적이며 광의적이다.

스펜서(J. E. Spencer: 문화지리학자)는 "문화는 역시 집합적인 의미로 볼 때, 역사적으로 학습된 인간행동과 활동양식들(ways of doing things)의 총합(sum total)이다"라고 정의를 내린바(1973) 있다. 이 정의는 인간의 행동과 모든 활동양식의 총합이라는 식으로 표현하여 포괄성을 내세웠지만, 타일러보다는 압축된 개념이다. 인류학자 바르노우(V. Barnouw)는 문화를 "한 사회의 구성원들에 의해서 공유된 학습된 행동"이라고 말한바(1979) 있다. 이 정의는 문화의 학습성을 강조하고 있다.

문화란 언어, 종교, 생계(livelihood), 의식주 양식, 결혼형태, 풍속, 도시·농촌의 거주양식 등으로 이루어진 생활양식(mode of life)의 총체이다. 어떤 지역에 자리잡고 오랫동안 살아온 평균적 인간집단이나 민족의 의식주, 놀이, 그리고 전래적인 조형물(장승 등)들은 그 구성원들에 의해서 장구한 세월 동안에 걸쳐 만들어지고 다듬어진 문화의 일부이다. 이것들을 묶어서 우리는 민속(folklore)이라고 한다.

따라서 문화집단은 민속문화와 대중문화(popular culture)[42)]로 구분되며, 양 집단이 갖는 특이성, 즉 이문화체험(cross cultural experience)을 추구하는 관광자에게 매력적인 목적물인 동시에 관광대상이 된다.

문화의 본질은 다음과 같이 요약할 수 있다.

① **공유성** : 어떤 집단이 일반적으로 가지고 있는 행동이나 사고방식
② **상대성** : 문화의 질적인 것, 상급문화와 하위문화, 원주민 문화
③ **축적성** : 윗 세대의 경험된 지식에 의해서 이루어진 것(문헌, 유적, 유물 등)
④ **전체성** : 문화를 구성하는 다양한 속성(요소)의 전체(whole system)
⑤ **다양성** : 서로 다른 양상의 문화이지만 긴밀한 관계
⑥ **가변성** : 시간경과와 사회발전에 따라 변화하는 것, 문화접촉으로 진화(문화접변에 의한 문화의 동화, 중층화, 문화의 복합 등도 포함)

---

42) 한국의 TV드라마나 영화를 통한 영상미디어 관광지에 대한 이미지의 국제화 산물인 대중문화가 이른바 한류현상으로 나타나고 있다. 1990년대 대만과 중국지역에서 한국드라마의 진출과 더불어 생성되기 시작한 한류열풍은 홍콩, 베트남, 싱가포르, 태국, 몽골, 러시아 지역뿐만 아니라 유럽, 아메리카 등 지구촌 전역으로 확산되고 있으며 다양한 분야에 걸쳐 확대되고 있다. 한류현상은 한국을 방문하고자 하는 욕구를 높일 뿐만 아니라 한국에 대한 국가이미지를 제고시켜 한국제품에 대한 구매의욕을 높이고 나아가 국제문화교류는 물론 국가경제 발전에 큰 동력이 되고 있다. 따라서 한류현상은 해외관광마케팅 활동에 있어 대단히 효율적인 수단이 되고 있다. 한류를 활용한 관광홍보활동은 결과적으로 한류열풍이 심화, 지속화되는 순환작용을 통해 그 시너지 효과가 크게 나타나고 있다.

⑦ **학습성** : 개별적인 학습과정으로 형성(인간은 모국어를 갖고 태어난 것이 아니라 학습의 결과)

2. 문화관광자원의 개념

문화적 관광자원(cultural resources)이란 민족문화의 유산으로서 대표적으로 이를 문화재 자원(cultural assets resources)과 박물관(museum) 두 가지를 들 수 있다. 이 가운데 문화재 자원은 대개 역사적 가치가 큰 것으로서 값진 민족문화의 유산을 지칭한다. 특히 역사적, 또는 전통적 가치가 큰 것을 역사적 자원(historical resources) 혹은 전통적 자원(traditional resources)이라 한다.

문화재란 말은 독일어의 'Kulturgiiter'의 번역어이며, 그 뜻한 바는 민족문화의 유산으로서 보존할만한 가치가 있는 것을 가리키며, 이 문화재라는 용어가 본격적으로 사용하게 된 것은 제2차 세계대전 이후의 일이었다.

중국에서는 일찍이 우리나라의 문화재보호법에 상당하는 '문물보호법'이 제정되어 있었고 서양에서는 cultural assets, cultural property, 즉 문화재라는 용어가 상당히 오래 전부터 사용되기는 했으나, 이는 일반적으로 보급된 용어가 아니고 특수한 용어로 쓰였기 때문에 그때그때 그 말이 가지는 내용은 한정적으로 통용되는 경우가 많았다.

반면에 역사적 기념물(historical monuments), 역사적 유적(historical sites), 혹은 전통적 예술(traditional arts)과 같은 역사적 · 전통적이라는 용어는 일반적으로 널리 쓰여졌다.

문화재에 관한 국제적 인식은 UNESCO의 제창으로 1954년에 제정된 '무력분쟁시의 문화재 보호를 위한 조약' 가운데 문화재 정의는 그 근원과 소유자 여하를 막론하고, ① 역사적 또는 예술적 의의가 큰 건조물군, 가치있는 각종 서적 ② 박물관, 도서관, 기록보관소와 그 밖의 건조물 ③ 앞에서 지적한 문화재가 다수 소재하는 집중지구(역사적 센터) 등으로 하였다.

문화재는 일반적으로 역사, 미술, 건축, 고고 및 민족학상의 동산, 부동산을 포함하는 것으로 되어 있으나 우리나라에서는 이들의 문화적 유산은 물론 천연기념물과 같은 자연의 유산도 포함하며 나아가서는 전통적인 예능이나 공예기술과 같은 무형의 유산까지도 포함시키고 있다.

따라서 우리나라의 문화재보호법(1962년 제정)이 역사적 기념물(historical monuments)에 대하여 천연기념물(natural monuments)을, 사적(historical sites)에 대하여 명승(place of scenic beauty)을, 유형문화재(tangible cultural assets)에 대하여 무형문화재(intangible cultural assets)를 각각 문화재로서 동등하게 취급하고 있는 것은 자연의 존엄성과 위대함을 인식하고 역사와 전통을 중시하는 민족성의 발로라 말할 수 있다.

한 나라의 자원을 평가할 때 우리는 그 나라의 천연자원과 산업자원에 국한하고 중시하는 경향이 있는데 그 밖의 유형 · 무형의 중요한 문화자원을 망각하는 수가 있다. 한 사물이 이미 현실적 이용가치가 없어졌다 하더라도 역사적 문화적 가치는 오히려 그대로 가지고 있거나 증대되는 경우도 있으며 관광자원으로서 새로운 가치를 지니게 되는 경우도 많다는 사실을 유념해야 한다.

1990년대 이후 한국문화유산은 세계인들로부터 인정받아 유네스코 세계문화유산으로 지정받는 유산이 많아지고 있는 점에 주목해야 한다(〈표 3-1〉).

〈표 3-1〉 한국의 UNESCO 세계유산

연번	세계유산	구분	지정연도
1	석굴암, 불국사	문화유산	1995
2	해인사 장경판전	문화유산	1995
3	종묘	문화유산	1995
4	창덕궁	문화유산	2000
5	수원화성	문화유산	2000
6	경주 역사유적 지구	문화유산	2000
7	고창, 화순, 강화 고인돌 유적	문화유산	2000
8	제주 화산섬, 용암동굴	자연유산	2007
9	조선왕릉	문화유산	2009
10	한국의 역사마을(하회, 양동)	문화유산	2010
11	남한산성	문화유산	2014
12	백제유적역사지구	문화유산	2015

연번	세계유산	구분	지정연도
13	산사, 한국의 산지승원	문화유산	2018
14	서원 9곳	문화유산	2019

3. 문화재의 현황과 분포

1) 우리나라 문화재의 현황

문화재는 우리 민족의 유구한 자주적 문화정신과 지혜가 담겨 있는 역사적 소산이며 우리의 문화를 소개할 수 있는 관광자원으로 문화재보호법에 의해 지정되며 그 종류는 유형문화재, 무형문화재, 기념물, 민속문화재로 구분된다(〈표 3-2〉).

〈표 3-2〉 문화재의 구분

대분류	중분류	내 용
유형문화재	건조물 미술공예품 고고자료	건축, 교각, 석탑 회화, 조각, 공예품, 서적, 고문서 출토품
무형문화재	예능 공예기술	연극, 음악, 무용 도예, 칠기, 금공염직, 목죽공
기념물	유적 경승지 천연기념물	패총, 주거적, 고분, 사지, 궁지, 성지 정원, 교각, 협곡, 산악 동물, 식물, 지질, 광물
민속문화재	유형민속문화재 무형민속문화재	의식주, 생업, 신앙, 연중행사의 물건 의식주, 생업, 신앙, 연중행사의 습관

이러한 문화재 중 가치를 크게 지닌 것을 지정하여 지정문화재라 하는데, 이 지정문화재는 국가지정문화재, 시 · 도지정문화재, 문화재자료로 구분된다.

국가지정문화재 및 국가등록문화재는 문화재청장이 문화재위원회의 심의를 거쳐 지정 · 등록하고, 시도 지정문화재는 시 · 도지사가 관할 구역 안에서 국가지정문화재로 지정되지 않은 문화재 중 보존가치가 인정되는 것을 시도 지정문화재로 지정한다. 또한 문화재 자료는 시 · 도지사가 국가지정문화재,

시도 지정문화재가 아닌 문화재 중 향토화 보존상 필요하다고 인정되는 것을 문화재 자료로 지정한다.

2021년 12월 말 현재 지정문화재 및 국립박물관(우수) 현황은 각각 〈표 3-3〉 및 〈표 3-4〉와 같다.

〈표 3-3〉 시 · 도별 국가지정문화재 및 시도지정문화재 현황

(단위 : 건)

구분	서울	부산	대구	인천	광주	대전	울산	세종	경기	강원	충북	충남	전북	전남	경북	경남	제주	기타	계
국가지정문화재																			
국보	168	6	3	1	2	1	2	-	12	12	12	30	8	21	56	14	-	-	348
보물	716	54	77	29	15	11	8	2	174	83	95	131	101	192	364	175	8	-	2,235
사적	69	6	9	20	2	1	5	-	69	19	19	51	41	45	102	54	7	-	519
명승	3	2	-	1	1	-	-	-	4	25	10	3	8	22	15	12	9	-	115
천연기념물	11	7	2	13	2	1	3	1	20	44	23	17	32	61	70	43	49	64	463
국가무형 문화재	31	5	-	5	1	-	-	-	10	4	4	4	9	14	11	15	4	32	149
국가민속 문화재	41	2	6	-	3	2	2	1	22	11	21	24	14	38	95	12	9	-	303
소계	1,039	82	97	69	26	16	20	4	311	198	184	260	213	393	713	325	86	96	4,132
시 · 도지정문화재																			
시도유형 문화재	439	202	84	69	31	57	36	17	308	172	344	202	245	239	477	890	37	-	3,849
시도무형 문화재	51	25	17	29	20	24	6	3	58	31	27	52	60	47	47	40	23	-	560
시도기념물	40	51	18	64	24	47	46	11	185	79	138	163	122	193	155	267	128	-	1,731
시도민속 문화재	34	19	4	2	9	2	1	-	14	4	20	28	34	42	154	21	82	-	470
문화재자료	74	111	53	26	30	59	32	14	184	145	92	315	156	243	581	681	10	-	2,806
소계	638	408	176	190	114	189	121	45	749	431	621	760	617	764	1,414	1,899	280	-	9,416
합계	1,640	484	270	257	138	208	141	45	1,049	615	778	1,015	816	1,150	2,099	2,197	364	97	13,363

자료 : 문화재청, 「통계로 보는 문화유산 2020」

〈표 3-4〉 시 · 도별 국가등록문화재 현황

(단위 : 건)

구분	서울	부산	대구	인천	광주	대전	울산	세종	경기	강원	충북	충남	전북	전남	경북	경남	제주	기타	계
수	229	22	13	9	21	22	6	2	89	45	30	61	88	113	64	57	25	-	896

자료 : 문화재청, 「통계로 보는 문화유산 2020」

〈표 3-5〉 인증 국립박물관(26관)

(박물관명 가나다순)

연번	박물관명	설립	연번	박물관명	설립
1	공연예술박물관	문화체육관광부	14	국립수목원 산림박물관	산림청
2	국립경주박물관	문화체육관광부	15	국립전주박물관	문화체육관광부
3	국립공주박물관	문화체육관광부	16	국립제주박물관	문화체육관광부
4	국립광주박물관	문화체육관광부	17	국립중앙박물관	문화체육관광부
5	국립국악원 국악박물관	문화체육관광부	18	국립진주박물관	문화체육관광부
6	국립김해박물관	문화체육관광부	19	국립청주박물관	문화체육관광부
7	국립나주박물관	문화체육관광부	20	국립춘천박물관	문화체육관광부
8	국립낙동강생물자원관	환경부	21	국립한글박물관	문화체육관광부
9	국립대구박물관	문화체육관광부	22	국립해양박물관	해양수산부
10	국립등대박물관	국토교통부	23	국립해양생물자원관 씨큐리움	해양수산부
11	국립민속박물관	문화체육관광부	24	대한민국역사박물관	문화체육관광부
12	국립부여박물관	문화체육관광부	25	육군박물관	국방부
13	국립산악박물관	산림청	26	한국영화박물관	문화체육관광부

자료: 문화체육관광부(2021); 전국 36개 국립박물관 평가하여 26개 우수박물관 인증.

문화재는 유형 · 무형의 문화적 소산으로서 역사상 · 예술상 · 학술상 가치가 큰 것으로서 2020년 자료에 의하면 전국에는 13,363점의 문화재가 지정되어 있다. 또한 이들을 집대성하여 전시해 놓은 국립박물관이 서울시, 부산시, 광주시, 경주시, 공주시, 부여군 등 36개 지역에 설립되어 있으며 지역의 특수성 또는 문화적 배경에 따라 사설 및 특수박물관도 개설되고 있다. 그리고 이들이 분포하는 지역을 중심으로 그 토지를 사적지와 종교용지로 용도 지정하여 보호 · 관리하고 있다. 한편, 전국에서 896점의 국가등록문화재[43]가 지정되어 있다.

2) 문화재의 분포

(1) 국가지정문화재

국가를 대표하는 문화자원으로서 국가지정문화재는 국보, 보물, 사적, 명승, 천연기념물, 국가무형문화재, 국가민속문화재 등으로 2010년 현재 전국적으로 총 4,132점이 있다. 유형별로는 보물이 차지하는 비중이 가장 높으며 다음이 사적, 천연기념물, 국보, 국가민속문화재, 국가무형문화재, 명승 등의 순으로 구성되어 있다.

국가지정문화재가 가장 많이 분포하는 지역은 서울시로서 전체의 약 25%를 차지하고 있으며, 다음은 경북으로서 약 17%가 소재하고 있다. 그리고 전남과 경남, 경기, 충남 등지에 비교적 많은 분포율을 보이고 있으며 전북에도 상당수 분포하고 있다. 반면에 제주를 비롯한 여타 광역시에는 그 비중이 매우 낮은 편이다.

한편 국가지정문화재의 유형별 분포실태를 살펴볼 때, 우선 국보는 348점이 분포하고 있으나 이 중 약 절반이 168점이 서울에 집중하고 있다. 그리고 호암미술관이 소재하는 용인, 구 도읍지로서 경주, 공주 등을 중심으로 전체의 약 37%가 분포하고 있어서 지역적인 편기도가 매우 높은 것으로 나타났다.

보물의 경우도 2,235점이 분포하고 있으나 서울, 경주, 용인 등 3개 지역에 전체의 절반이 넘는 수준으로 1,254점이 분포하고 있어 지역적인 특화도가 높은 것으로 나타나고 있다. 이밖에 전통가옥이 밀집하고 있는 안동 및 경주와 고찰이 소재하는 승주, 여주, 합천, 구례 등지도 상대적으로 그 비중이 높으며 대구, 부산 등에도 비교적 많은 보물이 소재되어 있다.

국가지정문화재 중에서 두번째로 많이 지정되어 있는 사적은 전국에 519점

43) 국가등록문화재는 지정문화재가 아닌 것 중 50년이 경과한 문화유산을 대상으로 보존 및 활용을 위한 조치가 특별히 필요한 것을 등록하여 관리하는 문화재임. 국가지정문화재는 보통 100년 이상이 지난 문화재에 지정되기 때문에 이보다 이른 근대에 생성된 건축물, 토목, 시설물, 물품, 장비, 기록 등의 보존을 위해 지정한 문화재이다. 시간이 지나면 국가지정문화재가 될 만한 유산들을 미리 등록하는 것이라 볼 수 있다.

이 분포하고 있다. 사적이 높게 분포하는 지역도 서울시와 경주시로서 상대적으로 높은 집중도를 보이고 있으며 서울과 근접하는 강화 및 고양에도 비교적 높은 분포율을 보이고 있다. 또한 백제의 도읍지였던 부여에도 사적으로 지정되어 있는 문화재가 많은 것으로 나타났다.

총 463점의 천연기념물은 학술적으로 귀중하며 보호할 가치가 크다고 인정되는 동물 · 식물 · 지질 · 광물 등을 말한다. 우리나라의 천연기념물은 주로 식생과 지질구조와 관련된 것이 많으며, 그 분포도 특정지역에 고도로 집중하기보다는 도시와 농어촌지역에 걸쳐 비교적 고르게 분산되어 있다. 그러나 서울, 부산, 울릉, 괴산, 안동, 통영, 북제주, 삼척, 담양 등지에는 여타 지역에 비하여 상대적으로 지정된 사례가 많은 편이다.

국민들의 의식주 · 생산 · 생업 · 교통 · 운수 · 통신 · 교역 · 사회생활 · 신앙 · 예능 · 오락 · 유희 · 연중행사 · 풍습 · 관습 등의 민속과 관련된 것 중 중요한 것을 뜻하는 국가민속문화재는 303점이 지정되어 있다. 국가민속문화재 역시 서울, 안동, 경주 등 전통성이 강한 지역에 전체의 약 45%가 분포하고 있어 높은 집중도를 보이고 있으며 승주, 보성, 남제주 등지에도 비교적 많이 분포하고 있는 것으로 나타났다. 이들 지역은 대부분 지방고유의 독특한 풍속이 전래되어 온 농어촌지역들이며 특수박물관이 입지하고 있는 서울시는 그 성격을 달리하는 것으로 사료된다.

또한 연극이나 음악, 무용, 공예, 기술 등 그 밖의 무형의 문화적 소산으로서 국가무형문화재는 총 149종이 지정되어 있다. 기능보유자는 서울을 위시해서 부산, 통영, 제주, 진도 등 다양한 지역에 거주하고 있다. 그것은 전국적 차원으로 문화예술이 전승되고 있는 사실을 의미한다. 소수이지만 양주, 서천, 당진, 익산, 임실, 담양, 창녕, 고성 등지에도 분포하고 있음은 주목할 만한 사실이다.

그리고 역사적 · 예술적 가치가 있는 건축물이 보존되어 있거나 독특한 지형 또는 지질 때문에 경관이 아름다운 곳으로서의 명승이 전국에 115점이 분포하고 있다.

(2) 시도지정문화재

지방적 차원의 문화자원으로서 시·도지정문화재는 시도유형문화재, 시도무형문화재, 시도기념물, 시도민속문화재, 문화재자료 등으로 2020년 현재 전국적으로 총 9,416점이 지정되어 있다. 이 중 시도유형문화재와 문화재자료가 대부분을 차지하고 있으며 다음은 시도기념물, 시도무형문화재, 시도민속문화재 등의 순으로 구성되어 있다.

시도지정 문화재가 가장 많이 분포하는 지역은 경남과 경북으로서 약 33%가 소재하고 있으며 다음은 전남, 충남, 경기, 서울, 전북 등의 순으로 분포하고 있는 것으로 나타났다.

시도지정 문화재가 상대적으로 집중하고 있는 곳으로는 공·사립박물관이 건립되어 있는 서울, 부산, 대구 등 대도시인 경우와 역사적·종교적 유적지가 풍부한 양산, 안동, 합천, 강릉 등지이다. 그리고 총 1,731점이 지정되어 있는 시도기념물은 경남을 비롯하여 경주 등지에 비교적 많이 소재하고 있다. 전남의 영암, 고흥, 해남, 담양일대 그리고 부여, 공주, 논산으로 이어지는 백제문화권 및 대전과 강화, 여주, 용인 등 경기일원도 비슷한 분포율을 보이고 있다.

또한 민속문화재에는 국가민속문화재 외에도 지방자치단체가 보존가치를 인정하여 문화재로 인정한 시도민속문화재가 있다. 기층 서민의 생활상을 이해하는 데 좋은 자료가 되는 시도민속문화재는 470점이 지정되어 있는 바, 주요 분포지역으로서는 안동을 위시한 영덕, 봉화 등 권문세가들이 거주하였던 경북 내륙지방과 호남 해안지대의 부안, 무안, 영암 등지이며 서울에도 상대적으로 집중·분포되어 있다.

4. 국가지정문화재의 종류

1) 보 물

문화재청장은 문화재위원회의 심의를 거쳐 유형문화재 중 중요한 것을 보물로 지정할 수 있다(문화재보호법 23조).

(1) 건조물

① **목조건축물류**

당탑, 궁전, 성문, 전묘, 사우, 서원, 누정, 향교, 관아, 객사, 민가 등으로서 역사적·학술적·예술적·기술적 가치가 큰 것

② **석조건축물류**

석굴, 석탑, 전탑, 부도 및 석종, 비석, 석등, 석교, 석단, 석빙고, 첨성대, 당간 지주, 석표, 석정 등으로서 역사적·예술적·기술적 가치가 큰 것

③ **분 묘**

분묘 등의 유구 또는 그 부분, 부속물 또는 건조물의 모형으로서 역사적·학술적·예술적·기술적 가치가 큰 것

(2) 전적·서적·고문서

① **전적류**

사본류에 있어서는 한글서적, 한자서적, 저수고본, 종교서적 등의 원본이나 우수한 고사본 또는 이를 계통적·역사적으로 정리한 중요한 것
관본류에 있어서는 판본 또는 관목으로서 역사적 또는 판본학적 가치가 큰 것
활자본류에 있어서는 활자본 또는 역사적·인쇄사적 가치가 큰 것

② **서적류**

사경, 어필, 명가필적, 고필, 묵적, 현관, 주련 등으로서 서예사상 대표적인 것이거나 금석학적 또는 사료적 가치가 큰 것

③ **고문서류**

역사적 가치 또는 사료적 가치가 큰 것

(3) 회화 · 조각

① 형태, 품질, 기법, 제작 등의 현저한 특이성이 있는 것
② 우리나라 문화사상 각 시대의 귀중한 유물로서 그 제작이 우수한 것
③ 우리나라 회화사상 또는 조각사상 특히 귀중한 자료가 될 수 있는 것
④ 특수한 작가 또는 유파를 대표한 중요한 것
⑤ 외래품으로서 우리나라 문화에 중요한 의의를 가진 것

(4) 공예품

① 형태, 품질, 기법 또는 용도에 현저한 특성이 있는 것
② 우리나라 문화사상 또는 공예사상 각 시대의 귀중한 유물로서 그 제작이 우수한 것
③ 외래품으로서 우리나라 공예사상 중요한 의의를 가진 것

(5) 고고자료

① 선사시대 유물로서 특히 학술적 가치가 큰 것
② 고분(지석묘 등을 포함) · 패총 또는 사지 · 유물 등의 출토품으로서 학술적으로 중요한 자료가 될 수 있는 것
③ 전세품으로서 학술적 가치가 큰 것
④ 종교, 교육, 학예, 산업, 정치, 군사, 생활 등의 유적 출토품 또는 유물로서 역사적 의의가 크거나 학술적 자료로서 중요하거나 제작상 가치가 큰 것

(6) 무 구

① 우리나라 전사상 사용된 무기로서 희귀하고 대표적인 것
② 역사상 명장이 사용하였던 무구류로서 군사상 그 의의가 큰 것

2) 국 보

문화재청장은 보물에 해당하는 문화재 중 인류문화의 관점에서 볼 때 그 가치가 크고 유례가 드문 것을 문화재위원회의 심의를 거쳐 국보로 지정할 수 있다. 보물과 국보의 지정기준과 절차 등에 필요한 사항은 대통령령으로 정한다(문화재보호법 23조).

① 보물에 해당하는 문화재 중 특히 역사적·학술적·예술적 가치가 큰 것
② 보물에 해당하는 문화재 중 제작연대가 오래되고 특히 그 시대의 대표적인 것
③ 보물에 해당하는 문화재 중 제작의장이나 제작기술이 특히 우수하여 그 유래가 적은 것
④ 보물에 해당하는 문화재 중 형태, 품질, 제재, 용도가 현저히 특이한 것
⑤ 보물에 해당하는 문화재 중 특히 저명한 인물과 관련이 깊거나 그가 제작한 것

3) 국가무형문화재

문화재청장은 「무형문화재 보전 및 진흥에 관한 법률」 제9조에 따른 무형문화재위원회의 심의를 거쳐 무형문화재 중 중요한 것을 국가무형문화재로 지정할 수 있다(문화재보호법 24조). 다음에 해당하는 것으로서 역사상·학술상·예술상 가치가 크고 향토색이 현저한 것

(1) 연 극

인형극, 가면극

(2) 음 악

제례악, 연례악, 대취타, 가곡, 가사 또는 시조의 영창, 산조, 농악, 잡가, 민요, 무악, 범패

(3) 무 용

의식무, 정재무, 탈춤, 민속무

(4) 공예기술

도자기 공예, 마미공예, 금속공예, 화각공예, 장신공예, 나전칠공예, 제지공예, 목공예, 건축공예, 피혁공예, 지물공예, 직물공예, 염색공예, 옥석공예, 자수공예, 복식공예, 악기공예, 고공예

(5) 기타 의식 · 놀이 · 무예 · 음식제조 등

(6) 제1호 내지 제3호 규정에 예능의 성립 또는 구성상 중요한 요소를 이루는 기법이나 그 용구 등의 제작 · 수리 등의 기술

4) 사적, 명승, 천연기념물

문화재청장은 문화재위원회의 심의를 거쳐 기념물 중 중요한 것을 사적, 명승 또는 천연기념물로 지정할 수 있다. 사적, 명승, 천연기념물의 지정기준과 절차 등에 필요한 사항은 대통령령으로 정한다(문화재보호법 25조).

(1) 사 적

① **유사 이전의 유적** : 패총, 유물포함층, 주거지(수혈주거지, 부석주거지, 동혈주거지 등), 지석, 입석, 고분 등의 유적으로서 학술적 가치가 큰 것

② **제사 · 신앙에 관한 유적** : 사지, 사우지, 제단, 사고지, 진묘지, 향교지, 기타 제사, 신앙에 관한 유적으로서 학술적 가치가 큰 것

③ **정치 · 국방에 관한 유적** : 성곽, 성지, 책채, 방루, 진보, 수영지, 관문지, 봉수대 및 유지고전장도 읍지궁전지에 관한 유적으로서 학술상 가치가 큰 것

④ **산업 · 교통 · 토목에 관한 유적** : 고도(옛길), 교지, 둑, 제방, 요지, 사상지, 식물재배지, 석표 기타 산업교통 · 토목에 관한 유적

⑤ **교육 · 사회 · 사업에 관한 유적** : 서원, 사숙, 자선시설, 석각, 기타 교육 · 학예에 관한 유적으로서 학술상 가치가 큰 것

⑥ **분묘, 비 등** : 분묘, 비, 구택, 원지, 정천, 수석 기타 중요한 전살지 등으로서 학술상 가치가 큰 것

(2) 명 승

① 저명한 건물이 있는 경승지 또는 원지

② 화산, 화초, 단풍 또는 조수, 어충류의 서식지

③ 저명한 협곡, 해협, 곶, 급류, 심연, 폭포, 호수 등

④ 저명한 해안, 하안, 도서, 기타 경승지

⑤ 저명한 풍경의 전망지점

⑥ 특색있는 산악, 구릉, 고원, 평원, 하천, 화산, 온천지, 냉광천지

(3) 천연기념물

① 동 · 식물

가. 한국 특유의 동 · 식물로서 저명한 것 및 그 서식지 · 생장지

나. 석회암지대, 사구, 동굴, 건조지, 습지, 하천, 호수, 폭포의 소, 온천, 하구, 도서 등 특수지역이나 특수환경에서 서식하거나 생성하는 특유한 동 · 식물 또는 동 · 식물군 및 그 서식지 · 생장지 또는 도래지

다. 진귀한 동 · 식물로서 그 보존에 필요한 것 및 그 서식지 · 생장지

라. 한국 특유의 축양동물

마. 학술상 가치가 큰 사총, 명목, 거수, 노수, 기형목

바. 대표적 원시림, 대표적 고산식물지대 또는 진귀한 삼림상

사. 진귀한 식물의 자생지

아. 저명한 동 · 식물의 분포의 경계가 되는 것

자. 유용 동 · 식물의 원산지

차. 귀중한 동 · 식물의 유물발견지 또는 학술상 특히 중요한 표본과 화석

② **지질 · 광물**

가. 암석 또는 광물의 생성원인을 알수 있는 상태의 대표적인 것
나. 거대한 석회동 또는 저명한 동굴
다. 특이한 구조로 되어 있는 암석 또는 저명한 지형
라. 지층단 또는 지괴운동에 관한 현상
마. 학술상 특히 귀중한 표본
바. 온천 및 냉광천

③ **천연보호구역**

보호할 만한 천연기념물이 풍부한 대표적인 일정한 구역

5) 국가민속문화재

문화재청장은 문화재위원회의 심의를 거쳐 민속문화재 중 중요한 것을 국가민속문화재로 지정할 수 있다. 국가민속문화재의 지정기준과 절차 등에 필요한 사항은 대통령령으로 정한다(문화재보호법 26조).

(1) 다음 각 호의 1에 해당하는 것 중 한국민족의 기본적 생활문화의 특색을 나타내는 것으로서 전형적인 것

① **의 · 식 · 주에 관한 것**

궁중 · 귀족 · 서민 · 농어민 · 천인 등의 의복, 장신구, 음식용구, 광열용구, 가구, 사육용구, 관혼상제용구, 주거, 기타 물건 또는 그 재료 등

② **생산 · 생업에 관한 것**

농기구, 어렵구, 공정용구, 방직용구, 작업장 등

③ **교통 · 운수 · 통신에 관한 것**

운반용의 배, 수레, 역사 등

④ **교역에 관한 것**

계산용구, 계량구, 간판, 점포, 간찰, 화폐 등

⑤ **사회생활에 관한 것**

증답용구, 경방용구, 형벌용구 등

⑥ **신앙에 관한 것**

제사구, 법화구, 봉납구, 우상구, 사우 등

⑦ **민속지식에 관한 것**

역류, 점복용구, 의료구, 교육시설 등

⑧ **민속예능 · 오락 · 유희에 관한 것**

의상, 악기, 가면, 인형, 완구, 절귀용구, 도구, 무대 등

(2) 제1호 각목에 제기한 민속문화재를 수집 정리한 것으로서 그 목적 · 내용 등이 다음 각 호의 1에 해당하는 것으로서 특히 중요한 것

① 역사적 변천을 나타내는 것
② 시대적 또는 지역적 특색을 나타내는 것
③ 생활계층의 특색을 나타내는 것

(3) 민속자료가 일정한 구역에 집단적으로 소재한 경우에도 민속문화재의 개별적인 지정에 갈음하여 그 구역을 다음의 기준에 따라 집단 민속문화재 구역으로 지정할 수 있다.

① 한국의 전통적 생활양식이 보전된 곳
② 고유민속행사가 거행되던 곳으로 민속적 풍경이 보존된 곳
③ 한국건축사 연구에 중요한 자료를 제공하는 민가군이 있는 곳
④ 한국의 전통적인 전원생활의 면모를 간직하고 있는 곳
⑤ 역사적 사리 또는 전설 · 설화와 관련이 있는 곳
⑥ 옛성터의 모습이 보존되어 고풍이 현저한 곳

2 사찰 및 국가민속문화재

1. 가람(사찰)의 종류

금당(金堂) 중앙에 봉안한 부처의 형상에 따라 불사의 명칭을 각각 달리하고 있다. 즉 주존불(主尊佛)이 석가여래불(釋迦如來佛)일 경우에는 대웅전, 미륵불일 경우에는 미륵전, 대비노자나불(大毘盧遮那佛)일 경우에는 대적광전(大寂光殿), 아미타여래(阿彌陀如來)에는 극락전, 또는 무량수전, 관세음보살인 경우에는 원통전(圓通殿)이라고 한다. 극락전과 무량수전은 아미타여래의 성질에 따라 구별된다. 즉 중생들에게 무한한 수(壽)를 베풀어주는 무량수아미타(無量壽阿彌陀)를 봉안했을 경우에는 무량수전이고, 또 빛을 주는 무성광방호타(無星光防號陀)일 때에는 극락전이 되는 것이다.

이와 같이 법당의 명칭은 어디까지나 주전(主殿)일 때에만 적용되며, 부속법당일 경우에는 전(殿)의 이름이 달라지는 것이다. 즉 봉안한 부처님의 이름에 따라 미타전, 원통전, 관음전 등으로 구분된다. 법당에서 세 번 절하는 것은 (1) 부처님(佛) (2) 불도(法) (3) 스님(僧)에게 하는 것으로 '삼보(三寶)'에 귀의한다는 뜻을 나타내는 예식이다. 우리나라의 삼보사찰은 불보(佛寶)사찰 통도사, 법보(法寶)사찰 해인사, 승보(僧寶)사찰 송광사 등이다.

통도사는 경상남도 양산군에 소재하는 영취산을 주산으로 하는 절로서 신라의 자장율사가 당나라로부터 부처의 사리와 가사를 받아와서 646년에 창건한 것이다.

경상남도 합천군의 가야산 해인사에는 고려대장경을 보관하는 대장경판고가 국보 제52호로 지정되어 있으며, 이 건물을 법보전(法寶殿)이라 한다.

전라남도 순천시 송광면의 조계산에 있는 송광사는 보조국사 이후 15국사(國師)가 배출되었기 때문에 승보종찰이라고 한다.

문화관광자원으로서 사찰의 의의는 우리나라 문화재 중에서 90%가 불교문화와 관련된 것이고, 60%가 사원내에 소장하고 있다는 사실이다(〈표 3-6〉). 따라서 사찰은 문화재로서 높은 비중을 차지하고 있고 더욱이 한국의 사원은 조선조 이후에 산사의 형태가 보편화되어 중국이나 인도 등지와 성상을 달리하는 점에서 고유성을 인정받고 있다(〈표 3-7〉). 이것은 한국의 사원이 주변의 삼림, 계곡 등과 조화를 이루면서 무릉도원의 경지를 이루어 '산좋고 물좋은 곳은 전부 승려들에게 점령당하고 있다'라는 속담처럼 거의 명산이나 경승지에 위치하고 있는데서 연유한다.

〈표 3-6〉 법주사 주변의 문화재일람

국 보(3)	보 물(3)	천연기념물(2)	지 방 문 화 재(12)	
법주사쌍사자석등(5호) 법주사팔상전(55호) 법주사석연지(66호)	사천왕 석등(15호) 마애여래좌상(218호) 신법천왕문도(848호)	정이품송(103호) 망개나무 자생지(217호)	법주사원통보전(법1호) 순조대왕태설(11호) 법주사세존사찰탑(16호) 법주사관음보살상(38호) 법주사 사천왕문(46호) 법주사 벽암대사비(71호)	복천암수암화상탑(12호) 복천암학조등곡화상탑(13호) 봉황사지5층석탑(29호) 봉황사지석조여래좌상(30호) 법주사석조(70호) 법주사(79호)

자료 : 이후석(1987), 속리산 관광지역의 성격과 관광취락에 관한 연구.

〈표 3-7〉 주요 산사의 분포

소재 지역	산 명	사찰명	관광지명
수도권	북한산	도선사, 경국사 봉원사, 진관사	국립공원
	용문산	용문사	지정관광지
북동부	치악산	구룡사	국립공원
	설악산	신흥사, 백담사	국립공원
	오대산	상원사, 월정사	국립공원
	소백산	부석사, 희방사	국립공원
	청량산	청량사	도립공원
	태백산	유일사, 만덕사, 청화사	도립공원
남동부	황악산	직지사	지정관광지
	내연산	보경사	지정관광지
	연화산	옥화사	도립공원
	토함산	불국사	국립공원
	가야산	해인사	국립공원

소재 지역	산 명	사찰명	관광지명
남동부	주왕산 금오산 영취산 팔공산 천왕산	대전사, 광암사 해운사 통도사 동화사 표충사	국립공원 도립공원 도립공원 도립공원 지정관리자
남서부	지리산 속리산 내장산 계룡산 월출산 모악산 덕숭산 칠갑산 마이산 조계산 두륜산 선운산 대둔산	화엄사 법주사 내장사, 백양사 동학사, 갑사 도갑사 금산사 수덕사 장곡사 탑사 송광사 대흥사 선운사 태길사	국립공원 국립공원 국립공원 국립공원 국립공원 도립공원 도립공원 도립공원 도립공원 도립공원 도립공원 도립공원 도립공원

자료 : 이후석(1991), 한국의 산사관광취락에 관한 연구.

2. 사원의 경관

삼국시대의 우리나라 사찰은 중문, 탑, 금당과 강당이 1열로 나란히 배치된 것이 기본형이다([그림 3-1]).

우리나라 사원은 산지가람형으로써 신라 말에 도입된 선종의 영향과 풍수지리설에 따른 배치로 수도생활에 적합하도록 설립된 특징을 보이고 있다. 사원배치에서 선방, 조사각의 전각은 선종사찰의 특징을 반영하는 것이고 수덕사의 승방명칭에서 나타나는 청련당, 백련당은 풍수지리설의 좌청룡, 우백호를 상징하고 있다. 또한 법주사는 속리산을, 수덕사는 덕숭산을, 내장사는 내장산을 각각 배후주산으로 하여 평탄면이나 완만한 경사를 이용해서 입지하여 경전에서 말하는 자유실현을 위한 공간을 형성하고 있다. 따라서 사원은 민족고유의 산악신앙을 기초로 하여 산문 속에 불교의 독특한 사상과 상징성을 내포하여 산은 인간계보다 높은 이상향을 추구한다는 수미산 중심의 세계구조의 우주관에 입각한 조형체계를 갖추고 있다. 한국의 사원배치에서 보편적으로 나타나는 수직과 수평의 원리에 따른 전각당우의 배열은 공통적인 특징이다. 수직원리에 의하여 일직선상으로 배열되는 일주문－사천왕문－종, 고, 누각－대웅전－산신각에 이르는 건물들이 점층적 상층구조를 이루고 있다([그림 3-2]).

[그림 3-1] 사찰의 배치(삼국시대)

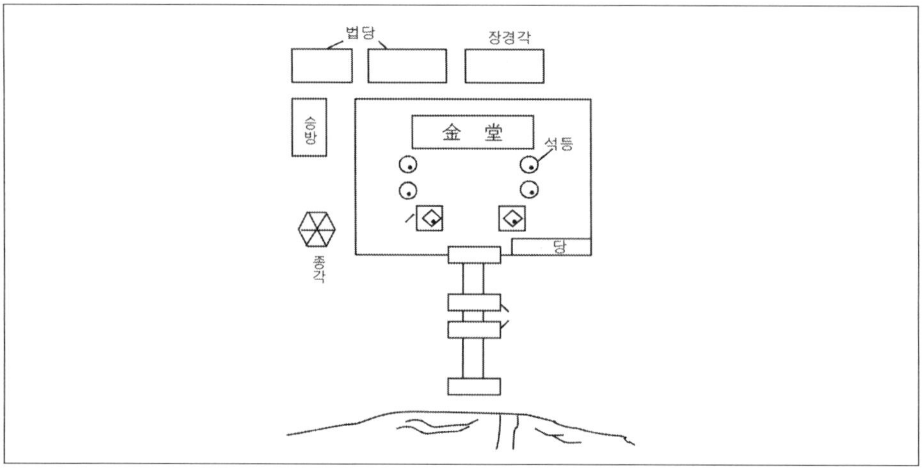

[그림 3-2] 사원배치의 원리

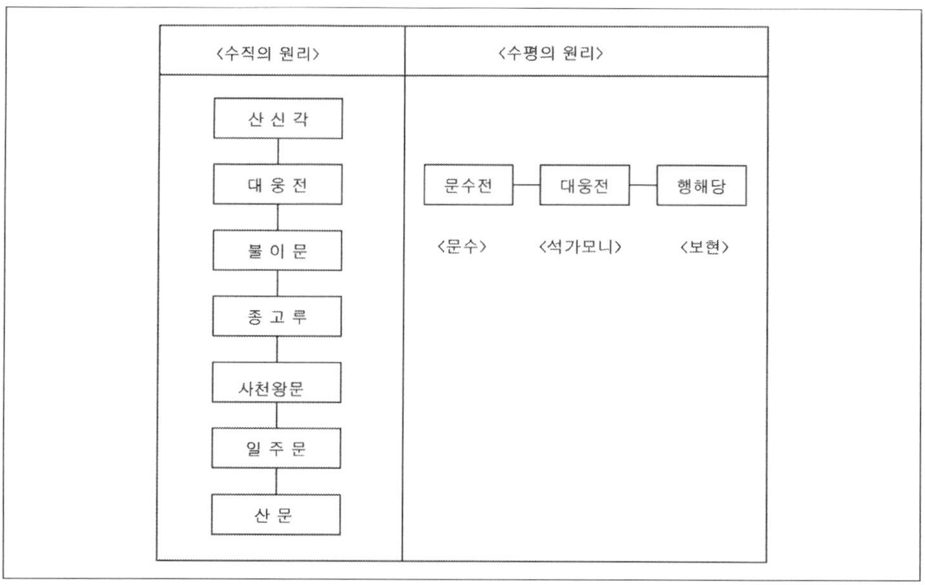

이밖에도 부도전과 탑비, 석등을 비롯한 부속건물이 질서정연하게 배치되어 사원경내는 방형 또는 장방형의 형태를 이루고 있다. 수평원리에 따라 불전법당으로서 대웅전을 위시하여 약사전, 능인전, 극락전, 관음전 등의 배치와 보살전 법당으로서 명부전과 원통보전이 배치된다. 이와 같은 가람배치는 중국 한대의 천문오행사상에서 영향을 받은 것으로 보는 시각도 있다. 한편, 대웅전과 근접해서 배열되는 명부전과 삼성각은 한국사찰에서만 볼 수 있는 고유성으로 인정되고 있다. 또한, 우리나라 사원은 공통적으로 산내에 암자를 말사로 두고 있어서 독특한 산사경관을 형성하고 사암은 배후주산(背後主山)의 규모에 따라 통합과 분산을 이루어 소상(疎狀)형을 이룬다. 그리하여 산과 사찰이 불이(不二)의 관계로 조화된 한국의 고유경관을 형성함으로써 국민관광지 뿐만 아니라 국제관광지[44)][45)]로 부상할 수 있는 여건을 갖추고 있다고 본다.

1) 내장사

내장산의 내장사는 일주문을 경계로 하여 내측의 산내에는 내장사를 위시하여 암자가 배치되어 있다. 내장사의 사원경내는 일주문－사천왕문－정혜루－대웅전 방향으로 일직선상의 규칙성을 보이며, 극락전, 관음전, 명부전 등이 소규모로 배치되고 있어 사찰의 법난의 역사를 반영하고 있다([그림 3-31]). 그런데 가을에 일주문에서 사천왕문에 이르는 200m의 단풍터널이 형성되어 전국적인 규모의 관광객을 유인한다. 그러므로 내장사는 일주문내에 상징적 관광자원이 소재하고, 등산로 입구에 위치하여 반드시 관광객의 탐방코스가 되는 특징이 있다.

---

44) 템플스테이: 2002년 한·일 월드컵 당시 외국인 관광객 숙박문제를 해결하기 위하여 시작된 것으로 한국의 전통문화와 불교문화가 결합된 숙박 및 체험관광이다. 2002년 33개 사찰에서 시작된 템플스테이는 2020년 141개 사찰로 확대되었다. 〈2020년 기준 관광동향에 관한 연차보고서(문화체육관광부, 2021)〉

45) 한국의 산지승원(산사)을 구성하는 7개 사찰인 통도사, 부석사, 봉정사, 법주사, 마곡사, 선암사, 대흥사는 2018년 유네스코 세계유산으로 지정됨.

2) 법주사

속리산내에는 법주사를 위시하여 11개의 사암이 분포되어 100여명에 달하는 승려들의 수선도장이 되고 있다. 법주사의 사원배치는 속리산과 사내천을 각각 배산임수로 하고 소분지를 이루는 평탄면상에 남북으로 200m, 동서로 150m의 범위로 장방형을 이루고 있다. 종교적 의미의 수직원리에 입각한 배치구조는 향해수의 의미를 부여할 수 있는 사내천 계류상의 수정교에서 금강문－천왕문－팔상전－대웅전의 건물이 산지방향으로 일직선상의 규칙성을 보이고 있다([그림 3-4]).

[그림 3-3] 내장사의 사원배치

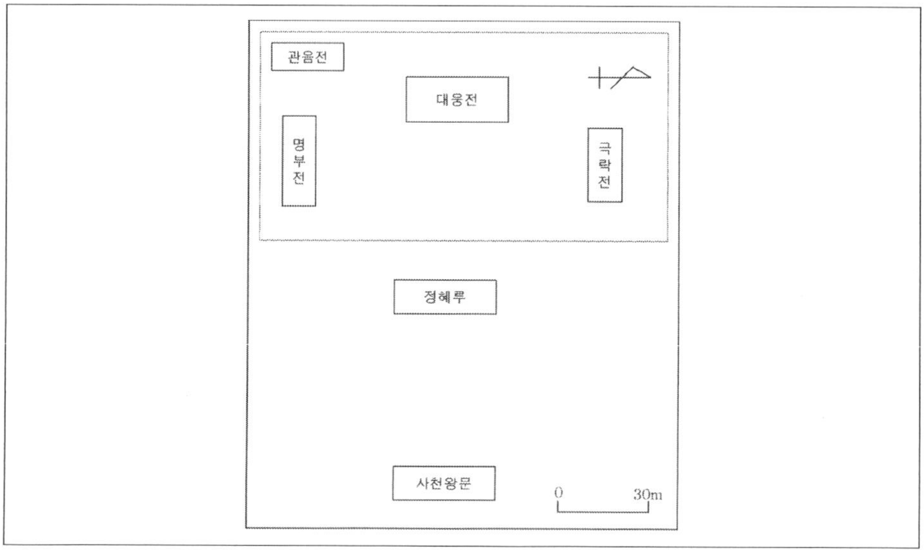

이 가운데서도 독특한 구조를 나타내는 팔상전은 목조와가이며 정면 5간, 측면 5간의 형태를 갖추었으며 초창시기는 불분명하지만 국내에서 유일한 5층 목탑으로 문화재적 가치가 인정되어 국보 제55호로 지정되고 있다. 이것이 법주사 경내의 대표적인 역사적 경관이 되고 있다. 대웅전을 중심으로 좌우에 조사전과 선원이 배치되어 유식학이 성행했던 법상종 사찰의 역사성을 입증하고 있으며, 대웅전 서편에는 한국 사원에서만 볼 수 있는 고유한 성격의 전각으로서 명부전과 산신각이 별동으로 배치되고 있다.

[그림 3-4] 법주사의 사원배치

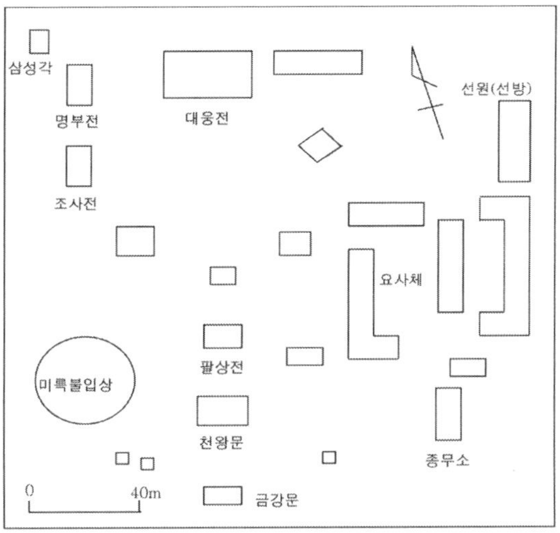

사원경내의 중앙부에 위치한 팔상전 동편으로 요사체 4개 동이 ㄱ, ㄷ,一자형 등의 동(棟)배치형을 나타냄으로써 전체적으로 '一'자형의 평면구조를 나타내고 있다. 팔상전의 서편에는 33.3m 높이의 거대한 미륵입불상이 위치하여 사원경내의 상징적 경관이 되고 있다. 따라서 법주사의 사물(寺物)은 팔상전을 중심으로 하여 南편의 입문, 北편의 불전법당인 대웅전 東편에는 요사, 西편에는 불상 등이 균형있는 배치를 이루어 성역의 경관을 갖추고 있다. 이것이 문화관광의 대상물로써 관광객 흡인요인으로 작용하는 것이다. 한편, 금강문 입구의 수정교 서편에는 비구니(여승)의 도장으로 수정암이 위치하고 있어서 승려의 성별에 따라 사암이 분화되는 특징을 보인다. 또한 속리산내에 분산 배치되고 있는 암자는 별도의 산사경관의 전형을 이루고 있다.

3) 수덕사

수덕사의 사원배치는 종교적 의미의 규칙성에 바탕을 두면서도 동(棟) 배열에 있어서 다소 차이를 보이고 있어서 가시적 경관이 독특하다. 즉, 덕숭산을 배후주산으로 하여 고도 130~155m의 완만한 경사지에 입지하고 있는 수덕사 경내는 남측 입구의 일주문(고도 130m)에서부터 대웅전(고도 155m)에 이르면서 성스러운 장소로서의 상징적인 종교경관을 이루고 있다. 종교의식의 중추적 역할을 담당하고 있는 대웅전을 중심으로 전면에는 선방이 배열된 조인정사가 배치되고 양측에는 一자형의 명부전과 청련당, ㄷ자형의 백련당이 배치되고 있다. 그 한 가운데에 석등이 있고, 조인정사 전면 양측에는 고각과 종각이 위치하고 있으며, 황하루를 사이에 두고 7층석탑과 3층석탑이 배열됨으로써 질서정연하게 정돈된 방형의 형태를 갖추고 있다([그림 3-5]).

대웅전은 정면 3간, 측면 4간의 주심포식 맞배지붕의 형태로 고려조에 축조된 것이다(〈표 3-8〉). 그리하여 수덕사 대웅전은 건축양식과 역사적인 가치를 인정받아 국보 제49호로 지정되었으며, 이것이 곧 상징적 관광자원이 되고 있다.

[그림 3-5] 수덕사의 사원배치

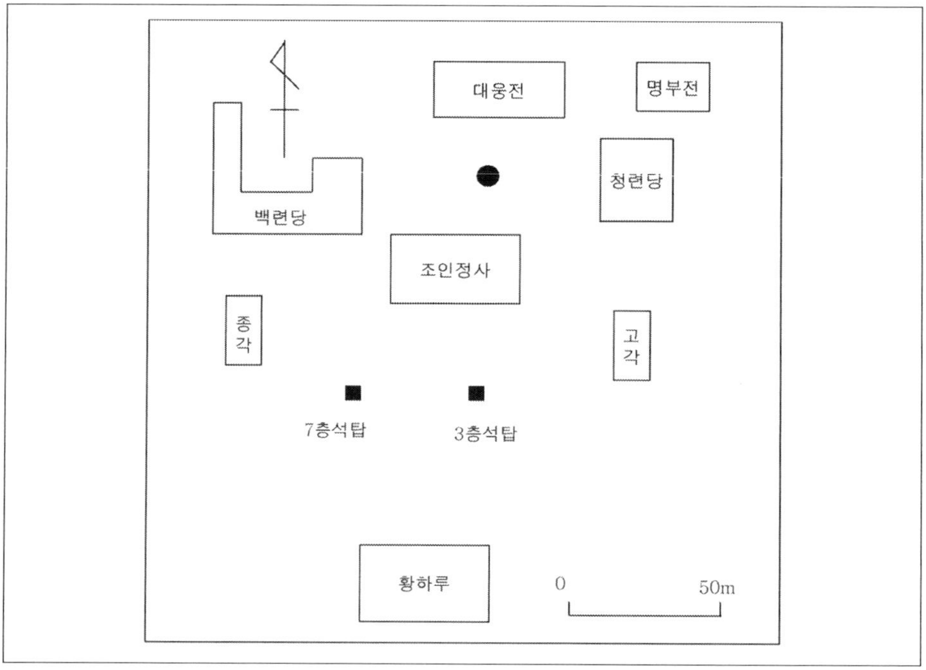

〈표 3-8〉 수덕사 경내 건물의 동별구조

건 물	간 수		건 평	지 붕	처 마	가 구
	정 면	측 면				
대웅전	3間	4間	46.39	맞 배	겹처마	삼량
조인정사	7	3	43.19	팔 작	겹처마	삼량
백련당	7	7	64.09	우진각	홑처마	이량
청련당	7	4	43.71	팔 작	겹처마	이량
명부전	3	1	14.80	맞 배	겹처마	이량
종 각	3	2	7.27	팔 작	겹처마	이량
고 각	3	2	6.97	팔 작	겹처마	이량
황하루	복원중	복원중	58.80	팔 작	겹처마	이량

자료 : 이후석(1988), 수덕사 문전의 관광취락에 관한 연구.

본사에서 서쪽으로 계곡을 사이에 두고 위치한 견성암(여승당)은 고도 170~175m의 평탄면상에 입지하여 2층의 인도식 석조건물을 비롯한 대 · 소건물 9개 동이 배치되어 있다. 여기에서 남쪽으로(고도 130m) 100m 정도의 거리를 두고 선수암(4개동), 극락암(2개동)이 각각 위치하고 있으며, 일주문에서 50m 거리에 고승 '일엽'이 기거했던 환희대(4개동)가 위치하고 있어서 비구의 수도장인 본사와는 별도로 비구니의 암자를 형성하고 있다. 그리하여 사암은 승려의 성별구분에 의한 통합과 분산을 이루면서 본사를 꼭지점으로 하여 삼각형 모양을 이루고 있다. 일주문에서 덕숭산 산정방향의 등산로 700m 지점(고도 340m)에는 수덕사 창건시기와 일치하는 것으로 알려진 정혜사를 위시한 금선대, 향운각, 소림초당 등 8개동의 一자형 건물이 배열되고 있다.

사암의 평면형태는 수덕사 경내를 통과하는 등산로 방향으로 본사에서 약 350m 거리에 완경사 산록과 평탄면상에 입지하면서 전체적으로 소상형(疎狀形)을 보이고 있다. 즉, 일주문에서 시작하는 등산로를 따라 덕숭총림에 배치된 사암의 문화경관이 자연경관을 보완하여 소위 복합형 관광자원을 창출하고 있는 것이다. 따라서 사원은 비구(60명)와 비구니(120명)의 수선도장일 뿐만 아니라 참배객과 관광객의 흡인요인으로 작용하고 있다.

3. 장 승

한민족의 역사가 오래인 만큼 민속문화재도 풍부하다. 그러나 오늘날 귀중한 문화적 자산이며 관광대상으로서 의의가 큰 민속문화재들은 미신이나 금기로 멸시받아 점점 사라져 가고 있는 실정이다. 우리의 생활 속에 전승되어 온 생활자료는 모두 민속문화재라 할 수 있으나 문화재보호법에 규정되어 있는 민속문화재란 "의식주, 생업, 신앙, 연중행사 등에 관한 풍속 습관과 이에 사용되는 의복, 기구, 가구, 그 밖의 물건으로서 국민생활의 역사를 이해하는데 필요한 자료"를 말하는 것이다. 그러나 문화재보호법에 규정된 민속문화재라 할지라도 너무 광범위하므로 여기에서는 장승과 당에 관하여 언급하고자 한다.

1) 장승의 개념과 의의

장승의 기원에 대하여 정확한 연대는 알 수 없으나 신라 경덕왕 때(759년) '장생표주(長生標柱)'라는 장승을 세웠다는 기록이 있다.

장승은 본래 나무나 돌로 만든 기둥모양의 몸통 위쪽에 신(神) · 장(將)의 얼굴을 새기고, 몸통에는 그의 역할을 나타내는 글을 써서 길가에 세우는 신상(神像)으로서, 위협적인 수호신장이거나 진압신 또는 노신(路神) 등의 개념으로 민속신앙의 대상인 주물(呪物)이다.

중부지방에는 돌장승이 드물고 나무장승이 주축을 이루고 있으며, 몸기둥에 '천하대장군(天下大將軍)' '지하여장군(地下女將軍)'의 글씨가 새겨져 있다. 돌장승의 명칭은 지방마다 달라 호남과 영남에서는 '벅수', 제주에서는 돌하루방, 중부지방에서는 '장신' '수살' '수살막이' '수살목' '살막이' 등으로 불린다.

원시신앙에서 보는 선돌(立石) · 솟대(立木)의 숭배나 상고사에서 볼 수 있는 '각목위신(刻木爲神)' '각목작부인상(刻木作婦人像)' 등으로 기록된 우상숭배의 습속이 있어서 점차 고을과 마을에서도 나무로 귀신을 새겨 모셔놓고 음식과 술을 차려 바치며 제(祭)를 지내고 풍악과 춤으로 즐겁게 하면, 초자연적인 주력(呪力)을 가진 신선이 된다고 생각했다. 신선의 이름을 '법슈(法首)'라고 하였는데, 법슈는 '벅수'라고 변음되어서 영 · 호남지방에 많이 남아 있는 수호신이며 고갯길이나 고을의 성문 또는 마을을 지킨다. 중부에서는 장신(將神)이라고도 한다.

고대인에게는 나무와 돌이 생성의 상징이기 때문에 그 자체가 숭배의 대상이 되었다. 목주형(木柱形) 장승은 민족신앙의 솟대에서, 석비형(石碑形) 장승은 입석(선돌)에서 그리고 돌무더기는 누석단에서 기원하였다. 민간의 고유종교로서 큰 나무 또는 돌조각을 세우거나, 작은 돌을 쌓아서, 이것을 경내 수호신의 경계표시로 하는 신앙이 있고, 또 그것들은 상당한 위력을 가진 것이었다. 따라서 장승은 민족신앙에서 그 기원을 찾을 수 있고, 그 목주장승에 무장(武將)의 조상(彫像)이나 문자를 새긴 입석은 발전된 형태이고, 초기에는 단순한 한 개의 나무기둥이었다. 여기에 끈질긴 생명력으로 시간을 새기고 서 있는 장승의 아름다움은 종교적 심성으로서, 소박하고 단순한 장승의 미에는 민족고유의 정서와 사상이 깃들어 있다.

장승은 기능에 따라 경계를 표시하는 이정표로서의 장승과 수호신으로서 악귀를 막는 신앙적 의미를 갖는 장승 두 가지가 있다. 장승이 사찰 입구에 세워져 있는 경우에는 사찰 경내의 경계표식이 되고, 또 길가에 세워진 장승은 이정표의 역할을 하고 있는 것이다. 그러나 장승이 사찰입구나 마을입구에 세워져 있는 것은 단순히 경계나 거리만을 표시하는 것이 아니고 신앙적 의미를 가지고 악귀나 잡병, 부정을 막기 위해서 세워 두었다는 것이다.

신라 이래로 우리조상들은 풍수지리설과 도참설에 의하여 산천비보의 장생표를 세웠다. 이 장생표는 장생이라고 하였으며, 고려조까지 세웠으나 억불숭유의 조선조 때에는 세운 사례는 별로 없다. 장승이라는 명칭의 시원이라고 생각되는 신라 · 고려시대의 사찰 장생표들은 도선국사의 풍수지리설에 의하여 자연적인 산천지맥의 성국을 인위적으로 비보하여 길국을 형성하기 위하여 사탑과 비보장생표 등을 세웠다.

이 장생의 형태는 석적(石磧) · 석비(石碑) · 목주(木柱) 등의 모양으로서 법수와는 달리 신(神) · 장(將)의 얼굴을 새기지 않았기 때문에 우상(偶像)이 아니지만 장승 명칭의 근본이라고 생각되어 장승의 범주에 넣는 것이 관례가 되었다.

넓은 의미에서 장승의 개념은 :

① 위협적인 얼굴을 새긴 민속 원시신앙의 신상인 법수·벅수 또는 장신·수살 등과 미륵·돌부처 등으로 불리면서도 불상이 아닌 석상 등의 부락수호신으로 길가에 세운 우신(偶神)들(면각이 없어도 천하대장군 등 명문이 있거나, 입석이라도 법수·벅수 또는 장승이라고 부르고 있는 것 등을 포함)

② 신라 때부터 고려 초기의 기록에 나타난 것으로 현재까지도 몇 기(基)가 남아 있는 국·왕가의 원찰사원에 세웠던 비보장생(裨補長生)인 '장생표주(長生標柱)' '장생표탑(長生標塔)' '장생표(長生標)' '국장생(國長生)' '황장생(皇長生)' 등에서 수사적인 부분을 제거하고 공통부분인 장생으로 호칭할 수 있는 것. 문헌과 유물에서 볼 수 있는 귀신, 장군 등의 면각(面刻)이 없는 석비(石碑)·석적(石磧)·목주형(木柱形)의 '사찰장생' 등

③ 고려중기 이후부터 나타났다고 생각되는, 신장(神將)의 면각이 있는 장승으로서 장생(長牲)→장승(長丞)·장성(長城)·장선(長善) 등의 명칭으로 불리면서 주로 노표(路標)나 경계표, 금표(禁票) 그리고 사원을 지키는 장승과 풍수 비보(裨補: 수살·수구막이·골막이 등)의 기능을 가진 장승들이 있다.

④ 사찰장생이 단절된 뒤에도 조선조 때에 생긴 사찰의 호법(護法)을 위한 장승들도 있다.

⑤ 동자 또는 유아가 조각되거나, 남근형으로 조성된 석상 또는 목각상으로서 아들 낳기를 빌고, 아울러 풍년을 기원하기 위한 장승(祈子, 祈豊)들이 있다.

2) 장승의 형태

오늘날 남아 있는 장승·법수는 각 시대와 지방마다 그 표정이 동일하지 않다. 풍채 좋고 위엄 있는 선인형 얼굴, 무섭고 험악한 귀신얼굴, 눈을 부라렸으면서도 여유있게 미소짓는 장군의 얼굴 등 인간이 지을 수 있는 희노애락

의 모든 표정을 총망라하고 있다. 그 이유는 각 장승 · 법수의 기능이 벽사(辟邪)부터 기자(祈子)에 이르기까지 다양하고 서민들이 믿는 속신의 대상이 천차만별이며, 전문적인 석공의 기술이 아닌, 마을 공인을 뽑아 사정에 맞게 주문을 하고 면각을 하였기 때문에 각 지방 · 각 지역마다 상이한 표정을 짓고 있음은 지극히 당연한 일이다.

법수는 시대와 지방, 그리고 각기 다른 기능에 따라 얼굴모양이 동일하지 않기 때문에 공통점을 찾기란 쉽지가 않다. 법수의 얼굴은 그때그때의 마을 공인이 그 법수의 기능에 걸맞는 얼굴을 상상하여 나름대로 제작했을 것이다. 외적의 침입을 막기 위한 부락수호의 법수라면 무서운 장군의 얼굴을 조각하였을 것이고, 마을의 풍요 및 기자 따위를 바라는 법수는 염원하는 얼굴로 표현했을 것이다. 법수의 인상은 험악하지도, 경박하지도, 그렇다고 온화하고 자비롭지만도 않은 바로 모든 악귀를 예지와 초능력으로 쫓아낼 수 있는 근엄한 인상이었다.

귀신 · 도깨비 · 사람 등의 얼굴을 가진 우상을 신앙의 대상으로 삼았던 서민들의 민속신앙이 장승으로 상징되고 있다.

법수의 얼굴은 선인계가 주류를 이루면서도 벽사 신상(神像)으로서의 시각적인 위적상의 효험을 기하여 귀신가면을 썼으며, 근세에 이르러서는 경제의 쇠퇴로 인한 기예의 퇴보와 숭유정책에 따른 사원공사의 위축으로 인하여 석수나 목수의 기술이 퇴보하고 인원도 격감하여 치졸한 작품을 남겼음을 여러 곳에서 볼 수 있다. 이러한 소박한 수법으로 조각한 법수의 다양한 표정은 그런대로 우리에게 친근감을 주기도 하며, 선량한 농어민의 자화상을 보는 듯한 느낌을 주기 때문에 즐거운 마음으로 감상할 수 있다.

장승, 법수에는 성별이 뚜렷하다. 그리고 대부분의 경우에는 남녀 2기가 한 쌍이 되어 마주보고 서 있거나(대립), 나란히 서 있다(병립). 대립은 도로 양쪽 또는 마을입구의 좌우산에서 볼 수 있는데, 100m 이상의 거리로 떨어져 있는 곳도 있다(경기도 광주 엄미리 새말). 예외적으로 남우 2기(실상사 입구, 돌하루방), 단기(통영시 독벅수) 등이 있다.

형태상으로 보면 남우(男偶)는 벙거지형의 관모를 쓴 것이 많고 목장승은 포두나 묘목을 쓴 것이 많으며, 모자를 쓰고 있지 않은 것도 있다. 여우(女偶)

는 대체로 민머리형이 많은데, 족두리형도 있으며 비녀를 꽂은 쪽진 머리도 있다. 얼굴의 표정은 역시 남우가 더 험상궂고 여우는 어딘지 모르게 애교가 있고 미소까지 보이는 것이 많다. 또한 남우에 한하여 수염이 있는데, 콧수염은 목장승에서만 볼 수 있으며 음각으로 파거나, 모류(毛類)로 만들어 붙이는 방법을 쓰고 있다. 턱수염은 양각하여 입체적으로 표현하였고 숱이 많으며, 땋아서 멋있게 S자형으로 구부리거나 3조로 나누어 길게 드리우기도 하였다.

대부분의 법수·장승은 남녀의 구별이 있고 그 구별의 기초적 판단은 관모 및 수염의 유무와 표정의 강유(剛柔)라고 하였는데, 이러한 전제하에서도 구별이 힘든 것이 있으니 바로 제주의 돌하루방이다. "이름이 하루방이라 남성이다. 벙거지형 모자를 썼으니 남성이다. 표정이 험하니 남성이다"라고 하는 경우가 많다.

장승의 기능이 벽사일 때에는 마을을 침범하려는 잡귀, 사신들이 법수 얼굴의 험상이나 장신(將神)의 용명에 겁을 먹고 달아나게 하기 위하여 무섭게 성낸 얼굴을 조각하여야 했다. 목법수는 남녀 표정의 차가 별로 없으나 석장승의 경우는 현저한 차이가 있다.

① 남우는 이마에 가로 두세 줄의 파형 주름살이 그려진 것이 대부분인데, 여우는 천자형 주름살이나 신경질적인 X형으로 찌푸렸다.
② 눈은 둥글게 부릅뜨고 눈알이 툭 튀어나온 것은 공통인데, 눈 둘레의 선은 남우가 한 줄인 데 여우는 두 줄인 경우가 많다.
③ 코는 남우가 크고 주먹같으나 여우의 콧등에는 주름살이 더 많다.
④ 입의 개폐상태에 관한 남녀 구별은 하등 관련이 없으나 여상의 입 언저리에는 미소를 띠고 있는 듯 보이는 것이 많다.

장승, 법수를 만들었던 재료는 나무와 돌 두 가지이다. 소나무를 장승·법수의 목재로 가장 많이 사용하였는데, 소나무는 우리나라의 전역에서 다량으로 산출되는 침엽수이므로 당연한 이치이다. 그러나 이 침엽수 재목은 부패와 파열이 심하여 내구성에서 제약이 되었다.

산이 깊고 임상이 좋은 마을에서나 사유림이 많은 사찰에서는 좋은 나무를 쓴 예가 많다. 승주 선운사 입구의 밤나무로 된 장승은 1904년에 세워 90년이 넘도록 노천에 서 있었다. 이런 이유는 노천인 경우 음습한 지점을 피하고 통풍이 양호한 위치에 설치한 것이 보존수명이 길어지기 때문이다. 또 한 가지는 매몰부분의 표면을 태워서 세우면 부패에 예방효과가 있으며 황토칠이나 청색칠은 다소간 방부제 역할을 한다. 돌무더기에 꽂아 세우는 방법도 배수가 잘 되므로 보존수명을 연장할 수 있다(해남 대흥사 목장승).

한편, 사찰에서 세운 석장승은 우리나라에서 가장 흔한 암석인 화강암을 사용한 것이 제일 많다. 이 화강암에 불교석물을 조각한 경험이 많고 슬기로운 석공이 창작적 기예를 발휘하여 훌륭하고 멋이 있는 장승을 만들었다. 수십기의 석장승 · 법수가 제 각기 특징과 개성이 뚜렷하고 모작하였다고 보이는 작품이 전무하다는 것은 경이적인 사실이다. 우리 민족의 조형기예가 숙련이라기보다는 창조성이 뛰어났고, 모방이라기보다는 개발에 노력한 근거를 이 장승 · 법수들에서 뚜렷이 볼 수 있다. 즉 웅장한 것, 익살스러운 것, 소박한 것, 볼수록 구수하고 멋이 있다. 화강암 이외의 돌로 만든 것은 수성암으로 만든 것을 볼 수 있는데, 질이 위약하여 조각은 용이하나 풍화작용의 속도가 빨라 변모가 심하게 되는 경우가 있다(통영 어촌의 벅수들, 무안군 몽탄면 목우암 장승 등).

제주도의 돌하루방은 화산지형 특유의 흑갈색 현무암으로 만들어졌는데, 이 돌은 조각하기는 쉽지만 견고하지 않은 단점이 있다. 근래에 소형 돌하루방을 현무암으로 제작하여 관광 토산품으로 판매하기도 한다. 제주도의 장승인 돌하루방은 제주도를 표상하는 상징물로 이미지화되어 가고 있다. 이처럼 반도부에 소재했던 장승도 복원하고 '천하대장군, 지하여장군' 등의 표식과 이정표 등의 용도로 이미지를 제고하게 되면 한국을 상징하는 고유한 매력물이 될 수도 있다. 경남 통영의 문화동(독벅수 · 쌍벅수)를 위시하여 12건의 장승이 국가민속문화재로 지정되어 있고, 전남 나주의 불회사, 운흥사의 돌장승 등 다수의 장승이 시도민속문화재로 지정되어 있다. 고려 선종 2년(1085년)에 건립된 경남 통도사의 국장생 석표는 보물 제74호로 지정되어 있다. 장승은 가장 한국적인 풍물로 인정할 수 있으며, 민중 속에서 정신적 기층을 이루고 있는 민간신앙이다.

4. 당(堂)

1) 동제(洞祭 · 部落祭)

동제는 부락에서 집단적으로 행해진 민간신앙의식을 말한다. 종교의 주요한 기능 중의 하나가 개인으로 하여금 그 사회에 종속한다는 일체감을 불러일으켜 집단의식을 강화시키는 것이라면, 동제는 원초적인 토착신앙 의식이었다고 생각할 수 있다. 동제는 자연부락을 중심으로 부락민 전체가 추렴하여 공동의 금기를 지키며, 부락민 공동의 평안과 행복을 비는 제사이다.

제(祭)의 형태는 부락민을 대표하는 남자 제관이 심야에 제당에 올라가서 제를 지내고, 동민을 위하여 소지를 올리는 것인데, 지방에 따라서는 동민 전체가 참여하거나, 농악대까지 동원하는 제의식을 했던 경우도 있다. 이 모든 것들은 유교식 가제(家祭)와 비슷하나, 목욕재계하는 등 금기를 엄하게 지키는 것은 전국 어디에서나 공통적이다. 마을에 따라 지역에 따라 다르지만, 대체로 남자만이 참여하는 사례가 많고, 제주(祭主)는 물론 제사에 참여하는 사람들은 여러 가지 금기사항을 따라야 했다. 가령 제사 전후에는 남녀관계를 하지 않는다든가, 몸에 종기같은 병이 있거나 나쁜 행위를 한 사람들은 참석하지 못한다. 특히 여자의 경우 월경 중에 있는 자는 참여를 엄금하는 곳도 있다.

제비(祭費)는 당산답이라고 하는 부락민 공동소유의 논밭이 있었기 때문에 여기에서 제비를 충당하거나 그렇지 못한 경우에는 공동추렴에 의해 마련했다. 이 같은 의례절차 때문에 제사 후에 누리게 될 산신의 축복도 공동으로 누리게 된다고 믿고 있었다.

다른 하나는 직업적인 무당이 집집마다 다니면서 제비를 염출하여 동네를 위하여 하는 굿의 형태이다. 이것은 서울 · 중부 · 해서지방의 강신입무(降神入巫)들에 의한 '도당굿'과 영 · 호남지방의 당골무당에 의한 '별신굿' 두 가지 형태가 있다. 도당굿은 무당의 열두거리 굿을 말하며 무당에 의해 진행된다. 참여하는 사람들도 아녀자들이 주종을 이루며 유교식 가제와는 다른 형태이다. 이 굿은 경기도 장단 고랑포 등 고려시대의 수도였던 개성을 중심으로 한 중부지방에 널리 분포되어 있다. 별신굿은 전통적 세습무로 부락민들의 요청에 의해서 부락민들의 안녕을 빌던 굿의 형식이다.

그래서 별신굿은 도당굿보다 부락제와 관념적으로 일치하는 점이 많을 뿐만 아니라 극적인 요소가 상당부분 돋보인다. 이러한 점들은 강릉 단오굿이나 은산 별신굿 등에서 보여진다. 이처럼 여러 유형의 부락굿 중에서도 가장 원초적인 것으로 우리의 생활주변에 남아 있는 것은 역시 별신굿이다.

도당굿은 세습무인 당골(전남)이나 무당(경남)보다 나은 강신입무들로 한층 발전된 형식이었던 것으로 보이기 때문이다.

위지 동이전의 고대 제천의식은 곧 별신굿을 지칭하고 있다. 부여의 영고, 고구려의 동맹, 예의 무천, 마한의 천신제는 별신굿 형태의 부락제와 일치하는 것으로, 특히 마한의 천신제는 현재 전국적으로 행해지는 별신굿 또는 정숙형 부락제와 유사하다.

부락제는 부락 수호신에게 제사지내어 동네의 안녕과 풍년을 기원하는 제이다. 남녀노소들로 하여금 일체감을 일으켜서 사회제도를 굳건히 하고, 공동사회의 기능을 살려가자는 것으로 우리 조상들은 동제를 지냄으로써 신에 대한 믿음을 키웠고, 공동축제형식으로 공동체의식을 키워 왔던 것이다.

이러한 고유한 전래의 종교의식은 전통문화재로 지정되어 보호되기도 하지만, 현대문명과 외래종교에 의해서 파괴되어, 그 본질은 대부분이 잊혀져서 지금은 하나의 부수적인 마을행사를 위해서 연출되는 정도에 불과한 실정이다.

우리나라에 불교가 처음 들어온 시기는 4세기 말이지만, 구체적 활동을 개시한 때는 대체로 5세기 초에 이르러서이다. 불교는 본래 전승되던 고유 민간신앙과 자연스런 결합과정을 거치면서 강한 뿌리를 내릴 수 있었는데, 불교가 우리의 민간신앙과 결합하게 된 것은 일반대중과의 강한 유대관계를 맺기 위한 것이었다. 그렇지만 결과적으로 민간신앙이 불교와 동화된 것이 아니라 불교로부터 어떤 형태를 취했던 것으로 민간신앙 형성에 영향을 주었다. 즉 민간에서는 음력 사월 초파일이나 칠석제가 되면 사찰에 가서 예불을 올렸으며, 부처님을 위한 것 외에 단순한 믿음의 발상에서 생겨난 구체적 형체인 산신각이나 칠성각이 그것이다. 사찰에 가면 본전 뒤의 조그만 집에 산신각이나 칠성각이란 현판이 부착되어 있는데 때에 따라서 산산각, 칠성각이 나란히 건립되어 있는 경우도 있다.

당(堂) 안에는 산신이나 칠성신의 화상이 있는데, 산신은 백발노인이 호랑이를 깔고 앉아 있거나 데리고 있는 모습을 하고 있으며, 칠성신은 고깔을 쓰고 장삼을 입은 일곱명의 화상을 일컫는다. 이 그림을 통해서 살펴보면 흔히 동네 부락민에 의해 모셔지는 서낭신과 연관이 있는데, 특히 서울지방의 무신도에서는 그 특징이 나타나고 있다. 더욱이 칠성신은 국사당이나 사신성황당, 할미당 등의 무신당에서도 곧 잘 보여지고 있는데 기능면에 있어서는 그 유사성이 더 크다.

산신은 고대 부족국가에서 모셔지던 천신의 계통이며, 칠성신은 우리의 고유한 해신이 도교로 신격화된 것으로 이들 산신, 수신이 우리나라 민간신앙의 근간을 이루고 있다. 이처럼 여러 유형의 유사종교 중에서도 유독 산신과 칠성신만이 불교사찰 안에 건립된 이유는 이들이 우리나라 민간신앙의 대표적인 존재였기 때문이다.

또한 이러한 신들은 복합적 성격을 띠고 있으므로 농경의 안녕과 부락민의 번영을 함께 기원했으며, 이점은 부락단위 민간생활의 심성과 종교적 인식의 한 형태일 수도 있었다.

따라서 우리나라에 분포되어 있는 여러 유형의 민간신앙 가운데서도 이 부락제만큼 중요한 위치를 차지하는 것은 없다. 부락제가 지니는 독특한 집단성의 사회의식 때문에 일제 시대에는 탄압의 대상으로 수난을 당하기도 했으며 또한 별신굿같은 큰 형태의 부락제는 미신이라 하여 타파되기도 했다.

부락제를 행했던 시기는 다른 민속행사가 대채로 그랬듯이 정월 초순경부터 보름까지가 많다. 때에 따라서는 추석이나 봄, 가을로 택일하여 지냈던 경우도 있지만 매년 한 번씩 의례적으로 행하여졌다.

제사가 끝난 이후에는 으레히 한판 신명나는 굿판을 벌였는데 초저녁에 시작해서 밤늦도록 계속하는 것이 보통이었다. 제사를 지내는 동안이나 제사의 전후에 농악패가 동원되거나 또는 며칠씩 굿을 행하기도 하여 부락공동체의 산물인 축제가 열렸다. 현재까지 대규모로 전승되고 있는 별신굿으로는 강릉 단오굿이 있다.

강릉 단오굿의 관노가면무극은 1976년 중요무형문화재(현재는 국가무형문화재) 제13호로 지정되어 있는 놀이이며, 단오의 '단'은 처음이란 뜻을 지니고 있고 '오'는 오일을 의미하고 있지만 그보다도 농업에 있어서 중농제에 해당되는 것이다. 이는 곧 오월에 파종을 마치고 천신에게 제사를 올렸던 전통을 그대로 계승한 민속이라고 한다. 단오제는 음력 3월 12일의 신주를 빚는데서부터 시작하여, 4월 보름날 성황신을 맞이하고 5월 6일의 화산까지 20여일 동안 대규모로 열렸던 축제로 특히 오월 초하루부터 엿새까지가 절정이다.

주신으로 모셔지는 대관령 국사성황은 대관령 산꼭대기에 칠성당, 수비당과 함께 성황사 건물 안에 신상(神像)으로 모셨다. 국사성황은 검은 갓을 쓰고 말을 탄 모양을 하고 있는데 말고삐를 마부가 잡고 서 있으며, 좌우에는 호랑이 두 마리가 서 있어 성황의 신격이 산신임을 보여준다. 4월 보름날 호장과 무당들이 성황당으로 올라가 우거진 숲 속에서 흔들리는 나무가지를 꺾어 성황목을 앞세우고, 국사성황님을 모셔 강릉시 남문동에 있는 여성황당에 머물게 하였다가 단오굿의 제당으로 옮겨 굿을 하게 했다. 남신인 국사성황을 여성황과 동침시켰던 이 같은 행위는 강원도 해변가 부락제당에서 흔히 볼 수 있는 현상이다.

이 같은 부락제의 대상 신(神)은 대체로 산신이었으며 산신은 고대부족국가시대의 친선제 계통의 유습으로 보여지며, 당집을 짓고 위패나 화상을 모셨다. 그 옆에 당목과 돌무더기가 있어 신앙심과 원시성을 지니고 있는 곳이 되었으며 돌무더기만이 있거나 당나무만이 있는 경우, 또는 두 가지가 함께 있는 경우도 있다. 또한 특수한 몇몇 지역에는 장승이나 솟대를 신체로 삼아 지냈다.

전북의 남원군 운봉과 경남의 통영시에서는 돌장승을 부락의 수호신으로 모시고 부락제를 지냈으며 전북의 부안지방에서는 솟대를 신체로 삼아 지냈다. 부안읍에 서 있는 석조신간은 1689년에 세운 것으로 현존하는 것 중에서 가장 오래된 것인데, 그 양식이 특수하며 중요민속자료로 지정 · 보호되고 있다. 이 신간을 당산이라고 하는데 '할아버지 당산'과 '할머니 당산' 두 쌍이 서 있게 되며 할아버지 당산은 꼭대기에 오리를 조각하여 올려놓고 있으며, 할머니 당산은 돌기둥에 비문과 오리를 조각하고 있다.

나무로 만든 솟대는 전국 여러 곳에서 장승과 함께 볼 수 있으며, 돌로 만들어 세운 것은 이것 외에는 현재까지 볼 수 없다.

우리네 조상들은 이처럼 부락제를 통해 신의 보호를 받았고 공동체적 축제를 통해 건전한 놀이를 발전, 전승시켜 왔다. 부락제가 탄생되는 사회적 배경 속에서 떼 놓을 수 없는 것이 불교이며 불교도 외래 종교로서의 불교가 아니라 토착종교로서 민간생활 문화의 근간이 되었을 시기부터 부락단위의 '삶' 공동체적 구성이 자연스럽게 형성되기 시작하였다.

우리나라의 샤머니즘은 처음부터 원시 또는 고대 종교로서 자생적으로 발전하고 있었기 때문에 일종의 전 신화단계의 종교로서 이후 모든 종교의 인격적 내지 우상적 종교의 신격화 및 신화의 발생에 결정적 역할을 했다. 이 점이 불교와 신화 그리고 그것이 구체적 삶의 모습인 부락제의 성격을 명료히 하는 데 기여하게 된 것이다.

2) 신당(神堂)

민간신앙에서 신을 모셔놓고 위하는 집, 당집 혹은 당이라고도 한다.

① 굿당이라고 하는 것으로 서울시내의 할미당이나 국사당이 그 예이다.

② 무당 집안의 별채나 방에 만들어 놓은 것으로 무신도 무구·무복·무악기들을 모셔 둔다.

③ 전국의 약수터나 영천이라는 곳에 세워져 있는 용신당이 있다. 이 당안에는 용신할머니·용궁부인·용궁애기씨 등의 무신들이 모셔져 있는데, 이러한 용녀신의 관념은 신라 시조신화 '알영부인신화'와 많은 유사성을 보이고 있다. 경주의 알영부인 탄생기념 비각 바로 옆에는 지금도 화강암 판석으로 덮여 있는 우물이 있다.

④ 산신각으로 불리고 있는 것으로 그 안에 대개 산신도가 모셔져 있다. 서울시내의 보현산신각이나 대관령의 산신당이 그 예이다.

⑤ 촌락공동체의 수호신당으로 전국에 산재하여 있고 수효도 제일 많다. 전통적 농어촌 사회서 많은 영향력이 있었던 이런 동제당들은 지방마다 다양한 차이를 보이고 있는데 그 개략적인 내용은 다음과 같다.

우선 명칭에 있어서 경기도 · 충청도 지방에서는 산신당 · 산제당이라는 이름이 많이 쓰이고 서낭당이라고 부르기도 한다. 강원도를 중심으로 하는 산악지대나 동해안 일대에서는 서낭당이라는 이름이 제일 많이 쓰이며, 호남지방과 영남지방에서는 당산이라는 이름이 지배적이다. 서울시내에서도 수십개소가 있는데, 한강변 마을에서는 부군당이라고 부르는 경우가 많다. 시대적으로 보면 촌락공동체의 수호신당을 일제강점기에는 부락제당이라고 불렀고 광복 후에는 동제당으로 통칭하고 있다. 그런데 제주도에서는 이런 동제당이 훨씬 다양해져서 전통적 민간신앙의 원형과 그 변화된 모습을 보여주고 있다. 즉, 대표적인 종류는 본향당으로 대개 마을마다 하나씩 있고 마을 공동의 수호신당 구실을 한다. 한편, 해안지방에서는 개당 · 돈지당 · 해신당이 많이 존재하는데, 개당은 포구를 지켜주는 수신당이고, 돈지당은 선창에 모셔진 당이며, 해신당은 마을사람들이 바다에 관한 일을 기원하는 당이다.

동제당의 형태는 전국적으로 가장 보편적인 것이 신목(神木)만 있는 자연상태의 것이다. 나무의 종류는 소나무나 느티나무들이 많고 그것들은 대개 거목들이다. 이 나무 밑에는 돌로된 제단이 소박하게 마련된 경우들도 있고, 때로는 그 신목 옆에 조그마한 사당 건물이 지어진 예들도 있다. 그 당집이 큰 건물로 된 경우도 있는데, 이때는 신목이 있는 경우도 있고, 신목이 아주 없는 경우도 있다. 큰 당집이 생기면 그 안에 흔히 신상그림을 모시거나, 아니면 나무로 만든 위패들을 모신다. 지금은 보기 어렵지만 이 당집 안에 신체의 상징으로 방울이나 서낭대 · 신기들을 모시는 경우들도 있었다. 또, 가끔 흙으로 굽거나 쇠로 만든 작은 말 형태들을 모신 경우는 지금도 볼 수가 있다.

3) 당산제(堂山祭)

당산제는 주로 호남 · 영남지역에서 행해지는 마을의 제사이다. 마을의 수호신인 당산신(당산할아버지와 당산할머니)에게 마을의 풍요와 형안 등을 기원하는 지역공동체적 의례이다. 당산굿 · 동제 · 당제라고도 한다. 제일(祭日)은 주로 음력 정월 대보름이나 정초가 가장 많고 그밖에 10월 보름에 제사를 지내기도 한다.

또한, 다른 동제와 마찬가지로 마을의 풍년과 평안을 위한 제의인 한편, 마을사람들 모두가 참여하여 즐김으로써 축제의 성격도 지니고 있다. 신성기간 동안 마을사람들은 얽혀있는 감정을 해소하는 화해의 장(場)을 마련하고 마을의 구성원 모두가 참여하여 일체감을 가짐으로써 지역공동체의 유대를 강화시키고, 노동의 힘든 생활에 활력을 주는 청량제의 구실을 한다.

전라북도 고창읍에 있는 오거리 당산 중에서 중앙동, 중거리, 하거리의 세 할아버지당과 경상남도 통영시 삼덕리 장군봉에 있는 장군당이 민속자료로 지정되어 있다.

특히 제주도에는 당 500이란 말이 전하고 있으나 불타 버린지 오래고 오늘날에 와서는 제주시 화북동에 해신사만이 지방문화재로 지정되어 있다.

고창 중앙동의 할아버지당은 시장 복판에 돌을 깎아 세웠고, 높이 382cm의 석간에는 순조 3년(1803)에 세운 것으로 되어 있으며 할머니당은 동쪽으로 300m 떨어진 곳에 있었다고 하나 지금은 당목만 남아있다.

중거리 할아버지당은 중앙동에 있고, 하거리 할아버지당은 당집이 없으며, 높이 645cm의 비석과 당목만이 남아 있을 뿐이다. 옛날에는 당 주변에 넓은 공지가 있었다고 하나 지금은 집들이 들어서 있어서 신앙의 대상이 되는 엄숙한 분위기는 사라지고 말았다. 하거리당은 정월 초하루 자정에 제사하고, 중거리당은 정월 보름 자정에 제사지내고 있다.

이 세 할아버지당은 당집이 없고 당의 표시로써 마치 탑처럼 생긴 화강암의 화표가 세워져 있는 것이 특징이다. 우리나라의 당은 국사당과 서낭당이 있어 다 당집이 있거니와 그 외에는 큰 당목이 있거나 적석단으로 되어 큰 마을, 큰 고개, 또는 나루터나 항구같은 곳에는 그 수를 헤아릴 수 없을 정도로 많으나 고창의 당같은 경우는 드물다. 더욱이 원래는 할아버지당과 할머니당이 모두 있었다고 하나 다섯 거리에는 열 개의 당이 있었던 셈이며 꼭 부부를 형성시키는 등 음양에 맞게 배치하여 '민속석공예'에 관한 학술적 가치를 지니고 있다.

통영시 삼덕리의 장군봉에 있는 부락당은 장군당이라고 부르며 그 옆에 천제당이 있고 통영시내로 통하는 길 좌우에 돌장승이 서 있다. 장군당 안에는 장군의 화상과 대소의 목마가 보존되어 당으로서의 갖출 것은 다 갖추고 있다.

장군당이란 갑옷을 입은 장군상을 모시고 있는데서 유래한 것이나 장군봉, 장군당, 장군상은 모두 '장군'으로 일관했는데 통영시는 바로 이순신 장군이 수군을 거느리고 왜적과 싸운 해역이기에 현지 사람들도 그 장군을 이순신 장군으로 숭상하고 있다.

장군당의 신령은 효험이 대단하며 치성을 드리는 사람이 많을 뿐만 아니라 산 전체를 신성시하고 있다. 산에서 부정한 일이나 나무를 함부로 꺾는 것조차 금기되어 있다. 목마는 장군이 타고 다니는 말로 길이가 155cm, 높이가 93cm나 된다고 한다.

한국의 당과 유사한 일본의 신사(神社)는 일본의 독자적인 종교인 신도(神道)의 신을 제사하는 건물로 전국에 8만개소 이상이 존재한다. 신사의 입구에 건축된 문이 '도리(鳥居)'인데, 이 독특한 형태는 가장 일본적인 상징경관으로 볼 수 있다. 신사는 일본식 축제인 마쯔리(祭り)와 더불어 외래객으로 하여금 이문화체험의 요구를 충족시키는 관광대상물이 되고 있다.

우리나라에서도 최근에 문화관광의 진흥과 국제관광의 경쟁력을 확보한다는 차원에서 문화관광축제가 날로 증가되면서 활성화되고 있는 것은 매우 고무적인 사실이다.

문화체육관광부가 추진하는 문화관광축제 육성 지원은 외국인 관광객 유치 확대를 통한 세계적인 축제 육성 및 지역 관광 활성화를 기본방향으로 두고, 전국의 전통문화와 독특한 주제를 배경으로 한 지역축제 중 관광상품성이 큰 축제를 대상으로 1995년부터 해마다 지속적으로 지원 · 육성하고 있는 사업이다. 선정방법은 각 특별시 · 광역시 및 특별자치도에서 축제를 추천하면 관광 · 축제 등 관련 분야의 전문가들로 구성된 선정위원회에서 축제 프로그램 등 콘텐츠, 축제 운영, 발전 가능성 등을 기준으로 선정하게 된다. 2020년, 2021년 COVID 19 펜데믹 상황임에도 불구하고 등급 구분없이 강릉 커피축제를 위시하여 35개를 선정 지원하였다.

문화관광축제는 우리 전통문화의 세계화와 문화국가이미지 조성을 위하여 독특한 전통 문화자원의 관광상품화와 기존 문화축제를 세계적 관광축제로 육성하여 외래관광객 유치를 증진시키고 지역경제를 활성화하는 데 기본방침을 두고 있다. 오늘날의 관광은 보는 관광에서 문화 체험관광으로 변화되는 추세에 따라 지방관광의 육성이라는 측면에서 각종 지역축제의 관광자원화를 통한 활성화가 필요하다. 따라서 우리가 가지고 있는 고유한 문화를 잘 이해하는 가운데 세계 어느 곳에서도 볼 수 없고 체험할 수 없는, 오직 한국에서만 행해지는 축제방식을 복원하고 보급하는 일이 중요하다. 그러므로 축제의 본질과 지역문화의 주체성 유지에 바탕을 두고 관광객의 참여형 축제로의 변신을 꾀하는 지속적인 관심과 노력이 요구된다.

또한 문화산업을 일으킨다는 관점에서도 전통문화를 재현하는 행사와 민속문화행사도 지속적으로 확대해 나가는 것은 국제관광에서도 성공할 수 있는 방안이 될 수 있다. 즉 우리나라 전통 민속예술을 발굴, 전승하고 지방문화예술의 활성화를 도모하며 아울러 한국고유의 관광자원이 관광상품화가 될 수 있도록 민속문화행사를 적극적으로 장려하고 육성해야 한다.

3 성 곽

1. 성곽의 발달과 특색

1) 성곽의 발달

성곽은 외적을 방어하기 위해서 축조한 건축물로 고대, 중세를 통해서 만들어진 사회공동체의 평화를 보장해주는 시설이었다. 현재 고고학적 발굴에서 가장 오래된 것으로 인정되는 성곽도시(城郭都市)는 이스라엘의 '예리코'로 그 성벽은 B.C. 8000년 이전의 것으로 판명되었다. 이 밖에 지중해의 동해안이나 소(小)아시아에서도 거의 같은 연대의 유적이 발견되었다. 이어서 B.C. 4000년 경에는 고대 메소포타미아의 티그리스강(江)과 유프라테스강 일대에 수메르인(人)이나 아카드인의 성곽도시가 번영하여 그 유적이 많이 발굴되었다. 성곽도시는 또한 고대의 이집트 · 인도 · 중국에도 출현했다. 이들 고대 문명권에서는 그 후 여러 민족이 흥망성쇠를 거듭하고, 수많은 왕조가 흥망하였지만 성곽도시나 성새(城塞)의 구상은 계속 전승되어 근세에까지 이르렀다. 성(城)은 원시인이 적이나 야수를 막는 원시적 방어물에서 시작되었으나, 그 후 농경·목축 등 경제활동을 하면서 일정한 토지에 정주(定住)하게 되자 주거를 지키는 주거방어의 형태를 낳아 주거의 집합체인 취락(聚落) 방위로 발달하였고, 또 이것은 점차 성곽도시로 확대되어 갔다.

경제의 발달과 함께 인간사회의 계급화가 진행되어 권력자가 출현하자 권력자의 주거를 특별히 방어하는 사적(私的)인 주거방비가 거관(居館)·거성(居城)·왕궁(王宮)의 형태로 발달하였다. 한편 주거를 위한 방비가 아니고 순전히 전투상의 필요에 따라 방어물도 구축하게 되었으니 이것들은 처음에는 목책(木柵)이나 녹채(鹿寨: 가시울타리) 같은 간단한 것이었으나 뒤에는 중국의 만리장성이나 영국에 축조된 하드리아누스의 장성(長城)과 같은 방책(防柵)으로 발달하였다. 성은 원래 인간의 평화에 대한 소망 또는 자기방어본능 등에서 연구되기 시작한 것이지만 나중에는 집단적 싸움인 전쟁에서 방어적 구축물이 되었고, 동시에 도시국가나 왕후·영주 등의 세력신장의 기지로서 역할도 하였다. 그리하여 성은 전란 속에서 발달한 축성기술에 의하여 유럽에서 중세로부터 근세에 걸쳐 현저한 발달을 이룩하였다. 또한 성은 위력있는 대포(大砲)의 출현과 정세의 변화 등에 따라 군사적 구축물인 요새(要塞)와 일상생활의 건조물인 성관(城館)·거성 등으로 분리되어 발달·쇠퇴하여 왔다.

2) 유럽의 성곽

유럽에서 '성(castle)'이라는 말은 왕이나 영주가 그 영토 안에 구축한 요새를 가리킨다. 그러나 이 말은 때로 영국의 도셋(Dorset)주(州)에 있는 메이든성과 같은 선사시대의 토루(土壘)를 가리키기도 하고, 현대에는 각국마다 그 형태는 다르지만, 당당한 대저택이나 시골에 있는 귀족·부호의 저택을 가리키는 경우도 있다. 유럽에서 성이 독자적 형식으로 발달하게 된 것은 중세 이후의 일이며, 대략 11세기에서 13세기에 걸쳐 봉건사회 지배자의 무장된 주거지로서 점차 견고한 것으로 발달하였다. 일반적으로 중세의 성은 세 가지의 역할을 지닌 건조물이었다. 즉 ① 영주의 주거, ② 성이 구축된 지역의 방어시설로서의 한 요소, ③ 비상시 백성들의 피난처 등의 역할이었다. 영국이나 프랑스에서 흔히 볼 수 있는 초기의 성은 성터 주위에 해자(垓字)를 파고 그 파낸 흙을 쌓아올려 원추형의 대지(臺地: motte)를 구축하고 그 정상에 목조로 탑상(塔狀)의 건물(keep 또는 donjon이라고 한다)을 세우거나 아니면 대지에 접속시켜 목책이나 해자를 둘러치는 간단한 것이었다. 서유럽에서 보이는 초기의 킵은 사각형 또는 직사각형 평면의 건물이며, 거기에는 우물 · 사실(私室), 창고, 기타 장기간 농성에 필요한 모든 설비가 갖추어져 있었다. 수차에 걸친 십자군 원정에 의하여 동방의 축성술을 알게 된 서유럽의 기사(騎士)들의 체험은 12세기 말엽부터 본국의 축성술에 반영되었다. 북프랑스의 가야르성은 장대한 성으로 알려져 있으며, 그 후 이러한 형의 성새건축은 13세기를 통하여 더욱더 개량되었다. 프랑스의 쿠시성(1917년 파괴)도 골짜기를 내려다보는 대지에 세운 걸작이었다. 독일에는 암산(岩山) 위에 세운 팔켄베르크성이 있으며, 영국의 예로는 런던탑 · 윈저성 · 에든버러성 등을 들 수 있다. 중세기 말에서 15~16세기에 걸쳐 화기(火器)의 사용이 급속히 발달하게 되자 종래의 방어시설로는 효과가 없게 되어 그때까지 성이 지니고 있던 주거와 요새를 겸했던 두 가지 기능이 분리되어 성은 순전히 군사상의 요새와 거관으로서의 저택으로 나누어졌다. 르네상스 시대 르와르강 유역에 세워진 성관(城館)들은 그러한 중세의 축성술을 배경으로 하는 아름다운 경관을 이루어 문화 관광자원의 중요한 요소가 되고 있다.

3) 중국의 성곽

중국에는 B.C. 2000년경 황하강(黃河) 유역에는 이미 성곽도시가 생겼다. 중국은 대체로 평야가 많은 나라이므로 도둑이나 외적의 침입을 막기 위하여 일찍부터 성곽도시, 도성(都城)의 발달이 현저하였다. 중국의 성은 두 가지 유형으로 분류되는데, 그 하나는 성곽도시이며 다른 하나는 순전히 국경방위를 위한 선식축성(線式築城)으로 성오(城塢) · 성채(城砦) · 성새(城塞) · 성책(城柵) · 성장(城障) · 성보(城堡) · 성루(城壘) 등 여러 가지로 불리며 만리장성은 그 대표적인 형태이다. 성곽도시는 수도(首都) 뿐만 아니라, 지방도시 · 촌읍에까지 축성되어 도성(都城)·읍성(邑城) 등으로 불렸으며 대소 규모의 차이는 있으나 형식에는 큰 차이가 없었다. 역사적으로 중요한 도성으로는 주(周)나라의 호경(鎬京)·진(秦)나라의 셴양(咸陽)·한(漢)나라의 장안(長安)·위(魏)나라의 뤄양(洛陽)·촉(蜀)나라의 청두(成都)·오(吳)나라의 건업(建業: 南京)·수(隋)나라의 대흥(大興: 長安)·당(唐)나라의 장안(長安)·원(元)나라의 대도(大都: 北京)·명(明)나라의 금릉(金陵: 南京)·청(淸)나라의 베이징(北京)이 있었다. 성내에는 일반 민가 외에 왕의 궁성·정청(政廳) 등이 있고 때로는 왕의 별궁도 있었다. 주나라의 호경은 한쪽 길이가 4km의 정사각형 성벽에 둘러싸이고 중앙에 궁성이 있었다. 북위(北魏)시대의 뤄양성은 성의 주위가 35km나 되었고 청나라의 베이징성은 내성과 외성으로 나뉘어 그 총면적은 약 64km²에 이르고 많은 성문과 내부에는 자금성(紫金城), 황성(皇城)이 있었다. 이들 도성은 방어의 주체가 그 성벽에 있으며, 성벽의 폭은 기저부(基底部)가 약 5m에서 10m, 상부는 2m에서 5m가 통상이고, 높이는 대개 7m에서 10m 정도이나, 난징(南京)·베이징의 성은 20m나 되는 것도 있다. 성벽 위에는 보랑(步廊)이 설치되고 성가퀴가 있으며 후세에는 요소요소에 탑을 세우기도 하였다. 견고한 성문 위에는 성루(城樓)가 설치되고 옛날에는 성문 앞에 다시 옹성(甕城)이라는 소곽(小郭)의 방어벽을 구축하였는데, 때로는 이것을 성문 안쪽에 구축하기도 하였다. 성벽 주위에는 통상 해자(垓字)가 있었고 성벽의 구축재료는 처음 흙벽돌이 사용되었으나 후에는 벽돌이 사용되었다. 만리장성은 북방민족의 침입에 대비하여 중국 북쪽 변경에 구축된 방책으로 그 축성은 B.C. 700년 무렵에 시작되어 진나라 시황제(始皇帝) 때 완성된 다음 역대 왕조에 의하여 개축, 수리가 행하여졌다. 현재 남아 있는 장성은 명나라 때 개축한 것으로 총길이가 2,500km에 이르고 있어 세계 토목사상 최장의 구축물로서 중국의 상징적 관광대상물로 이미지가 높은 편이다.

4) 일본의 성곽

일본은 근세에 이르러 지방의 영주인 다이묘(大名), 소묘(小名) 등의 무장이 자신의 거성으로 구축한 성곽이 각처에 잘 보존되어 있는 나라이다. 7세기 다이카노카이신(大化改新) 무렵, 한국의 산성축성법이 전래되어 주로 대외적인 방어성책이 변경에서 이루어졌다. 북동지방에는 책(柵)과 성(城)이 설치되고 남서지방에는 토루(土壘), 석축(石築) 등을 갖춘 산성이 구축되었으며 지금도 남서지방에 유적으로 남아 있는 고고이시(神護石)는 한국의 산성과 매우 흡사한 형태이다. A.D. 645년 고토쿠(孝德天皇)때 축조된 나니와도성(難波都城)은 중국 당나라의 장안성(長安城)을 모방한 일본 최초의 당식(唐式) 도성이었으며, 이러한 형식은 후지와라쿄(藤原京), 헤이조쿄(平城京), 헤이안쿄(平安京)로 전승되었다. 중세에 들어와 몽골군의 내습이 있었고 이를 방어하기 위하여 치쿠젠(築前: 福岡縣), 나가토(長門: 山口縣)해안에 구축한 석루(石壘)는 장성식(長城式)으로 일본에서는 그 유례가 없는 것이다. 근세에 이르러 성은 단순히 적을 막기 위한 것만이 아니고 그 지방의 정치경제의 중심을 겸한 다이묘들의 거성으로서 크게 발달하여 전국 각지에 성이 출현하고 그 외곽에는 백성들의 부락이 형성되었는데, 현재 일본의 대도시의 대부분은 이들이 발전된 것이다.

이와 같은 거성은 성곽의 지형에 따라 산성(山城), 평산성(平山城), 평성(平城) 등으로 구분된다. 산성의 예로는 다카하시성(高梁城: 岡山縣) · 오카성(岡城: 大分縣) · 돗토리성(鳥取城: 鳥取縣) 등이 있고, 평산성으로는 아즈치성(安土城: 滋賀縣) · 히메지성(姬路城: 兵庫縣) · 와카야마성(和歌山城) · 히코네성(彦根城: 滋賀縣) · 구마모토성(熊本城) · 고치성(高知城) 등이 있다. 평성으로는 나고야성(名古屋城) · 요도성(淀城:京都) · 다카마쓰성(高松城: 香川縣) · 사가성(佐賀城) · 도야마성(富山城) 등이 있다. 또한 유명한 오사카성이나 일본 천황의 거성인 황성은 평산성과 평성의 중간적인 형태이다. 이들 일본성은 성곽을 둘 또는 세 구역으로 나누어 혼마루(本丸)를 중심으로 하여 그 외곽에 니노마루(二の丸), 산노마루(三の丸) 등을 배치하고, 대개의 성에는 깊은 해자를 두르고 있다. 중심부에는 덴슈카쿠(天守閣)라 불리는 높은 누각이 3층 또는 5층으로 솟아 있으며, 옛날에는 이곳이 성주의 거관이었다.

5) 우리나라의 성곽과 관광가치

우리나라의 사적(史蹟) 중에서 가장 많은 수를 차지하는 것이 성 또는 성지

(城址)이다. 이처럼 많은 성이 언제부터 만들어지기 시작하였는지 그 연대는 분명하지 않다. 다만 B.C. 194년에 위만(衛滿)이 왕검성(王儉城)에 도읍을 정하고 위만조선을 건국하였다는 기록이 있고, B.C. 18년에는 백제의 온조왕(溫祚王)이 위례성(慰禮城)에서 즉위하였다는 기록으로 보아 성은 오래 전부터 한국에 있었던 것으로 추정되나 그 성이 어떠한 형태의 성이었는지는 알 길이 없다. 다만 백제 초기에 축성된 풍납토성(風納土城: 서울 강동구 풍납동)과 A.D. 132년(개루왕 5년)에 축성된 북한산성은 지금도 사적으로 남아 있어 당시의 규모를 짐작케 한다. 그 후 삼국시대를 통하여 나라마다 많은 성을 축조하였고, 그 중에서 신라의 삼년산성(三年山城)과 월성(月城)은 유명하다.

한국의 축성술은 이 무렵부터 발달하기 시작한 것으로 보이며 한국의 지형과 환경에 적응하는 독특한 방식으로 발전하였다. 한국의 성을 종류에 따라 구분하면 도성, 읍성, 산성, 행성(行城: 長城)과 잡성 등으로 나눌 수 있으며 그 중에서도 산성의 수가 압도적으로 많은 점이 일본에 거성이 많은 점과 매우 대조적이다.

산성을 비롯한 이 성곽들은 우리나라 고유의 형식을 계승하여 독자적인 발달을 이루어 왔으므로 그 역사적인 성격이나 면모에 있어서 가장 한국적인 특색을 나타내고 있다고 할 수 있다. 일본의 경우 제2차 세계대전 후 관광자원으로서 재인식되고 향토문화의 중심으로서 의식이 높아지는 가운데 각지의 성곽을 대대적으로 복원하였다. 일본의 성곽은 일본인들의 마음의 고향으로서 역사에 대한 회고의 장소가 되고 현대사회의 휴식의 장소가 되어 근년에 방문객이 많다. 우리나라에서도 고유한 관광자원의 개발차원에서 역사적 · 문화적 의의가 큰 성곽의 복원에 관한 논의와 관심이 요구된다. 더욱이 최근에 구상중인 한국, 중국, 일본을 연계하는 이른바 '오리엔트 관광크루즈'가 이루어진다면 한 · 중 · 일을 비교하는 문화관광요소 중에 성곽 테마관광에 대비한다는 의미에서 성곽에 대한 이해가 더욱 절실하게 필요한 때라 하겠다.

2. 성곽의 종류

1) 도 성(都城)

도성은 한 나라의 도읍(都邑)을 둘러싼 성곽(城郭)·왕성(王城)을 뜻하기도 한다. 우리나라에서는 삼국시대 백제의 부여와 고구려의 평양에는 외곽을 두른 나성(羅城)의 일부가 잔존하고 있어 도성이 축조되었음을 알 수 있다. 한국에서 기록상 처음 보이는 도성은 고조선의 왕검성(王儉城)이나, 그 구조는 확실히 알 수 없다. 당시 도성은 군사상 방어에 편리한 산중턱에 축성되고, 그 부근에 비교적 조밀한 인구가 모여 취락생활을 영위하였을 것으로 추정된다. 그 뒤 고구려의 경우 처음에는 평지의 왕궁과 산성으로 분리되었으며, 왕은 평상시에 평지의 왕궁에 있다가 유사시에는 산성으로 들어가 농성(籠城)하였다. 후기에는 산성과 왕궁이 서로 결합되어 평양의 내성과 외성으로 발전하였으며, 넓은 시가지를 포용하는 나곽(羅郭)이 있었던 것으로 알려져 있다.

백제 역시 초기에는 평지에 나성(羅城)을 쌓고 한성(漢城)이라 불렀고, 부근에 산성을 가지고 있었던 것으로 보인다. 백제의 나성은 낮은 토루(土壘)이지만 평양성은 내부를 돌더미로 구축하고 그 위에 다시 흙을 높게 쌓아올린 웅대한 규모를 가졌다. 후기에는 산성과 나성이 결합되었는데, 이는 사비성(지금의 부여)을 통해서도 알 수 있다.

신라는 초기에 월성(月城)·금성(金城)은 평상시 왕이 거처하는 곳이었으나, 도성을 축조하지 않고, 대신 월성을 비롯하여 경주를 둘러싼 산 위에 남산산성·선도산성(仙桃山城)·명활산성(明活山城) 등을 배치하여 국토를 수비하도록 하였다.

고려의 도성인 개경(開京)은 풍수지리설에 따라 송악산(松岳山) 아래 터를 잡아 60리에 걸치는 나성으로 외곽방어선을 삼고 있는데, 성벽은 지형에 따라 높낮이가 일정하지 않아 낮은 곳은 거의 방어에 쓸모가 없을 정도였다고 한다. 이 도성은 말기에 나성이 허물어지자 다시 내성(內城)을 축조하였다. 고려의 도성제도는 그 형태가 중국의 도성과는 달리 전통적인 산성 위주의 한국의 성곽 전통에 따른 것이었으며, 이러한 전통은 한양 도성으로 이어졌다.

조선시대의 도성은 풍수지리상 서울의 내사산(內四山)이 되는 북악산 · 인왕산 · 남산 · 낙산을 연결하여 쌓았다. 도성 성벽의 높이는 일정하지 않으나 높은 곳은 12m에 이르며 동서남북에 4대문을 두었고, 그 중간 중간에 4소문(四小門)을 두었다. 처음 성을 쌓을 때는 18.9km에 달하였으며, 동대문 북쪽에서 숙정문을 지나 창의문과 돈의문 사이, 그리고 남대문 남동쪽의 남산에서 광희문 북쪽까지의 일부 성곽은 1975년부터 10.88km를 복원하였다. 이 성은 1395년(태조 4) 윤9월에 도성축조도감을 설치하고 전라도 · 경상도 · 강원도 · 서북면 · 동북면 등지에서 동원된 11만 8700명의 장정을 투입하여 1396년 1월부터 2월까지, 그리고 또 8월부터 9월까지 두 차례의 농한기를 이용하여 축성하였다. 그러나 세월이 지남에 따라 붕괴되고 그 관리도 허술했으므로, 세종 · 숙종 · 영조 때 대대적인 보수작업을 벌였다. 세종 때 남산에서 인왕산까지 32만 2400명을 동원하여 석축으로 개축하였는데, 축성법이 발달하여 직사각형의 긴 네모로 돌을 다듬어 바닥에 깔고, 위로 올라갈수록 점차 작은 돌을 쌓아 건설하였다. 또 인왕산 북동쪽과 삼청공원 뒤 낙산구간은 숙종 때 쌓은 것으로, 직사각형 돌을 꼭꼭 맞추어 일정한 규격으로 쌓았다.

1910년 국권을 찬탈한 일본은 도시계획이 시급하다는 명목으로 곳곳의 도성을 파괴했는데, 동대문 · 서대문 · 남대문 일대의 성벽은 이때 거의 없어졌다. 1970년대에 서울특별시 도성복원위원회가 설치되어 성벽 복원사업을 추진해 왔으나 동대문과 광희문 사이, 남산 북쪽에서 인왕산 남쪽까지는 복원을 하지 못하고 오늘에 이르렀다.

또한, 조선 정조 때 축조한 둘레 약 5km의 석축으로 된 수원성(水原城)은 그 규모와 형식에 있어 문화재적 가치가 세계적으로 인정되어 UNESCO지정 세계문화재로 그 이미지가 부여되고 있다.

2) 읍 성

지방도시를 방어하기 위한 읍성이 어느 때부터 축조되기 시작하였는지 밝히기가 쉬운 일이 아니다. 산이 많아서 산성이 발달된 우리나라에서는 일단 유사시에 주거지를 버리고 산성으로 피난하는 방책이 오래도록 계속되었던 것이다. 통일신라 때에는 지방소경을 비롯하여 주·군·현성 등을 축조한 흔적들이 도처에 남아 있다. 우리나라의 지방읍들은 대개가 배후에 있는 주산에 의지하여 취락을 형성하였다. 고려 때에는 동해안에 연하여 여진족의 침입과 왜침이 잦았으므로 국토방위를 위한 산성과 읍성의 중간형으로서 평산성(平山城)인 주진성(州鎭城)이 점차 증설되었다.

이러한 추세에 따라 내륙지방의 읍성들도 역시 비슷한 평산성의 형식으로써 축조되기 시작한 것이다. 평탄한 평지에 축조된 읍성들은 조선 초에 이르러 비로소 나타나기 시작하였다. 그 중에서 대표적인 것은 경주읍성과 경상남도의 언양읍성 그리고 충청남도 해미읍성 등을 들 수 있다. 이들은 중국의 성곽의 형식을 모방하였기 때문에 형태가 방형(方形)을 이루고 있는 것이 특징이며 성벽은 석축으로 구축되었다. 그 밖의 읍성들도 조선시대의 것은 모두가 석축이며 이전의 토축으로 구축되었던 읍성들도 대부분이 석축으로 개축되었다. 그러나 위에서 말한 평산성이 아닌 순수한 평성으로 된 읍성은 조선 전기부터 나타나기 시작하였으며 그 대표적인 예로 경주읍성과 경남의 언양읍성(彦陽邑城)을 들 수 있다. 그 밖의 읍성들도 조선시대의 것은 모두 석축으로 축조되었고, 먼저 토축이었던 것도 대부분 석축으로 개축되었다.

[그림 3-6] 양주읍성의 복원도

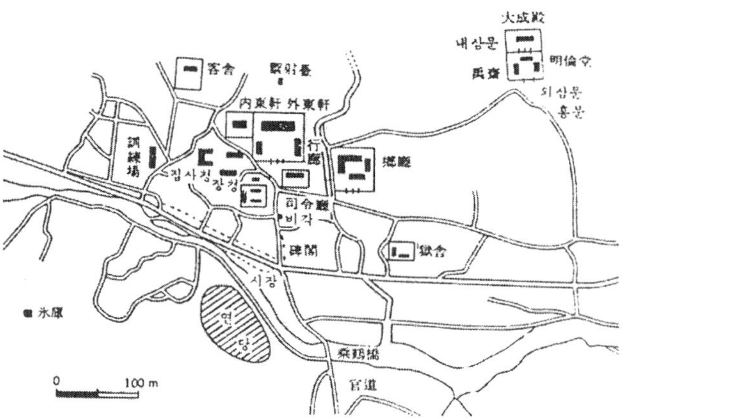

주 : 이기석, '구읍취락의 연구'에서 전재

읍성의 기능은 주로 행정과 군사적 측면이 서로 복합되어 있기 때문에 그 기능의 효율적 수행을 위한 독특한 경관구조와 입지상의 특징이 있다. 경관은 성곽과 통치, 군사, 교육, 종교 등의 목적에 필요한 관아가 집중되고 있다. 경기도 양주의 경우 동헌을 비롯한 부속기관과 객사, 향청, 옥사, 훈련청, 향교 등이 주변에 배치되고 있는데, 이 건물들은 성곽과 더불어 읍성의 상징이며 주축적인 경관요소가 되고 있다. 읍성 주변에는 진산과 남산이라고 부르는 방어요충지를 확보할 수 있는 분지 지형이 근세사회를 통하여 전형적인 읍성 입지로 선택되었다([그림 3-6]).

3) 산 성

산성은 한국의 성곽형식에서 가장 초기의 것으로 테뫼식과 포곡식으로 구분하여 왔다. 이것은 산성의 입지조건과 지형의 선택기준에 따라 분류한 방법이다. 전자의 형식은 산봉우리를 중심으로 하여 그 주위에 성벽을 두른 모습이 마치 머리에 수건을 동여 맨 형태로 보이기에 부르게 된 이름으로서 대개는 규모가 작은 산성에 채택되고 있다. 높은 산 위에 구축된 경우도 있으나 평야에 가까운 구릉상에 자리잡은 것도 있으며 경주의 월성, 대구의 달성과 같이 평지에 낮은 독립 구릉을 이용한 것도 있다. 산성의 둘레는 400~600m 가량 되는 것이 보통이나 때로는 800m가 넘는 것도 있다. 성벽은 토축으로 한 것이 많으며 또 그것을 2중 혹은 3중으로 둘러 구축한 것도 볼 수 있다.

고려는 건국 초부터 북방에 대한 영토 확장을 적극 추진하였으므로 대동강 이북의 국경지대에는 많은 주진(州鎭)이 설치되었다. 이 주진들에는 성을 축조하고 남쪽으로부터 병력과 백성들을 이주시켜서 변경에 대한 방위에 힘썼다. 이들 서북계 및 동북계의 주진성의 형식으로는 이른바 평산성 또는 반산성(半山城)이라고 부르는 것이 오늘날까지 전한다. 평산성이라고 하는 것은 평지에 자리잡은 읍의 주위를 두른 성벽의 일부가 산위까지 연장된 것을 말한다. 말하자면 평지성과 산성의 중간형식으로 볼 수 있는데 성벽 자체의 구조는 토축으로 된 것이 많다.

포곡식이라는 것은 내부에 넓은 계곡을 이용한 산성을 말하는데, 계곡을 둘러싼 주위의 산릉을 따라 성벽을 축조한 것이다. 성내에 흐르는 물은 평지에 가까운 곳에 마련된 수구를 통하여 외부로 유출되며 성문도 이러한 수구 부근에 설치되는 수가 많다. 성내의 최고봉에 장대를 만들어 주위를 바라볼 수 있게 하고 평탄한 지형을 골라 군창 등의 건물을 두었다. 성벽은 대개가 견고한 석벽으로 축조되었으나 백제의 부소산성은 토축이며 공주의 공산성도 후세에 보수하여 축조된 부분은 석축이지만, 당시 처음 축조한 그대로 남은 부분은 토축인 것으로 큰 산성들은 후대에 축성한 것이 대부분이다. 조선시대의 포곡식 산성 중에는 5,000~6,000m 내지 10,000m가 넘는 대형 산성들이 적지 않다. 이들은 가공한 석재를 사용한 완전한 석축성벽과 장방형 석재로 구축된 성문을 갖추고 있다.

현존하는 이들 산성으로는 임진왜란 때의 행주산성(幸州山城)·병자호란 때의 백마산성(白馬山城)·남한산성 등을 비롯하여 부여의 성흥산성(聖興山城)·부소산성(扶蘇山城)·청마산성(靑馬山城)·청산성(靑山城)·석성산성(石城山城)·건지산성(乾芝山城)·공주 공산성(公山城)·경주 남산성·부산성(富山城)·명활산성·주산산성(主山山城)·물금증산성(勿禁甑山城)·화왕산성(火旺山城)·목마산성(牧馬山城)·김해 분산성(盆山城)·함안 성산산성(城山山城)·성주 성산성(星山城)·양산 신기리산성(新基里山城)·북부동산성(北部洞山城) 등을 들 수 있다. 조선시대에는 세종 때 4군 6진의 설치로 확정된 국토의 경계를 방어하기 위하여 여러 곳에 소규모의 행성들이 축조되었다. 이들은 천연의 지형을 이용하여 적이 침입하기 쉬운 영로(嶺路)를 차단할 목적으로 설치된 것이 많다. 이러한 행성은 병자호란 이후에도 다시 논의되어 영조 때 압록강에 연한 영토에 많은 행성이 시설된 일이 있었다.

이 외에도 서울 동쪽 한강변에 있는 백제시대의 풍납토성은 평지에 축조된 토성이며, 임진강의 적성면(積城面)에 있는 육계토성(六溪土城)도 이와 비슷한 토성인데 그 축조연대는 알 수 없다. 특수한 것으로는 임진왜란 때 경남 연해지방에 주둔한 왜군들에 의하여 축조되어 몇 개소에 남아 있는 일본식 성곽을 들 수 있다.

4) 행 성(장성)

7,250km(현재 2,500km)의 행성인 중국의 만리장성에 비견하기는 어렵지만 우리나라에서도 장성을 축조했던 역사가 있다. 고구려는 영류왕 14년(631)에 동북쪽의 부여성으로부터 남쪽으로 요동지방의 해안에 이르는 1,000여리에 장성을 축조하였다고 한다. 백제에서도 신무왕 때에 청목령 서쪽에다 관방(關防)을 설치하였다. 신라는 성덕왕(826)때 발해와의 국경지대에다 3백여리의 장성을 축조한 바 있었다. 그러나 현재 우리가 실제로 볼 수 있는 유적으로서는 신라가 왜구를 막기 위하여 축조한 관문성(경상북도 월성군 외동면)이 남아 있을 뿐이다.

고려시대에 이르러 거란과 여진에 대한 대비책으로서 압록강구에서부터 두만강구인 동해안의 정평에 이르기까지 소위 천리장성을 축조한 사실은 너무나도 유명하다. 이 장성은 압록강과 청천강과의 분수령을 이용하였는데, 산정을 이용한 부분은 토축에 의거하고, 평지는 석축으로 되어 있으며 정평 부근에서 조사한 토축장성은 내황(內隍)과 외황(外隍)시설을 갖추고 있음이 밝혀졌다.

조선시대의 행성으로는 세종 때에 4군 6진의 설치로서 확장된 국토의 경계를 방어하기 위하여 여러 곳에 소규모로 축조된 사실이 있다. 이들은 자연의 지세를 이용하여 외적들이 넘어오기 쉬운 고갯길(嶺路)을 차단하려는 목적으로 한 것이 많다. 이러한 행성은 병자호란 이후에도 다시 거론되어 영조 때에 평안북도의 압록강 연안의 고갯길에도 다수의 행성을 설치한 일이 있었다.

5) 잡 성

서울 동부의 한강변에 위치한 풍납성은 평지에 축조한 백제시대의 토성이다. 임진강변인 적성면에 있는 육계성도 이와 비슷한 토성이나 그의 축조연대는 밝혀지지 않고 있다. 그 이외에도 평지에 자리잡은 토성으로서 낙랑토성을 비롯하여 대방군치로 추측되는 봉산군의 당토성과 용강군, 영흥군 등지에는 한의 군현 때 축조된 중국식 토성들이 아직도 남아 있다.

3. 도성계획

1) 중심의 상징과 위치선정

M. Eliade는 중심이 지니고 있는 구조상의 상징기능을 ① 하늘과 땅이 만나는 곳, 즉 성산(sacred mountain)은 세계의 중심에 자리잡고 있으며, ② 모든 사원 · 궁전 · 성도는 성산이고, ③ 이러한 곳은 하늘과 땅, 그리고 지하세계가 서로 만나는 지축(axis mundi)에 해당한다고 하였다. 우리나라의 태백산(백두산), 일본의 후지산이 각각 민족의 성산, 또는 영산으로 알려져 왔고, 폐쇄적인 옛날에는 광주에서 무등산, 대구에서 팔공산, 부산에서 금정산이 인접하고 있어 주민들의 성스러운 중심을 표상했을 것이다.

인디아 사람들은 세계의 중심을 수미산(Meru)이라고 여기고 그 위에 북극성이 있다고 생각한다. 도시를 건설할 때 최고의 신이 거주하는 수미산의 위치를 상징하면서 중심을 설정하고, 그 곳에 9층의 계단식 사원을 배치한다. 메소포타미아인들은 하늘과 땅을 연결하는 이러한 산을 대지의 산(The Mountain of the Lands)이라 했고, 팔레스타인에 있는 타볼(Tabor)산은 tabbur, 즉 배꼽을 뜻하는데, 배꼽은 모태를 상징하고 모태는 창조의 근원이요, 중심이요, 원형인 것이다. 기독교인들에게는 세계의 중심이 골고다(Golgotha)산인데, 이곳은 아담이 창조되고 동시에 묻힌 우주의 정상이기도 하다.

중심에 대한 한문화권의 사고는 '기(氣)'로 표현된다. 특히 중국과 한국에 있어서 도성을 계획하는 사람들은 그 땅의 '기'가 적합한가를 세심하게 알아본다. '기'는 쉽게 말해서 우주의 호흡이고 원기이며, 여기에서 음양이 배태한다. 결국 '기'는 '태극'이요 만물의 근원인 '대지의 배꼽'과 같은 것이다. 도성의 번영은 한 마디로 기의 장소적 흐름의 여부에 달려있는 것이다. 이 흐름은 지형에 따라 공간적으로 변이할 뿐 아니라 천체의 동향 · 회전에 따라 시간적으로도 변이한다. 이러한 기의 시공적 양상을 분석하는 학문이 이른바 풍수술이고, 이것을 특권적으로 행하는 자를 지관이라고 했다. "생기(生氣)는 바람에 실리어 흩어지고, 물에 닿으면 머무는 까닭에 바람과 물, 즉 풍수라 하는 것이다." 따라서 풍수의 방법은 물을 얻음이 첫째요, 바람을 막음이 그 다음이라

하였다. 즉, 생기에 대한 장풍득수(藏風得水)에서 온 말이다. 만물의 조화력을 갖는 생기는 그 모태가 대지이고 대지가 포용력을 갖는다. 그래서 땅 속에는 항상 기가 흐르고 있고, 기가 충만한 곳이 음택풍수의 혈(穴)로 선택되고 양기풍수의 궁궐터로 선택된다.

북경의 자금성은 전형적으로 이를 상징한다. 이는 동서남북이 교차되는 축도(軸道)의 중심에 자리잡고 있으며 성벽은 자색으로 도장했다. 자색은 세계의 중심에서 빛나는 북극성의 휘광을 상징하고 있으며, 자금성의 바로 천장에 성신(星辰)의 중심인 북극성이 있다고 생각한다. 따라서 자금성에는 하늘과 땅을 매개하는 천자가 위치한다. 그의 옥좌 앞에는 3단의 대리석 대좌가 있어서 알현의 공간으로 쓰이고 삼단의 지붕을 통해서 하늘과 통하도록 궁궐은 높고 웅장하다. 옥좌의 주변은 중앙을 상징하는 황색을 칠해서 장식했다.

한문화에 있어서 중심상은 궁궐 이외에 신단수 · 서낭당 · 하늘나무 등이 있다. 인디아와 앙코르문화는 궁궐 대신에 사원으로 상징된다. 그것은 종교와 정치의 우위에 따라 어느 쪽이 선택되느냐가 결정하였다.

중심상인 궁궐의 배산(背山)을 두고 가까운 곳이면 주산(主山) 또는 진산(鎭山)이라 하고, 먼 곳에 있으면 이것을 조산(祖山) 또는 종산(宗山)이라고 한다. 이것은 국도(國都) 선정에서는 크게 관심을 두는 부분으로 낙양의 망산, 평양의 모란봉, 개경의 북악, 한양의 북악, 경주의 소금강산이 모두 진산에 해당한다. 진산은 양기(陽氣)를 진호(鎭護)하는 산이란 뜻인데, 양기를 점함에 있어서 산을 필요로 하는 것은 신이 왕림하는 곳이 산상이요, 도성이나 부락의 보호신을 진좌(鎭坐)하는 곳이 산이기 때문이다. 만약에 넓은 평야나 해변과 같이 산이 없는 곳에서는 노(老)수목을 신단수(神檀樹) 또는 하늘나무로 삼아 진산을 대신한다.

혈이나 궁궐의 전면에 내수구(內水口)와 외수구(外水口)가 있고 안산(案山)과 조산(朝山)이 있어 하나의 형국을 이룬다면 한양을 예로 할 때, 삼각산(조산) → 북악산(진산) → 궁궐 → 청계천(내수구) → 남산(안산) → 한강(외수구) → 관악산(조산)은 전체로 합일하는 상징적 방향이요, 축이다([그림 3-7]). 즉, 이 축은 궁궐과 같은 성소에 이르는 통로인데 여러 단계를 거쳐야 이를 수 있는 험난한 길이다. 실제로 그 길은 하나의 통과제의(Rate of the Passage)와 같은 것이기 때문이다. 중심에 이르자면 물(내수구, 외수구)을 건너야 되고, 높고 웅장한 궁궐은 다시 진산이나 조산을 통하여 비로소 하늘에 닿을 수 있으니 천당길과 같다.

[그림 3-7] 서울의 풍수지도

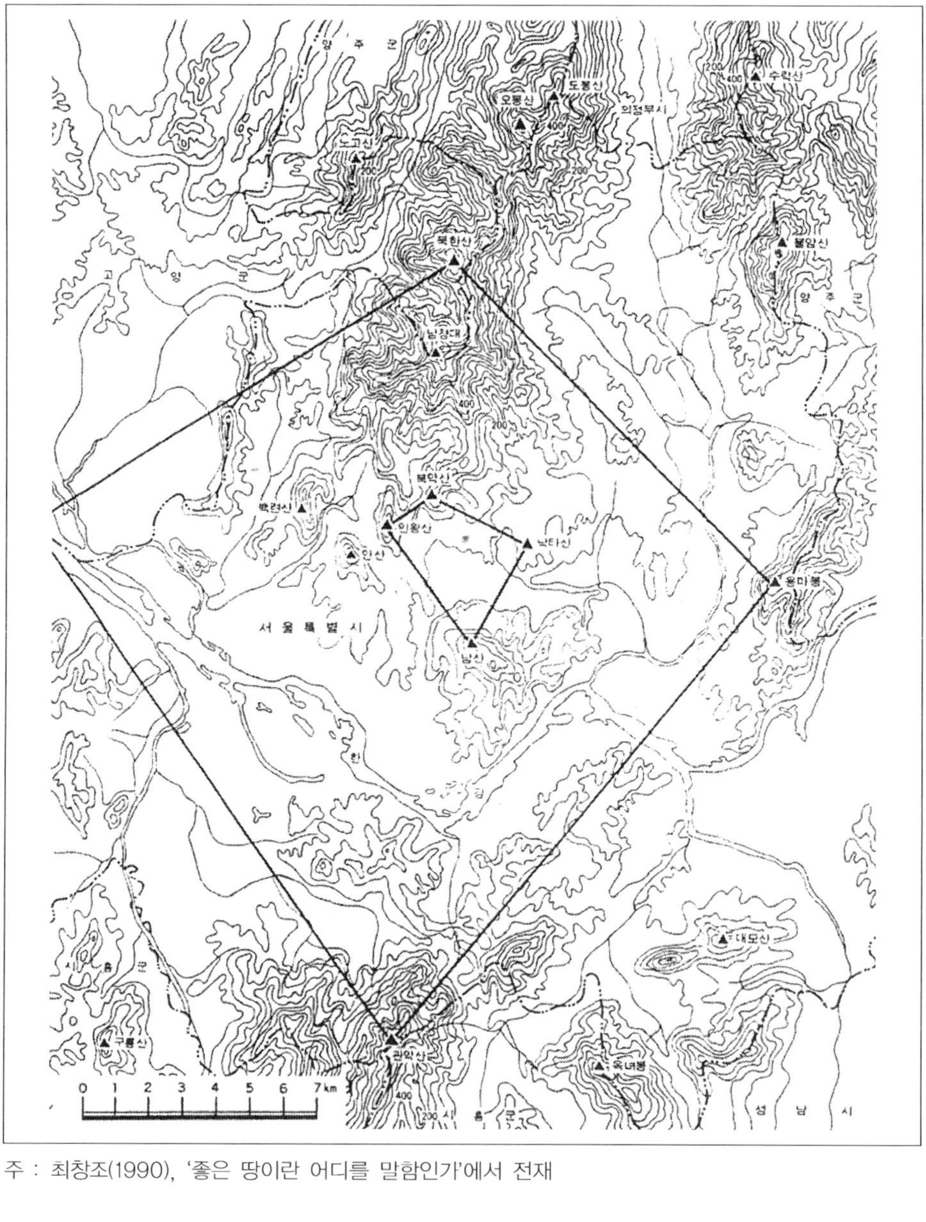

주 : 최창조(1990), '좋은 땅이란 어디를 말함인가'에서 전재

나일강에서 피라미드에 이르는 길, 인디아의 타지마할(Taj mahal)의 십자수로와 모슬렘(Mausoeum)건물, 마야문명의 Kukulcan신전과 성정(聖井: Cenote)은 水→신전, 궁→天으로 연결되는 축으로서 우리의 내·외수구→궁전→진산→조산의 연결 축과 비유된다. 경주에 있어서 소금강→탈해왕릉→전랑지(殿廊址)→토성지→반월성 중심부→남산을 잇는 선은 묘하게도 경주를 남북으로 나누는 축선이 되어 있다.

공간을 조직화하는 이 축선은 중심이나 성에 이르는 통로이기 때문에 통로 가운데 요소들을 상호간에 통일하여 더 큰 전체에로 합일시키는 하나의 상징적 방향을 나타낸다. 또한, 동서와 남북의 축선은 중심에서 합일함과 동시에 중심에서 발하는 휘광과 같다.

2) 사분세계관

자기를 에워싸고 있는 공간은 상하, 좌우, 전후로 방향이 구별된다. 유크리드(euclid)공간에서는 이들이 모두 등질성이지만 인간이 지각하는 공간은 서로가 이질적 의미를 갖는 심리적 장이 되고, 인간의 경험세계를 표상한다.

방위체계는 인간의 외적 환경으로서의 질서를 부여하는 수단으로 작용할 뿐 아니라 그러한 질서있는 환경 내에 인간이 거주함으로써 심적 평안과 생활의 안정을 꾀하게 되며, 이러한 사고는 개인의 주거 건축뿐만 아니라 사원·도성·국가행정의 조직 등 모든 측면에 '중심과 사분(四分)'이라는 거의 공통된 우주도식으로 표현되는 것이다.

우주를 사분하는 사상은 동서양을 막론하고 범문화적 현상으로 나타난다. 인디아 사람들은 중심의 수미산을 두고 사방에 북주·남주·서주·동주가 있다. '현장'의 대당서역기에도 사주가 있는데, 서쪽의 상(象)주, 남쪽의 보(寶)주, 북쪽의 마(馬)주, 동쪽의 인(人)주라고 하였다.

북경은 당초부터 4구로 분할되어 있으며 청조는 시내에 사성군단을 두어 동성구는 청색군기, 서성구는 백색군기, 남성구는 주색군기, 북성구는 황색군기로 표상하였다. 주역에서 방위와 색은 서로 결합된 이미지로서 중앙은 항시 황색으로 표상된다. 자금성내 옥좌 주변이 황색이고 우리 경복궁의 근정전 앞

문살이 금색인 것처럼 세계의 축은 항시 위광을 발하기 때문이다. 정상익의 동국지도를 보아도 왕도 한양이 포함되는 경기도는 순황, 충청도는 홍백, 전라도는 순홍, 경상도는 청홍, 강원도는 순청, 황해도는 순백, 평안도는 백흑, 함경도는 순흑으로 되어있다. 이것도 중앙의 순황(純黃)을 제외하면 청(靑) · 홍(紅) · 백(白) · 흑(黑)의 사분(四分)세계이다.

결국 도성계획에 있어서 이러한 구도는 중심의 상징과 자연적으로 연결되는 것이며 중심에서 발하는 태양의 위광이 사방을 지배한다는 뜻이다.

신라의 왕경도 분황사 십리로를 동서축, 중앙대로를 남북축으로 간주할 경우에 사분세계가 된다. 수도 한양은 오행(五行)의 木金火水土의 순에 따라 동부 · 서부 · 남부 · 북부 · 중앙으로 나누어지고, 이들은 각각 仁, 義, 禮, 智, 信의 오덕(五德)을 상징하며, 청룡(靑龍), 백호(白虎), 주작(朱雀), 현무(玄武), 황룡(黃龍)의 오방신(五方神)으로 표현된다. 그래서 동대문을 흥仁지문, 서대문을 돈義문, 남대문은 숭禮문, 북문을 소智문이라 했고, 중앙에 보信각을 둔 것이다([그림 3-8]).

[그림 3-8] 서울의 성곽(4대문)

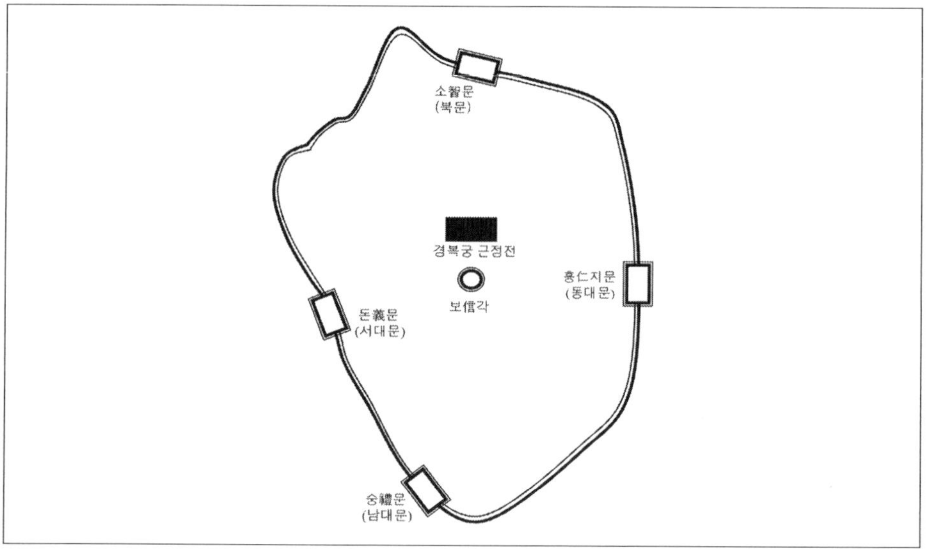

인디아의 도성 역시 중심은 수미산을 상징하는 사원이 있고 북쪽에 브라만, 동쪽에 쿠샤트리야, 남쪽에 베샤, 서쪽에 슈우도가 주거하도록 사분되어 있으며, 각각 白·赤·黃·黑색으로 표징된다.

타일란드의 수도 '방콕'이란 어원이 '하늘의 왕도' 또는 '수호신의 도시'란 뜻에서 온 것인데, 방콕의 왕궁은 역시 동서남북 사방의 세계를 향하여 있다. 이곳 사람들은 본래 동쪽에서 탄생하여 남쪽에서 살다가, 서쪽에서 사망하여 북쪽에서 화장된다는 사고와 상징적으로 연관되기 때문이다. 이 같은 사분적 세계관은 건물이 십자로 교차되고, 교차된 부분은 계단상 첨탑이 솟아 있으며 첨탑의 바로 아래에 왕좌를 배치하는 건축사상에 반영되고 있다.

사분적 세계관은 유럽 사람들에게서도 볼 수 있다. 고대 로마의 로물루스(Romulus)가 로마로 예정된 신성의 장소, 凹地(Mundus)에 서서 지팡이로 사방을 표시하여 도시를 일단 사분했다는 전설이 있다. Roma quadrate (로마 방격)란 우주의 정연한 질서를 도시계획 또는 토지구획에 반영한 것으로 남북축도를 Cardo, 동서축도를 decumanus라 하여 사분세계의 기준으로 삼는바, Cardo는 북극성을 따른 것이고, decumanus는 태양의 궤도를 따라 방향이 정해진 것이다. 그리하여 사분된 하나하나의 일정한 한정공간을 Templum이라고 부른다([그림 3-9]). 이와 같이 사분된 세계는 중심으로부터 발하는 태양의 휘광(輝光)을 상징하기 때문에 흔히 '태양적 세계관'이라고도 한다.

[그림 3-9] 로마(사분할)

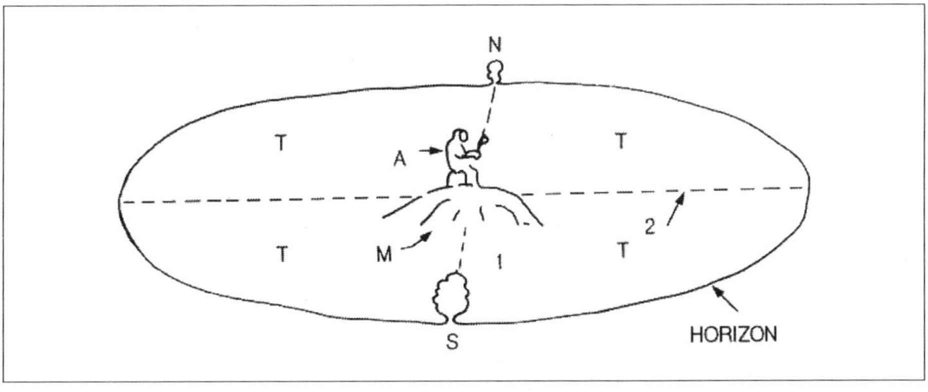

N(北), S(南), T(Templum, 限定空間), 1(Cardo), 2(Decumanus), M(Mundus), A(Augur, 占卜官)

옛 사람들이 생각하는 도시윤곽은 원형 아니면 정방형의 양대 패러다임이다. 고대 로마를 비롯한 많은 도시는 전자에 속하고 중국 고대의 도성은 후자에 속한다. 우리의 도성은 본래 중국의 것을 모방하고 있으나 지형의 특성에 따라 위곽(圍郭)을 축조하였기 때문에 대체로 불규칙한 원형에 가깝다.

본래, 중국 사람들의 우주관에 천공은 원으로 표상되고, 대지는 방형으로 상징된다. 천원지방(天圓地方)이란 곧 하늘이 둥글고, 땅은 평탄한 방형인 것을 말하는 것이다.

3) 대치와 조화의 세계

중국의 도성에 각종 시설의 배치는 대칭적이고 조화로운 원리에 입각한다. 좌에 천단이 있으면 우에 지단이 있고 일단이 있으면 월단이 있다. 북경을 예로 든다면 좌에 태묘(太廟)가 있고 우에 사직단(社稷壇)이 있는데 전자는 현재 노동인민문화궁이 되어 있고, 후자는 중산공원이 되어 있다. 조상을 모시는 전자는 하늘이며 양이고, 토지와 곡물직신을 지모(地母)라 하여 후자는 음으로 표현된다. 양과 음이 대치적으로 존립함으로써 균형과 조화를 이룬다. 그래서 중국인들이 사물을 보는 근본시각은 음양의 조화이다. 심신의 질병은 음양의 불화에서 오는 것이요, 농사의 농토도 음양의 화·불화, 사람끼리의 갈등도 음양의 불화에서 온 것이다. 따라서 묘지 선택과 가옥의 건축, 사원·궁궐의 건축을 비롯해서 도성의 계획축조에 이르기까지 음과 양의 조화를 꾀하려 노력했던 것이다.

결국 음양은 시공상의 상반되는 구체적 양상, 즉 음은 땅, 구름, 비, 여성, 겨울, 내면성, 물 등 그늘진 것을 가리킨다면 양은 빛, 열, 봄, 여름, 남성, 하늘 등을 가리킨다. 역경에 의하면 이 양자 중 한 원리가 지배하면 나머지 하나는 피지배가 되는 이른바 오행상생(相生)·오행상극(相克)이란 순환의 질서를 만들고 있다. 음양은 서로가 상대방을 보완하거나 약화시키며 주기적으로 변하기 때문에 질서와 조화가 유지되고, 이러한 질서와 조화의 원리를 감응이라고 한다. 음택풍수에서 혈은 어버이(地母)요, 시신은 아들에 비유되고, 음양이 중화되는 혈이란 어버이와 아들이 잘 감응하여 자손에게 영화가 돌아간다는 뜻으로 해석된다.

한문화권의 도성에서 전조후침(前朝後寢)은 조당(朝堂)이 남쪽의 양이라면 궁궐은 북극성 아래 북편위치의 음이다. 또한 면조후시(面朝後市)도 정치와 경제가 각각 궁의 전후에 배치되는 대치와 조화의 원리인데 전자가 양이고 후자가 음이다. 중심과 사방주변이 대칭과 조화되고, 도성의 사변 성문이 청룡(동문)－백호(서문), 현무(북문)－주작(남문)으로 대치, 조화를 이룬다. 중국을 비롯한 한반도에 있어서는 이러한 현상이 음양풍수설로 체계화되어 대규모의 도성계획에 반영될 정도의 큰 문명력으로 뒷받침이 되었다.

4 북한의 문화관광자원

1. 문화재 현황

북한은 해방 이후 '민족문화 건설'에 목표를 두고 모든 민족문화를 사회주의 이데올로기에 입각해서 개조하여 이를 체제선전과 주민교양에 활용하여 왔으며, 이에 따라 사회주의 건설에 필요하다고 인정되는 문화유산만 선별하여 주체성의 원칙, 인민성의 원칙(대중성), 현대성의 원칙, 복고주의 반대, 역사주의 원칙(유물사관)에 따라 문화재를 발굴 · 보존해 오고 있다. 따라서 북한은 신라 · 백제사에 비해 상대적으로 고구려 역사에 비중을 두고 있는데, 이는 북한이 지리적으로 고구려의 맥을 잇고 있음을 강조하여 역사적으로 남한보다 정통성에서 우위를 점하고 있음을 나타내려는 의도에서 나온 것으로 여겨진다.

현재 북한에서 유물 · 유적의 발굴, 조사 · 연구사업은 사회과학원 산하 고고학 및 민속학연구소와 각 지방에 설치되어 있는 역사박물관에서 담당하고 있으며, 유물 · 유적의 보존, 관리, 복원 및 개보수사업은 정무원 산하의 문화유물보존지도국과 각 지방의 문화유적관리소에서 담당케 하는 이원적 체계를 유지하고 있다. 북한에는 국보 50점, 보물 53점, 사적 73점, 명승지 17개소, 천연기념물 105개소가 지정되어 있다([그림 3-10]).

[그림 3-10] 북한의 주요 문화재

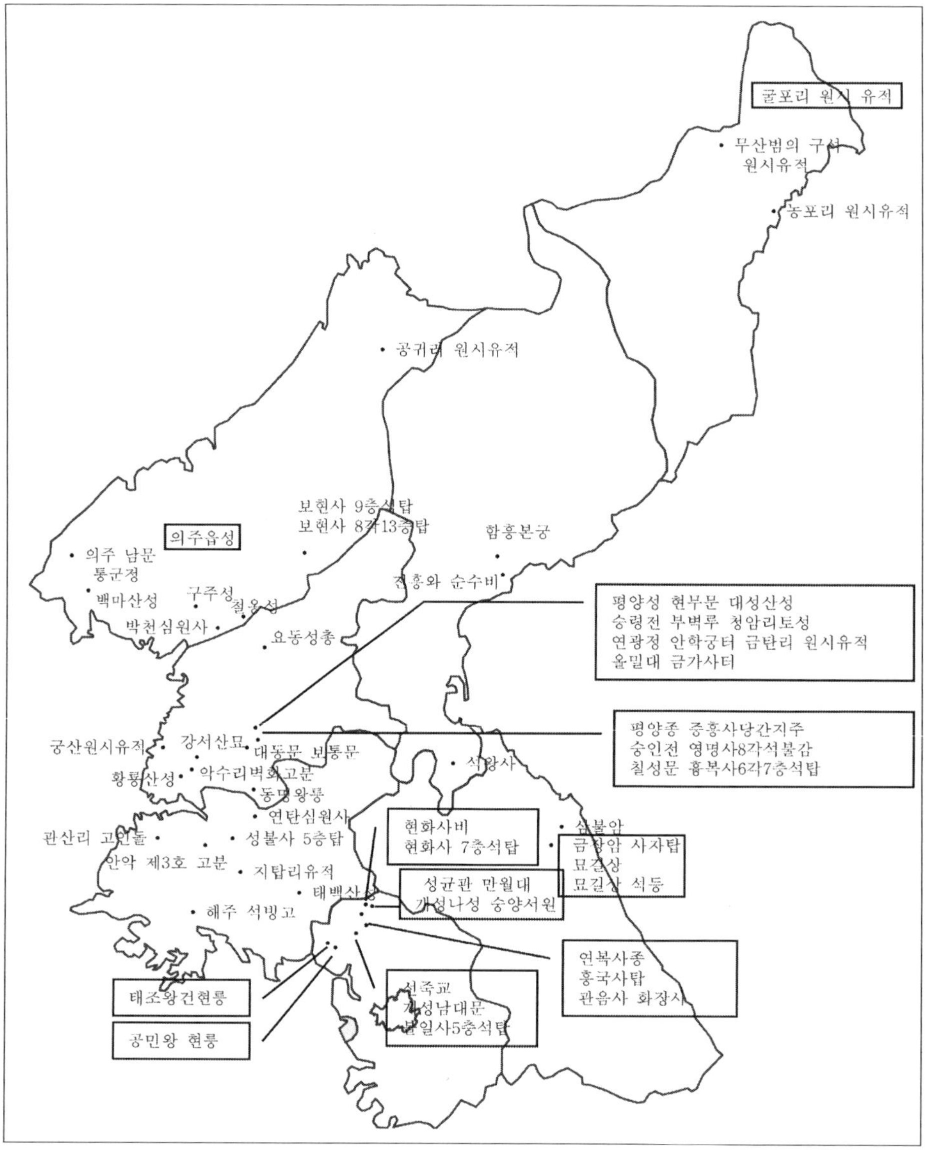

자료 : 한국관광공사

북한의 관광시설은 국가가 소유하고 관리함에 따라 수요와 공급의 원칙에 의한 가격형성과 이윤개념이 무시된 채 관료주의적 방식에 의해 운영되고 있어 생산성과 효율성이 매우 저하되어 있으며, 여가를 즐길 수 있는 시설도 극히 적은 수준에 머무르고 있다.

한편 북한에는 자신들의 체제선전과 주민사상교육을 위해 비교적 많은 수의 전시·관람시설이 있다(〈표 3-9〉).

〈표 3-9〉 북한의 전시·관람시설의 특징

구 분	특 징
박물관	민족의 전통적인 역사관과 가치관을 부정하고 김일성을 유일사상 구축을 위한 작품 진열
기념관	6·25 전쟁업적을 찬양하고 침략성을 은폐하며 호전성을 고취하는 내용으로 구성
회관 및 궁전	노동자들에 대한 혁명교양, 계급교양, 문화휴식 수단으로서 김일성 유일사상을 강요하는 데 이용
극 장	인민대중의 공산주의 교양교육에 목적을 두며 주로 단체관람으로 주민들의 자유출입은 불가능
사적관	혁명 역사자료의 보존관리

자료: 한국관광공사

2. 문화재에 대한 개념 차이

북한에서는 역사적 문화유산을 유물과 고적의 관점에서 접근하고 있고, 이같은 문화유산을 우리민족의 우수한 창의정신과 업적, 인류문화에 공헌한 발자취로 보지 않고 원시사회에서 근세사회에 이르기까지 통치자와 농민, 노예계급간의 계급투쟁이나 투쟁의 역사적 산물로 인식하여 우리의 반만년 역사를 유물사관이론과 '칼 마르크스'의 사회발전단계설에 입각하여 역사를 다시 개조·왜곡시켰다. 북한에서 역사적 유산(유적, 유물, 즉 북한의 표현에서는 역사적 유물, 물질적 문화, 유물이라고도 호칭함)과 전통적 민속놀이(북한에서는 조선민속놀이라 호칭함)에 대한 개념과 내용이 우리 대한민국과 차이를 보이고 있다. 그들이 말하는 물질적 문화유물에는 "건조물(사찰, 성곽, 탑 등)

과 역사적 기념물(조개무덤, 고분, 원시시대 거주지, 성터, 궁궐터, 집터, 기타 사적지)과 같은 역사적 유물"을 지칭하고 있다.

유적지는 고대시대(원시시대)의 유물, 사적지는 근세(1900~1950년)의 공산주의와 유관한 장소를 지칭하고 있다. 따라서 옛날 고구려, 고려, 조선시대의 문화유적, 사적, 사찰, 향교, 성곽 등은 유적지와 사적지에서 사실상 제외시키고 있다. 그리고 무형문화재에 해당하는 우리 민족고유의 전통민속놀이를 조선민속놀이(농악, 탈춤, 강강수월래, 줄다리기, 북청사자놀이 등)에 한정하였다가 근래 민족예술, 민족무용, 민속악기를 추가 · 포함시켰다. 북한에서는 민속놀이 62개 종목을 민족놀이로 지정하였는데, 이를 구분해 보면 다음과 같다.

- **가무놀이**
  농악, 탈놀이, 윷놀이, 강강수월래, 마당놀이, 다리밟이, 놋다리 놀이, 불꽃놀이, 화전놀이 등
- **경기놀이**
  씨름, 활쏘기, 줄다리기, 그네뛰기, 장치기, 격구, 돌팔매(석전)놀이, 제기차기, 차전놀이, 소싸움놀이, 공차기, 널뛰기 등
- **겨루기**
  윷놀이, 바둑, 장기, 고누, 산가지놀이, 칠교놀이, 남승도놀이, 종정도놀이 등
- **아동놀이**
  썰매타기, 연날리기, 공기놀이, 자치기, 팽이돌리기, 각시놀음, 죽마타기, 꽃싸움, 풀 싸움, 바람개비놀이 등

이상 네 가지 민속놀이 가운데 특히 비중을 두는 것은 소위 경기놀이 종목인데, 격렬한 승부겨루기, 편싸움, 격투기를 부각시키고 있다.

전통적 민속놀이들이 정치적 민속놀이로 변질되어 주체사상의 합리화 수단으로 이용되고 있다. 순수한 민속놀이는 봉건시대의 유산이라고 비판하고 격렬히 다투는 경기와 놀이만이 민속놀이라고 의미부여를 하고 있다. 1950년

대 이후 전래의 민속행사와 민속놀이가 많이 지켜져 왔으나 50년 이후에는 이 같은 전승문화들이 완전히 공산당의 정치선전수단으로 악용되거나 노동자들의 생산성을 높여준다는 명분으로 군중놀이로 변형되었으며, 또한 전국단위 동원행사에는 의례 민속놀이가 채택되고 있다. 승부겨루기와 격렬한 게임은 소위 민족경기라고 부르면서 공산당에서 집중 지도 · 관리하고 이중 일부는 국방경기종목에 포함시키고 있다. 민속박물관(1956년 개관)에는 전통적 민속자료인 복장, 가구, 기물, 생활용구 등을 전시 · 보존하고 있으며 이들 자료들은 시대적 발전과정별로 진열 · 전시하고 있으나 그들 나름대로의 분류방식인 원시사회, 노예사회(고조선시대), 봉건사회(삼국시대), 10세기 이후 사회(고려 · 조선시대, 근세)로 나누고 있다.

유물사관적 사고방식에 의한 시대구분방식이어서 문화적 발전측면에서 본다면 타당성이 결여되어 있다고 볼 수 있다.

문화재를 유적, 유물중심으로 다루고 정신문화적 자원은 등한시하며 물질적 부문만 강조하는 태도를 보인다. 유교와 불교의 문화와 사적(사찰, 탑, 향교, 문묘), 민속신앙의 자취는 사실상 부정하고 있어 문화자원의 실태를 파악하기는 어렵다.

유교 문화자원은 왕정을 뒷받침하는 이론적 근거를 제시해왔다고 하여 배격하고 있으며, 불교 역시 미신으로 인정하고 있는 실정임을 감안할 때 북한의 문화정책은 반문화적 · 반문명적 정책을 수행하고 있음이 각종 자료를 통해서 입증되고 있다. 최근 옛 사찰을 보수하고 있으나 이것은 종교정책 일환으로 추진되는 것이 아니라 북녘땅에도 종교가 있다는 것을 선전하기 위하여 시설투자를 한 것이며 한편으로는 관광자원으로 활용하기 위한 점도 계산된 것 같다.

결국 북한에서의 문화행정은 어디까지나 반전통적 · 반문화적 정책기조를 유지하면서 사회주의문화를 바탕으로 한 군중문화를 실현하기 위하여 의도적으로 문화의 전통성을 왜곡시키고, 공산당의 정치적 목적달성을 위한 권력집단문화와 계급투쟁을 고양하고 우상화를 정당화시키는 교시문화에 치중하고 있어, 전통성의 보존과 발전을 추구하는 우리 한국의 문화정책과 상당한 거리가 있어 문화의 이질감을 느끼게 한다.

3. 문화재의 실태와 내용

북한에서 현재 알려지고 있는 유물, 유적, 문화재는 우리 한국의 문화재 평가기준으로 볼 때 국보, 보물급에 해당하는 것이 있다. 그러나 북측의 평가방식과 기준은 우리들과는 차이가 있다. 북한지역에 분포되어 있는 국보급 문화재는 평양시의 대동문, 보통문, 평남 강서고분군, 고구려시대의 벽화고분, 동명성왕릉, 보현사, 성불사, 선죽교, 석왕사, 진흥왕순수비(황초령, 마운령) 등 50개소가 있고, 보물급 문화재는 평양종, 숭인전(평양시), 오순정(평양), 통군정(의주), 함흥본궁(함흥시), 괘궁정(혜산시) 등 53개소, 사적은 평양성(고구려 장수왕 15년, 427년 축성), 연광정(평양시 16세기초 건축), 을밀대(1714년 건축), 부벽루(1000년경 건축), 안학궁지(고구려 왕궁), 귀주성(고려 성종 13년, 1994년 축성), 백마산성(고려조 축성), 철옹성(고려조 축성), 만월대(고려왕궁), 고려왕릉군, 세검정(평북 만포시) 등 73개소가 있다(〈표 3-10〉).

북한에서 밝혀진 이들 문화재들을 크게 나누어 보면 다음과 같이 분류해 볼 수 있다.

① 원시시대 사적
지석묘(고인돌), 패총(조개무덤), 주거지(집터), 고분
② 고구려시대 사적
왕궁터, 성터, 고분(왕릉, 대묘 등)
③ 신라시대 사적
진흥왕 순수비(2개소)
④ 고려시대 사적
왕궁터, 성터, 왕릉비, 사찰, 석탑, 석비
⑤ 조선시대 사적
성문, 성터, 사찰, 향교, 누각(정자) 등

문화재의 구분과 그 지정대상에 있어 우리 한국과 차이점을 본다면 국보,

보물에 종교문화재인 불상이 나타나지 않고 있으며, 역사상 유명인물에 관련한 문화재와 유품에 관한 내용이 없다. 그리고 우리민족의 우수한 창조정신을 바탕으로 만들어진 불교대장경, 사서, 유교문집, 연기(청자, 백자), 과학사적 사료가 거론되지 않고 있어 문화사관의 평향성을 보이고 있다. 우리 민족의 위대한 정신문화의 소산에 대한 연구와 관심이 북한측에서 보여지지 않고 있음을 엿볼 수 있다.

〈표 3-10〉 북한의 주요 문화관광자원

구분	지역	문화자원
국보 · 보물 유물 유적	평 양	대동문, 보통문, 동명왕릉, 평양종, 숭인전, 칠성문, 중흥사 당간지주, 단군릉, 대성산성, 연광정, 안학궁터, 홍복사 7층탑, 을밀대, 최승대, 영명사 8각석불
	남 포	강서대 · 중 · 소묘, 약수리무덤, 덕흥리고분, 황룡산성
	개 성	공민왕릉, 대흥산성, 선죽교, 만월대, 성균관, 연복사종, 개성남대문
	평안북도	의주남문, 통군정, 고려장성, 철옹성
	자 강 도	공귀리 원시유적
	황해남도	안악고분, 소현서원, 남평양유적, 관산리고인돌
	황해북도	석빙고, 지탑리유적
	함경남도	진흥왕순수비, 함흥본궁, 선화당
	함경북도	굴포리 원시유적
사 찰	평 양	광법사
	개 성	현화사
	평안남도	안국사
	평안북도	보현사, 심원사, 천주사, 서운사
	황해남도	월정사
	황해북도	성불사, 연탄, 심원사
	함경북도	개심사
	강 원 도	유점사, 표훈사, 정양사, 석왕사

자료 : 한국관광공사

대웅전(정면 3간)

일주문(황악산 직지사)

백양사 대웅전(정면 5간)

일본정원(오호리공원 : 후쿠오카)

일본신사의 도리

법주사 팔상전

부도군(송광사)

해저터널(통영)

동대사(나라)

금각사(교토)

오벨리스크(파리의 콩코드광장)

노틀담 사원(보수 공사중)

지주신사(유네스코 지정 문화재)

졸정원(중국의 정원)

구마모토성(흑 · 백의 조화)

해자(호리 : 도쿄의 황거)

오호리공원(후쿠오카)

호구산의 운암사탑(소주)

바르셀로나의 성가족성당(100년 이상 건축중)

다자이후 신사(학문의 신)

폴리네시아 민속무용(사이판)

명치신궁의 도리

황학루(우한)

센소지 본당(도쿄)

수루(한산도)

중국의 기예(상해)

세병관(통영)

제주의 물허벅(성읍민속촌)

04
복합형 관광자원

CHAPTER 04

복합형 관광자원

1 농촌관광자원

1. 대안관광으로서 농촌관광

1) 농촌관광(green tourism)의 배경과 특색

유럽에서는 1980년대 후반부터 신전원주의(Neo Ruralism)의 시대가 도래하여 농가나 농촌, 지방마을들이 휴가를 위한 리조트로서의 역할을 담당하게 된다.

전후(戰後)에 바캉스법이 제정된 여가 선진국에서는 '60년대부터 해안 리조트라든가 스키 리조트가 대규모로 개발되었으나, '70년대에는 그것들의 환경파괴가 사회문제화되었고, '80년대의 거품경제가 조정되면서 자연이나 문화를 접하는 체재형의 관광지를 재검토하게 되었다. 일본에서는 '90년대부터 거품경제가 해소되는 과정에서 리조트 개발 붐의 상황이 일변하였다. 즉, 농촌관광(그린 투어리즘)의 진흥으로 중산간지(中山間地)대책이라는 정책이 농림수산성의 시책에 포함되었을 뿐만 아니라 환경청이 제안한, 도시민의 전원관광 참가를 위한 '고향 일구기', 건설성의 '수제품 리조트' 그리고 국토청이 제시한 '참가와 연대에 의한 다자연 거주'라는 발상에서 그린 투어리즘이 추진되고 있다. 이것은 21세기의 환경부담을 줄이면서 시민생활의 질을 향상시키는 가운데 산업구조를 개혁함으로써 새로운 경제효과를 가져올 수 있다는 정책적 관점에서도 기대가 높아지고 있다.

농촌관광은 식량생산뿐만 아니라 농촌환경의 유지 · 보전이나 아름다운 자연경관을 만들어온 농업의 공익적 역할에 대한 재평가 위에서 가능하다. 궁극적으로 그린 투어리즘은 대량의 대중관광에 따른 관광의 부정적 영향을 극소화하는 대안관광의 일종으로서 큰 의의를 갖는다(〈표 4-1〉). 특히 농촌에서는 부족한 일손을 얻을 수도 있고, 도시민과 농촌주민의 유대와 행정과 기업의 연계로 환경 및 경관보존에 기여할 수 있다. 미래지향적인 농업과 농촌을 만들어 가는 과정으로서 농촌관광은 아름다운 고향의 옛모습을 바탕으로 한 전원 리조트를 구축하는 일이 될 것이다.

생명 영위 이미지로서의 'green'관광은 농촌지역(rural area)을 목적지로 삼는 것으로, 생명을 기르고 치유하는 푸르름의 가치에서 착안한 것이다. 해안 리조트 관광은 blue, 스키 리조트는 white, 도시 리조트는 light(光)라는 식으로 관광은 각각의 목적지(destination)의 이미지에 의해 편의적으로 구분된다.

1960, 70년대의 대중관광(mass tourism)시대에는 인공적인 대규모시설에 단체 관광객이 몰려들어 비일상적인 생활을 구매한 것이다. 이러한 상업주의에 불만스러워하던 이들이 개인이나 가족, 친구들과 농촌에서 제2의 일상생활로서의 휴가를 보내는 것이 '80년대 후반 이후에 나타난 것인데, 이런 현상이 그린 투어리즘이다. 농촌관광을 목적으로 하는 관광객이 증가하는 것은 교육정도의 향상, 역사 · 문화유산에 대한 관심의 증대, 여가기회의 증대 등에서 비롯된다. 더욱이 농촌의 접근성이 개선되고, 건강에 관한 관심의 증대, 자연식품이나 유기식품 등의 특수한 식품에 대한 수요가 증가하고, 옥외생활을 즐길 수 있게 하는 하이테크놀로지 제품의 보급, 환경보호인식의 고양, 스트레스로부터 벗어나기 위한 자연에 대한 욕구증대 등이 그린 투어리즘을 출현시킨 배경으로 볼 수 있다.

또한 '80년대 후반에 전원의 지역주민의 입장에서도 관광객 수용의 필요성이 생겨났다. 지방 산업의 침체로 추가적 고용 · 소득이 필요했기 때문이다. '87년에서 '89년까지의 3년간만 보더라도 영국내의 농가소득은 20% 감소했고, '89년 말의 베를린 장벽 붕괴 후에는 동부유럽으로부터의 수입이 급증하는 등으로 농업경제는 타격을 받았다. 설상가상으로 '90년대에는 GATT의 농업교섭이 있었다. 규제완화라든가 공공투자 · 보조금이 삭감되고 지역경제의 재편은

피할 수 없어 관광사업이야말로 몇 안되는 성장분야로서 선택가능성이 높아진 것이다. 지방자치단체도 이 분야에서의 마케팅과 개발전략에 뛰어 들었고 지역의 자치조직(volunteer) 또한 이 분야에서의 적극적인 활동을 시작하였다.

19세기 영국민의 관광목적지는 해변의 리조트, 내륙의 온천지, 그리고 촌락으로 크게 세 가지로 나뉘어졌다. 하지만 번성했던 곳은 블라이튼이나 블랙풀 등의 해안 리조트뿐이었고 왕족·귀족이 사교를 겸하여 휴양을 하던 내륙의 온천지는 대중에게는 인기가 없었으며, 의료전문가들도 온천의 효용에 대해 의문을 표시하는 등 리조트로는 성장하지 못했다. 촌락은 대도시 주변부를 당일치기로 잠깐 들러보는 것 말고는 리조트로 이용되는 일이 거의 없었다.

이러한 상황은 19세기에서 20세기 후반까지 거의 변화가 없었다. 그러나 1960년대 이후 레저와 여행의 세계에는 혁명적인 변화가 생겼다. 이 변화는 4가지로 구분된다. 첫째는 외국여행의 격증, 둘째로는 국내 해안 리조트의 인기 쇠퇴, 셋째는 역사적 유산이 있는 곳이나 도시로의 문화교양적 여행의 증대, 넷째는 1980년대에 들어와 농가와 농촌, 지방의 마을들이 휴가를 위한 리조트로서 새로운 역할을 담당하게 되어 루럴 투어리즘의 중요성이 높아졌다.

다시 말해서 최근에 루럴 투어리즘(rural tourism)의 지위가 향상된 것은 크게 나누어 두 가지 대조적인 이유 때문이다. 우선 휴가시장에 변화가 일어나 농촌에서 휴가를 보내는 것이 소득수준과 교육수준이 높은 계층에서 유행하여 인기가 높아졌다. 동시에 지방의 고용상태와 소득수준 저하를 완화하고, 또한 지방의 소매업이나 버스·열차 운행 등의 서비스업을 돕기 위하여 농가와 지방경제계, 그리고 정부기관이 지방에서의 관광사업을 추진하도록 애써 왔다. 이러한 경향은 영국에 국한된 것이 아니고 정도의 차이는 있겠지만 구미(歐美)의 모든 선진공업국에서 나타나는 현상이다.

자연환경이나 지역사회와 공존할 수 있는 관광개발의 추진을 향하여 90년대부터 영국정부는 지속가능한 관광개발을 향한 정책지원을 시작하였다. 지속 가능한 그린 투어리즘에서 강조되는 것은 다음과 같다.

① 환경과 지역문화의 보전
② 지역의 강점, 그 특징을 살리는 전략

③ 주위의 협력을 얻어낼 수 있는 체제를 만들어 파트너십을 발휘
④ 지역의 수준에 맞는 스케일
⑤ 행정을 주체로 한 교통 · 정보 등의 기간설비를 정비
⑥ 접객이나 조리법, 지역학 등의 전문기술 지식의 트레이닝과 교육
⑦ 목표를 정한 마케팅
⑧ 당일형의 관광객보다는 반복 숙박객을 늘리려는 노력
⑨ 호스트(host), 특히 농가 주부의 환대(hospitality)의 향상

〈표 4-1〉 그린관광과 대중관광의 특징 비교

구 분	그린관광(green tourism)	대중관광(mass tourism)
일반적 특징	- 개발속도가 느림 - 소규모적 단계로 진행 - 적정화(optimization)가 목표 - 사회적 · 환경적 수용력 제고 - 통제되고 계획된 관광 - 장기적 여행기간 - 가치지향적 인식 - 질적 관광	- 개발속도가 빠름 - 대규모적 단계로 진행 - 최대화(maximization)가 목표 - 사회적 수용력 제고 - 통제되지 않은 비계획적 관광 - 단기적 여행기간 - 가격지향적 인식 - 양적 관광
관광자 행동	- 혼자, 가족, 그리고 친구와 여행 - 시간적 여유가 있음 - 적당한(또는 느린) 교통수단 - 현장에서 자연스러운 결정 - 지방적 라이프스타일 - 관광자가 결정 - 체험이 중심 - 능동적 행동 - 개방적 접근 - 새로운 지식추구 - 조용한 관광활동	- 대규모 단체여행 - 시간적 여유가 없음 - 빠른 교통수단 - 고정된 프로그램 - 함축된 라이프스타일 - 관광자가 지시받음 - 구경이 중심 - 수동적 행동 - 수동적 접근 - 우월감, 기념품이나 선물 - 시끄러운 관광활동
관광개발전략	- 먼저 계획, 다음이 개발 - 지역간 협력 - 집중개발전략 - 기존정주권내에서의 개발 - 훌륭한 경관의 보전 - 확고하고 제한된 개발 - 지역개발업자에 의해 개발 - 지방의 잠재력에 따라 고용 - 생태적 · 사회적 그리고 경제적 모든 요소를 종합적으로 검토	- 기획없이 개발 - 단지 지역수준의 기획 - 분산개발전략 - 기존정주권 밖에서의 개발 - 가장 훌륭한 경관지역의 집약적 개발 - 정확히 알 수 없는 미래수요를 위한 개발 - 외부개발업자에 의해 개발 - 주로 비지역주민의 고용 - 경제적 배경에서만 검토

구 분	그린관광(green tourism)	대중관광(mass tourism)
관광개발전략	- 농업경제력의 지속과 강화 - 개발업자가 사회적 비용부담 - 교통계획은 대중교통수단에 의존 - 평균수요에 맞는 수용력 - 자연적 · 역사적 대상물을 유지 - 고유시설 - 낮은 기술수준과 선택적으로 상업화된 시설	- 관광부분으로 노동력이 유입되어 농업 쇠태 - 지역사회가 사회적 비용부담 - 교통계획은 자동차에 의존 - 높은 계절적 수요에 맞는 수용력 - 자연적 · 역사적 대상물을 제거 - 도시적 시설 - 높은 기술수준과 상업화된 관광시설

2) 우리나라의 농촌관광

농촌과 농민을 위한 시책으로서 '농촌은 뿌리, 도시는 꽃' '신토불이' '내고향 농산물사먹기 운동' '농촌돕기운동' '농공병진정책' '영농자금지원' '영농후계자 양성' 등의 다종의 방법을 동원하고 있다. 특히, 정부는 농촌경제 발전을 위한 농촌자연관광자원 개발을 통해서 도농(都農)간의 경제교류를 활성화하여 지역개발을 촉진하고 농촌에 새로운 서비스산업을 육성하고자 하는 목적으로 농촌에 관광기능을 도입하는 정책도 다양하게 시행하고 있다.

〈표 4-2〉 시 · 도별 관광농원 운영 현황

구분	서울	부산	대구	인천	광주	대전	울산	세종	경기	강원	충북	충남	전북	전남	경북	경남	제주	계
개소 수	-	1	-	45	-	-	2	-	203	147	54	98	36	85	116	133	43	963

주 : 농림축산식품부, 2020년 12월 31일 기준

문화체육관광부 관광동향 연차보고서에 의하면 2020년 12월 말 기준 963개소의 관광농원이 운영 중이다(〈표 4-2〉). 관광농원은 농촌의 쾌적한 자연환경과 전통문화, 농림수산생산기반 등을 농촌체험 · 관광자원으로 개발하여 국민의 여가수요를 농촌으로 유치함으로써 도시와 농촌의 교류를 촉진하고 이를 통해 농촌지역과 농업인의 소득증대를 도모하는 사업이다. 이 같은 목적에 따라 전체 면적의 20% 이상(2,000m² 이상이면서 전체 면적의 20% 이상)은 반드시 과수 · 화훼 · 가축사육장 · 양어장 등 농업 및 농촌과 관련된 체험시설을 갖추도록 하고 농어업인, 한국농어촌공사 및 농협 · 수협 · 농어업법인 등이 운영하도록 하고 있다. 이들 관광농원은 체험시설 외에도 숙박시설, 체육시설, 휴양시설 등 다양한 시설을 갖추어 이용자 편의를 도모하고 있으며, 농원에 따라서는 고구마 · 밤 등 농작물 수확체험, 순두부 · 인절미 등 전통음식 만들기, 연날리기 · 썰매타기 등 전통놀이체험, 야생화 · 반딧불이 · 메뚜기 관찰 등 자연학습(생태관광) 등 다양한 체험 프로그램을 마련 · 운영하여 도시민 등의 눈길을 끌고 있다.

농촌의 폐교시설을 활용한 자연생태학습장, 청소년 수련시설 등의 교육목적이나 농촌의 소득증대를 위한 사업을 실시하였고 폐교시설 임대 대상을 미니콘도나 주말농장의 용도로 민간개발업자에게 임대할 수 있는 특별법에 제정되어 있다. 뿐만 아니라 학교교육에 있어서 도농교류에 의한 체험학습 기회가 확대되는 등, 국내에서도 농촌관광진흥에 의한 도농교류가 크게 진작되어 가고 있다.

근년에는 농촌체험휴양마을(1,151개소)을 지정하여 농촌관광활성화를 도모하고 있다(〈표 4-3〉).

〈표 4-3〉 시 · 도별 농촌체험휴양마을 조성 현황

구분	서울	부산	대구	인천	광주	대전	울산	세종	경기	강원	충북	충남	전북	전남	경북	경남	제주	계
개소 수	-	-	-	8	1	6	7	3	117	207	76	138	139	169	129	128	23	1,151

주 : 농림축산식품부, 2020년 12월 31일 기준

한편, 2001년 9개소의 시범사업을 시작으로 2013년까지 123개소의 어촌체험마을 조성사업을 추진하였으며, 2008년부터 지자체가 「도시와 농어촌 간의 교류촉진에 관한 법률」 제5조에 따라 어촌체험휴양마을을 지정하여 관리하였고 2020년까지 114개 마을이 운영 중이다.

2. 외국의 농촌관광

1) 독 일

독일인이 가지고 있는 전원에 대한 관심은 어느 민족보다도 강하여 "독일인은 산에서 태어나서 언젠가는 산으로 돌아간다"는 말로 표현되는 바와 같이 산림과 초원에 대한 향수를 가지고 있는 민족이라고 말할 수 있다. 그러므로 휴가목적지를 선정할 때, 있는 그대로의 자연상태에서 산책이라든가 농촌 그 자체의 자연에 대한 관심 등 자연환경과 풍경에 높은 관심을 가지고 있다. 이러한 독일인의 국민성이 환경애호사상의 관광을 탄생시키는 동기가 되고 있다. 그리고 농가에서 휴가를 보내려는 이들의 대부분은 어린아이들을 동반한 가족여행의 형태로 이루어지고 있다.

독일의 그린 투어리즘(green tourism)은 그린 투어리즘이라고 표현하지 않고 루럴 투어리즘(rural tourism) 또는 농업관광(agricultural tourism)이라고 한다. 이 정의는 일반적으로 전원에서의 휴가와 농가에서의 휴가로 구분된다.

전원의 휴가(rural tourism)는 조그마한 호텔과 식사가 곁들인 가족동반의 펜션(pension) 등에서 1주일 정도 휴가를 보내는 것을 말한다. 농가에서의 휴가는 농촌의 민박 등의 휴가시설에서 지내는 것이다. 이러한 농가에서의 휴가(agricultural tourism)는 대부분이 자연발생적으로 생겨난 역사를 가지고 있다. 따라서 독일의 그린 투어리즘의 대상은 유명한 관광지나 고급호텔이 소재하는 곳보다는, 가능한 원시적 자연경관이 잘 보존된 전통적인 농촌이 그 대상이 되는 것이 대부분이다.

독일에서 그린 투어리즘의 시작은 독일 남부 바이에른주에서 시작되었다고 하며, 이 지역은 오스트리아에 접하고 있는 알프스 산악지대이기 때문에 농업조건이 불리하여 과소문제가 심각하였다. 과소문제 해결을 위한 바이에른 주정부의 농업진흥정책은 첫째, 교육수준의 향상 둘째, 농가간의 협력 셋째, 농업기반과 농촌생활기반의 정비 넷째, 판매제도의 개선 다섯째, 농촌적 자연환경의 유지이다. 이상의 정책 중에서 무엇보다 흥미를 끄는 것은 다섯번째의 농촌적 자연환경의 유지에 대한 정책이다. 이것은 토지이용계획, 자연환경계획, 산림기능계획의 세 가지를 주축으로 자연이 농민만의 것이 아니라 국민전체의 재산으로 인식시켜서 농촌의 자연을 유지해 나간다는 획기적인 정책이었다. 이러한 정책의 발상 저변에는 농촌적 자연환경이라고 하는 것이 단순히 자연만을 가리키거나 목초지의 보존만이 아니고 그 지역이 갖고 있는 모든 생명체가 생존할 수 있는 환경으로서의 보전이 국민의 사회적 책임이라는 인식을 갖게 하는 것이었다. 이러한 정책은 국민적 이해를 얻어야 했지만, 저비용 또는 규모확대라고 하는 농업생산을 우선으로 하는 시대에서는 농업대국인 독일에서도 오랜 시간이 걸려야만 했다. 연방정부는 '70년대 여러 가지 농업구조개선정책을 발표했지만, 바이에른주에서 제창한 "농업은 만인을 위해서"라고 하는 발상이 받아들여지기까지는 '70년대 후반에 들어와서야 이해되었고, 이러한 농업과 관광의 접목은 조건이 나쁜 지역에서 농촌과 농업을 지킬 수 있다는 운동으로 인접한 주지역으로 확산되었다. 따라서 농가에서 시작된 숙박업의 겸업농가는 증가하게 되었고 "농가에서 휴가를"이라고 하는 슬로건으로 집약되었다.

독일의 그린 투어리즘의 특징을 대표하는 요소는 농가, 농촌공간에서 휴가를 충실히 보내는 데에 있다. 현재 독일 농촌의 휴가시설로는 농가의 민박을 비롯하여 승마코스, 골프장, 스키장, 테니스, 수영 등 스포츠시설, 산책로, 호반에서의 낚시 또는 수영시설이 있지만, 이러한 것들은 환경조건이 뛰어나고 우수한 자연환경을 정비한 데서 이루어지고 있다. 또한, 지역주민을 위한 다목적 온천시설이나 향토박물관, 음악당도 있으며 이러한 시설들은 공공시설로서 방문객도 레크리에이션 수단으로 이용할 수 있다. 농가 자체적으로 숙박과 식사 이외에 사유지를 활용해서 승마와 캠프장, 또는 오토캠프장 등의 시설을 설립하는 농가가 많아지고 있다. 숙박시설에도 여러 종류가 있는데, 예를 들면 빈방을 빌려주는 민박(private zimmer), 휴가용으로 집 전체를 빌려주는 임대대가(ferienwohnung), 여관(gasthaus), 팬션(pension), 간이호텔(motel), 유스호스텔(youth hostel) 등 다양하다. 더욱이 독일의 그린 투어리즘에서 빼놓을 수 없는 것은 농가식당의 육성이다. 이것은 민박과 더불어 자영겸업을 육성해 나가는 데 중요한 사업이 된다.

독일 그린 투어리즘에서는 농지정비를 하는데 있어서 환경보전이 우선한다. 프랑스 등 유럽제국의 그린 투어리즘은 어디까지나 휴가환경을 정비하고 진흥하는데 역점을 두는 반면, 독일은 농지정비와 연계한 그린 투어리즘이란 측면을 강조하고 있다. 특히 1976년에 제정한 자연보호에 따른 경관보전법은 독일농업에 큰 영향을 주었다. 이것은 농촌개발의 촉진과 지역활성화에 관한 사업을 시행함에 있어서 농지정비법의 범위내에서 취급되어야 한다는 것이다. 즉 농촌정비를 농업생산 공간으로서 뿐만 아니라 레크리에이션을 포함한 생활공간으로서 이해되어야 한다는 것이다.

2) 프랑스

프랑스에서는 1936년에 연간 법정연차유급휴가제도가 정착되면서 주휴 이외에 유급휴가를 갖는 것이 가능하게 되었다. 제2차 세계대전 후에는 법정유급 휴가일수가 증가해서 1981년에는 최저 5주간이 되어 오늘날에는 장기휴가의 습관이 정착되고 있다.

프랑스인들은 여가를 농촌에서 보내는 것을 좋아한다. 일요일에는 상점의 영업이 법률로 금지되어 있는 프랑스의 도시에서는 식당도 문을 닫는 곳이 많고 거리도 한산하여 많은 사람들이 교외의 농촌으로 향하게 된다. 봄에는 산림에서 프랑스를 탐색하고, 여름에는 개울근처에서 피크닉을 즐기고, 가을에는 잼을 만들기 위해서 나무열매를 따기도 하고 산림과 목장에서 버섯따기 등 자연에서 생활하는 습관이 있다.

전통적으로 농업국인 프랑스에서는 농지가 국토의 60% 정도이며 프랑스인들에게 있어서 농촌은 고향이고, 농가에서 신선한 식료품을 구입한다. 따라서 도시민도 농촌에 대한 강한 애착을 갖고 있기 때문에 농민에 대해서도 자기들의 생활철학을 살리고 지켜주는 존재로 인정한다.

18세기의 계몽사상가 룻소는 "자연으로 돌아가라"고 제창했고, 프랑스의 귀족들 사이에는 농촌에서 생활을 즐기는 것이 유행했었다. 근세까지만 해도 수렵을 즐기기도 하고 산림과 전원을 레크리에이션 장소로 활용한다는 것은 사회적 지위가 높은 사람들에 한정되었다. 일반대중이 자연에서 레크리에이션을 즐긴다는 것은 최근의 일이다.

많은 사람들은 태양을 찾아서 지중해 연안으로 떠나고 해변지역에서 휴가를 지낸다는 것은 비용이 많이 들기 때문에 봉급생활자들은 적은 비용으로 오랫동안 휴가를 보낼 수 있는 숙박시설이 필요하게 되었다. 이와 동시에 농촌의 건축물과 문화를 지키자는 운동을 추진하는 사람들이 증가하는 관광객을 위하여 새로운 형태의 관광을 제창하게 되었다. 이것이 그린 투어리즘의 시작이다.

1949년 전쟁에 의해서 황폐한 농촌에 있는 조그마한 호텔들을 복구하기 위해서 'Loge auberge France' 전국연맹이 조직되었고 수년 후 농업회의소 상임회의는 농업관광협회를 설립했다. 그리고 농촌의 전통 농가를 관광객에게 대여해 주는 대가민박이 등장해서 본격적인 민박조직인 '지드 더 프랑스'가 탄생했다.

지드 더 프랑스에 가입할 수 있는 조건은 농촌(인구 2,000명 이하)에 있는 민박으로 창립목적은 ① 농촌에 있는 노후주택의 복구유지 ② 농촌인구의 유출방지, ③ 양질의 저요금숙박을 제공하는데 있다.

그리고 농업성은 농민이 농장에 있는 주택을 개조하거나, 본래 부지의 범위 내에서 개축하여 도시민에게 대여하도록 보조금을 지급했다. 이것은 농민에게는 부수입의 수단이 되었고, 도시민들과 교류할 수 있는 계기를 만들었다. 1959년에는 가족이 휴가를 보낼 수 있는 숙박시설을 제공하는 가족휴가촌협회도 설립되었다.

그 후 농업성은 민박사업의 보조를 줄여서 지드 더 프랑스 전국연맹으로 발전시켰고 연맹창립후 최초로 발행한 안내서에는 150농가 정도가 민박에 기재되었지만, 장기휴가가 일반화됨에 따라서 저요금의 민박수요와 연맹에 가입수가 함께 증가하여 지금은 5만 정도이다.

프랑스는 세계적인 관광국이고 작은 군 · 읍 · 면에도 관광안내소가 있어서 민박과 농가의 관광사업도 이러한 조직에 의해서 국내외의 관광객에게 널리 소개되고 있다.

그린 투어리즘의 발전은 농촌의 문화를 지키고 농민생활수준의 향상을 도모하며 도시민에게는 장기휴가를 저렴하게 할 수 있는 숙박시설을 제공할 뿐만 아니라 외화를 획득할 수 있는 수단이 되고 있다.

그린 투어리즘은 정부의 경제계획에 의해서 발전하였고 경제개발 5개년계획에는 그린 투어리즘에 관한 항목이 포함되어 국토정비지방개발국의 협력으로 정부의 자금지원을 받을 수 있는 큰 정비계획이 실행되었다.

프랑스에서는 1971년 농촌관광진흥센터에 있는 '농촌관광협회(TER)'가 탄생됨에 따라 그린 투어리즘이 정착하는 데 기여하였다. TER은 관광관련단체, 관련 각 지방자치단체, 은행 등 30여 개 조직이 회원으로 가입되어 있다. TER은 농촌관광과 관련된 여러 조직의 정보교환과 공동협의의 장이 되기도 하고 그린 투어리즘 촉진을 위해서 행정기관에 제안도 하고 있다. 가입조직인 전국자전거연맹은 프랑스 전 국토에 3,500km의 자전거 코스를 만들고 도보여행자와 함께 이용하게 만들었다. 꽃이 아름다운 마을을 표창하는 협회도 있고, 오래된 건축물을 아름답게 꾸미는 마을이 가입하는 협회도 있다. 또한, 프랑스에는 관광농촌에 종사할 인재를 육성하는 센터와 농업학교가 전국의 각 지역에 설립되어 있다.

농민이 실제로 관광에 관한 관심을 갖게 된 것은 1977년으로서 1981년에는 농업관광협회에서 관광사업에 종사하고 있는 농가를 지원하기 위해 "농가에 어서 오십시오"라는 상표에 네트워크를 조직하면서부터이다.

농민이 참여하는 관광사업은 1988년 정부법령에 의해 법률적으로 농업활동의 일부로 간주하게 되었으며, 농업관광협회는 적극적으로 농가의 관광활동을 지원하고 있다.

프랑스 민박의 특징은 그린 투어리즘의 역사에서 본 바와 같이 농촌의 노후화한 집을 보존하기 위한 수단으로 민박사업이 시작되었다.

지드 더 프랑스나 "농가에 어서 오십시오"에서는 가맹자에게 관광안내책자와 팜플렛 등을 민박에 비치하도록 지도하고 있다. 특히 대가민박에서는 체재기간이 길기 때문에 가까운 병원과 상점, 아침 장이 열리는 요일, 간단한 향토요리책, 관광객안내책(각국의 언어) 등도 유인물로 정리해서 비치해 놓는다. 민박경영자는 가까운 농가식당의 정보와 독특한 향토의 생산물을 직접 구입할 수 있는 농가의 주소 등을 안내하기도 한다. 연맹에서 발행한 전국안내서에는 만족도를 조사하는 앙케이트 용지가 비치되어 있고, 민박경영자는 이용자의 의견을 물어서 좋고 나쁜 점을 가리지 않고 소속지방협회에 보고할 의무를 가지고 있다. 이러한 이용자의 의견은 연맹의 품질관리부에서 집계하여 분석결과를 민박경영자들에게 전하여 준다.

민박의 등급은 프랑스 호텔이 별의 수로 나누는 것처럼 민박은 보리이삭으로 표시해서 1~4등급으로 분류한다. 물론 이삭의 수가 많으면 가옥과 환경조건이 좋고 쾌적성이 우수하다고 볼 수 있다.

프랑스의 농촌관광은 해변지역의 장기휴가 관광객에게 저렴한 숙박시설을 제공하는 데서부터 시작되었다. 이러한 역사적 배경 때문에 전원지역은 가난한 사람들의 장기휴가를 보내는 곳이라는 이미지가 남게 되었다.

농촌의 숙박시설 중에는 요금이 싸고 질도 떨어지는 곳도 있는 게 사실이다. 그러나 이러한 나쁜 이미지에서 탈피하기 위해서 농촌에도 질 좋은 고급서비스가 제공되도록 진흥활동이 진행되고 있다. 그래서 관광성에서는 세계 각국에서 프랑스를 방문하는 관광객이 증가하고 있고 해변과 산악지역의 관광객 수용능력이 부족한 것으로 판단하여, 전원지역의 관광을 더욱 발전시켜서 외래객 목적지의 분산을 도모하고 있다.

외래객 중에서 다수는 지역주민과의 직접적인 접촉을 통해서 프랑스를 알 수 있는 민박을 선호하는 경향이 있다. 전원지역에서 휴가를 보내는 것을 좋아하는 인접 국가들의 관광객은 프랑스 농촌관광을 발전시키는 원동력이 되고 있다.

한편, 프랑스 국내관광에서도 사람들이 혼잡한 유명한 관광지보다 조용한 전원지역이 스트레스를 해소할 수 있고 건강에도 좋다고 생각하는 풍조가 생겨나서 농촌관광이 발전되고 있다.

농촌의 최대 매력은 조용히 휴식을 취할 수 있는 장소라는 점이다. 전원의 휴가자들은 근교를 산책하면서 자연을 접촉하고, 성(城)과 교회를 방문하고, 독서를 즐기기도 하고, 향토요리를 먹는 등의 활동을 통해서 즐거움을 얻고자 한다. 최근 프랑스 농촌에서는 승마, 테니스, 골프 등의 스포츠를 즐길 수 있도록 하는 등 다양한 기능을 도입하여 농촌관광의 부가가치를 높이고 있다.

3) 일 본

1970년대 이후 일본에서는 농촌진흥시책의 일환으로서 관광개발이 중시되고 있지만, 특별히 관광레크리에이션 자원을 갖고 있지 않은 농촌에는 후루사토(古里村)운동[46]을 도입, 추진하여 과소대책을 수립하였다([그림 4-1]). 즉, 관광이라고 하는 색다른 수단을 교류의 축으로 삼는 지역진흥 방식이 채택된 것이다.

[그림 4-1] 후루사토의 시스템

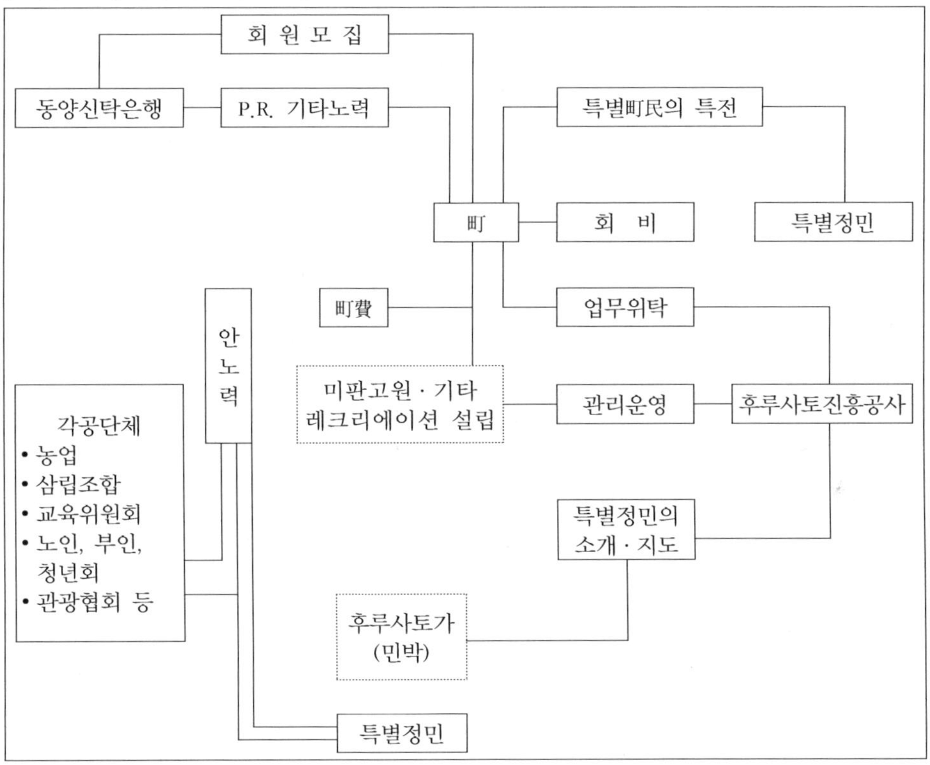

도시민과 농촌주민의 교류형태는 도시민이 농촌을 방문하고 농촌생활의

46) 일본의 후루사토운동의 개략은 다음과 같다.
① 회원모집은 町 및 은행이 담당한다.
② 후루사토 희망자는 1만엔의 연회비를 내고 특별町民이 되어 여러 가지 특전을 받는다.
③ 町은 회비에 의한 수입으로 지역 내의 관광레크리에이션 시설을 정비한다.
④ 시설의 관리, 운영은 후루사토 진흥공사가 담당한다.
⑤ 후루사토 진흥공사는 특별정민을 후루사토家에 소개하고 현지안내를 담당한다.
⑥ 町民은 후루사토家를 제공하고 특별정민과 친목을 도모한다.

체험을 통하여 상호교류를 한다는 것이기 때문에 관광보다도 진일보한 교류의 내용이 함축되어 있다. 일본의 경제기획청은 1971년 4월에 '농 · 임 · 어업의 제3차산업화에 관한 조사연구위원회'를 발족시키고 '72년 3월에는 연구성과를 '녹색의 공간'으로서 제창하여 주목을 받았다.

또한 1971년 7월에는 농림성에 의한 '자연휴양촌'계획이 공표되는 등, 농촌의 3차산업화 구상이 공해→자연보호, 과밀→과소라고 하는 사회경제적 문제를 배경으로 대두하였다. 그래서 이러한 제창이나 제도의 근간이 되는 사상은 농촌의 고정관념에 대한 가치관의 전환이었다. 즉, 농촌은 본래 농업생산의 장이고 공업노동력의 비축기지이며 공업제품의 구매지라고 하는 개념에서 ① 자연환경의 보전 및 배양작용, ② 자유시간공간의 제공, ③ 국민정서의 함양, ④ 사회의 안전기능 등의 새로운 기능을 적극적으로 기대한 것이다. 특히, 녹색의 공간계획에 전후하여 시작한 '자연휴양촌'[47]은 농민과 농촌환경을 자원화하여 농촌의 관광레크리에이션화, 즉 도시와 농촌의 교류에 의한 농촌의 진흥을 도모하고 있다. 한편, 도시와 농촌의 교류라는 관점에서 민박촌은 교류의 실상을 반영하고 있다. 예컨대 스키장의 민박이나 해수욕장의 민박 등은 매년 성수기가 되면 일정한 규모의 내방객을 확보하고 있다. 그러므로 스포츠, 레크리에이션에 입각한 민박촌이 증가하고, 일부의 민박촌에서는 간이숙박지가 아닌 여관지역으로 변모하는 사례도 나타난다. 결국 민박지역은 교류가능성이 부여되어 교류관계를 지속시키는 데 기여하고 있다. 이러한 관점에서 보면 관광레크리에이션을 기조로 하는 도시와 농촌의 교류는 민박의 역사와 더불어 존재한다고 설명할 수 있다. 이러한 민박중심의 교류형 관광농촌은 관광레크리에이션과 본질적인 차이가 있지만 그 판별은 용이하지 않다.

관광농촌[48]의 유형은 ① 스키입각형, ② 해수욕입각형, ③ 주유지입각형,

47) 자연휴양촌은 최근들어 농 · 산 · 어촌 및 농 · 임 · 어업의 동향과 자연에 친숙한 레크리에이션의 수요증대 경향으로 농산어촌의 자연환경의 보전 및 활용지역의 특성으로 관광농 · 임 · 어업의 계획적 · 조직적인 추진, 농 · 임 · 어업자원의 다목적인 이용 및 농 · 산 · 어촌의 환경정비를 행하는 것으로 보다 농 · 임 · 어업종사자의 취업기회 증대 및 농 · 임 · 어가의 경제의 안정향상을 도모함과 동시에 도시생활자 등에 대하여 농산어촌의 자연환경 및 농 · 임 · 어업에 친숙함, 이것에 대한 이해를 깊이하는 기회를 고양하여 휴양하는 장소를 제공하는 것을 목적으로 한다.

④ 온천입각형, ⑤ 종합레크리에이션 입각형, ⑥ 자연휴양촌제도 의존형, ⑦ 후루사토촌 의존형, ⑧ 협동정비 운영사업 의존형, ⑨ 레저협정 의존형, ⑩ 특별정민제도 의존형, ⑪ 기타 민박형, ⑫ 복합형 등 다종다양한 형태로 나타나고 있다.

1970년대 중반 이후 일본 내에서 전국적으로 확산된 후루사토 제도는 과소지역의 관광활성화가 주된 동기이고 지역주민에 의해서 전개된다.

후루사토운동의 선구였던 三島町은 과소지역에서 인구유출에 고민하던 町 당국에서 町民이 적극적으로 참가하는 관광개발정책으로서 이 제도를 고안하였다.

고도성장의 절정기에 일본의 농·산·촌지역에서는 과소화가 진행되어 커다란 사회문제가 됨으로써 그 대책이 고려되었다. 삼도정도 그러한 사례지역의 하나로서 1950년의 7,721명을 피크로 1960년 5,803, 1970년 4,108, 1975년 3,766명으로 감소 일변도를 보여, 이때까지는 町 자체의 존재도 위험한 상황이었다. 즉, 엽연초나 양잠업, 오동나무의 생산을 제외하면 특별한 산업이 없어 町 당국으로서도 타산업의 진흥, 예를 들면 町의 80%를 점하는 삼림의 활용과 축산 그리고 2차 산업의 도입 등을 적극적으로 추진한다.

당시에 도시지역에서는 여가의 활용방안에 대한 논의가 활발하여 과소지역의 새로운 산업의 도입으로서 관광을 지향하는 것은 자연스러운 것이었다. 그러나 자본도 빈약하고 관광잠재력도 높지 않은 町에 있어서는 통상의 개발형태는 바라볼 수도 없고, 또한 민간주도에 의한 대규모의 개발에도 비판적인 의견이 제기되었다. 이러한 상황을 답습하여 개발의 방향은 지방자치단체가 주도하여 町을 개발하는 제도를 만들고 町民도 적극적으로 참여하는 것으로 하여 구체적인 시책을 지향하는 다양한 검토가 이루어졌다. 이러한 과정 속에서 생겨난 것이 후루사토운동이다.

후루사토운동은 제도의 참신함과 인간성의 풍부함, 자연의 회복 등을 희구하는 시대의 흐름에 편승하여 큰 호응을 얻었다.

---

48) 일본의 농촌에 있어서 관광사업의 전개는 실제로 다양하지만 민박을 중심으로 하는 농촌의 관광개발을 편의상 관광농촌이라 한다.

회원모집은 町 및 동양신탁은행이 담당하고 후루사토 희망자는 1만엔의 연회비를 내고 특별정민이 된다. 특별정민에게는 여러 가지 특전이 부여되고 町은 회원수입을 가지고 지역의 관광레크리에이션시설을 정비한다. 즉, 임간학교, 산채농원, 과실농원, 유보도, 승마, 자전거도로, 바베큐시설, 캠프장, 스키장, 야구장, 테니스장, 풀장, 노인휴양홈(후루사토莊), 후루사토요(窯) 등이다. 이러한 시설의 관리운영은 후루사토 진흥공사가 담당한다. 진흥공사는 후루사토를 갈망하는 특별정민에게 후루사토家(민박으로서 사례금 정도의 요금지불)를 소개하고 현지안내 등을 담당한다. 町民은 후루사토가를 제공하고 특별정민과 교류 및 친목을 도모하는 역할을 한다.

三島町에서는 1974년에 609명의 회원이 모집되었고, 그 후 이와 유사한 町, 村이 각지에서 증가하였으며, 후루사토운동의 경제효과로서 1974년 2,000만엔의 수입은 1981년에 약 1억엔으로 신장하였고, 이 금액은 삼도정의 주산업의 하나인 담배 생산액에 필적할 만한 것이었다. 후루사토운동의 성공은 관광산업의 승수효과와 관광객과 지역주민과의 결합, 그리고 행정당국과 町民이 일체가 되어 추진하여 얻은 결과이다.

三島町은 오랫동안 임업을 주생업으로 생활하여 왔지만 일본경제의 급격한 발전이 이곳의 산업, 경제를 크게 변화시킨 것이다. 이 지역은 미래의 발전을 내다보는 후루사토운동을 전개하여 새로운 町의 생활방식을 시도해 보고자 한 것이다. 즉 주민들이 빈곤한 생활도 개의치 않고 삼도정에 사는 것을 행복하게 느끼는 町으로 만들고, 자연을 애호하는 인간성을 추구하는 사람들에게 심리적 안정과 휴식을 제공하는 町이 되고자 하였는데, 이것이 후루사토운동의 요체라고 생각한다. 이곳에는 특별히 우수한 명소가 있는 것도 아니며, 다만 누구에게나 줄 수 있는 자연과 따뜻한 인심이 있다.

고향, 그 자체는 아름다운 자연이 있는 것과 동시에 인간의 온정이 있다. 따라서 지역주민과 자치단체는 남아 있는 유일한 것을 지키고 육성하여 가는 것이 바로 町을 진흥시키는 방법이라고 생각하였다. 그러나 빈약한 규모의 지방재정만으로는 불가능해 町의 출신자로서 정을 떠나서 활동하고 있는 출향인을 중심으로 자연과 인간성을 요구하는 도시주민의 협력과 지원을 필요로 하였다.

삼도정에서는 인간성이 풍부한 町을 만들어 나가는 것을 목표로 설정하고 4,000주민을 비롯하여 이 운동을 이해해 주는 도시주민과 힘을 합하여 새로운 인간사회와 이상의 후루사토를 창조하고자 한 것이다. 삼도정은 '후루사토를 요구하는 사람에게 후루사토를', '여기에 머무르는 사람에게 광명과 희망을'이라는 표어를 제창하여 후루사토운동에 협조를 구하고 있다. 따라서 입회하는 도시주민은 준정민으로서 '후루사토가'에 숙박하여 친지가 되고 친교를 지속한다는 것을 내세우고 있다. 말하자면 농촌주민과 도시주민의 심리적 교류에 초점을 둔 것이다.

3. 농촌경관

1) 농촌경관의 의의

농촌이 관광대상으로서 특별한 의의를 가질 수 있는 것은 그것이 국지적 생활세계의 영역으로 의식되는 장소이기 때문이다. 특히 고유한 환경과 지방사로 점철되고 누적된 전통촌락일 때 그 같은 의미는 더욱 뚜렷해진다. 농촌공간의 각 부분마다에 거주자들의 특별한 체험을 통하여 여과된 고유한 의미가 부여된 세계, 즉 '체험된 세계'이다.

관광의 탁월한 매력이 체험이고 또한 그것이 관광산업의 요체로서, 체험산업(experiential industry), 즉 경험을 파는 신종산업이라는 용어는 미래학자 토플러에 의해서 일반화되고 있다. 이는 모든 관광의 탁월한 매력은 이(異)문화적 체험(cross cultural experience)이고, 모든 인간이 관광대상에 갖는 감각은 선택적임을 보여 주는 것이다.

문화관광을 통한 문화비교와 올바른 문화적 이해는 문화충격의 영향을 극소화할 수 있으며 국제적 문화체험(intercultural experience)을 극대화할 수도 있는 것이다. 관광자는 참여관찰(participant observation)이나 생활탐구관광(LST; Life-Seeing Tourism)을 통해 타문화를 학습하는 최상의 방법으로 삼고 있다. 이렇듯 관광자들은 관례와 일상성에서 벗어난 새로운 것을 찾으며 경험하고 싶어한다.

거주자들의 일상적 생활체험과 결부되어 경관과 영역이 하나의 의미단위로 개별화되어 다른 영역과 구분될 때 장소의 실재가 인정된다. 하나의 균질적인 공간이 아니라 이와 같은 의미로 차별화된 공간을 통하여 세계를 투영하려할 때, 전통촌락의 장소성에 관심이 기울어지는 일은 당연하다.

우리나라의 전통농촌은 거의 예외없이 경관과 영역의 상징화로 충만된 장소를 형성하고 있다. 농촌의 내재적 가치인 농촌성(rurality, rural amenity)의 진정성(authenticity)과 고유성(originality)을 갖는 경관구성요소로서 농업생산, 농촌공간 그리고 무형의 농촌문화와 농촌주민 등이 관광자원 요소가 된다. 마을의 영역화가 풍수의 국면으로 상징화되거나 혹은 그것이 없더라도 배후의 진산은 있기 마련이다. 고목 · 숲 · 바위 · 들 · 못이나 샘물 등의 자연경관들은 말할 것 없고, 비각 · 가묘 · 누각 · 정자 · 장승 등의 사회적 경관구성물들이 상징적 경관을 이룬다. 경관이나 영역의 상징화란 그것들의 의미화이며 동시에 공간의 장소화이다. 이와 같이 구체적 체험을 통하여 장소를 만들어 가는 촌락민, 즉 체험적 장소구성자들의 장소체험은 단순히 자연환경만을 대상으로 하는 체험이 아니다. 그것은 그때그때의 역사적 상황의 소산인 사회적 조건과 그러한 사회적 조건과 더 넓은 맥락을 통하여 결합된 공시적 가치관에 투영된 환경체험이다. 여기에 자연과 문화가 복합된 관광대상이 소재하고 있다.

2) 가옥의 건축재료

농촌경관을 구성하는 주축적 요소는 가옥이며, 특히 가옥을 축조하는 재료에 따라 가시적 경관의 지역차이를 나타낸다. 그러나 현대사회에서는 가옥재료의 외형경관이 획일적인 것으로 변모하여 지역차이는 점차로 줄어들고 있는 실정이다. 본래 전통의 농촌가옥은 그 지역의 자연조건과 산업기능에 따라 독특한 가옥의 재료 등이 발달하여 관광대상의 매력물이 된다. 세계 각국에서는 전통가옥에 대하여 자국의 문화유지 차원에서 보존하거나 관광상품개발의 차원에서 모형화하여 지역관광의 상징적 경관이 되기도 한다. 우리나라에서도 서울의 남산골, 가회동 그리고 경북의 하회 마을을 위시하여 전국에 걸쳐서 한옥마을 보존사업이 추진되고 있으며, 용인의 민속촌과 같이 모형화하는 방식도 채택되고 있다.

(1) 죽(竹) · 엽재(葉材) 가옥

베트남을 중심으로 한 동남아시아에서는 평지와 산지를 가리지 않고 죽재와 엽재를 주로 사용하는 bungalow구조가 보편적이다. 이것은 열대의 지리적 환경에서 쉽게 취득할 수 있는 대나무와 야자잎을 가옥재료를 활용함으로써 개성 있는 가옥경관을 보여주고 있다.

(2) 초재(草材)가옥

초재가옥은 자연적으로 생장하고 있는 잔디, 새, 억새, 갈대, 왕골 등 초근(草根)식물을 이용하여 축조된 가옥을 말한다. 초재는 주로 지붕을 덮고 땅바닥을 까는 데 이용되나, 특히 냉온대지방에서는 인류문화의 초기단계에서부터 이용된 것이었다. 우리나라의 상고대에 초옥토실(草屋土室)이 있었다는 기록으로 보아서 수혈식 주거의 단계에서부터 이미 초재로 지붕을 덮고 있었음으로 추정한다. 한국의 전통농촌의 상징적인 가옥으로서 초가삼간은 자연적 초재가 아닌 볏짚을 가리키는 것이다. 자연적 초재의 대표적인 것은 제주도의 새지붕인 것이다.

아르헨티나의 Pampas와 북미의 Prairie지방에는 잔디집(Sod house)이 보편적이었다. 이 지방은 반건조기후가 발달하여 단초가 잘 자라기 때문에 지토(芝土)를 동시에 떠다가 벽체와 지붕을 엮었다.

(3) 목조가옥

목재는 건축용재로 널리 이용되고 있으나, 목조가옥은 삼림지역의 상징적인 인문경관으로 볼 수 있다. 목조가옥은 가옥 전체가 거의 목재로 쓰여진 통나무집(loghouse)에서 그 기원을 찾을 수 있으며, 시베리아지방의 침엽수림이 탁월한 Isbas도 전형적인 목조가옥이다. 이와 같은 관점에서 침엽수림지역인 스칸디나비아반도, 시베리아, 캐나다중부, 미국의 북부와 알래스카는 목조가옥의 분포중심을 이루고 있다. 이밖에도 일본의 북해도, 중국의 만주, 한국의 동북부지방에도 목조가옥이 발달되어 있다. 우리나라에는 상고대에 이미 판자집(板屋)이 출현되었다는 기록이 있고, 산간의 화전지대에는 원목으로 급조한 귀틀집이 있었고, 너와지붕이 있다. 너와집은 현재 강원도 도계읍을 중심으로 분포되어 있으며 민속촌으로 지정되어 보호받고 있다. 또한, 삼림이 울창한 울릉도에는 비교적 잘 쪼개지고 부식에 강한 고래솔, 엄나무 등으로 너와를 만들어 지붕을 잇고 누목형(累木型) 귀틀집을 축조하고 있음이 나리동에서 조사되었다. 일본에도 한국의 너와와 같은 판즙(板葺) 또는 목피(木皮)지붕의 경관이 탁월하다.

(4) 토조가옥(mud brick house)

토조가옥은 주로 지중해 연안의 아프리카와 중동 등 석재가 없는 건조기후에서 점토를 재료로 하여 축조된 것을 말한다. 건조지역에서는 점토와 수분이 적당히 혼합되면 날이 갈수록 단단해지는 까닭에 점토가 보편적인 건축재료로 이용되어 토조가옥은 건조지역의 상징적인 인문경관이 되고 있다. 토조가옥이 집중분포된 중동지방에서 시리아에는 dome형의 지붕이, 이집트에는 슬라브형의 지붕이 각각 나타나고 있다.

(5) 석조가옥

자연석도 지역성격을 잘 표현하고 있는 건축재료가 되고, 이것 역시 주변에서 쉽게 얻을 수 있는 환경에서만 용재로서 가능하였다. 석조가옥(stone houses)은 세계 도처에 분포하고 있으나, 지역에 따라 암석의 종류, 이용방법, 경관구조가 각각 다르게 나타나고 있다. 석재가 탁월한 건축재료로 등장하고 있는 곳은 남부유럽이다. 이곳은 가옥을 위시해서 교회, 방벽, 도로 등 거의 모든 시설물이 석재로 되어 있으므로 이것이 고유한 문화경관을 이루고 있다. 대개 바람이 많은 해안지역의 석조가옥은 탁월한 특징이 있다. 예를 들면 한국의 남해안의 도서와 제주도, 영국 서해안의 오두막집(cottages)은 이를 실증하는 경관이 되고 있다.

3) 농촌경관의 유형

농촌경관은 가옥의 배치상태를 지표삼아 외곽선을 직선으로 그은 기하학적 형태로 유형을 구분할 수 있다.

(1) 괴촌(compact settlement, cluster village)

취락을 구성하는 기본요소들이 무질서하고 불규칙하게 특정장소로 군집된 것으로 자연발생적인 것이다. 우리나라의 농촌경관은 대부분이 괴촌에 해당하며, 유럽의 경우도 Haufendorf로 통용되는 괴촌이 존재하고 있다. 인간사회는 혈연에 바탕을 둔 응집력을 갖고 있으므로 이것이 첫째의 밀집원인이 된다. 둘째는 자연조건과 관련하여 물이 있는 wet point에 괴촌은 성립한다.

유럽의 괴촌에는 중앙에 교회가 들어서고 그 주변으로 농가와 창고, 정원들이 둘러싸고 있다. 교회는 기독교 문화와 관련하여 출생 시에 세례를, 성년이 되면 혼례를, 사망 시에는 장례를 치루는 통과의례뿐만 아니라 교육기능까지 갖고 있어서 마을의 중심지(center)역할을 하고 있다.

아프리카의 농촌은 도로와 대지, 경지가 구획되지 않은 채 자연발생적인 괴촌경관을 이루고 있다.

(2) 광장촌

서구사회(특히 Elbe강 유역)에는 호소와 삼림 등 자연제약에 의하여 원래 소촌(hamlet)이 발달되어 있었다. 그러나 중세사회로 이행되면서 단결력과 공동의식이 필요하게 되어 소촌이 해체되고 광장과 경지(gewann)가 결합된 광장촌(angerdorf)이 새로이 계획 · 설립되었다. 광장의 형태는 원형, 삼각형, 사각형, 계란형(卵形) 등으로 다양함을 보이고 있으나 공유지(open field)와 녹지공간(green space)으로서 공통점이 있다. 따라서 영어권에서는 광장촌이 'green village'로 통용되며, 경우에 따라서는 녹지공간이 도로를 따라 조성되었다는 의미에서 Street green village(Strassenangerdorf)로 불린다.

광장은 기능면에서 주민들이 물심양면으로 유대를 강화할 수 있는 축제장소로 계획하되, 교회와 종각, 집회소를 설치하는가 하면 가축의 공동사육장으로 이용하였다. 광장 주변에는 농가가 배치되고, 그 배후지에 기하학적 경계가 명료한 개인소유의 경지와 삼포식 농업경영에 맞춘 공동의 경지(gewann)가 규칙적으로 배열되어 있다([그림 4-2]).

[그림 4-2] 그린빌리지로 통용되는 광장촌

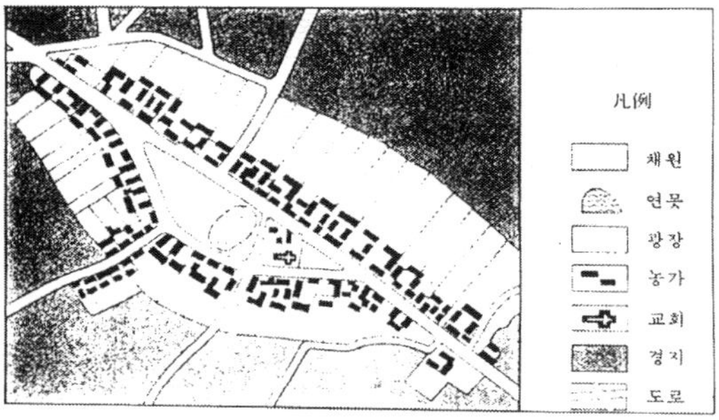

주 : Terry G. Jordan, 'The European Culture Area'에서 전재

(3) 환촌(環村)

삼포식 농업지역에 광장촌과 대조적으로 엘베강 동부의 곡초식 농업지역에서는 환촌(roundling)이 발달하였다. 환촌은 슬라브사회에서 기원한 것으로 추정되고 있으며 그 규모는 다양하다. 4~5개의 소수농가가 녹지공간으로 둘러싸여 있는 농촌이 있는 반면에 많은 농가가 집결하여 대촌을 이루고 있는 것도 있다. 크고 작은 환촌에는 환상의 광장을 중심으로 교회가 설치되어 촌락 공동생활을 위한 장소를 제공하고 있는 것이 공통적이며 이것은 광장촌과 다를 바 없다. 그러나 광장촌과 다른 기능으로서 광장은 가축을 공동사육하는 야간목장, 전란에 대비한 시설공간으로 중점이용하는 데 차이점이 있다([그림 4-3]).

환촌은 야간목장 주변에 농가배치가 둥그렇게 이루어진 것은 비단 동부유럽뿐만 아니라 목축지역의 공통된 농촌경관으로 보여진다. 즉, 아프리카의 Kral도 목축과 관련된 환촌의 성격을 띠고 있다. 여기에서 농가는 환상의 열을 이루며 야간목장으로 이동되는 공유지를 에워싸고 있기 때문이다. 이스라엘의 Kibbuz도 환촌형이다([그림 4-4]).

[그림 4-3] 환촌의 평면형태

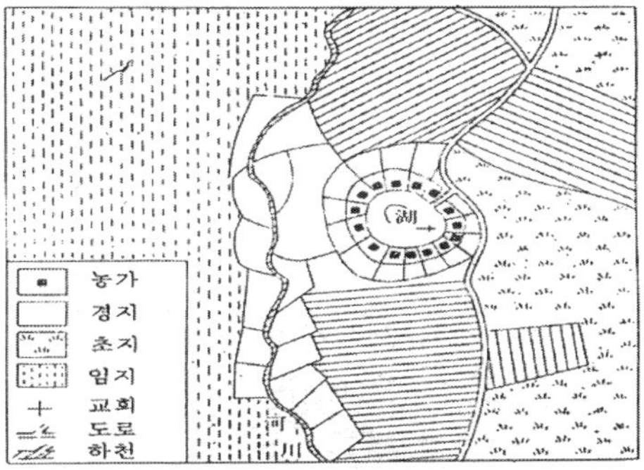

주 : Broek, J.O.M., 'A Geography of Mankind'에서 전재

[그림 4-4] 이스라엘의 환촌형 Kibbuz

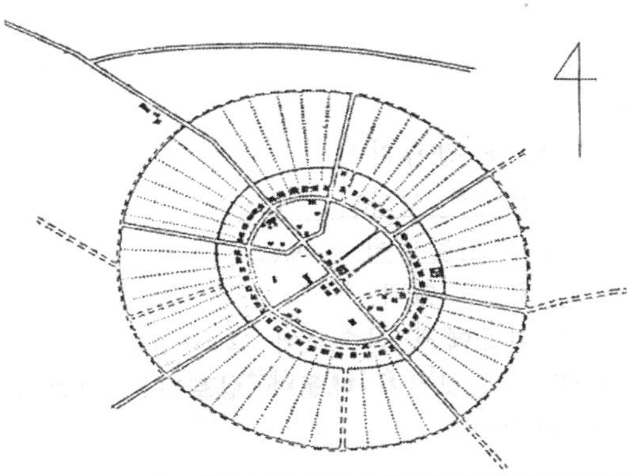

주 : Jones, E., 'Human Geography'에서 전재

(4) 열촌(列村)

경지와 도로가 직각으로 배치되고 도로변에 농가가 편재된 형태가 열촌(linear long lots village)이다. 촌락의 규모는 5~6개의 농가가 집결된 소규모의 것에서부터 100여 개의 농가로 구성된 것까지 다양하다. 열촌의 발생은 서기 900년경으로 보고 있다. 그 근거로서 네덜란드의 간척지 조성을 위하여 인공

제방이 등장한 것이 이 시기이기 때문이다. 개척기술을 일찍이 도입한 일본에서는 武藏野에 가로와 수로를 따라 열상(列狀)의 신전촌(新田村)이 형성되고 있는데, 이는 전형적인 열촌의 경관이다. 즉, 도로를 따라 직각으로 농가마다 거의 균등한 면적의 경지(long lots)가 배치되고, 전면에는 농가, 배후에는 삼림이 규칙적이며 일관되게 연결되고 있다. 우리나라에도 일본인에 의해 조성된 전라북도의 옥구와 김제의 간척지에 도로와 수로변에 농가가 입지한 열상이 나타나고 있다([그림 4-5]).

[그림 4-5] 간척지의 열촌

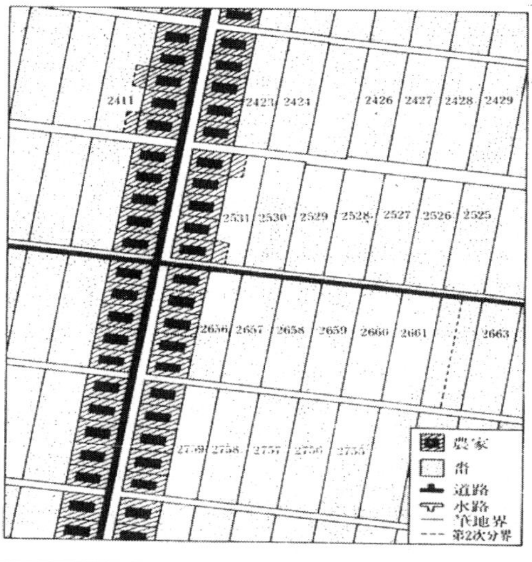

주 : 오홍석, '간척지 취락의 특성과 새 농촌의 조성방안'에서 전재

4. 향토음식

1) 향토음식의 개념과 관광가치

향토음식이란 그 지방에서 생산되는 재료를 그 지방의 조리법으로 조리하여, 과거로부터 그 지방사람들이 먹어온 것으로 현재에도 그 지방사람들이 먹고 있는 것이라 할 수 있다. 이러한 향토음식은 오랫동안 그 지방에 전해져,

불특정한 지방민들에게 전수되어 그 고장의 풍속이나 습관 그리고 인정(人情)에 의해 길러진 것이기 때문에 향토라는 심리적 이미지를 강하게 표출하는 특성을 갖는다.

① 그 지방에서만 생산되는 특산재료를 사용, 그것에 적합한 조리법에 의해 발전시킨 음식(예 : 영광굴비)－이는 생산량이 한정된 한 지방의 특산재료와 특유의 조리법을 사용하기 때문에 타지방에서는 그 맛을 흉내내기 어렵다.

② 그 지방에서 많이 생산되거나 타지방으로부터 많이 공급받을 수 있는 재료를 사용하여 적합한 조리법에 의해 발전시킨 음식(예 : 춘천 막국수)

③ 전국 각지의 어디에나 있는 흔한 재료를 사용하더라도 조상들의 생활형태, 기후, 풍토 등 지역적 특성이 반영된 특유의 조리법이나 타지방과 차별적으로 발전한 가공기술을 이용하여 발전시킨 음식(예 : 충무김밥)

④ 옛날부터 그 지방 행사와 관련하여 만든 음식으로 오늘날까지 전해져 오는 음식(예 : 설렁탕)

중국, 프랑스, 이태리, 스페인 등 자기 향토에 대한 자부심과 맛있는 음식에 대한 희구심이 남달리 강한 나라에서는 오랜 옛날부터 조리법이 발달하여 고유한 음식들이 다양하게 개발되었으며, 이러한 음식들은 여러 곳으로 전파되어 세계인의 사랑을 받고 있는 한편, 본고장에서는 관광객에게 각광을 받는 관광자원이 되고 있다.

중국요리와 프랑스요리가 지구촌 곳곳에서 인정받아, 이들의 찬란한 식문화와 미식의 즐거움을 추구하는 열의는 세계적으로 이미지가 높다. 중국에서는 이미 은대에 궁내 주사를 거쳐 재상이 된 윤이란 거물이 있었고 주대에 편찬된 '주례'에 의하면 제왕의 식사를 주관하는 식의라는 제도가 있었다고 한다. 한대에 이르러 張英이 역대 식문화를 종합하여 '식경'을 펴냈다. 당송시대에는 유구의 '다경'을 비롯해서 음식에 관한 적지 않은 서적이 간행되었고, 청대에 와서는 시인 원보가 '수원식단'이라는 조리교본을 남기고 있다. 중국은 음식에 관계되는 기록과 문헌이 기타 문화의 그것 못지않게 다채롭고 풍부하다.

프랑스요리의 발전의 역사는 쌍벽을 이루고 있는 중국요리보다 훨씬 미천하다. 프랑스요리는 오랫동안 왕실과 귀족의 독점물이었다가 대혁명(1789년) 이후에 비로소 일반에 개방되면서 구태를 일신했다. 몰락한 궁정과 권문에서 거리로 나오게 된 일류 요리인들이 신흥세력인 시민계급을 상대로 개척한 미각과 내용 위주의 새로운 요리가 오늘의 프랑스요리의 모태가 된 것이다. 17세기부터 각지의 요리를 소개하는 조리교본과 안내서가 나왔으며, 나폴레옹 1세의 유럽정복과 3세의 산업혁명으로 부유해진 시민계급의 힘을 기반으로 프랑스요리는 레스토랑이란 새로운 기구를 통해 확실히 뿌리를 내렸다.

제3공화정부(1870년) 수립 후 프랑스는 정치가, 사업가를 위시해서 학자, 변호사, 의사, 작가, 예술가 등 유능한 시민들의 활동으로 근대민주사회의 선도자로서 번영의 시대를 맞았는데, 각 분야의 문화가 발달됨에 따라 이미 뿌리를 내리고 있던 프랑스요리가 찬란한 꽃을 피웠다. 때를 맞추어 각 지방의 호텔과 레스토랑을 소개하는 믿을 만한 여행안내서가 계속 출판되었고 미식에 관한 체계적인 서적이 간행되었다. 식도락의 일화와 그 정의를 내린 사람으로 유명한 브리아 사봐랭의 '미각의 생리학'과 호화저택 몽테그리스토 장에서 많은 친구들에게 미식을 대접하다 파산한 알렉산드르 뒤마의 '요리사전'은 이 시기에 발간된 책들로서 고전의 자리를 굳히고 있다. 이에 따라 각 지방에는 미식을 찾는 여행자들이 늘고 파리의 레스토랑들은 미식가의 뒤를 쫓는 시민들로 가득 찼다. 한편 장인정신이 투철한 요리인들은 자질향상을 위해 요리학원을 개설하면서 자격심사까지 실시했다.

20세기가 되자 많은 미식가들의 모임이 생겨났다. 미식가연맹, 향토요리미식협회 14인회, 한접시회, 미각심리학자협회, 제1토요일회 등이 유명했고 여성단체들도 있었다. 이러한 권위있는 미식가 단체의 활동이 프랑스 요리의 발전을 더욱 촉진시키는 작용을 했다.

향토음식은 단순히 관광객에게 미식의 즐거움을 제공하는 차원에서만 관광적으로 가치가 있는 것은 아니다. 경제, 사회, 문화 등 여러 가지 여건 변화에 따라 오늘날 향토음식은 여러 가지 면에서 소비자의 각광을 받는 관광자원으로 부상하고 있으며, 공급자의 측면에서도 경제적인 측면 이외에도 여러 가지 면에서 유익성이 큰 효과적인 지역발전수단으로 인식되기 시작하고 있다.

2) 고유한 농촌문화자원

한 민족의 식생활은 긴 역사의 조류 속에서 환경적인 영향을 받으며 형성되어 온 민족 특유의 문화적 유산이다.

문화라고 하면 곧 회화나 음악, 문학, 무용 등을 생각하게 되지만 사실상 음식도 고유한 문화요소이다. 음식은 언어와 같이 그 나라를, 그 땅을 표현하는 얼굴로서 언어보다도 좋은 얼굴을 하고 있으며, 서로 다른 민족이나 각지의 사람들이 언어를 통하지 않고서도 서로를 이해할 수 있는 요소를 지니고 있다. 음식은 말이 없지만 그 나라의 힘, 정치, 경제 그리고 풍토, 갖가지 문화가 함축적으로 표현되고 있다.

음식은 토지의 산물이며 기후풍토에 의해 좌우된다. 우리의 조상들은 자신이 거주하는 토지에서 생산된 원료를 사용해서 그 토지의 풍토에 부합되는 요리를 해왔다. 인간은 자급자족하는 생활 속에서 불편을 느끼면 무한한 지혜를 발휘하게 된다. 식생활에 있어서도 영양가 등의 과학적인 방법은 몰랐으나 부족되기 쉬운 영양분을 교묘하게 보충하고 이치에 적합한 조리법을 고안해내면서 발전된 것이다. 즉, 한랭한 지역에서 겨울에 대비한 저장식품 · 절임식품이 발달하고, 산간벽지에서는 산채요리가 발달하는 식으로 인간이 환경에 적응해 온 역사를 통해서 이루어진 문화적 산물이 향토음식이라고 할 수 있다.

일본의 경우에는 수년 전부터 "향토음식을 새로이 다시 보자"라는 운동이 각지에서 행해지고 있다. 이것은 지방문화의 부흥과 직결되기 때문에 관광상품의 개발이라는 차원 이상의 큰 의의를 갖는다. 음식문화의 국제화와 더불어 더 중요한 사실은 우리 고유의 향토음식을 부각시킴으로써 방법으로 지역문화 창달에 기여할 수 있다는 것이다. 예컨대, '일촌일품'(一村一品)과 같은 방식의 '일촌 일종 토속음식운동'도 전개할 필요가 있다.

향토음식은 여행의 즐거움 가운데 상당한 비중을 차지하는 것으로서 '금강산도 식후경'이란 말이 있듯이 식사는 여행 중의 필수적인 활동으로서 여행경험의 근간을 이루며 이는 또한 상당한 경비지출을 동반한다.

2009년 한국관광공사가 외래객 11,912명을 대상으로 실시한 설문조사의 결과를 보면 우리나라를 방문한 외래객의 1인당 평균소비액 1,123.6달러 중 176.3달러가 식사 및 식료품비로 지출되었다. 식사는 외래객 소비액의 1/5을 점하는 중요한 지출 항목이며 그것도 쇼핑, 유흥 등과는 달리 필수적으로 지출해야 하는 기본적인 경비이다.

또한, 향토음식이 고유한 전통문화자원으로서 관광적 가치가 있다는 사실은 다음의 조사에서도 입증된다. 한국여행 중 인상 깊었던 점으로 '고유한 음식'(응답율 50.6%)이 '친절한 국민성'(응답률 55.4%)에 이어 2위를 차지하였다. 그리고 '고유한 음식'은 방한목적별로 볼 때에도 특히 관광목적으로 우리나라를 방문한 외래객들에게 있어 42.1%로 쇼핑 56.5% 다음으로 높게 나타났다. 3위인 '경제적 여행비용'(38.4%), 4위인 '가까운 거리'(37.6%), 5위인 '아름다운 자연경관'(22%)보다 '고유한 음식'이 관광목적으로 외래객들에게 쇼핑 다음으로 인상깊게 느껴졌다는 것은 우리나라의 고유한 음식이 관광자원으로서 가치가 높다는 사실을 시사하는 매우 중요한 사실이다.

일본에서는 향토음식을 '마을부흥'(무라 오끄시)의 중점수단으로 삼는 지방자치단체들까지 나타나고 있다. 이렇듯 농촌지역마다 고유한 향토음식은 농촌관광자원의 주요한 요소로써 작용한다.

2 도시관광자원

1. 도시관광자원의 의의와 요소

1) 도시관광자원의 의의

도시는 자연적 조건과 발전과정 그리고 문화적 차이 등에 따라 기능과 형태 및 경관상에서 그 특성을 반영하고 있으므로 관광의 매력있는 대상이 되기도 하고 관광지의 배후지나 거점의 역할을 담당하기도 한다. 물론 도시마다 관광목적지로서의 역할과 상대적인 중요성에 있어서는 차이가 있으며 또한 관광객들의 성향과 도시의 규모 및 기능, 도시와 이를 둘러싸고 있는 주변지역의 성격과 개발정도 등에 따라 다를 수도 있다.

그러나 대부분의 대도시는 관광목적지로서 확고한 위치를 차지하고 있으며 관광의 매력성이 강할 때는 더욱 그렇다. 세계적인 관광도시로 널리 알려진 파리, 런던, 로마, 아테네, 카이로 등은 그 기능적 특성을 관광도시화하여 활기를 띠고 있는 것은 좋은 사례가 된다. 특히 국내관광에 있어서 관광객의 이동이 대도시를 향한 집심적(centripetal) 형태를 보인다는 점에서 도시관광자원의 중요성은 점차 높아지고 있다.

세계 각국의 대도시는 가장 빈번한 관광목적지로서 외래객을 유인하고 있지만 도시관광산업에 대한 인식의 부족으로 관광지의 분류에서 제외되어 왔다. 따라서 도시관광은 연구자의 관심을 끌지 못하여 연구사례도 빈약한 편이다. 도시 연구자들이 관광의 역할을 간과한 것은 실제로 관광산업에 의한 고용의 비중이 높게 나타나는 런던이나 뉴욕의 경우에서조차도 적용되는 사실이었다.

관광산업에 의해 창출된 고용은 표준산업분류(Standard Industrial Classificate) 등급이나 항목 안에 나타나지 않기 때문에 상세히 조사하고 연구하기 이전에는 그것의 중요성을 평가하기 어렵다. 연구자들은 관광고용을 계절적이며 일시적(part-time)인 것으로 잘못 인식하면서 관광의 효과를 평가절하했으나 사실상 관광은 도시경제 가운데 매우 중요한 산업이며 고용의 상당 부분은 영구적인 것이다.

관광연구자는 대도시를 관광객 이동의 원인으로 간주하면서도 관광목적지의 유형으로서 대도시를 경시하였다. 이런 무관심은 관광연구의 관점이 휴일관광(holiday tourism)에 집중된 데서 연유한다. 도시경관과 박물관이 관광객의 유인력으로서 인지되고는 있지만, 관광연구자가 지역주민과 외래객을 구별해서 관광산업의 중요성을 정확하게 설명하는 것은 어려운 문제였다. Pearce는 관광연구자들이 관광현상 중에서 휴양지와 자연으로부터 얻는 즐거움에 더 관심이 있으므로 도시관광을 경시한다고 하였다.

1980년대 이후 관광산업에 대한 도시의 태도는 크게 변화하고 있다. 즉, 도시가 제조산업 쇠퇴에 따른 경제불황이나 고실업에 직면하면서 서비스산업으로서 부가가치가 높은 관광산업에 대한 인식제고와 함께 도시관광을 성장산업으로서 채택하고 있는 추세이다. 이러한 이유는 관광이 대도시, 산업도시를 쇄신(urban regeneration)하는 데 최선의 대안으로 인정되었기 때문이다. 관광을 도시의 성장산업으로 지목한 것은 인구증가와 여가의 증가 그리고 교통의 증가에 근거하며, 특히 매력적인 관광자원을 가진 구도시는 물론이고 빈약한 도시이미지나 손상된 경관을 회복하고자 하는 도시에서도 두드러진다.

이것은 바로 관광산업의 경제가치가 도시개발에 적용되는 것을 의미하고, 세계 대부분의 도시에서 일반적으로 나타나는 현상이며, 국내에서도 지방자치제 이후 대도시를 중심으로 여러 도시에서 관광산업을 도입하여 도시발전을 도모하고자 하는 사례가 많다. 그러나 도시관광산업을 단순히 탈공업화의 세계에서 도시의 새로운 경제활동기능으로서, 산업개발의 차원에서, 그리고 도시경제 진흥책의 한 요소로서만 도입한다고 하는 접근태도는 신중을 기해야 한다.

2) 도시관광의 주요 매력물(Attractions)

도시는 외래객을 유인할 수 있는 관광요소가 다양하며 풍부하다. 이와 같은 요소 중에서 도시의 상징성과 고유성(origination)을 부각시킴으로써 도시관광을 진흥화할 수 있다.

Verbeke(1988)는 도시의 관광상품을 역사적인 건물, 도시경관, 박물관, 화랑, 극장, 스포츠와 행사로 정의해 왔다.

Butler(1991)는 다음과 같이 도시관광의 매력물(attractions)에 등급이 있다고 주장한다.

- 국제적인 인식(International recognition), 전 세계로부터(예를 들어 London과 Paris같은) 사람들을 끌어들이는 많은 요소(Many elements of appeal and attracting people from all over the world, e.g. London and Paris)
- 국제적인 인식(International recognition), 피라미드같이 제한되거나 특

별한 흡인요소(Limited or special appeal, such as the Pyramids)
- 폭넓은 흡인요소를 가진 국가에 대한 인식(National recognition with wide appeal)
- 전문적 흡인요소를 가진 국가에 대한 인식(National recognition with specialized appeal)
- 지역의 흡인요소(Regional appeal)
- 지방의 흡인요소(Local appeal)

도시가 보지하고 있는 다수의 관광요소는 수십년, 수백년의 시간경과에 의해서 생성되고 발전되어 온 역사적 산물이기 때문에 그 위치는 도시계획과 무관하게 존재하는 경우도 많다. 즉, 도시관광자원은 특정장소에 집중되기보다는 분산되어 분포되고 있는 특징이 있다. 관광매력물(attractions) 중 다수는 오랜 역사의 유산인 도심지에 있다. 반면에 좀 더 최근에 건설된 또 다른 다수의 흡인요소는 다양한 유형으로 도시내부구조의 특성에 따라 입지가 결정되고 있다. 수많은 편의시설이 지역사회의 욕구를 충족시키기 위하여 설립되었으며 몇몇 시설은 공원에 위치하거나 대학과 같은 공공기관과 관련되어 있다.

(1) 도시경관

도시경관은 외부적 환경이며 문화적 대상으로서 의미가 있기 때문에 도시관광의 강력한 흡인요소가 된다. 일반적으로 도시경관은 자연환경이나 건축물, 공작물 등의 인공환경의 시각적 표현이지만, 도시의 사회, 경제활동, 분위기, 문화적 정취 등의 총체적 체험을 내포하는 종합적인 개념이다.

도시경관의 구성요소는 도시경관과 관련이 깊은 오픈스페이스(open spaces) · 도시기반시설 · 도로 · 건축물 등이 주된 대상이지만, 광역적 차원의 자연지형보존 · 가구적 차원의 장치물에 이르기까지 매우 다양하다.

특히 건물의 건축술, 오픈스페이스의 배열 그리고 도시지역의 전망(길, 가로수길 등이 길게 내다보이는 경치) 등은 도시를 방문하는 중요한 흡인요소가 되고 있다.

Margaret Drabble(1991)은 다음과 같이 기술하고 있다.

"누가 Venice, Rome, Istanbul, Marekesh, Carthage, Tangiers, Paris, Rio de Janeiro, Moscow, Syndey, Cape Town을 처음 보았을 때의 광경을 잊을 수 있을까? 누가 뉴욕과 시카고의 웅장함에 감동받지 않을 수 있을까? 이 도시들은 아름답고, 힘이 있고, 그들은 많은 광경들을 연결시켜 주고 많은 감동을 주는 지역들로 조합된 가장 크고, 가장 다양하며, 가장 복잡하고, 가장 열의에 찬 예술작품이다. 런던의 방문객들은 웅장하고 아름다운 도시라는 인상을 받을지도 모른다. 방문객은 Westminster Bridge를 건너며 북부 농촌사람인 Wordsworth가 거기에서서 느꼈던 것과 같은 것을 느낄 수도 있다. 우리는 밤이나 이른 아침의 강, Parliament Hill, South Bank, Lloyds 빌딩에서 보는 도시의 전경, Liberty, the Mall, Surpentine 옆과 Spring Gardlens에 있는 Henry Moores's의 쇼윈도의 상품진열, Kensington의 광장들, St. Paul 성당의 Dome, 그리고 Regent Street의 곡선에 반응을 보이지 않는다면 우리는 무딘 영혼의 소유자일 것이다."

J. Wijnberg는 "건물들은 기능적인 효용성의 건축물만은 아니다. 건물들은 환경의 강력한 상징물, 즉 인간이 자연 지형만큼이나 중요한 특색으로 만든 매개체로서 존재한다"라고 기술하고 있다.

건물들은 도시와 좀 더 넓은 세계를 위한 성공의 상징물들이다. 도시들은 도시내부의 빌딩과 구조물 등에 의해서 이미지가 창출된다. 예를 들면 파리의 에펠탑, 뉴욕의 자유여신상, 런던의 타워브릿지(Tower Bridge), 시드니의 오페라하우스(Opera House) 등을 말할 수 있다. 고층건물은 인상적인 입체경관(skyline)을 만들면서 미국의 도시들의 전형적인 특징이 되고 있으며, 전세계의 도시들로 확산되었다. 고층건물은 시각적으로 획기적인 경관으로서 독특한 형태와 뾰족한 지붕과 함께 전후 현대적인 건축을 통하여 최근에 강화되어 왔다. 타워(tower)와 고층건물들은 도시의 뚜렷한 상징물일 뿐만 아니라 또 다른 관광흡인요소를 이루면서 도시의 조감도를 감상할 수 있는 전망대(vantage point)를 제공한다. 뉴욕에는 무역센터, 시카고에는 시어스 빌딩, 로테르담에는 유리머스트, 토론토에는 CN타워, 서울에는 63빌딩이 있다. 소수의 도시에서는 구릉지가 발달하여 자연적인 Vantage Point가 된다.

건물의 실내도 관광경험의 관점에서 보면 그 중요성은 마찬가지이다. 안마당(Atriums), 유리전망, 승강기, 유리지붕 등은 미국에서 처음 개발되었으며 이후에 서유럽과 세계의 많은 다른 도시지역으로 전파되었다.

유명한 도시경관 그림 중의 많은 것들이 베니스(Venice)와 다른 도시들에 관한 Canaletto의 작품에서 물을 그려내고 있다. 이런 유형의 전망에 대한 대중의 관심 때문에 비슷한 전망을 조성하려는 시도가 이미 찬성을 얻고 있다. 구지역에서의 항구 활동의 쇠퇴와 하류로 활동이 이동함으로써 도심지 부근의 재개발에 대한 가장 유망한 지역들 중의 하나는 관광활동무대로 개발될 수 있는 수변(waterfront)지역이다. 도시사막의 오아시스로 비유되는 도시하천변은 삭막한 도시경관을 보완해줄 수 있는 가치성이 높은 도시관광자원이 된다. 특히 도시의 편의성만 강조한 결과 도시다운 경관을 상실하고 모든 도시가 평균화, 균일화되어 무표정한 도시의 얼굴에서 표정이 풍부한 도시의 얼굴로 재생할 수 있는 자원으로서 수변을 평가할 수 있다. 도시가 갖고 있는 수변자원은 자연경관을 모방(analogy)하는 방식에 의해서 도시경관의 자연성과 색채의 안정성을 추구할 수 있다.

(2) 컨벤션

회의와 박람회는 도시관광의 주요소들 중의 한 가지로서 간주되어온 활동이다. 회의와 박람회의 방문객들은 일반 관광객의 평균치 이상의 소비를 하며, 연중 경영이 가능한 성장산업으로 인식되고 있다. 따라서 회의와 박람회는 도시에서 관광의 기반으로서 그 가치가 크게 인정되어 戰後에 새로운 회의장과 박람회장이 여러 도시에서 설립되고 있다. 이 시설물들은 도시의 힘의 상징물로서 여겨지기 때문에 도시간의 경쟁 또한 치열하다.

회의와 박람회는 별개의 사항으로 간주되어질 수 있지만 이들의 관련성은 점점 증대되고 있다. 많은 회의들이 박람회를 포함하므로 회의장은 박람회 목적의 공간을 마련하고, 박람회장은 그 부지 안에 회의시설들을 갖추고 있다. 1983년에 영국에서 개최된 박람회의 26%가 관련된 회의를 개최했으며, 1981년에 미국의 컨벤션(covention)의 24%가 박람회를 열었다는 것이다. 미국의 컨벤션센터(회의장)는 박람회에서도 사용될 수 있도록 여러 개의 큰 홀(hall)을 갖추고 있다. 호텔과 다른 인접한 시설물들을 갖추고 있는 중심가 지역에 위치한 미국 방식의 컨벤션센터가 전 세계의 많은 도시에서 채택되고 있다. 1980년대에 일본 정부는 국제적인 컨벤션 지정지로 25개 도시를 지명했으며, 1986~1991년에 16개의 센터를 건립했다.

회의는 정부간의 수뇌회의, 정치적인 정당의 집회, 회사전략모임, 교회의 종교집회, 과학자들의 심포지엄으로부터 노동조합의 연례회의, 전문적이거나 사회적인 모임에 이르기까지 다양하다. 회의는 규모면에서 보면 10명에서부터 20,000명 이상에 이르기까지 다양하다. 컨벤션(집회)이라는 용어는 보통 좀 더 큰 모임을 위하여 사용된다.

컨벤션을 위한 숙박시설의 필수조건은 예상된 참석인원을 수용하기에 충분한 규모의 큰 방이나 홀이다. 그러나 점점 특별조명, 마이크로폰, 스피커, 영사장비, 동시통역, 연회를 포함한 음식제공 업무같은 특별시설들도 요구되고 있다.

컨벤션을 설립할 때 고려해야 할 조건은 숙박시설을 위시해서 경기장, 시민회관, 콘서트 홀, 극장시설, 대규모 및 소규모의 홀 등을 들 수 있고, 이밖에도 접근성이나 도시의 매력성(수도, 역사도시, 휴양도시, 문화도시 등)도 간과해서는 안된다.

회의센터들의 주요한 물리적인 영향력 중의 하나는 호텔 건설의 자극제가 된다는 점이다. 볼티모어에서 예증된 것처럼 성공적인 컨벤션센터는 여러 개의 호텔 건설을 초래한다. 이와 같은 사례에서 컨벤션은 도시관광의 강력한 흡인요소로서 역할을 하는 것으로 판단할 수 있다.

브뤼쉘에 있는 Union of in International Associations의 자료에 따르면, 도시의 국제회의의 횟수는 지속적으로 성장하고 있음을 알 수 있다. 1930년대에 1,934개, 1970년대에 3,931개, 1979년에 4,345개, 1989년에는 8,207개, 그리고 1990년에는 8,559개가 있었다. 유럽은 훨씬 더 선도적인 대륙(1990년에 5,225개 이상의 회합이 있었는데, 이것은 세계 전체의 61%)이며 북아메리카(14.3%) 그리고 아시아(12.9%) 순이었으며, 이 두 대륙에서는 각각 1,000개 이상의 회의가 있었다. 그러나 나라별로 보면 미국이 894개 이상의 회의로 1위이며, 프랑스(757개) 그리고 영국(722개)의 순이었다. 다른 주요한 나라로는 독일(505개), 네덜란드(385개), 이탈리아(332개), 스위스(318개), 벨기에(303개), 스페인(294개), 그리고 일본(266개)순이었다.

국제회의에 대해서 도시별로 보면 파리가 수년 동안 1위였고, 그 다음이 런던이었다. 브뤼셀, 제노바, 비엔나, 그리고 베를린은 제2군이다. 마드리드와 싱가포르는 최근에 등급이 향상되고 있으며, 반면에 로마는 쇠퇴하고 있다. 다른 중요한 도시로는 암스테르담, 스트라쓰부르크, 워싱턴 그리고 뉴욕이 있다. 다른 주요한 도시들이 그들의 회의시설을 향상시키고 있기 때문에 국제회의는 점점 더 폭넓게 확산될 것이다.

이들 통계에 의해 보여진 유형에 대한 설명은 세계적이고 국제기구가 있는 이들 도시들의 역할과 연관된다. 많은 세계적인 기구들이 파리, 런던, 제노바, 비엔나 그리고 뉴욕과 같은 도시에 그들의 본부를 두고 있다. Brussels과 Strasbourg같은 도시들은 유럽공동체같은 중요하고 초국가적이며 대륙적인 기구들의 본부이다. 국가적인 차원의 주요한 도시들이 국제적인 회의를 준비하는 대규모 기구들의 본부가 될 수도 있다. 그러나 이들 도시에서 얻은 경험의 질이 또한 도시들이 유치하는 회의의 숫자에 영향을 미칠 수 있다. 동남아시아에 있는 싱가포르는 많은 회의를 유치한다. 연방국가 이외의 많은 나라 중에서 싱가포르는 완벽하게 국제회의의 본보기가 되었다. 미래에 국제회의의 횟수가 증가하고 다른 도시들이 훌륭한 국제항공편을 갖춤에 따라 주요 도시들의 이런 우위성은 지속되지 않을 수도 있다.

(3) 컨벤션도시의 사례 : 애틀랜타

컨벤션사업의 공간 역학을 이해하기 위하여 한 개의 성공적인 도시의 성장을 조사해 보는 것이 유용하다. 1970년대 중반부터 컨벤션사업은 애틀랜타에서 급속히 성장하기 시작했으며, 1990년경에 애틀랜타는 거의 190만명의 회의를 위한 방문객을 유치했다. 이것은 미국에서는 4위를 차지하는 것이었지만, 대도시 지역의 인구등급에서는 12위를 차지한 것과 비교가 된다. 애틀랜타는 1970년에 170만명에서 1990년에 280만명으로 인구가 증가하면서 미국에서 가장 급속히 성장하는 대도시 중 하나가 되었다. 다른 주요한 컨벤션센터들과는 달리 애틀랜타는 뉴욕과 같은 주요한 인구중심지나 리조트도 아니다. 환경상시의 상황을 변화시키려고 노력하고 있지만 애틀랜타는 흡인요소나 밤의 유흥가에 대한 등급도 높지 않다. 그러나 애틀랜타는 도시관광의 선전광고에서 미국적인 도시의 좋은 예가 된다.

이 시가 설립된 이래로 시의 지도자들은 애틀랜타를 더 중요한 곳으로 만들기 위한 여러 가지 방안을 강구해 왔다. 최근에 'Atlanta: The World's Next Great City'와 같은 표어들은 이런 진행과정 중에 한 부분을 차지하고 있다.

1941년 이래로 번화가지역의 발전을 추진하는 민간단체인 'Central Atlanta Progress'가 존립해 오고 있다. 1836년에 철도환승지로 시작하여 전후기간에 미국의 주요한 중추적인 공항 중의 하나를 소유하는 것과 같은 훌륭한 교통수단이 도시의 부상에서 중요한 역할을 하고 있다. 이런 결절성이 애틀랜타가 미국의 남동부에서 거대도시가 될 수 있게 해주었다.

이런 위치에 오를 수 있게 한 중요한 원동력은 소비자를 위한 상설 전시센터인 마트들의 유치와 확장이었다. 번화가지역에 새로운 건물을 건설하는 것은 이 지역에서의 진보를 잘 설명해주고 있다. 1961년의 The Merchandise Mart(1968년에 확장됨), 1979년의 The Apparel Mart, 1989년에 Inforum(컴퓨터용), 1992년의 The Gift Mart 등은 John Portman에 의해 설계된 것으로 동남부로부터 상인들을 끌어들였고 호텔 숙박시설에 대한 필요성을 창출했다. 1967년에 John Portman은 첫번째 Atrium Hotel인 Hyatt Regency를 설계했고, 컨벤션사업이 확장될 때인 1970년대 말에 이르러서는 더 많은 초대형 호텔들이 건립되었다.

마트(mart)산업의 개발을 병행하면서 애틀랜타는 또한 컨벤션사업을 조성하려고 했다. 시립종합센터가 1965년에 개관되었지만 이것은 성장사업으로서는 분명히 부적당했다. 그러기에 시와 재계지도자들은 정부에 컨벤션센터를 건립하기 위해 'The Georgia World Congress Center Authority'를 설립하라고 설득했으며 1976년에 개관하였다. 이것이 정부에 의해 소유되고 운영되어진 첫번째 현대적인 컨벤션시설이었다. 1984년에 전람회 공간이 350,000ft2에서 640,000ft2로 증가되었으며, 1992년에는 좀 더 확장하여 952,000ft2로 증가되었다. 이로써 미국에서 가장 큰 시설 중의 하나가 되었다. 1990년경에는 애틀랜타시 외부의 참석자들이 한 해에 65만명에 이르게 되었다.

컨벤션산업에서 애틀랜타가 성공한 것은 시설물과 호텔의 조기개발 및 남동부에서 우위를 점유하고 있다는 사실 덕분이다. 여러 해 동안 애틀랜타는 플로리다에 있는 올란도와 다른 도시들에 의해 도전받고 있었지만 미국의 남동부지역에서 집회를 위한 확실한 장소였다.

조기 성공과 수익성은 시설들이 확장될 수 있고 더 많은 숙박시설이 제공될 수 있다는 것을 의미하며, 지금은 번화가에 1만개의 호텔 객실이 있다. 시의 지도력과 국가의 후원이 중요한 요소가 되어왔다. 애틀랜타는 시의 지출이 낮고 '남부의 친절'이 이점이라고 주장한다. 애틀랜타는 몇 가지 약점(빈약한 번화가 환경, 흡인요소의 부재, 그리고 야간활동의 부족)을 가지고 있음을 의식하고, 최근 몇 년 동안 이들 단점들을 보완하려는 노력을 하고 있다. 축제 장터인 애틀랜타의 부흥과 재개발은 이들 정책의 결과를 입증해 준다.

3) 도시관광자원의 분류

(1) 형태(Morphology)

① 자연자원(공원, 녹지, 해변, 수변, 지리, 기후)

② 인위적 시설(주제공원, 숙박, 음식, 쇼핑, 오락시설, 카지노, 국제회의 전시시설, 체육시설, 공연장, 관광안내소, 관광정보시스템, 건축물, 광장과 분수, 리조트)

③ 도시교통(관광순환도로, 관광전용 교통체계, 관광교통수단), *City Tour

(2) 문화자원(Physiology: Cultural contents)

박물관, 미술관, 음악관, 역사 사적지, 문화재, 이벤트, 문화의 거리, 민속, 토산품,공예품, 예술공연, 신앙, 풍습

(3) 이미지(정체성 및 통일성, 슈퍼그래픽, 네온사인, 조명)

*Land mark

2. 도시자연관광자원

1) 여가, 레크리에이션적 이용

급격한 산업화와 도시화 과정에서 형성된 현대도시는 과도하게 인공화·조직화되어 도시민으로 하여금 일상생업을 위한 활동에 몰두하게 함으로써 오히려 생활의 질이 극도로 저하되는 현상이 나타나고 있다. 이에 시민간에는 비인간적으로 병든 도시환경을 되살리려는 수요, 거대한 도시 속에서 왜소해지고 위축된 인간의 자아를 회복하고, 미래 창조의 원동력을 충전하고자 하는 수요, 인간의 으뜸가는 욕구인 '자아실현의 욕구'를 달성하여 문화적 존재로서 각자의 잠재역량을 최대한 발휘하여 생활과 환경의 주인의식을 갖도록 하려는 수요가 발생하였다. 현대도시에 있어 이러한 수요는 '여가활동(recreation)'으로 표현될 것이며, 이 여가활동은 일상생활에서 벗어나 자연과 문화에 자신을 투여하고, 역사 속에 자신을 투영함으로써 자아를 재창조(re-creation)하는 활동으로서 풀이되어야 할 것이다.

특히 공원은 이러한 수요에 대응하는 효과적인 수단으로서 19세기 서양의 산업화과정에서 창출되어 보급되었으며, 우리 도시의 공원도 예외가 아니다. 그러나 우리나라는 근대화 과정을 자율적으로 추진하지 못하였기 때문에 공원이나 녹지 또한 다른 도시계획 또는 도시계획시설과 마찬가지로 일종의 '수입품'으로 인식하고 그 중요성을 실감하지 못했다는 데에 문제가 있다.

'오픈 스페이스'인 공원과 녹지는 여가활동공간 제공을 통한 시민생활의 질과 도시의 생태적 기반조성을 통한 도시환경의 질을 높이고, 도시 공간구조의 틀(framework)을 제공하며, 도시경관의 질을 높이는 효용성을 지니고 있다. 특히 최근에 대두되고 있는 '환경적으로 건강하고, 지속 가능한 개발(ESSD)'을 실천하는 주요한 수단으로서 새로운 효용성을 되찾고 있는 것이 공원과 녹지이다. 다시 말해서 생태도시(ecopolis)를 만들고 가꾸는데 필수적인 요소로서 공원과 녹지의 중요성이 강조되고 있다.

도시민의 일상생활이 더욱 기계적인 것이 되고, 도시가 복잡하며, 차량이 증가하여 도시환경이 오염되면, 도시민은 그만큼 자연의 온화함에 대한 필요성이 절실하다. 미국의 통계에 의하면 미국민의 레크리에이션 요구는 매년 거의 4%씩 증가하고 있다고 한다. 만약 공원이나 녹지를 확대 · 개량해 나가지 않으면 인간은 스스로를 파괴해 버리는 패러독스의 딜레마가 상존하게 될 것이다. 인간활동에 의해서 가장 먼저 파괴될 위험성이 있는 것은 다름 아닌 도시민이 회고할 수 있는 장소나 가장 매력이 있는 장소이다.

공원은 도시의 과밀과 혼잡, 주택난, 환경오염, 생활의 긴장(stress) 등의 도시문제에 대응하기 위한 '도시 속의 자연(man-made nature in city)'이라는 역할이 있다. 본래 공원은 전원적 · 자연적인 풍경속에서 정적인 위락(passive recreation)을 즐기는 장소를 의미했으나, 이후에는 정적인 활동은 물론이고, 동적이며 능동적인 위락활동(active recreation)의 기능이 가미되어, 최근에는 환경보호측면에서 완충녹지 또는 차폐녹지의 기능까지 포괄하는 개념으로 확대되고 있다. 공원의 입지도 초기에는 주로 경관이 수려한 곳에 우선을 두었으나 활동적 · 능동적인 위락활동이 부각되면서 근린 주거단위를 토대로 한 소규모 도시공원이 주류를 이루게 되었고 자연경관 조건보다는 공원의 위치, 거리와 면적기준 등이 오히려 더 중요한 입지요소로 등장하였다.

현존하는 공원의 평온함을 보존 또는 확대하기 위해서는 가능한 어린이의 놀이와 스포츠 그리고 예술활동을 하기에 적당한 새로운 공간이 필요하다. 건물이 전혀 없는 부지를 open space로 바꾸는 것도 고려되어야 하며, 건물이 아직 세워지지 않은 기존부지의 쾌적성(amenity)를 향상시킴으로써 레크리에이션용 부지를 확장하는 것도 한 방법이 될 수 있다. 그린벨트(green belt)가 지닌 가능성은 매우 복잡하게 이해되어 런던의 그린벨트는 겨우 200분의 1이 현재 레크리에이션에 이용되고 있을 뿐이다. 런던의 그린벨트가 40,000에이커의 토지로 개발되었다면, 그와 같은 40,000에이커 규모의 새로운 공원을 도시내에 만들어야 한다는 안이 제시되었다. 어쨌든 더욱 적극적인 계획에 의해 그린벨트가 있는 토지의 amenity와 레크리에이션적 활용을 증가시킬 수 있다.

2) 공원과 녹지

한국에서 공원은 크게 도시공원과 자연공원으로 나누어진다. 도시공원은 도시계획구역 안에서 도시의 자연경관 보호와 시민의 건강, 휴양 및 정서 생활의 향상에 기여하기 위하여 도시공원법에 의해 설치되는 일종의 도시계획 시설이다.

한편, 녹지는 도시의 자연경관을 보전하거나 개선하고 공해와 재해를 방지하여 양호한 도시경관의 향상을 도모하기 위하여 역시 도시계획법과 도시공원법에 의해 설치된다.

공원과 녹지는 도시자연환경의 중요한 구성요소인 하천이나 호수같은 수계를 포함하고, 또 도시면적의 상당부분을 차지하는 녹지지역 특히 생산녹지와 연계하여 도시의 환경을 건강하게 유지해 주는 기반으로 계획 · 관리하여야 하는 것이 원칙이다.

도시공원과 녹지의 환경적 특성 중에서 가장 큰 의의는 건축물 · 구조물 등이 희박하여 대부분이 공지상태로 유지된다는 것이다. 도시공원 안의 건폐율은 매우 낮으며, 녹지안의 건폐율은 거의 0%에 가깝다. 이런 점에서 공원은 녹지와 함께 말 그대로 "지붕이 없이 하늘을 향해 있다"는 오픈 스페이스(open space)라는 개념에 합당하다.

공원은 원래부터 있는 자연 그 자체이거나 또는 인위적으로 조성한 '녹화지'와 목적에 알맞게 설립한 시설로 구성된다. 이것을 공원시설이라 하며 공원의 이용 목적에 알맞은 건축물, 구조물, 조경시설 등으로 이루어진다. 그리고 이러한 공원시설이 설치되지 않은 부지는 수목, 잔디, 지피식물 등으로 녹화된다. 하지만 녹지는 인공이 거의 가미되지 않고 자연식생이 좋은 곳에 조성한다. 이런 점이 공원과 비슷하면서도 차이가 나는 녹지의 형질상 특징이다.

또한 공원은 울타리를 설치하거나 지형 · 지물 그리고 수목, 수면 등으로 주변과 구획하여 일정한 경계를 갖는 것이 보통이다. 공원 중에서 가장 기본적인 근린공원이나 어린이 공원은 그 경계 안에서 여가생활과 관련된 이용이나 행동은 별 통제 없이 허용되는 자유로운 공간이다. 그러나 녹지는 본래의 목적이 보존과 조망에 있기 때문에 그 안에서 일어나는 행위를 엄격히 제한한다는 차이가 있다. 다시 말해서 공원은 주로 시민의 이용에 의의가 있다면, 녹지는 주로 자연환경의 보존 자체에 의의가 있다. 공원이나 녹지 모두 이러한 목적에 맞지 않은 행위를 원천적으로 배제하기 위하여 그 안에 설치하는 건축물이나 구조물의 기능, 크기, 형태 등을 엄격히 제한하고 있다.

도시공원과 녹지는 도시계획시설의 일종이므로 우선 도시계획법의 적용을 받는다. 즉 공원녹지계획을 입안하거나 변경하는 것은 도시계획법에 의한 도시계획으로 결정되며, 실제로 설치, 개량, 변경하는 것도 도시계획법에 의한 도시계획사업으로 시행된다. 이와는 별도로 도시공원법이 제정되어 있어 공원녹지의 유형 · 구조 · 설치 및 시설기준 · 운영 및 이용 등을 제어하고 있다.

"공원녹지"란 쾌적한 도시환경을 조성하고 시민의 휴식과 정서 함양에 이바지하는 다음 각 목의 공간 또는 시설을 말한다(도시공원 및 녹지 등에 관한 법률 제2조).

가. 도시공원, 녹지, 유원지, 공공공지(公共空地) 및 저수지

나. 나무, 잔디, 꽃, 지피식물(地被植物) 등의 식생이 자라는 공간

다. 그 밖에 국토교통부령으로 정하는 공간 또는 시설

3. 도시공원

1) 도시공원의 유래와 개념

(1) 도시공원의 유래

도시 속의 공공정원, 즉 도시공원의 연혁은 고대에까지 소급될 수 있다. 기원전 10세기경부터 서아시아의 왕들이 언덕에 나무를 심고 짐승을 사육했던 수렵원인 parc가 오늘날 park의 어원이 되었다고 볼 수 있으며 이를 통해 이미 그 때에 공원의 개념이 있었음을 알 수 있다.

그러나 오늘날과 같은 의미의 공원, 즉 이른바 'public park'는 산업혁명의 결과로 서구에서 시작되었다고 말할 수 있다. 즉, 18세기부터 시작된 산업혁명의 결과로서 예기치 않게 나타난 급격한 도시의 팽창, 과밀혼잡, 주택난, 환경오염, 생활의 긴장 등 도시문제에 대응하기 위해 영국의 경우는 사원(park)을 공개하고, 미국의 경우에는 새롭게 만들어 낸 것이 공원(public park)의 시작이다.

산업혁명이 전의 도시는 규모가 작았기 때문에 도시 안팎에서 '자연'과 접할 기회가 많아 굳이 공원이 필요없었다고 해도 과언이 아니었다. 그러나 산업혁명 이후의 도시는 거칠게 갑자기 만들어진 인공환경일 수밖에 없었다. 그래서 자연과 접하고 여가생활을 즐길 수 있는 '자연'의 모습을 축소, 모방한 공원을 도시내에 만들고자 하는 생각이 시민에게 설득력을 얻게 되었던 것이다. 그러므로 산업혁명 이후의 '자연 속의 도시(city in nature)'라는 발상에서 공원이 조성되기 사작하였다고 할 수 있다.

고대 Greece시대에 있어서 공원(open space)는 대단히 중요한 역할을 했다. 신에게는 작은 숲이 바쳐지고, 신전에서는 정원이 부속되어 있었다. 페르시아에서 돌아온 Xenophon은 페르시아왕의 Pairdaeza, 즉 향기가 높은 관목과 꽃이 피는 과수에 둘러싸인 낙원을 칭찬했다. 현재 사용되고 있는 낙원(paradise)이란 말은 여기서 나왔다. Julius Caeser는 그가 Rome로 가져온 정원을 로마 사람에게 기증했는데, 이것은 기록에 남아 있는 가장 오래된 기증행위의 예이다.

parce 또는 park라고 하는 말은 원래 수렵용 동물이 살고있는 둘러싸인 땅을 의미했다.

London에 있는 10개의 왕립공원은 예전에는 왕의 수렵장 혹은 궁전의 정원이었다. 중세도시에 있어서 상당수의 경우 완전한 농업의 기반이 확보되어 있어 포위 공격에 대비하여 조성된 성벽의 내부에는 밭, 과수원, 채소원 등이 있었다. 1480년에 Vienna는 "하나의 광대한 낙원이었다. 거기에는 아름다운 포도원, 과수원, 채소원, 양어장, 수렵장, 정자 등이 있었다"고 묘사되어 있다.

다음 세기가 되면서 형식을 중시하는 프랑스식의 표현방식을 대신하여, 영국식 조경법의 등장과 동시에 Enclosure운동과 로맨틱한 자연추구 등이 나타났다. 18C의 정원설계가가 현대 도시공원의 기초가 된 화단, 잔디, 철책들을 보았다면 그것들을 아주 싫어했을 것이다. 시민들은 다양화되는 시대에 있어서 규격대로 설계되고 규칙에 의해 적용된 공원은 원하지 않고 있다. 무엇보다도 도시의 공원은 벽돌과 모르타르에 의해 만들어진 건축물이 가지는 압박감으로부터 사람들을 해방시켜 주는 기회를 제공해야 한다. 그러한 해방감을 성취할 수 있는 방법은 여러 가지가 있다. 결국 사람들은 모든 종류의 공원을 건조할 수 있고 게다가 그 다양성이 중요한 것이다. 개개의 공원이 서로 다른 특징을 가지고 그것에 의해 서로 다른 느낌이 동시에 사람들에게 기억된다는 것은 바람직하며, 공원이 도시에 있어서 점하는 위치와 그 목적을 명확하게 판단하는 능력이다. 그 가능성은 무한하고 공원의 설계라는 주제만으로 여러 권의 책을 출간할 만큼 폭 넓은 것이다.

(2) 도시공원의 개념

사회가 변천하고 환경이 변해감에 따라 사회에서 통용되는 여러 개념도 달라지듯이 공원의 개념도 시대가 변하면서 다르게 인식되어 왔다. 1920년대 중반까지만 해도 공원이라 함은 시민이 평상시의 번잡한 환경으로부터 도피하여 평화스러운 전원적 · 자연적인 풍경 속에서 정적인 위락(passive recreation)을 즐기는 장소를 의미했으나, 이후에는 정적인 활동은 물론 동적이며 능동적인 위락활동(active recreation)의 공원기능이 가미되었고, 최근에는 도시 공해가 급증함에 따라 환경보호측면에서 완충녹지 혹은 차폐녹지의 기능까지 포괄하는 개념으로 확대되고 있다.

공원의 입지도 초기에는 주로 경관이 수려한 곳에 우선을 두었으나 동적 · 능동적인 위락활동이 부각되면서 근린주구단위를 토대로 한 소규모 도시공원이 주류를 이루게 되었고 자연경관 조건보다는 공원의 위치, 거리와 면적기준 등이 오히려 더 중요한 입지요소로 등장하였다. 따라서 도시에서의 공원은 그 양적인 면도 중요하겠지만 시민들이 쉽게 접근하여 효과적으로 이용할 수 있느냐 하는 공원 효용의 측면이 보다 중요하게 되었다.

우리나라에 공원이 도입된 유래를 보면, 1940년대 조선시가지계획령에 의한 '경성부 시가지공원계획'에서 공원은 시민보건을 위한 시가지계획의 목적달성상 가장 중요한 시설이라고 명시하였다. 그리고 공원의 정의에 대해 기술하기를 "시민의 휴양, 오락, 아동의 교육 또는 도시의 미관에 공하는 외에 일조 화재 등에 대해서는 방화선이 되어 연소를 방지하고 또 피난처로서 필요불가결의 시설이다"라고 하였다. 여기에서 도시공원을 피난처로 표현한 것은 전시에 발생하는 도시의 공습에 대비하여 도시공간을 방공적으로 구성하는 것이 필요하였기 때문이다. 그러나 1967년에 제정된 공원법에는 "공원이란 자연풍경지를 보호하고 국민의 보건, 휴양 및 정서생활을 향상시킴에 기여한다"라고 규정하고 있으며 "도시공원이라 함은 도시계획법에 의한 도시계획시설로서 설치하는 공원 및 녹지를 말한다"라고 규정하고 있다. 이는 1940년의 공원 개념과는 달리 도시방재, 즉 안전성에 대한 구절이 공원의 정의에서 없어졌다는 것을 보여주는 것이다.

그 후 1980년 자연공원법에서 분리 · 제정된 도시공원법에서 규정하는 도시공원의 정의를 보면, "도시공원은 도시계획법에 의해 설치되는 도시계획시설의 하나이며, 시민의 보건, 휴양, 정서생활의 향상에 기여하고 도시민의 위락활동에 이용되는 장소로서 도시의 건전한 발달과 공공의 안녕질서 및 공공복리의 증진을 목적으로 지방자치단체가 주로 설치하는 녹지공간이라 할 수 있다"라고 하고 있다. 이처럼 공원의 개념은 위락적 · 교육적 측면, 역사 · 문화적 측면, 경관적 · 생태적 측면, 안전성 측면 등을 내포하고 있다.

이상에서 검토한 공원의 개념을 종합해 보면, 도시공원이란 환경의 보호를 통해 도시민의 건강 · 위락활동 · 교육 그리고 공공의 복리를 증진시키는 녹지공간의 일종으로 도시민이 용이하게 접근할 수 있는 최소한의 구조물과 자연물로 구성된 장소를 총칭하는 것으로 볼 수 있다.

도시계획법 및 도시공원법에 지정근거를 두고 있는 도시공원은 도시계획구역 안에서 자연경관의 보호와 시민의 건강 · 휴양 및 정서생활의 향상에 기여하기 위하여 도시계획법 제12조의 규정에 의하여 결정된 공원을 말한다.

오늘날 도시의 생활환경은 녹지와 오픈 스페이스(open space)의 급격한 감소에 따라 악화일로에 있으며 공해와 오염 등에 대한 위해성도 현저히 증대하고 있으므로 이에 대한 휴식공간의 확보가 시급한 과제로 부상되고 있다. 따라서 도시공원을 확충하여 도시민에게 휴식과 만남의 장소를 제공하고, 도시경관미의 개선, 위락기능의 제공, 공해방지 효과 등을 기할 수 있도록 해야 할 것이다.

2) 도시공원의 유형과 시설

(1) 도시공원의 유형

도시공원은 크게 생활권공원과 주제공원으로 나누어지며, 도시생활권의 기반공원 성격인 생활권공원은 소공원, 어린이공원, 근린공원으로 세분할 수 있으며 주제공원은 역사공원, 문화공원, 수변공원, 묘지공원, 체육공원, 기타로 구분된다.

① 소공원

소규모 토지를 이용하여 도시민의 휴식 및 정서함양을 도모하기 위하여 설치하는 공원을 말한다. 일반적인 도시공원과 달리 여건에 구애받지 않는 소규모 공원이며, 도시 내 특화된 주제를 담기에 적합한 경제적인 공원이다. 근린생활권 내의 소규모 휴식공간, 도심에 있는 여분의 땅, 소규모 광장이나 녹지, 건물 외부공간의 공개공지 등이 모두 소공원으로 조성 가능하다.

② 어린이공원

어린이의 보건 및 정서생활의 향상에 기여함을 목적으로 설치된 공원을 말한다. 이것은 15세 이하의 어린이를 위한 공원으로서 놀이 · 운동 · 자연학습 등이 어린이들의 능력에 맞게 설계되어야 한다. 도시공원 중 이용률이 가장 높은 공원으로 시민들의 생활과 가장 밀접한 관계를 가지고 있는 공원이다. 또한, 여러 가지 운동 용구나 어린이들의 자유로운 활동을 위한 광장 등을 중심에 배치하고, 휴식 시설도 충분히 확보해 두어야 한다. 이용 거리의 표준은 250~300m이며, 부지 면적은 0.25㏊ 정도이다. 어린이공원의 주요 이용자는 유아와 그 보호자 또는 취학아동이기 때문에 각각 가정에서 도보로 5분 이내에 있는 거리에 입지하는 것이 좋다. 후보지는 접근성이 양호하며 동선이 안전한 곳이나, 지형이 너무 경사지지 않은 평탄지일수록 좋으며 주택으로 둘러싸인 조용한 곳이면 더욱 좋다.

③ 근린공원

어린이공원과 함께 인위적으로 설치가 가능하며, 시민 생활과 매우 밀접한 관계를 가지고 있는 필수적인 공원이다. 근린거주자 또는 근린생활권으로 구성된 지역생활권 거주자의 보건 · 휴양 및 정서생활의 향상에 기여함을 목적으로 설치된 공원을 말한다. 근린공원은 주로 인접한 곳에 거주하는 주민들의 이용을 위한 공원으로서, 지역주민의 옥외 레크리에이션 활동에 알맞은 시설을 중심으로 충분한 휴양 공간이 확보되어야 한다. 유치 거리와 공원 면적의 기준은 학자와 나라에 따라 다르므로 일률적으로 정할 수는 없으나, 근린공원이 도시계획 구역 안에 거주하는 전체 주민의 종합적인 이용을 목적으로 할 경우에는 그 공원의 기능을 충분히 발휘할 수 있는 장소에 10만㎡ 이상의 면적으로 설치하는 것이 좋으며, 도시계획 구역을 초과하는 광역적인 이용의 경우 100만㎡ 이상도 좋다. 이제는 도시공원이 정적 · 동적인 것의 혼합형으로 되어가고 있다. 근린공원은 내부의 시설도 중요하나 무엇보다도 이용자가 성별이나 연령별 계층이 없이 청소년 · 가족구성원 · 노년층인 것을 감안하여, 접근성이 균등하면서 용이한 곳이 좋다.

④ 역사공원

도시의 역사적 장소나 시설물, 유적 · 유물 등을 활용하여 도시민의 휴식 · 교육을 목적으로 설치하는 공원을 말한다. 역사공원의 주대상지, 즉 사적지의 존재론적 의미는 상징적 · 공간적 · 지리적 · 경관적 가치를 지니므로, 역사공원을 계획하고 설계할 때에는 이러한 네 가지 의미를 고려해야 한다.

⑤ 문화공원

도시의 각종 문화적 특징을 활용하여 도시민의 휴식 · 교육을 목적으로 설치하는 공원으로, 지역의 문화적 정체성이나 지역문화 활동을 주요 테마로 하여 조성된다. 전통문화나 지역의 역사적 특수성 등 역사공원과 유사한 소재를 활용할 수 있으며, 이 밖에도 지역의 문화산업, 문화와 관련된 인물, 환경적 특성이 생활문화에 반영된 경우 등 다양한 내용을 담을 수 있다.

⑥ 수변공원

도시의 하천변 · 호수변 등 수변공간을 활용하여 도시민의 여가 · 휴식을 목적으로 설치하는 공원을 말한다. 수변공간은 하천 · 호수 · 저수지 · 댐 · 바다 등 수환경(水環境)을 중심으로 한 공간을 말한다. 수변공원은 이러한 수변공간을 활용하여 조성된 공원으로 도시민의 여가활동을 수용하고 도시의 매력을 증대시키는데 기여할 수 있다.

⑦ 묘지공원

묘지이용자에게 휴식 등을 제공하기 위하여 일정구역 안에 「장사 등에 관한 법률」 제2조 제6호의 규정에 의한 묘지와 공원시설을 혼합하여 설치하는 공원을 말한다. 이 공원은 유럽 등 선진국에서 비롯되었는데, 한적한 환경이나 경건한 분위기가 조성되어 있어야 한다. 그리고 경건한 가운데 친근감을 가질 수 있는 장소를 택해야 한다. 서울의 국립현충원과 4 · 19국립묘지, 부산의 UN묘지는 적지라 할 수 있다. 묘지공원을 도시계획으로서 결정할 경우 법에 의하여 그 배치와 규모 등을 정하는 계획 표준이 있다. 시가지에서 1시간 정도에 도달할 수 있는 지역이나 면적은 대체로 10ha 이상이어야 한다는 것이 중요 내용이다. 우리나라에도 최근 민간에 의하여 사설 묘지공원이 교외에 많이 생겨나고 있다. 묘지공원은 무엇보다도 생활에 밀접한 관계가 있다.

⑧ 체육공원

우리나라에서 체육공원이 생겨나게 된 것은 1988년 서울올림픽을 유치한 이후로 체육 분야에 대한 관심이 제고되면서부터이다. 체육공원은 전체 도시민을 대상으로 만들어지는 도시공원으로, 도입되는 활동의 특성상 체육활동 등 동적 활동이 주된 공원이라고 정의할 수 있다. 도시공원법 제4장 15조에는 '체육공원이란 주로 운동경기나 야외활동 등을 통하여 건전한 신체와 정신을 배양함을 목적으로 설치된 공원을 말한다'라고 되어 있다.

(2) 도시공원의 시설

"공원시설"이란 도시공원의 효용을 다하기 위하여 설치하는 다음 각 목의 시설을 말한다.

가. 도로 또는 광장

나. 화단, 분수, 조각 등 조경시설

다. 휴게소, 긴 의자 등 휴양시설

라. 그네, 미끄럼틀 등 유희시설

마. 테니스장, 수영장, 궁도장 등 운동시설

바. 식물원, 동물원, 수족관, 박물관, 야외음악당 등 교양시설

사. 주차장, 매점, 화장실 등 이용자를 위한 편익시설

아. 관리사무소, 출입문, 울타리, 담장 등 공원관리시설

자. 실습장, 체험장, 학습장, 농자재 보관창고 등 도시농업(「도시농업의 육성 및 지원에 관한 법률」 제2조제1호에 따른 도시농업을 말한다. 이하 같다)을 위한 시설

차. 내진성 저수조, 발전시설, 소화 및 급수시설, 비상용 화장실 등 재난관리시설

카. 그밖에 도시공원의 효용을 다하기 위한 시설로서 국토교통부령으로 정하는 시설

3) 도시공원의 기능과 입지

(1) 도시공원의 기능

① 휴식 · 위락의 기능

도시공원은 운동, 휴양, 산책, 자연감상 등의 다양한 레크리에이션을 위하여 그 종류, 이용권역, 대상연령 등에 따라 다양한 위락공간을 제공해 주고, 궁극적으로는 시민건강의 유지 · 증진과 시민 개개인이 자아를 재발견하고 재창조하는 효과를 가져다준다. 공원은 한정된 공간 속에서 생활하고 있는 사람들의 자유를 확대해 준다.

② 사회 · 심리적 기능

도시공원은 고장의 문화유적을 보급하는 곳, 임시장터, 각종 축제마당으로 활용함으로써 많은 사람들이 수시로 모여들기 때문에 각종 정보를 교환하는 장소가 될 수 있다. 이러한 의미에서 주민들이 친밀감을 가지고 상호간에 커뮤니티의 형성을 도모하기 위한 장으로서의 역할을 수행하게 된다. 공원은 현대 생활의 긴장 속에서 위안과 안전을 공급하는 안전판(safety value)의 역할을 한다.

인간이 좁은 장소에 폐쇄되었다고 느낄 때 공원은 일시적으로나마 우리의 마음과 생활의 영역을 넓게 해준다. 우리는 공원에서 산책과 휴식을 취하여 생활의 환경을 되찾는다.

③ 환경보존의 기능

도시의 무절제한 개발을 통해 파괴되는 환경과 생태계를 보호하고 기후조절, 소음과 악취의 완화, 일조의 확보, 도시미의 향상, 쾌적성의 향상 등 생활환경을 개선시키는 다양한 효과를 가지고 있다.

④ 방재적 기능

도시공원은 수목과 공한지의 확보에 의하여 도시의 안정성을 향상시키는 시설로서 공공재해를 억제하거나 방지하는 효과와 재해시에 안전한 피난지를 제공하는 효과를 가지고 있다. 구체적으로 수해, 지반붕괴, 산사태의 방지, 대기오염 및 폭발 등의 완화, 피난지, 피난로, 방화대의 확보 등에 직 · 간접적인 효과를 가지고 있는 것으로 밝혀지고 있다.

⑤ 도시골격형성의 기능

도시공원은 간선도로, 대하천 등과 같이 도시형태의 골격을 구성하고 도시의 발전에 일정한 방향을 부여하는 효과를 가지고 있다. 특히 도시의 외곽에 위치하고 있는 공원은 도시의 무질서한 외연적 확산이나 연담을 방지하고, 도시의 거대화에 따른 다양한 도시문제의 발생을 억제함으로써 균형있고 건전한 도시발전이 이루어지도록 도시개발을 조절한다.

⑥ 기 타

도시공원과 같은 녹지공간의 규모, 특성, 형태, 입지 등이 현재나 미래의 도시개발에 중요한 요소로 작용하기 때문에 경제적으로 큰 영향을 미칠 수 있다는 측면에서 경제적 기능을 언급하기도 하며, 자연학습장으로서 역할에 비추어 교육적 기능을 언급하기도 한다.

공원의 기능은 앞에서 기술한 바와 같이 환경이 제공하는 '자연의 공급' 주 이용자인 사람이 요구하는 '여가활동의 장소 제공', 그리고 공원의 배경이 되는 지역사회의 요구로서 집회공간의 제공, 상징성의 제공 등과 같은 '지역의 중심성'이 있고, 그것에 따른 공원시설들이 다수 있게 마련이다. 또한, 대공원이나 묘지공원인 경우에는 주변 환경의 개발을 촉진시키거나 억제시키는 기능도 있다. 각 공원의 기능과 공원시설은 이러한 일반기능을 어떻게 조합하느냐에 따라 결정되어야 한다.

(2) 도시공원의 입지조건

① 접근성

공원의 효용은 오픈스페이스의 개방성(openness)에 있으므로 공원의 입지에서 가장 중요한 조건은 접근성이다. 일상생활권에서 노약자가 보행에 의해 접근하는 어린이공원이나 근린공원은 특히 접근성이 매우 중요하다. 지구공원이나 대규모 공원은 대중교통수단에 의해 쉽게 접근할 수 있어야 하며, 승용차 보급이 확대됨에 따라 도로망, 주차시설 등이 확보되어야 한다.

② 안전성

공원으로 접근하는 과정에서 이용자들의 보행, 자전거 통행 등이 차량통행으로부터 안전하게 보호되어야 하며, 공원 내의 시설이나 자연환경이 재해나 안전사고, 범죄 등을 유발하지 않도록 해야 한다.

③ **쾌적성**

자연적인 환경조건이 양호하여 부담없이 즐겁게 공원을 이용할 수 있어야 한다.

④ **편익성**

공원을 하나의 점적 시설로 보기보다는 일상생활과 밀접하게 연결된 오픈 스페이스체계의 한 구성요소로 규정하고, 학교 · 슈퍼마켓 · 동사무소 등과 같은 일상 편익시설의 이용권 또는 이용경로와 긴밀한 관계를 갖도록 배치되어야 한다.

⑤ **시설적지성**

공원의 입지가 공원에 도입할 활동과 공원시설을 받아들일 수 있는 조건을 갖추도록 해야 한다.

퐁피두 센터(파리)

프랑스 개선문

샹제리제에서 바라본 개선문(파리)

파리의 방사형 도로망

에펠탑(파리 엑스포 기념탑)

시드니항과 오페라하우스

오페라 하우스

파리의 오페라하우스

오스트레일리아 국회의사당

세느강의 유람선

유람선(시드니항)

사크레 쾨르 성당(몽마르뜨)

루브르 박물관

몽마르뜨의 화가

상해의 영국조계의 시가지

한빛탑(대전 엑스포 기념탑)

홍콩의 도시경관

제주도 전통가옥과 정낭(성읍민속촌)

홍콩의 야경

우에노 공원의 연(도쿄)

05
위락관광자원

CHAPTER 05

위락관광자원

1 위락과 리조트

1. 관광과 위락

1) 위락의 개념

위락(recreation)은 인간이 일을 떠나서 놀이나 즐거운 행위 또는 휴식을 함으로써 몸과 마음, 정신(혼)을 총체적으로 회복시킨다는 개념이다. 다시 말해서 위락은 여가시간에 일로부터 인간을 쉬게 하고, 일을 위해 인간이 다시 회복(재창조)될 수 있는 활동을 뜻한다. 위락의 종류는 활동장소에 따라 실내위락(indoor recreation)과 야외위락(outdoor recreation)으로 구분할 수 있다.

2) 위락활동의 종류

위락활동은 다종다양하기 때문에 옥내에서는 각종 위락시설이 필요할 뿐만 아니라 옥외의 활동공간과 관광자원 및 시설을 필요로 하는 여가활동이다(〈표 5-1〉).

관광은 본래 여가, 놀이, 스포츠, 위락 등을 포함하는 현상이며 위락을 목적으로 하는 여행이다. 특히, 현대관광에서는 관광의 유형도 '본다'는 관광형태에서 '보면서 참여한다'는 능동적 · 활동적 경향이 늘어나고 있다. 위락관광자원은 이러한 능동적이고 적극적인 활동을 위하여 마련된 시설뿐만 아니라 위락활동에 적합한 자연조건을 가리키는 것으로서 활동하는 장소 또는 활동을 위한 장소의 상태를 뜻한다. 관광형태의 변화에 따라 위락관광자원은 그 종류와 규모가 점차 확대되는 추이를 띠고 있으며 수요도 증대하는 추세이다. 따라서 현대관광의 주목적이 되는 위락(慰安과 安樂)관광자원은 다종다양하지만 레저, 레크리에이션의 행태가 스포츠 활동에 집중되고 있는 사실을 감안하여 골프, 스키, 마리나, 유람선 등에 관하여 소개하고자 한다.

〈표 5-1〉 위락활동의 종류

1	산, 계곡, 폭포 등에서의 피크닉	15	보트 또는 배타기
2	명승지, 사찰탐방 또는 자연경관 감상	16	유원지, 관광단지
3	등산	17	각종 놀이시설지(돈을 내고 이용하는 각종 어린이 유희시설이 설치되어 있는 곳)
4	산 또는 계곡 등 산에서의 야영	18	지역 내 공원 같은 곳에서 휴식
5	동굴구경	19	온천지 방문
6	스키	20	동물원, 식물원 가기
7	수렵	21	드라이브 즐기기
8	문화유적지 방문(종교적 방문 제외)	22	자전거 하이킹
9	민속촌, 박물관, 기념관 또는 전승 공예지 방문	23	골프
10	호수, 댐, 강변 등에서의 피크닉 또는 야유회	24	테니스
11	강변, 호수 등 수변에서의 야영	25	사격, 활쏘기, 승마하기
12	낚시(바다낚시 포함)	26	축구, 야구, 배구 등 각종 운동하기
13	해수욕	27	각종 운동경기 운동장에서의 관람
14	요트타기, 윈드써핑, 스킨 또는 스쿠버다이빙		

자료 : 국토연구원

2. 리조트(resort)

1) 리조트의 개념과 의의

리조트(Resort)의 뜻은 '종종 어디로 가다' '어느 장소에 체재하다'인데, 이것을 관광에 부합시키면 '반복을 환기하는 체재형 관광지'라는 의미가 된다. 즉, 별장지라든가 리조트 호텔이라는 장소가 이미지화된 것이다. 리조트라는 단어를 분석해 보면 re는 다시(再), sort는 품질, 신분, 계급, 단계, 방법이라는 의미를 갖는다. 따라서 리조트는 새삼스레 자신의 인간성, 신분, 그리고 가치를 발견해 나가는 체재지라고 정의할 수 있다.

미국에서 많이 사용하는 웹스터 사전에서 볼 수 있는 리조트의 의미는 ① 휴가중에 보양과 레크리에이션을 위해 사람들이 방문하는 곳(a place to which people go often or generally, esp. one for rest recreation, as on a vacation), ② 도움이나 지지를 받고 싶을 때 의지할 사람과 의지할 것(a person or thing that one goes or turns to for help, support. etc)이라고 되어 있다. 이러한 설명에서 볼 수 있는 리조트의 특성은 '자주 방문한다' '보양과 레크리에이션을 하러 간다' '마지막으로 귀착하는 곳이다' 등으로 이해할 수 있다.

오늘날의 리조트의 의의는 첫째, 자신에게 충실한 여가를 보내는 장으로서의 리조트이다. 이것은 일시적인 즐거움만을 추구하는 것이 아닌 어떠한 구체적인 자기목표를 갖고 자신에게 주어진 시간을 적극적으로 소비한다는 요구에 대응하는 것이다. 둘째로는 '본래'에 접하는 것이 가능한 장으로서의 리조트이다. 다시 말해서 있는 그대로의 자연과 문화적 분위기에 취하거나, 직접 체험하는 조건을 갖는 것으로 어떤 의미에서는 가장 사치스런 욕구를 만족시키는 것이다. 셋째, 정신의 위기를 구원하는 것이 가능한 장으로서의 리조트이다. 너무 바쁘고 경제지상주의가 위세를 떨치고 있는 세태에서는 정신적인 지주가 필요한 상황이다. 그러므로 피폐해진 정신문제를 인식하면서부터 본래의 인간적 상태를 회복하기 위한 기회를 찾는 것이다. 넷째로는 다른 차원의 세계에 침투할 수 있는 리조트이다. 즉, '일상생활과 완전히 분리된 상태'와 '진짜 외국'에 자기를 두는 것이 가능한 장소로서 생활의 변화에 따른 문화충격을 즐길 수 있다는 욕구에 그 뿌리를 두고 있다. 다섯째, 철저히 노는 것이 가능한 리조트이다. 돈과 체력과 시간을 철저히 소비하고자 하는 사람을 위한 것으로 이러한 관점에서 리조트는 비구속적인 시간과 공간 그리고 인간관계 속에서 사람들이 평소와는 다른 안식(relaxation)과 자극(stimulation)을 즐기고 날마다 잃어가던 본래적 가치를 재발견하는 장으로 그 개념을 수립할 수 있다.

2) 구미(歐美)의 리조트 개발

(1) 구미 리조트 개발의 역사

유럽에서는 고대부터 현대에 이르기까지 리조트의 원형이 계속해서 이어지고 있다. 예를 들면 독일의 Baden-Baden에서는 3세기 초에 카라카스 황제가 황제용 온욕탕을 건설해 왕후 · 귀족의 보양지로서 이용하게 하였다. 또한 17세기에는 오늘날의 리조트의 원형이라고 볼 수 있는 Badishe Hof가 건설되었다. 1848년에는 프리드리히 욕탕과 카지노가 건설되어 온천과 카지노를 중심으로 한 리조트로서 긴 역사를 자랑하며 현재까지 이어져 왔다.

영국에서도 잉글랜드의 욕탕(bath)이 왕후 · 귀족의 리조트로서 17세기경부터 활발히 이용되어 왔다. 그들은 이곳을 보양뿐만 아니라 사교와 오락의 장으로도 이용했다. 유럽과 미국도 18세기까지만 해도 리조트는 왕후 귀족과 부유한 상인 등 일부 특권층 사람들의 전유물이었지만, 19세기에 들어서면서 서서히 부유한 평민층 등 보다 광범위한 사람들에게 이용되기 시작했다. 이에 호응하여 각지에서 새로운 리조트가 개발되게 된 것이다.

예를 들면, 영국에서는 런던과 브라이튼 사이의 철도 개통을 계기로 남부지역의 교통망이 정비됨으로써, 본마우스(Bournemouth) 등의 해변 리조트가 탄생했고, 프랑스에서도 역시 철도 건설이 계기가 되어 니스(Nice), 칸느(Cannes), 셍 트로뻬(Saint-Tropez) 등의 해변 리조트가 점점 발전하였다. 이와 같은 시기에 미국에서도 리조트의 개발이 번성하게 되어 사라토가 스프링스(Saratoga Springs)와 팜 비치(Palm Beach) 등이 차츰 리조트로 형성되었다.

특히 이러한 유럽의 리조트 역사는 고대 로마의 왕후 · 귀족에 의한 리조트로 시작되어, 18세기에서 19세기 전반에 걸친 산업혁명에 의한 부유평민의 출현과 교통망의 발달 등에 의해 한층 더 일반화되었던 것이다. 이 시기에 발달한 리조트의 대부분은 오늘날 비교적 고급스러운 리조트로 발전하고 있다. 또 이러한 리조트의 특색 중 하나는 국제성이다. 실제로 꼬뜨다쥐르의 개발 대부분이 영국의 자본으로 행해졌고, 내방객도 영국인, 독일인, 네덜란드인 등이 대부분이다. 이것은 유럽에서의 고속교통망 발달과 역내 상호간 개방성, 다양성이 풍부한 기후환경 등에서 유래하는 것이다.

(2) 최근의 유럽 리조트 개발의 특색

20세기 후반에 들어서면서 리조트지역의 이용자는 보다 대중화되었다. 그 배경에는 평균적인 소득수준의 향상과 여가의 확대, 장기휴가의 일반화 등이 있다. 유럽에 있어서 이 시기의 주요 리조트 개발은 특히 지중해 연안과 알프스 지역에 집중되었다.

지중해 연안에서는 꼬뜨 다 쥐르 외에 랑그독 루시용(Languedoc- Roussillon)과 코스타 델 솔(Costa del Sol) 일대가 개발되었고, 알프스 지역에서는 샤모니(Chamonix), 몽뜨리(Montreux), 셍 모리쯔(Saint-Moritz) 등이 리조트로서 정비되었다.

알프스 지역은 겨울 스포츠의 거점과 피서지로서의 성격이 강하고, 지중해 연안은 해양스포츠 기지와 피한지로서의 성격을 지닌다. 이들 중 지중해 연안의 리조트 개발에서 다이나믹한 프로젝트가 몇몇 눈에 띈다.

랑그독 루시옹에서는 1963년부터 프랑스 정부의 전면적인 뒷받침을 기반으로 리조트 거점개발이 실시되었다. 이것은 바캉스객의 국외유출을 막고, 개발이 늦어지고 있는 이 지방의 진흥을 도모하기 위해 계획된 것으로 유명하다. 이 지역내에는 8개의 리조트지역이 개발되어 있다. 이중에서도 가장 성공한 것의 하나로 평가되고 있는 것이 가장 동쪽에 위치한 뽀르 까마르그(Port Camarque)이다.

까마르그는 랑그독 루시옹 중에서도 대규모 개발이 행해졌던 그랑드 모뜨(La Grande Motte)와는 달리 고층고밀도 타입은 없고 저층 타입으로 개발된 것이다. 대부분의 아파트와 맨션이 수변(water front)에 면할 수 있도록 기하학적인 디자인으로 공간이 설계되어 있고, 보트의 수용력에서는 지중해 최대 규모를 자랑한다.

코스타 델 솔은 랑그독 루시옹과는 달리 전체적인 계획성은 없지만 기후 · 풍토의 양호함, 물가의 저렴함 등을 배경으로 리조트지역이 형성될 수 있었다. 코스타 델 솔 일대는 1960년대에 특히 해외에서의 이주자를 중심으로 리조트 개발이 진행되었다. 리조트개발은 민간차원에서 이루어졌지만 주 정부가 기반시설의 정비, 홍보활동, 회의유치 등의 측면지원을 하였다. 외국인의 개발투자에 대해서도 제한을 두지 않고(신고제), 리조트개발을 위해 은행으로부터 융자를 받을 경우에는 우대조치를 취하고 있다. 예를 들면 1976년의 경우, 일반융자 이율 15%에 대해서 리조트 개발의 경우 융자이율은 9% 정도였다. 호텔과 하이테크 관련시설 등 지역산업으로 파급효과가 큰 시설을 건설할 경우에는 정부에서 건설자금의 8~10%의 보조를 얻을 수 있도록 되어 있다. 스페인에 있어서 개발투자의 15% 정도가 해외로부터 투자된 것인데 그 대부분이 코스타 델 솔로 집중되는 것에서 알 수 있듯이 코스타 델 솔에서는 지극히 국제색이 강한 리조트개발이 이루어졌다.

(3) 미국의 리조트개발

미국은 20세기 후반에 들어 제트항공망의 확충, 고속도로의 정비 등과 더불어 각지에서 리조트지역이 개발~정비되었다. 미국에서 최근 개발된 리조트지역을 분류하면 크게 다섯 가지 종류로 나눌 수 있다. 첫째는 해변형(마리나 델 레이, 마이애미 비치 등), 둘째는 산악형(아스펜과 캐나다의 위스라 등), 셋째는 Amusement형(플로리다의 레이크 부에나 비스타 등), 넷째는 정주 커뮤니티형(아리조나의 선시티, 카멜 등), 다섯째로는 테마형(라 코스타 등)이다. 해변형의 대표로 마리나 델 레이를 들 수 있는데, 이곳은 습지대의 유효이용, 환경위생상 공해(모기)의 박멸과 대도시 주민의 해양레저 요구에 부응하여 1937년부터 구상이 진행되어 왔다. 1957년에는 연방정부와 주정부에서의 보조와 융자에 의해 로스앤젤레스시의 사업으로 착공되었다. 시는 1,300만 달러를 차입해 용지매수와 항로의 준설공사부터 착수했다. 마리나 델 레이는 미국에서도 대단히 유인력이 높은 마리나 리조트기지로서 마리나의 계류시설(6,400척)은 최근 20년간에 항시 100%의 이용률을 보이고 있다. 마리나 델 레이의 각 도크는 로스앤젤레스시가 개인 투자가(lease holder)에게 리스(60년 계약)한 것을 다시 마리나의 각 이용자에게 임대하는 방식을 채택하고 있다. 이 개인 투자가는 현재 18명이고 아파트 등 기타 시설의 건설도 은행으로부터 자금을 융자한 것이다. 시는 단지내에서 아파트 수입의 7.5%, 호텔과 보트 임대 수입의 20%, 보트 판매대금의 1%, 레스토랑 수입의 3%를 징수하여 단지의 유지관리와 정부 및 주정부로부터의 차입금을 변제(1981년에 완료)하였다.

한편, 정주커뮤니티형의 카멜은 인접한 몬트레이와 일체가 된 정주형 리조트를 형성하고 있다. 카멜은 1912년의 샌프란시스코 지진을 계기로 이주자에 의해 도시로 형성되기 시작되었다. 도시는 전체적으로 공원같이 구상되어 조성됨으로써 "흰 모래위에 서 있는 무성한 숲의 마을"이라는 인상을 준다. 식목은 잘 보존되고 주택지구의 도로는 9m를 넘지 않게 설계했으며 보도는 만들지 않았다. 또한 카멜에는 예술가가 많이 거주하여 독특한 문화적 분위기를 갖고 있다. 도심지에는 작지만 유명한 상점이 즐비하여 리조트지역으로서의 매력을 높이고 있다. 특히 Ocean Avenue에는 60개의 특산품점을 모아 놓은 카멜프라자가 설치되어 있어 관광객의 유인력을 배가시킨다. 호텔 수입의 10%, 소매의 판매세 5~6%가 시의 세입이 되어 리조트 유지비용으로 사용된다.

2 골 프

1. 골프의 발달과 입지조건

1) 골프의 발달

골프는 네덜란드 지방에서 기원전에 어린이들이 실내에서 하던 코르프(kolf)라는 경기에서 비롯되었다는 설도 있고, 스코틀랜드 목동들의 민속놀이였다고도 한다. 골프경기가 언제부터 시작되었는지는 정확히 알 수 없으나 현존하는 가장 오래된 골프에 관한 기록은 1457년 스코틀랜드에서 있었던 골프 금지령에 관한 것이다. 스코틀랜드에서는 국민들의 무술훈련에 방해가 된다는 이유로 1457, 1471, 1491년 세 차례에 걸쳐 골프금지령을 내렸었다. 1592년에는 일요일에 교회에 나오는 사람이 줄었다는 이유로 에든버러 시의회에서는 일요일의 골프 금지령을 내렸던 적도 있다. 골프코스가 18홀로 확립된 것은 1764년경이고 영국의 '세인트앤드류스'가 시초이다. 그 전까지는 홀수도 5개홀에서 28개홀까지 다양했으며 일정한 거리도 없었다. 골프는 19세기 말에 미국에서부터 대중화되기 시작해서 현재 전세계 골프장 30,000여 개소 중 20,000개가 미국에 분포하고 있다. 그러나 골프는 세계 각국으로 크게 확산되면서 개인의 여가대상으로서 건강과 즐거움을 얻는 대중스포츠로 부상하고 있는 추세이다.

한국에는 1900년에 원산세관에서 영국인들에 의해(6홀 사용) 처음 선을 보였고, 1920년에 조선철도국이 직영하던 조선호텔에서는 판촉의 수단으로 골프장을 설치하였다. 그 후 미국인 댄트의 설계로 서울의 효창공원에 골프장이 설립되었지만, 이 코스는 1923년에 공원지정으로 폐장되었다. 따라서 실질적인 한국의 골프 시작은 1929년 군자리 골프장(현재 서울 어린이대공원)이 개장되면서부터이다. 군자리 골프장은 1943년에 폐장되었다가 주한 미군의 장비지원으로 1950년 5월에 복구되었으나 1개월만에 6 · 25로 다시 폐장되었고, 휴전회담이 조인된 후 1954년 7월에 또 다시 전장 6,750야드, 파 72의 국제규모를 갖춘 골프코스로 재복구되면서 한국의 골프는 비로소 본 궤도에 들어서게 된다. 우리나라의 골프장은 1950년대에 2개소, '60년대에 4개소, '70년대에 16개소, '80년대에 22개소, 90년대에 108개소, 2010년에는 339개소에서 2022년 현재 525개소가 운영되고 있다. 국내의 골프장은 시간경과와 더불어 날로 증가하는 추세를 보이면서 골프의 대중화가 진행되고 있다. 그러나 아직도 골프는 권력층이나 부유층의 여가행태로 인식하는 국민정서도 만만치 않은 실정이다.

2) 골프장의 입지조건

골프장은 입지유형에 따라 해변형, 평지형, 산지형으로 구분한다. 1900년 최초로 개장되었던 원산, 1913년 구미골프장은 해변형으로 영국의 스코틀랜드와 유사한 입지형이었다. 1929년 군자리, '56년 부산, '64년 한양, '68년 안양 코스 등은 완경사의 평지형이 주류를 이룬다. 1980년 후반부터 우리나라 골프장은 산지에 주로 입지하는 산지형의 경향이 두드러진다.

(1) 접근성

골프장의 위치는 승용차로 60~90분 이내의 거리에서 이용객의 확보를 고려하는 편이 좋다.

(2) 용지면적

부지면적이 골프장의 규모에 따라 충분히 확보될 수 있어야 한다.

〈표 5-2〉 용지면적(18홀 기준)

구 분	평 지	구릉지	산 지	30%~50% 정도 경사지
소요면적	20~22만평	24~26만평	27~30만평	40만평

(3) 지형조건

골프장의 용지는 정방형보다는 장방형 또는 다소 불규칙한 형, 부채꼴형이 좋으며 용지의 구배가 8% 미만이고 고·저의 차가 50m를 초과하지 않는 용지가 골프장의 조성지로서 가장 바람직한 것으로 알려져 있으나, 국내의 경우는 거의가 이를 초과하고 있다. 작은 능선 여러 개로 구성되고 고·저의 차이가 적으며 경사가 완만한 지역이 골프장 조성지로 적당하다. 북사면은 가능한 한 피하는 것이 좋은데, 이는 겨울에 바람이 강하고 일조량이 부족하여 눈이 잘 녹지 않는 등 잔디관리에 곤란을 주기 때문이다.

(4) 용수조건

일반적으로 18홀 기준으로 했을 때 1일/1500톤 정도의 관리용수가 필요하다.

(5) 경관조건

골프운동에 적합한 조건뿐만 아니라 경치와 경기자의 심리상태 및 조경학적인 고려가 중요한 역할을 한다. 따라서 수목을 이용한 조경은 필수적이다. 용지 내에 자생하고 있는 기존의 수목은 그 지역의 기후조건과 토양에 가장 알맞은 것으로 생태학적 균형을 유지하기에 적합하여 훌륭한 경관을 조성할 수 있는 골프장에 꼭 필요한 요소이다. 이밖에도 잔디의 생장이나 배수에 유리한 토양조건과 amenity조건 그리고 해안, 호수, 하천변 등 수변지향이 가능한 장소가 골프장의 입지에 적당한 조건이다.

2. 골프장의 현황과 시설

1) 골프장의 현황

우리나라 골프장은 2022년 현재 운영중인 525개소 가운데 회원제(membership course)가 170개소(33%)로 355개소(67%)의 대중 골프장(public course)보다 적다. 2010년에는 회원제가 193개소, 대중 골프장이 146개소로 회원제 골프장이 더 많았었다는 점을 감안하면 퍼블릭의 비중이 크게 늘어나고 있는 추세이다.

골프장의 지역적 실태는 국내에서는 약 467개 골프장(군골프장 25개 포함)이 운영중이며 이를 18홀 기준으로 환산해서 보면 541개소가 된다. 규모별로 보면 18홀 골프장이 39%로 가장 많고, 10홀 미만 골프장도 104개소로 전체에서 24%를 차지한다. 지역별 골프장 분포의 특색은 수도권이 가장 많은 34%의 비율을 차지하고 있으며, 이어서 강원, 경북, 경남이 각각 11%의 점유율을 보이는 것이다.

따라서 우리나라 골프장은 경기도에 집중하여 수도권 입지형 분포의 특징을 나타내고 있다(〈표 5-3〉, 〈표 5-4〉, 〈표 5-5〉, [그림 5-1]).

경기도에 분포율이 높은 것은 골프 수요가 높기 때문이지만, 용인군에만 골프장이 19개소나 되는 등 특정지역에 편중되는 기현상이 나타나고 있다.

〈표 5-3〉 전국 운영 중 골프장 현황

운영 중	대중병설	총 홀 수	18홀 기준
467개	51개	9743홀	541개

〈표 5-4〉 전국 운영 중 골프장 규모별 현황

구분	합계	10홀 이하	18홀	27홀	36홀	37홀 이상
개소	467	104	184	123	42	14
비율	100%	22%	39%	26%	9%	3%

[그림 5-1] 주요 골프장의 분포

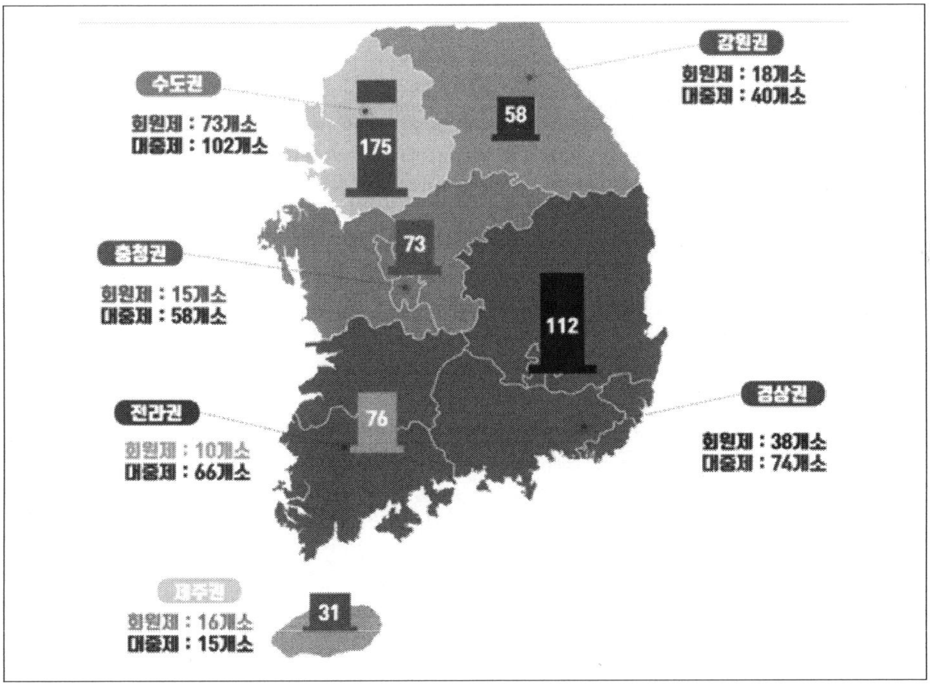

전국 525개 : 회원제170개(33%), 대중제355개(67%)

자료: 한국골프회원권 경영인협회(2022)

〈표 5-5〉 전국 골프장 지역별 현황

구분	갯수(비율)	회원제(비율)	대중제(비율)
수도권(서울 · 인천)	148(32%)	1836(55%)	1508(45%)
강원	53(11%)	414(37%)	698(63%)
경남(부산 · 울산)	52(11%)	504(47%)	578(53%)
경북(대구)	52(11%)	351(37%)	602(63%)
충남(대전)	33(07%)	180(32%)	381(68%)
충북	35(07%)	189(26%)	532(74%)
전남(광주)	42(09%)	153(19%)	645(81%)
전북	22(05%)	81(18%)	365(82%)
제주	30(06%)	432(60%)	294(40%)
합계	467	4140(37%)	5603(63%)

※ 골프장 숫자 통계에서 군·경 체력단련장 개념 9홀 규모 이하 골프장, 골프 연습장이 주가 되는 파3 골프장 등은 제외.

자료 : 한국골프회원권 경영인협회(2022)

2) 골프장의 시설 규정

골프장에 관련된 행정 업무사항이 교통부에서 문화체육관광부로 이관된 후 1990년 '골프장 관리규정'을 제정 · 고시하고, 1994년에 '체육시설의 설치, 이용에 관한 법률'을 개정 공포하였다. 골프장은 회원제, 일반(대중), 간이 골프장으로 구분하여 각각에 대한 시설 및 설비기준을 규정하고 있다(〈표 5-6〉).

〈표 5-6〉 골프장의 시설 · 설비기준

<table>
<tr><th></th><th>구 분</th><th>시설 · 설비기준</th></tr>
<tr><td>회원제골프장</td><td>1. 면 적
2. 코 스</td><td>- 18홀 : 60만m² 이상
- 18홀 초과 : 초과되는 9홀마다 26만m² 이상을 확보
- 코스는 골프용구 운반기구의 운행이 가능하도록 조성
- 홀의 구성 : 티그라운드 · 훼어웨이 · 그린 · 라프 · 장애물 등
- 티그라운드 : 홀마다 160m² 이상
- 그린 : 홀마다 300m² 이상
- 기타 : 홀마다 티그라운드의 표지물, 그린의 홀컵, 홀대 등 골프의 필요한 시설
<table>
<tr><th>홀의 구분</th><th>길이</th><th>홀당 피수</th><th>홀수</th></tr>
<tr><td>단거리홀</td><td>230m 미만</td><td>3</td><td>4</td></tr>
<tr><td>중거리홀</td><td>230~430m</td><td>4</td><td>10</td></tr>
<tr><td>장거리홀</td><td>430m 이상</td><td>5</td><td>4</td></tr>
</table></td></tr>
</table>

<table>
<tr><th></th><th>구 분</th><th>시설 · 설비기준</th></tr>
<tr><td rowspan="7">회원제골프장</td><td>3. 휴게시설</td><td>- 수용인원(18홀을 기준으로 1일 300인 이하)에 적합한 휴게시설을 설치</td></tr>
<tr><td>4. 장 비</td><td>- 적정수량의 골프용구 운반기구</td></tr>
<tr><td>5. 후생시설</td><td>- 종사원 · 경기안내원 등을 위한 후생시설을 설치</td></tr>
<tr><td>6. 주차시설</td><td>- 수용인원에 적정한 주차장 설치</td></tr>
<tr><td>7. 조경시설</td><td>- 코스주변 · 라프지역 등에 조경을 해야 함</td></tr>
<tr><td>8. 방재시설</td><td>- 홍수 · 한발에 대비한 배수 및 급수시설과 하수 · 하수처리시설</td></tr>
<tr><td>9. 기 타</td><td>- 구급약 등 골프장 이용시 필요한 것을 갖추어야 함</td></tr>
<tr><td rowspan="2">대중골프장</td><td>1. 면 적</td><td>- 6홀 : 12만m²
- 9홀 : 20만m²
- 18홀 : 40만m²
- 18홀 초과 : 초과되는 9홀마다 15만m² 이상을 확보</td></tr>
<tr><td>2. 코 스</td><td>- 모든 코스는 골프용구 운반기구의 운행이 가능하도록 조성
- 홀의 구성 : 티그라운드 · 훼어웨이 · 그린 · 라프 · 장애물 등
- 규 격<table><tr><th>홀의 구분</th><th>길이</th><th>파수</th></tr><tr><td>장거리 홀</td><td>350m 이상</td><td>36파 이상(9홀 기준)</td></tr><tr><td>중거리 홀</td><td>230~350m 미만</td><td></td></tr><tr><td>단거리 홀</td><td>130~230m 미만</td><td></td></tr></table></td></tr>
<tr><td rowspan="6">대중골프장</td><td>3. 휴게시설</td><td>- 수용인원에 적정한 휴게시설(간이시설을 포함)</td></tr>
<tr><td>4. 주차시설</td><td>- 수용능력에 적당한 주차장을 설치하여야 한다.</td></tr>
<tr><td>5. 조림시설</td><td>- 골프장내의 가능한 지역에 조림을 할 수 있다.</td></tr>
<tr><td>6. 방재시설</td><td>- 홍수 · 한발에 대비한 배수 및 급수시설과 하수처리시설</td></tr>
<tr><td>7. 장 비</td><td>- 수용인원에 적정한 수량의 골프용구 운반기구</td></tr>
<tr><td>8. 기 타</td><td>- 구급약 등 골프장 이용시 필요한 것.</td></tr>
<tr><td rowspan="5">간이골프장</td><td>1. 면 적</td><td>- 200, 300m² 이상</td></tr>
<tr><td>2. 코 스</td><td>- 홀수는 3홀 이상, 홀의 평균길이는 70m 이상
- 홀은 티그라운드 · 훼어웨이 · 그린 · 라프 · 장애물 등
- 모든 코스는 골프용구 운반기구를 사용할 수 있도록 조성</td></tr>
<tr><td>3. 장 비</td><td>- 수용인원에 적정한 수량의 골프용구 운반기구를 갖춤</td></tr>
<tr><td>4. 편의시설</td><td></td></tr>
<tr><td>5. 주차시설</td><td>- 적정한 주차장시설을 갖추어야 한다.</td></tr>
</table>

자료 : 한국관광연감을 참고하여 재작성.

3. 골프의 대중화

골프장 건설은 국토의 개발과 효율적인 이용, 지역경제 발전의 기여, 여가문화를 건전한 방향으로 보전, 지역사회의 공원건설 및 각종 공해와 스트레스로부터 벗어나 심신의 건강을 다지는 건전한 장으로서의 역할 등 유익한 기능이 있다. 반면에 골프장개발의 영향은 생태계의 파괴, 환경오염, 산림훼손 및 농지잠식, 부적지의 개발로 인한 대규모의 지형변경과 투자비용의 증대, 공사 과정에서 제규칙을 준수하지 아니함으로써 산사태 발생, 농경지 유실, 가옥침수 등 많은 재해를 초래하는 문제점을 지니고 있어 이들의 해결방안이 요망된다.

최근 무분별하게 조성되고 있는 골프장은 부적당한 부지선택으로 인하여 골프장 본래의 이상인 부가적이며, 회화적인 꿈이 담긴 모습과는 전혀 다른 인위적 재해나 2차 재해를 유발하는 경우도 있다. 그러나 골프의 대중화라는 세계적인 추세 속에 국내에서도 날로 수요가 증대하고 있다. 따라서 골프장의 긍정적인 면을 극대화하고 부정적인 측면을 극소화할 수 있는 방안이 연구과제로 등장하고 있는 것이다. 특히 골프장 건설에 따른 환경적 영향이 골프대중화를 제약하는 가장 큰 요인이 되고 있다.

1) 대중화의 제약요인

(1) 산림파괴

골프장이 건설되면 잔디 조성을 위한 산림의 파괴는 필연적이다. 더욱이 우리나라 골프장은 산지입지형이 대부분이기 때문에 산림면적의 감소는 매우 심각하게 나타난다. 결국 산지환경의 변화는 각종 동물들의 서식지 파괴, 자연의 이산화탄소 흡수속도가 1/5 이하로 감소하고, 보수력도 크게 줄어들게 된다. 이는 산림에 비해 잔디의 보수력이 1/4 정도로 크게 떨어질 뿐만 아니라 골프장은 비가 내리면 빗물이 바로 잔디밑 배수관을 통해 조정지로 빠져버리는 구조로 되어 있기 때문이다. 이와 같이 상류에서의 보수력 저하로 산사태와 홍수의 재해를 초래하게 되고, 평상시 유량도 감소하여 수자원의 고갈상태에 이르게 된다. 또한, 잔디유지를 위한 많은 양의 살수로 물 자원의 소비도 많은 편이다. 무엇보다도 산림벌채에 따른 본래의 경관을 크게 변화시키는 문제도 있다.

(2) 수질오염

우리나라의 자연조건에서 잔디를 보존하기 위해서는 농약과 대량의 화학비료를 사용할 수밖에 없다. 이런 결과로 하류의 하천 · 연못 · 댐 · 저수지 등에서 부영양화가 진행되어 수질오염이 나타나기 쉽다. 골프장 공사 중에 집중호우가 내리게 되면 수질오염을 더욱 가속화시킬 수 있다. 이러한 수질변화는 지역주민의 식수원을 오염시키고, 용수가 고갈되는 등의 부정적인 환경영향을 야기시킨다.

이밖에도 골프장 건설중에 나타날 수 있는 분진이나 소음문제도 있다. 예컨대, 암반 폭파시의 발파로 인해 주변지역 농가의 가옥이 파괴되고 가축이 사산되는 피해, 거주하고 있던 집들에 금이 가게 하고 축사 벽을 무너뜨리는 등 피해를 발생시켰다는 보고사례가 있다.

골프 대중화의 장애요소로서 빼놓을 수 없는 것으로서 골프장 조성의 투자비용과 이용자의 비용문제는 항상 제기되고 있다. 특히, 소수 골퍼의 비도덕적이고 반사회적인 행태를 포함해서 골프장 건설에 따르는 지역주민의 경제 · 사회 · 문화적 영향에 대한 부정적인 면에 대한 논란도 많다.

2) 골프 대중화에 대한 대응방안

'골프장 관리규정'의 내용을 개략적으로 요약해 보면, 시 · 도지사는 총 임야면적의 5%를 초과해 골프장 승인을 내줄 수 없도록 하였으며, 시 · 군별로 72홀을 초과할 경우 문화체육관광부장관과 협의 후 승인토록 하여 골프장의 특정지역 집중을 방지했다. 또 여신관리대상 계열기업군의 골프장 승인을 원칙적으로 금하도록 명문화했으며, 일반(대중)골프장으로 승인된 경우 회원제로 변경할 수 없게 규정했다. 시 · 도지사가 골프장의 사업계획승인 신청을 접수할 때나 철회, 반려할 때에는 문화관광부장관에게 즉시 보고하도록 하여 중앙부처차원에서 종합적인 업무관리가 가능토록 했다.

골프장 면적에 대해서는 사업계획면적과 사용면적을 구분해 시 · 도지사가 관리하게 했으며 18홀 기준 108만m^2 등 사업계획 면적의 상한기준을 마련했다. '농지의 보전 및 이용에 관한 법률'의 시행령에는 단위 골프장 건설시 농지면적이 총 골프장 면적의 10%를 초과하지 못하도록 규정하고 있으나, 일부 골프장은 지역적 특성을 내세워 이를 상회하는 경우도 있다. 그러나 골프장 농지면적은 전체면적의 4.3%에 불과한 것으로 나타났다. 상수원보호, 농약사용, 개발후의 복구 등에 관한 사항을 명문화했다. 상수원보호 측면에서 종전의 환경부의 환경성 검토기준에서 규정했던 내용과 비슷한 선에서 골프장사업 가능지의 기준을 설정했으며, 기준에 적합한 오수 처리시설 설치 및 시설관리자를 지정토록 규정했다. 농약오염방지를 위해서 골프장내에 초기오수를 14일 이상 저수할 수 있는 조정지를 설치 · 운영토록 하고, 골프장협회로 하여금 분기별로 1회 이상 농약관리자에 대한 교육을 실시하게 하였다. 또 시 · 도지사는 분기별로 농약잔류량을 조사하여 문화체육관광부 및 환경부장관에게 보고토록 하고 연 2회씩 농약유출영향을 조사 · 보고토록 하는 등 농약사용과 관련된 통제장치를 마련했다.

골프장과 같은 위락관광자원 개발 시 파생되는 문제를 극소화시키기 위한 신중한 접근방법은 자연도 보호하고 즐거움도 얻을 수 있는 대안관광에 대한 인식을 새롭게 하는 것이다.

골프의 긍정적인 발전을 도모하는 데는 앞에서 언급한 제약요인, 특히 환경에 관한 부정적인 영향을 극복하는 일이 무엇보다 우선한다. 이것을 위해서는 과학 메커니즘을 동원한 환경영향평가를 포함하여 법적인 규제를 철저히 이행하는 가운데 우리 국토환경에 부합하는 방식을 채택해야 한다. 본래 우리나라에서는 잔디를 '금잔디'라고 부를 정도로 잔디가 생장하는데 불리한 환경이다. 따라서 우리의 기후, 지형조건에 잘 적응할 수 있는 이른바 '한국형 잔디'를 개량해 내는 일도 장기적인 연구과제로 삼아야 한다. 또 다른 방법으로는 규모의 문제인데, 골프장을 대중 골프장과 간이 골프장 위주로 축소하는 것이 있다. 이런 방법은 사회적인 위화감을 해소하는 데도 도움이 된다. 우리보다 여건이 나은 일본에서도 골프장망국론이 대두되었지만 골프장 규모를 축소하는 등의 합리적인 대중화 대책이 성공하고 있다. 일본의 경우 2천 여 개에 달하는 골프장이 있지만 대개 3~6홀의 대중 골프장이 주를 이루고 18홀 이상은 흔치 않아서 골프장이 차지하는 면적이 전국토의 0.04%인데 반하여 우리는 0.2%로 더 높은 것이다. 미국은 6홀 규모의 많은 인구가 즐길 수 있는 퍼블릭이 전체 골프장의 61%를 차지하고 있는 실정이다.

결국 골프의 지속적인 발전과 대중화를 이루기 위해서는 골프장 공급의 원활화와 부대시설의 다양화, 비용의 차별화 등을 통해 골프 인구의 보편화와 계층의 다양화를 지향해야 한다.

골프의 경우도 '다품종 소량생산'이라는 대명제를 세우고 이것을 실현한다면, 골프장도 국민의 여가, 위락공원으로서 위치를 확보할 수 있을 것이다.

국민소득의 지속적인 증대와 여가활동에 대한 관심의 제고, 스포츠 및 레저부문의 급속한 성장 등 사회 · 문화적 환경의 변화에 따라 급격히 증가하고 있는 골프인구와 스포츠로서의 골프에 대한 이해의 저변확대추세는 고급 사치성 오락으로만 여겨지던 골프에 대한 인식을 점차 변화시키고 있다. 또한 국민생활부문에서도 자유시간의 증가, 교육기회의 확대, 소득수준의 증가 등으로 인하여 이러한 추세는 앞으로도 지속될 것으로 보이나 골프에 대한 인식이 오락 · 위락의 대상이 아닌 스포츠 활동으로 정립되었다고는 볼 수 없다. 그러나 중산층의 경우 66.7%가 앞으로 기회가 주어질 경우 골프운동을 해 볼 의향이 있는 것으로 나타나 골프의 발전 전망은 매우 밝은 편이다.

3 스 키

1. 스키의 발달과 입지

1) 스키의 발달

'스키(ski)'는 고대 유럽에서 사용된 '눈 위에서 신는 신발(설상화)'이란 뜻으로, 노르웨이어와 영어의 skid, skip, skiff, slide 및 skate 등에서 그 어원을 찾을 수 있다.

스키의 발생은 B.C. 3000년경으로 추정되며 스칸디나비아(Scandinavia) 지방과 러시아 동북부 알타이와 바이칼 지방이라고 하나 역사적 고증은 어렵고,

단지 오슬로 홀멘클렌 박물관에 B.C. 2500년대의 스키유물이 진열되어 있을 뿐이다. 1915년 스톡홀름의 국제회의에서 스키, 스케이트의 유물이 노르웨이 12개소, 스웨덴 46개소, 핀란드 60개소에서 출토된 것으로 보고되었다.

스키가 국민 스포츠로 보급되고 경기가 최초로 개최된 것은 1250년경이라고 하지만, 1742년 노르웨이의 육군에 스키부대가 창설된 것을 계기로 스키의 열기가 높아지게 되었고, 따라서 스키가 제작되고 활강과 회전기술이 개발되었다. 1924년에는 프랑스 샤모니에서 열린 제1회 동계올림픽에서 국제스키연맹이 결성되었고, 1936년 4회 동계 올림픽에서부터 스키경기가 채택되었다.

고대 스키는 적설가능지역에서 유래되었다고 할 수 있으며 주로 생활을 영위하기 위한 이동수단으로 사용되었다. 또한 적설지대 산간의 군대 스키가 대중스포츠로 정착하게 된 것으로 각종 스키기술의 개발과 스키장비의 혁신으로 좀더 빠르고, 좀더 효율적인 스키스포츠로 즐길 수 있게 되었다. 오늘날의 스키는 생활수단이 아닌 스포츠, 레저로서 광범위한 지역의 국민이 참여할 수 있게 발전하였으며, 적설량이 부족한 지역에서도 인공제설기가 개발됨으로써 스키 활동이 가능하게 되었다.

우리나라 스키의 유래는 '썰매'라는 형태에서 비롯된 것으로 볼 수 있다. 관북지방에서 "심산의 호랑이도 썰매꾼만 보면 운다'는 속담이 전해지고 있듯이, 북방의 적설량이 많은 곳에서는 교통수단과 수렵용으로 썰매가 이용되었음을 알 수 있다. 한국 최초의 스키 강습회가 1927년 원산 송흥리에서 이루어졌는데, 이때를 근대 스키의 시작으로 인정할 수 있다. 1946년 조선스키협회를 창립하여, 1948년 대한 스키협회로 개칭·변경하였으며, 1947년 2월에 지리산 노고단에서 제1회 전국 스키대회가 개최되었다. 1960년에 동계올림픽대회에 최초로 참가하였으며 이후 각종 국제대회에 지속적으로 참가하여 스키 기술을 도입하여 보급하였다.

우리나라에서 스키장이 본격적인 위락관광자원으로서 개발된 것은 1975년 용평스키장이 개발되면서부터이며 '80년대에 들어서 알프스 스키장, 용인 스키장, 천마산 스키장, 베어스타운 스키장, 무주리조트 등이 개발되어 한국의 6대 스키장을 형성하게 되었다.

우리나라가 서구보다도 스키나 썰매의 발달이 늦은 원인은 지리적으로 낮은 위도와 국토성, 경제적 여건의 불리성을 들 수 있으며, 산지교통의 개발이 늦어 스키의 가능지역으로의 접근이 불가능했다는 점 등을 들 수 있다. 또한 고도의 스키기술이나 장비의 개발이 미흡했던 이유로는 방어나 공격 목적의 군대스키가 발달하지 못했던 점과 남북분단으로 인한 스키 가능 산악지역이 협소한 것이 큰 영향요소로 작용하고 있다. 그러나 각종 기계, 기술의 개발로 '80년대를 맞아 한국 스키장의 발전 기틀을 마련한 것이다. 특히 한국 관광의 세계화 추세와 국민대중의 여가기회 확대로 현대의 한국 스키는 대중스포츠로서, 동계관광의 주요 활동군으로서의 역할을 하고 있으며 다양한 관광상품 개발의 차원에서 그 의미를 갖는다고 하겠다.

2) 스키장의 입지조건과 구분

(1) 기상조건

① **적설량** : 보통 1m 이상

② **적설기간** : 90~100일 이상

③ **설질** : 분설이 바람직함

④ **기온** : -5~-10℃ 정도가 적설보존이나 활동에 좋음

⑤ **일조** : 쾌적한 조건으로 좋으나 직사광선은 설원 및 적설유지에 좋지 않음

⑥ **바람** : 15m/sec 이상이면 lift 중지

(2) 지형조건

① **경사도**(활강코스 6~30°)

② **슬로프의 길이 및 폭** : (초급 : 20~50m, 넓은 곳이 좋음, 중급 : 200~400m · 20~80m, 고급 : 300~500m · 30~60m)

③ **지모(수림)** : 방풍, 방설, 설원보존, 악천후시 코스의 판단, 스키어 활동선의 유도 및 분리, 경관보존을 위한 삼림

(3) 사회조건

① **자원입지형** : 초기단계에서 주로 채택

② **시장입지형** : 최근에 선호, 대도시 주변에 초·중급 중심의 겔렌데(Gelande)를 조성하여 인공제설장치(SMS)를 활용함

교통조건에 따른 입지유형은 철도입지형과 도로입지형으로 구분되는데 최근에는 자가용 문화의 보급으로 인해 도로입지형이 선호된다.

(4) 스키장의 구분

① 국제적 스키장(international ski ground)

② 국가적인 스키장(national ski ground)

③ 지역적 스키장(regional ski ground)

④ 지방적 스키장(local ski ground)

2. 스키의 의의

1) 자연성

스키는 광활한 대자연에서 이루어진다. 스키활동의 장소는 비교적 일상생활과 먼 산악지대에서 행해진다. 이러한 산악지대에서의 스키활동은 복잡한 도심에서 벗어나 자연과 함께 호흡하면서 심리적인 여유를 찾을 수 있다. 도시화현상과 인구집중은 자연으로 돌아가려는 인간 본연의 욕구를 더욱 자극하게 되었다. 이러한 의미에서 스키는 동계 야외 레크리에이션으로서 대중에게 인식되어 왔으며, 대자연과 조화되어 친밀해지게 되고 개인의 심신을 단련시키는 효과를 지닌 야외 레크리에이션 성격을 띤 생활성이 강한 스포츠라고 할 수 있다.

2) 계절성

스키는 눈이 있는 겨울 동안에 펼쳐지는 스포츠이다. 겨울은 심리적으로 위축되고 활동의 폭이 좁아 운동부족현상이 나타나기 쉬운 계절이므로 스키 운동은 이러한 문제점을 개선할 수 있는 유익한 건강증진 스포츠이다. 육체적 욕구충족은 야외스포츠 성격을 가진 스키행위로 심신의 건강 향상과 유지를 도모할 수 있다는 것이다. 활주하는 동안에 속도를 조절할 수 있는 육체적 자신감도 체득할 수 있게 되며, 동계에 움츠려드는 성향 속에서도 활발한 야외 활동을 통하여 신체적, 장해를 극복함으로써 육체적 · 정신적 만족감을 충족시켜 줄 수 있다.

3) 대중성

스키는 다른 레저 스포츠와는 달리 비교적 남녀노소 누구나 즐길 수 있는 대중스포츠이다. 인간은 대중과 접촉하려는 의욕을 소유하고 있고, 같은 계층 혹은 다른 계층과도 유대관계를 갖고자 한다. 이러한 욕구현상은 자신이 사회의 구성원이라는 사실의 재인식과 자존의 욕구를 만족시켜 주는 계기가 된다. 특히 관광행위가 고수준의 욕구로부터 발생된다는 사실에 비추어 스키행위는 인간의 사회적 욕구를 충족시켜 준다고 하겠다.

사회적 욕구충족으로는 인간이 소유한 사회 귀속본능을 들 수 있다.

4) 다양성

현대스키는 올림픽이나 월드컵에서 행해지는 경기에서부터 레저스키, 프리스타일 스키 또는 크로스 컨트리 투어쇼에 이르기까지 경기범위가 매우 폭넓고 다양하다.

한국의 관광은 사회여건의 변화에 따라 변화 · 발전되어 왔다. 특히 '80년대에 접어들어 관광수요가 획기적으로 다양화되고 국제교류가 확대되면서 각지의 관광시설도 국제수준에 접근하여 관광의 양적인 팽창현상을 나타내고 있다.

또한 사회구조의 다양화와 물질의 풍요로 표현되는 사회를 살아가는 현대인에게는 새로운 기술정보와 더불어 신종의 여가와 여가기회가 쏟아져 관광 레크리에이션에의 참가기회에 대한 접근가능성이 높아지고 있다.

5) 활동성

현대의 관광패턴이 정적인 것에서 동적인 것으로, 안전에서 위험의 경험으로 추이된 현상에서 볼 때 관광객의 동적 관광욕구에 부응할 관광기회와 관광시설의 마련은 필수적이라고 할 수 있다. 이러한 의미에서 활동성이 강한 스키는 인간이 내포한 관광동기 중에서 육체적 · 사회적 · 정신적 측면의 욕구를 모두 충족시켜 준다.

3. 스키장의 시설 및 현황

1) 스키장의 시설 및 설비기준

스키장은 골프장과 마찬가지로 그 법적 근거가 관광진흥법에 '체육시설의 설치 · 이용에 관한 법률'로 바뀌면서 소관부서도 교통부에서 문화체육관광부로 이관되었다. 스키장은 눈, 잔디, 천연 또는 인공의 재료로 된 슬로프를 갖춘 것으로서 종합스키장, 일반스키장, 간이스키장으로 세분되며, 부지면적은 다음의 산식에 의하여 산출된 면적을 초과할 수 없다(관광진흥법 시행규칙 제9조).

※ 스키장의 부지면적 = 전체 슬로프 길이(m)×50m×4

스키장의 시설기준 및 안전위생기준은 체육시설의 설치 · 이용에 관한 법률 시행규칙에서 규정하고 있다(〈표 5-7〉).

〈표 5-7〉 스키장 시설 · 설비 기준

	구 분	시설 · 설비 기준
기본시설	1. 휴게시설	• 수용인원에 적정한 휴게시설을 설치하여야 한다.
	2. 장 비	• 스노우 피클을 1대 이상 갖추어야 한다.
	3. 후생시설	• 종사원을 위한 후생시설을 설치하여야 한다.
	4. 진입로 및 주차시설	• 2차선 이상의 포장된 집입로와 수용능력에 적정한 주차장을 설치하여야 한다(간이 스키장을 제외한다).
	5. 조경시설	• 스로프 주변 등에 조경을 하여야 한다.
	6. 방제시설	• 이용자의 안전에 적합한 구조물을 설치하여야 한다. • 홍수, 한발에 대비한 배수 및 급수시설과 하수처리시설을 하여야 한다.
	7. 비상발전시설	• 정전을 대비한 비상발전시설을 설치하여야 한다(리프트가 설치되어 있는 경우에 한한다).
	8. 구호설비	• 상병자에 대한 응급처리를 할 수 있는 설비를 갖추어야 한다.
종합스키장	1. 스 로 프	• 길이 700m 이상, 폭 50m 이상으로 5개 이상 설치하되, 회전 · 대회전 등의 국제경기를 할 수 있어야 한다.
	2. 리 프 트	• 스로프길이에 알맞은 것을 시설에 적합하게 설치하여야 한다.
	3. 표 고 차	• 500m 이상이어야 한다(회전대회전 등은 180m 이상).
	4. 경 사 도	• 평균 16° 이상이어야 한다.
일반스키장	1. 스 로 프	• 길이 500m 이상, 폭 30m 이상으로 3개 이상 설치하여야 한다.
	2. 리 프 트	• 스로프 길이에 알맞은 것을 시설에 적합하게 설치하여야 한다.
	3. 표 고 차	• 스로프 2개 이상은 150m 이상이어야 한다.
	4. 경 사 도	• 평균 13° 이상이어야 한다.
간이스키장	1. 스 로 프	• 길이 300m 이상, 폭 30m 이상이어야 한다.
	2. 리 프 트	• 스로프의 경사도에 따라 티바리트 등을 설치할 수 있다.

자료 : 한국관광연감을 참조하여 재작성

2) 스키장 시설의 종류

(1) 제설기

제설기는 인공적으로 눈을 만드는 기계로서, 겨울철 눈이 많이 내리지 않은 지역에서 스키시즌을 연장하기 위해 주로 이용된다.

(2) 리프트(lift)

리프트는 스키어가 산(슬로프) 아래에서 정상까지 이동하기 위해 필요한 시설이다. 리프트 종류에는 T-바 리프트, 1인용 체어 리프트, 2~4인용 체어 리프트, 곤돌라 등이 있다.

(3) 슬로프(Slope)

슬로프는 난이도와 경사도에 따라 초급, 중급, 상급자용으로 나뉘며 각 슬로프마다 고유의 슬로프 이름이 있다.

(4) 피스테 머신(pieste machine)

피스테 머신은 설면을 고르는 데 이용되는 장비로서, 눈이 한 곳으로만 쌓이거나 얼어붙을 경우 이를 이용하여 눈을 다져 줌으로서 원활한 활주가 가능하도록 한다.

(5) 장비대여 시설

스키 인구가 증가함에 따라 스키장에는 값싸고 편리하게 이용할 수 있는 스키장비 대여시설을 갖추고 있다. 대부분의 스키장에는 스키활동에 필요한 플레이트, 폴, 부츠 등의 장비와 스키복 등을 다양하게 갖추고 있으며, 장비와 보관 및 관리를 위한 기타 서비스시설도 갖추고 있다.

(6) 안전시설

스키장에는 스키를 타다가 일어날 수 있는 운동·상해에 신속히 대처할 수 있도록 응급 처치원과 안전요원(ski patrol)이 배치되어 있다. 또한, 부상자를 운반하기 위한 스노 보트(snow boat)장비를 갖추고 있으며, 슬로프에는 안전표지판과 안전을 위한 구조물을 설치하여 사고를 예방하고 있다.

(7) 부대시설

스키장의 부대시설로는 숙박시설, 카페테리아, 수영장, 골프장, 볼링장, 당구장 등의 시설뿐만 아니라, 여러 가지 취미활동을 즐길 수 있도록 다양한 편의시설들을 갖추고 있다.

3) 스키장 현황과 유형

(1) 스키장의 현황

전국의 스키장은 〈표 5-8〉에서 볼 수 있듯이 총 19개소가 운영되고 있으며, 하이원스키장은 슬로프 규모나 전체 부지 면적에서 가장 대단위이다.

〈표 5-8〉 전국 스키장 현황

(2022년 2월 현재)

구분	경기	강원	전북	경남	계
등록	4	9	1	1	15

스키장명 (법인명)	스키장위치	슬로프 (면)	리프트 (기)	슬로프 면적(m²)	최초등록 연월일
용평리조트 (주)에이치제이매그놀리아 용평 호텔앤리조트	강원-평창, 대관령	28	14 (곤도라 1기 포함)	1,136,233	75.12.21
양지파인리조트 미래개발(주)	경기-용인, 처인	8	6	178,652	82.12.07
무주덕유산리조트 (주)무주덕유산리조트	전북-무주, 설천	34	14 (곤도라 1기 포함)	1,291,015	90.12.20
비발디파크 (주)소노인터내셔널	강원-홍천, 서면	10	11 (곤도라 2기 포함)	429,596	93.12.24
휘닉스 스노우파크 휘닉스중앙(주)	강원-평창, 봉평	18	9 (곤도라 1기 포함)	770,026	95.12.15
웰리힐리파크 신안종합리조트(주)	강원-횡성, 둔내	18	8 (곤도라 1기 포함)	536,576	95.12.15
지산포레스트리조트 지산리조트(주)	경기-이천, 마장	7	5	298,400	96.12.23
엘리시안 강촌 (주)지씨에스	강원-춘천, 남산	10	6	176,654	02.12.07
오크밸리 에이치디씨리조트(주)	강원-원주, 지정	7	3	281,168	06.11.27
하이원리조트 (주)강원랜드	강원-정선, 고한	18	9 (곤도라 3기 포함)	880,838	06.12.07
곤지암리조트 (주)에스앤아이코퍼레이션	경기-광주, 도척	9	5	367,687	08.12.17
알펜시아 (주)알펜시아	강원-평창, 대관령	6	3	177,648	09.11.24

스키장명 (법인명)	스키장위치	슬로프 (면)	리프트 (기)	슬로프 면적(m²)	최초등록 연월일
베어스타운 (주)예지실업	경기-포천, 내촌	7	8	245,920	85.12.19
에덴밸리리조트 (주)신세계개발	경남-양산, 원동	7	3	226,420	06.11.27
오투리조트 (주)오투리조트	강원-태백, 서학	19	6 (곤도라 1기 포함)	611,473	08.12.11

자료 : 한국스키장경영협회(2022)

(2) 스키장의 유형

스키장은 운영방침, 용도, 형태, 개발주체 등에 따라 여러 가지로 분류되는데, 각각의 기준별 분류내용은 <표 5-9>와 같다.

<표 5-9> 스키장의 유형

기준	분류	내 용				
		이용형태	연입장객수	교통조건	주변인구	규모
운영 방침	당일이용형	청소년의 레포츠장	10만 이하	1시간 이내	10만 이상	소규모 스키장
	주말(숙박)형	주말여행형태의 숙박형	10~50만	1~3시간	100만 ~1,000만	중규모 스키장
	리조트형	연휴(연말연시 등) 이용 장기 휴가형	50만 이상	3시간 이상	1,000만 이상	대규모 리조트 스키장

기준	분류	내용
용도 (경기/레저)	일반 스키장	레크리에이션적인 효용 게렌데 Ski장과 Tour Course Ski장으로 분류
	경기 스키장	스키 경기규칙에 의해 공인 알파인 경기장과 노르딕 경기장으로 분류
형태(Slope)	선형 스키장	대규모 스키장으로 장거리 코스가 설치됨. 주로 상급자용 코스 종류가 다양하고 경기 스키장으로 이용 가능
	면형 스키장	도시근교의 소규모 스키장 초보자와 중급자용으로 Hot Dog Trail이라고도 함.
개발주체	민간 스키장	지역주민이나 민간기업 등 민간주도하에 개발되는 스키장
	공공 스키장	지방자치단체 등 공공단체에 의해 개발되는 스키장
	제3섹터 스키장	공공단체의 주도하에 민자유치에 의해 합동개발되는 스키장

자료 : 鈴木健夫(1988), Ski Resortの計劃, 日本觀光協會

4. 외국의 스키장

1) 일 본

일본에서는 스키장이 대중의 관광 레크리에이션시설의 하나로 정립되었다. 특히 온천관광지 주변과 북해도지방에 밀집된 분포를 보이고 있으며 스키장의 숙박형태로서 민박이 중요한 역할을 한다. 스키장의 개발은 초기에는 전철회사가 주체가 되었으나 부지조성 등의 이유로 토지소유주 중심의 민간과 민간기업의 자본력을 도입하여 개발하는 경우가 많다. 최근에는 지역개발의 일환으로 지방자치단체가 독자적으로 개발하는 사례도 있다. 일본 스키장은 겨울철 이외에는 생산목적의 목장이나 전답으로 이용하며 관광레크리에이션의 이용으로는 하이킹코스, 골프장, 캠프장, 테니스장, 양궁장 등으로 활용한다.

일본에서 전형적인 스키장의 형태는 비교적 해발고도가 낮은 언덕모양의 산지에 개발된 것으로 산 하나가 거의 스키 활강으로 알맞게 되어 있는 것이 특징이라고 할 수 있다. 따라서 스키장 개발은 분산적으로 행해지고, 겔렌데도 폭을 넓힐 수 있는 조건이 된다. 코스의 방향도 지형이나 수림, 기존의 시설 등에 의해서 제한되며 숙박시설 등도 방사상의 형태로 넓다란 겔렌데의 최하부에 각각 리프트 승강장을 중심으로 개발되어 있고, 대부분의 경우 하나의 산지 내에 여러 개의 스키장을 만들고 있는 것도 특징이다. 일본의 스키장은 산지의 하단에 숙박지를 갖는 형태와 산정으로부터 방사상모양으로 넓어져서 그 끝부분에 숙박지를 갖는 형태가 일반적이다.

최근 일본에서는 스키장을 조성할 때 '쾌적성'이 가장 크게 강조되고 있으며, 노령화 사회에 초점을 맞춘 실버산업형태의 스키리조트 개발도 활발하다.

2) 미 국

미국에서 산간의 휴양지는 대부분 스키장으로 개발되어 있다. 미국의 스키장 개발은 단순한 스키목적과 겨울철 휴양지라는 기능뿐만 아니라 포괄적인 지역계획의 일부로 이루어진다. 즉 주변 관광지개발과 인근의 관광지와 연계를 고려하여 개발된다.

미국의 대규모 스키장은 주로 로키산맥 주변에 입지하고 있지만 그 중에서도 콜로라도州에는 미국 내에서 가장 많은 스키 리조트가 있고 이는 콜로라도 지역경제에 효과적인 순기능을 한다.

콜로라도의 Vail스키장은 1959년 개발의 허가를 국가로부터 취득한 후, 1961년에 개발에 착수했다. 1년이라고 하는 단기간에 산꼭대기의 식당, 3개의 간이숙박시설, drugstore(약국 겸 잡화점). liquor(주류 판매점), 별장 등의 리조트 시설을 갖추어 1962년에 개장하였다. 1963년부터 1969년까지의 기간에는 리프트의 증설, 숙박, 음식 등의 분야에 4,000만 달러의 자본을 투자하여 스키장을 설비하였으며, 배후도시를 정비하였다. 1970년대에 들어서자 환경정비를 중심으로 한 종합계획에 기초하여 도로, 자유로운 버스 시스템, 교통센터, 문화, 레크리에이션 시설 등이 확충되면서 1979년에 Vail 스키리조트가 완성되었다.

Vail의 개발방향은 당시의 가장 진전된 기술을 받아 들였고, 대규모 개발을 시행한 것이었다. 개발 당초부터 곤돌라의 도입과 코스, 겔렌데 개발면적의 넓이에서도 엿볼 수 있다. 특히 리프트의 수송력은 대단히 우수하며 대량, 고속운송체제가 정비된 것이다.

Vail스키장의 핵심은 1960년대 초기 개발의 기점이 된 Vail Village, 그리고 1969년 이후부터 개발된 라이온즈 지구이다. Village지구는 본래 도시가 가지고 있는 기본적인 주민의 생활기반에 더하여 숙박, 음식, 선물, 예술전시회 등 관광객을 대상으로 한 상업문화기능을 가지고 있다. 한편 라이온즈지구에는 콘도미니엄, 호텔 등 관광객의 체재를 담당하는 거점시설이 집중되고 있다. 양 지구에는 일반 차량의 진입은 금지되어 있으나, 대체교통수단으로서 free bus가 운행(아침 7시 30분~심야 1시 30분)되고 있으며, 지구간의 이동은 원활한 편이다.

스키장의 코스는 스키어의 수준에 맞추어 등급별로 구성되어 있는데, Vail의 스키어의 경우 중·상급자가 92%로 높은 비율이다. 체재일수를 보면 당일 스키어가 54%이고, 1년에 적어도 1회 이상의 스키 바캉스 기간에는 최저 4박 이상으로 체재비율도 높은 편이다. 따라서 체재일수의 장기화에 대응한 숙박시설 등의 기능이 요구되고 있다.

스키의 비수기인, 특히 여름철에는 풍부한 스포츠 프로그램이 준비되어 있다. 즉 Vail의 산과 강을 위시한 자연관광자원을 이용한 것이 주가 되고 있다. 이들 프로그램을 실시하고 있는 회사는 31개社, 비록 소규모이지만 관광관련 사업으로서 확립되어 있으며, 골프장과 테니스 코트도 있지만, 자연관광자원을 부각시키는 관광대상화에 주력하고 있다.

Vail에서의 체재일수가 길기 때문에 거기에 맞추어 스키 프로그램도 풍부하다. 처음 Vail을 방문하는 스키어를 대상으로 하는 겔렌데를 구성하고 즐기는 방법을 소개하며 가르친다. 또한 광대한 겔렌데, 많은 스키장을 가진 Vail에서는 초보 스키어가 거기에 대응할 수 있는 soft한 면에서도 서비스가 제공되고 있다.

Vail 리조트의 주 이용자층은 기혼자로서 연령적으로는 30대, 40대가 주를 이루고 있다. 또한 스키여행의 형태도 개인형이다. 이처럼 스키어가 요구하는 쾌적성을 갖추고 있으며, 일상생활에서 체험하기 어려운 '화창함', '조용함', '아름다움' 등을 스키어에게 제공하고 있다.

3) 유 럽

유럽의 스키장에는 산악의 빙하지형과 관련하여 U자형 계곡이나 카아르(kar)지형이 발달한 것이 특징이다. 카아르 지형을 배경으로 여러 방향의 겔렌데가 개발되어 있으며 숙박 거점의 취락이 소재하고 있다. 상부에는 현재도 빙하가 남아 있을 만큼 고도가 높은 스키장에서는 자일코스로 연결되어 있기 때문에 연중 스키의 활강이 가능하다.

유럽의 스키장은 숙박지를 중심으로 해서 부채꼴모양으로 넓어지는 것이 전형적인 모습이다. 고도 3,000m를 넘는 리프트는 경우에 따라서는 4,000m 가까운 산꼭대기 바로 아래까지 대형의 자일코스가 연결된 것도 있다. 더욱이 4,000m 가까이까지 오르는 지하철, 지하케이블, 대형 버스마다 설상차가 있어서 스키장의 명물이 되고 있다. 이와 같은 스키어 수송을 위한 산지의 시설은 자연파괴를 가져올 수 있는 위험성을 내포하고 있다. 그러나 유럽에서는 대규모 시설을 개발할 때 그 장소의 "자연의 아름다움을 보다 뛰어나게 해 보인다"라는 목적으로 설계가 행해지고 있기 때문에 유럽의 알프스가 아직 자연이 아름다운 곳이라는 이미지를 잃지 않고 있는 것이다.

유럽에서는 자연을 즐기는 스포츠 활동으로서 스키가 노인들에게까지 많이 보급이 되어 있고, 상당한 비율의 사람들이 스키를 즐기고 있으며, 유럽인들은 자연을 즐기면서 동시에 스포츠를 즐긴다는 것을 대단히 소중히 여기고 있기 때문에 스키장은 유럽인에게 있어서 각광 받는 위락관광자원이 되고 있다.

4 크루즈(Cruise), 마리나(Marina)

1. 크루즈(cruise)

1) 크루즈의 역사

크루즈는 숙박을 하는 운송수단임과 동시에 운송을 하는 숙박수단이 될 수 있다. 크루즈 여행은 이동하는 호텔(리조트)에서 주간에는 각 기항지를 중심으로 관광활동을 하고, 야간에는 선내의 각종 편의시설과 위락시설을 활용하여 즐거움을 얻을 수 있다.

크루즈의 역사는 1800년대 말에 유럽의 부유층을 대상으로 한 지중해부터 시작되었다. 항공시대 이전의 당시에는 해외의 명소나 유적의 관광여행은 선박에 의존하지 않을 수 없었으며, 여행의 기회도 극히 제한된 계층에 한정되었다.

1930년대에 디젤 선박시대가 열리면서 호화롭고 쾌적한 설비를 갖춘 대형 여객선 운항이 시작되었다. 1936년에 취항한 세계 최대 유람선 Queen Marry호(81,123톤)를 위시하여 영국의 카르리아호, 네덜란드의 노테르담호 등이 유람선 시대를 열게 된다.

그러나 1960년대 후반에 카리브해에서 시작된 새로운 형태의 크루즈가 본격적인 크루즈사업의 발단이다. 이 때부터 크루즈는 운송이라는 관념에서 탈피하여 움직이는 리조트 호텔로서 자리잡기 시작했다. 특히 카리브해는 평온하고 다양한 기항지가 발달하여 연중 크루즈사업이 행해짐으로써 크루즈의 최적지로 부각되었다. 또한 과거의 크루즈선사들이 고객이 많은 지역의 인접 항만을 중심으로 선박을 운항하는 것과는 대조적으로 항공기를 이용하여 크루즈 가까운 지역에 승객을 이동시켜 매우 흥미있는 관광지만을 선택하여 유람선 여행을 즐기게 하는, 이른바 Fly & Cruise가 도입되면서 크루즈사업이 도약할 수 있는 발판을 마련해 주었다.

오늘날의 유람선 상품은 다양한 관광객층의 기호에 맞도록 과거보다 일정이 단축된 것과 항공권과 연계된 air/sea여행 상품 및 지상의 휴양지를 방불케 하는 각종 선상 행사 등에 이르기까지 매우 다양화되고 있다. 최근의 크루즈 업계에는 대중화와 고급화(개성화)라는 두 가지의 부류가 있다. 이에 따라 최근 건조된 크루즈선은 크게 대형화와 소형화의 경향을 나타내고 있는데, 대중화는 일반대중을, 고급화는 부유층을 표적시장으로 하고 있다.

1960년대 말 카리브해에서 운항되던 선형은 1만8천~2만톤 규모였으나, 최근에는 크루즈 인구가 급격히 증가함에 따라 선사들은 규모의 경제에 의한 운항효율의 향상을 위해 크루즈의 대형화를 추진하고 있다. 이에 따라 선형이 3~4만톤에서 최근에는 5~7만톤으로 대형화되고 있으며, 최근 전통의 크루즈 기업인 노르웨이의 Kloster사는 25만톤의 신조선 계획을 추진하고 있다. 반면에 최근 4~6천톤 규모의 소형 크루즈선에 대한 선호도가 높아지는 경향도 나타나고 있다. 과거에는 남극이나 아마존강 등의 모험 크루즈에 소형선이 주로 이용되었으나 최근에는 적은 수의 승객에 최상의 서비스를 제공하는 것을 목적으로 소형선이 출현하기 시작하였다.

현대의 크루즈는 주로 구미인들을 중심으로 한 독특한 관광형태의 하나로 자리를 잡고 있으며, 얼마 전까지만 해도 아시아에서는 다소 생소한 여행형태였다. 그러나 최근 들어 심화되고 있는 여행수요의 다양화와 고급화 추세는 크루즈 관광에 대한 관심을 증대시켜 관광객수가 날로 증가되는 추세이다[49]([그림 5-2]). 이러한 현상은 관광객의 요구의 변화와 해안 및 해양지향적인 패러다임의 형성과 관련된 것으로 볼 수 있다.

49) 2020년, 2021년에는 코비드19 펜데믹으로 크루즈 관광이 멈춘 상태임

[그림 5-2] 세계 크루즈 관광객 현황

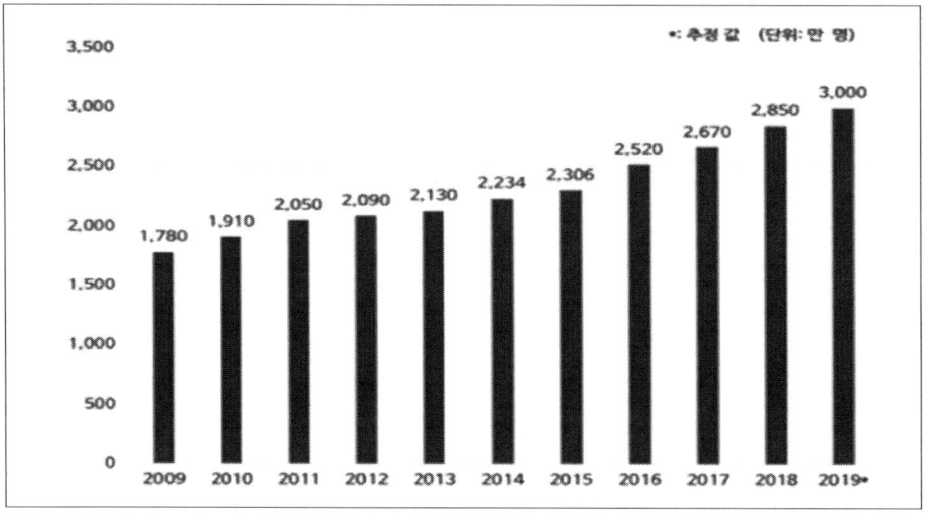

자료: CLIA(2018), 2019 Curise Trends & Industry Outlook.

2) 지역별 동향

세계 크루즈시장은 전통적으로 카리브해와 지중해 그리고 북미서안 지역 등 크게 3대 시장을 형성하고 있었다. 그러나 2015년 이후에 유럽과 아시아시장의 강세가 두드러지는 경향이다([그림 5-3]).

[그림 5-3] 권역별 세계 크루즈 시장 점유율 변화 현황

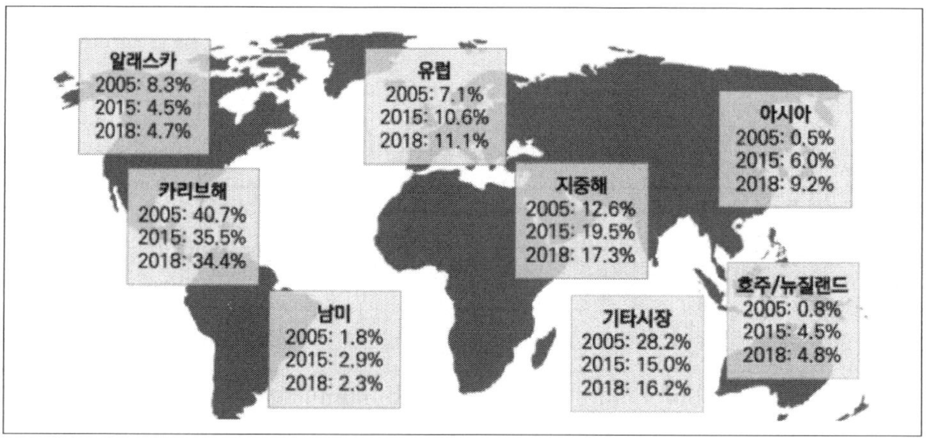

자료: CLIA 자료 토대로 재구성

(1) 카리브해

카리브해는 1960년대 말부터 새로운 형태의 본격적인 정기 크루즈가 미국의 마이애미항를 중심으로 시작되면서 크루즈의 붐을 불러일으킨 세계최대의 크루즈시장이다.

이 지역은 일년 내내 기후가 온난하고 바다도 비교적 평온하다. 특히 북미대륙이 추운 동계에는 피한지로서 이용되어 동계가 최대의 성수기이며, 하계에도 비교적 이용객이 많은 크루즈에 가장 뛰어난 수역이다.

카리브해에는 미국 플로리다반도의 Miami, Port Lauderdale 등을 기점으로 하는 크루즈가 주류를 이루고 있으며, 북미 전 지역에서 이용객을 항공기로 수송하여(이용객의 95%가 항공기를 이용) 바다가 평온한 해역만 크루즈선에 승선시켜 즐기게 하는 것이 일반적 형태이다.

특히 미국대륙에서의 싼 항공운임이 카리브해 크루즈산업 성장의 큰 요인이 되고 있다.

또한 카리브해의 섬, 예를 들면 푸에트리코의 San Juan 등을 기점으로 한 크루즈도 성행하고 있는데, 이것도 북미 각지에서 이용객을 항공기로 수송하는 형태를 취하고 있다.

이밖에 뉴욕을 기점으로 하는 카리브해 크루즈도 있으나, 카리브해까지의 항해시간이 길고 해상의 파도가 잔잔하지 않는 수역에서 장시간 항해를 해야 하기 때문에 취항선도 적고 성공하는 예도 드물다.

한편 카리브해의 최대 크루즈선사는 미국의 Royal Carrivean Cruises Ltd(RCCL)사로 여객수송능력은 10,164명이고, 미국의 Carnival사(9,184명), 미국의 Holland America Line(7,528명), 영국의 Princess Cruises(7,062명) 등이 있다.

카리브해 크루즈의 기간은 1주일이 주류를 이루고 있으며, 최근에는 3일 또는 4일 등도 높은 비중을 차지하고 있다.

크루즈선은 1970년대까지는 2만톤 전후, 여객정원 800명 전후의 선박이 1980년대부터는 대형화하기 시작하여 최근에는 4~7만 톤으로 여객정원도 2,000명 내외의 선박이 대부분이다.

(2) 북미 서해안 지역

카리브해 다음으로 정기크루즈가 발전한 지역이 북미 서해안을 기점으로 하는 알래스카, 멕시코 크루즈이다. 알래스카 크루즈는 관광자원이 풍부하여 섬으로 둘러싸인 내해를 항해할 수 있으며 승객의 배멀미의 문제가 없는 등 크루즈수역으로서는 비교적 좋은 환경을 갖추고 있으나 관광에 적당한 계절이 여름에 한정되는 결점이 있다. 이 때문에 크루즈선사로서는 동계에 선박을 어느 지역에 운항시킬 것이냐가 경영상의 큰 걸림돌로 작용하고 있다.

그러나 동계의 크루즈 해역으로 멕시코와 파나마운하를 경유하는 카리브해의 크루즈가 개발되어 북미 서안을 기점으로 연중 크루즈가 가능하게 되어, 북미에 있어서 제2의 크루지시장으로 성장하고 있다.

단지 멕시코지역을 대상으로 하는 크루즈의 평판은 좋지 않아 동계에 카리브해 해역이나 다른 해역으로 크루즈선을 운항하는 회사가 증가하고 있다.

북미 서해안지역의 크루즈 운항선사로는 Princess Cruises(P & O그룹)사로서 여객수송능력은 8,384명이며, Holland America Line(5,018명), Royal Caribbean (2,552명), Regency Cruises(1,681명) 등이 있다.

(3) 지중해

지중해는 1890년대에 범선의 전용 크루즈선이 운항되었던 가장 역사가 오래된 지역이다. 지중해 크루즈는 크게 서지중해와 동지중해로 나누며, 특히 동지중해의 에게해 수역은 크루즈의 최적지로서 크루즈산업이 크게 성장하고 있다.

서지중해의 크루즈 기점으로는 이탈리아의 Genoa가 유명하여 이곳을 기점으로 한 1주간 크루즈가 정기적으로 이루어지고 있다. 주요 항로로는 Naples, Malta섬, 북아프리카, Majorca섬을 경유하여 스페인, 프랑스 등에 기항하는 루트가 일반적이고 취항선박은 1만5천~3만톤 규모가 대부분이다. 동계에는 기후가 불순하여 크루즈가 활발하게 행해지지는 않고 있으며, 봄과 가을이 성수기이다. 하계에는 북유럽지역으로 옮겨가는 선박이 많아 서지중해 크루즈에 취항하는 선박의 수는 감소한다. 운항선사로는 이탈리아의 Costa Line(4,270

명), 미국의 Epirotiki(2,846명), Cunard(1,773명) 등이 있으며 최근에는 독일의 여행사가 러시아의 크루즈선을 연중 운항하고 있다.

(4) 아시아 크루즈

현재 아시아 크루즈의 거점은 싱가포르라 할 수 있다. 각지의 리조트 부대시설 등도 정비되고, 푸켓과 발리섬 등의 매력적인 관광자원이 풍부한 이점도 있어, 근래 수년간에 크루즈 인구를 비약적으로 신장시키고 있다. 일본에서는 전세대의 유물과 같은 QEⅡ가 자랑거리가 된 것과 마찬가지로, 최근 들어서는 '아쓰카', '니혼마루'에 의하여 세계일주 크루즈가 성행하고 있다.

싱가포르에서는 이미 구미형의 대중 크루즈가 성공하고 있음에도 불구하고 일본에서는 아직 부유층 지향의 고급 크루즈에 인기가 집중되고 있으며, 대중 크루즈는 뿌리내리지 못했다. 이에 대한 여러 가지 요인이 지적되고 있는데, 일본 근해에 관광자원이 빈약한 것, 그리고 크루즈에 대한 정보가 일반화되지 않은 것, 또한 공급측에서 수요를 환기시키는 아이디어가 부족한 것 등이 주요한 요인으로 분석되고 있다.

(5) 세계일주 크루즈

항공기가 개발되지 않았던 시대에는 세계 각 지역을 관광할 때, 선박이 유일한 방법이었기에 세계일주 크루즈는 동경의 대상이 되었으나, 항공기를 이용하여 짧은 기간에 자유롭게 관광을 즐길 수 있게 됨으로써 세계일주 크루즈의 매력은 반감되었다.

현재 세계일주 크루즈의 주요 고객은 연금수혜자들로서 경제적으로 상당한 여유가 있는 노부부들이다. 세계일주 크루즈의 이용률은 일반적으로 낮은 편이기 때문에 크루즈선사들은 북유럽이나 알래스카 등에 취항하고 있는 선박들이 동계에 운항할 곳이 마땅치 않아 세계일주 항로에 취항하는 경우가 대부분이다.

(6) 하천 크루즈

특수한 크루즈의 형태로서 하천을 이용한 크루즈가 세계각지에서 행하여지고 있다. 유럽의 경우 스위스에서 네덜란드까지 4~5일간 라인강을 내려가는 크루즈가 대단히 인기가 있으며, 운항선박의 규모 1천톤의 200명 정원의 크루즈선이 다수 운항하고 있다. 라인강의 크루즈는 약 800km 가까운 거리를 역사적인 명소와 유적을 답사하는 코스이다.

또한 러시아의 내륙 하천과 중국의 양자강에도 크루즈선이 취항하고 있으며, 미국의 미시시피강과 북미의 하천에서도 크루즈객선이 많이 취항하고 있다.

2. 마리나의 시설과 분류

1) 마리나 시설

마리나는 요트(pleasure boat)[50]를 위한 정박지 또는 중계항으로서 시설 및 관리체계를 갖춘 곳을 의미하며, 요트활동을 매체로 각종 서비스를 제공하는 동적인 레크리에이션 항구이다. 따라서 마리나에서는 요팅, 보팅, 수상스키 등 수상활동을 위한 기본시설로서 마리나도크를 위시해서 육상계류장(동력, 무동력), 요트수선소, 요트클럽하우스, 요트렌탈클럽하우스, 해상 안전관리소, 유람선 터미널 등이 있다. 이밖에도 급유, 급수, 보관시설 등을 설치하고 관광객을 수용할 수 있는 호텔(요텔) 및 숙박시설 등 각종 위락시설과 부대시설을 입지시킨다. 이와 같은 시설의 부지(site) 확보를 위해서 매립을 하는 경우도 있으며, 파랑을 차단하여 정온을 유지해야 되기 때문에 방파제 시설과 선박의 접안시설 및 해상관광활동 무대로서 수역시설을 한다([그림 5-4]).

---

50) 요트란 어선이나 상선, 군항 등 특정한 목적으로 쓰이는 배가 아닌 순수한 놀이나 스포츠형의 배를 말한다. 이중에서도 엔진의 힘으로 달리는 것을 모터 요트라 하며, 엔진이 달린 배라도 선실이 없는 것은 모터보트로 구별된다. 또한, 돛만 달고 바람의 힘으로 항해가는 것을 세일링 요트라 하며, 돛을 달더라도 비교적 먼 바다에 나가거나 횡단할 수 있는 것은 크루저라고 한다.

[그림 5-4] 마리나 시설 배치도

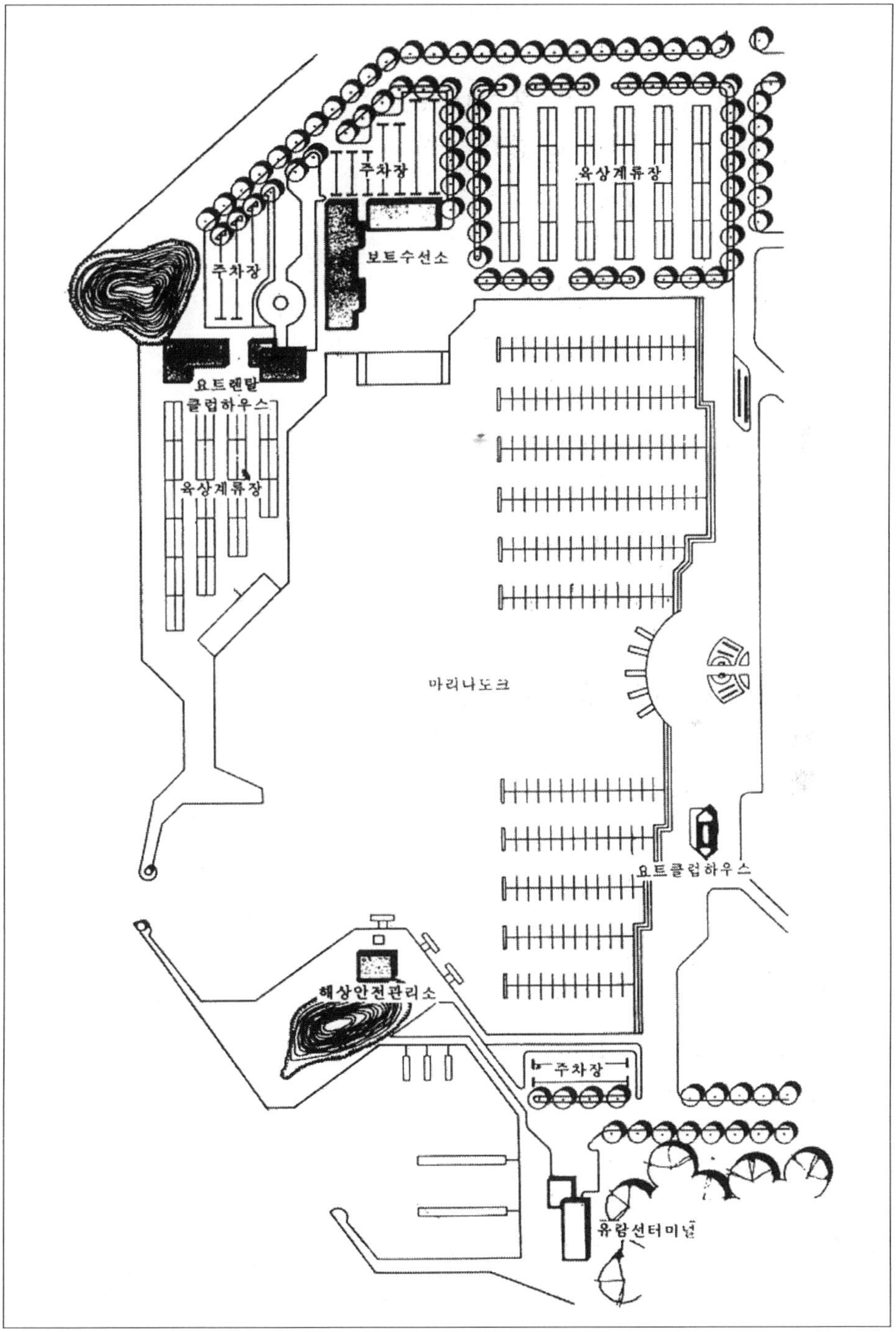

2) 마리나의 분류

(1) **입지유형** : • 자연지형 이용형 • 매립형 • 굴착형

(2) **개발주체** : • 공공마리나 • 민간마리나

(3) **요트유형** : • 소형 보트 중심(육상보관)
• 소형 요트 중심(육상보관)
• 중대형 보트 중심(수상, 육상보관, 크루저 보트는 수상 보관의 경향)
• 중대형 요트 중심(수상, 육상보관)

(4) **활동유형** : • 커뮤니티형(모터보트 이용, 일반적인 활동을 대상)
• 해양스포츠형(세일링 요트 등, 스포츠 중심)
• 리조트형(호텔, 레저시설을 갖춘 복합형 리조트 기지)

(5) **기능유형** : • 단일형(보관, 체류, 수리 등 기본적 기능)
• 복합형(기본시설 외에 레스토랑, 숙박시설 등 각종 레저시설 복합)

3. 마리나의 입지조건 및 도입활동

1) 입지조건

(1) **조위** : 조수간만의 차가 1.5m 이상일 때는 부잔교식, 1.5m 이하일 때는 고정식 잔교를 채택한다.

(2) **파랑** : 계류에 적절한 정온이 0.3m 이내이며, 요트타기에 적당한 파도의 높이는 1.0m 내외이다.

(3) **조류** : 조류속도는 소형 요트가 1~2노트/h 정도, 동력선은 6~8노트/h 정도가 적당하다.

(4) **수온** : 수온은 15℃ 이상이 안전하다.

(5) **풍속** : 소형 요트 5~15m/sec, 대형 요트 10~25m/sec

(6) **기온** : 요트놀이는 계절과 무관하지만, 보트놀이의 쾌적한 온도는 20

~30℃이다.

(7) **지형** : 풍향과 조류의 영향없이 항내 정온이 유지될 수 있는 지형이어야 한다. 수역면적의 확보와 소요수심을 유지해야 한다. 항내에 암초 등 장애물이 없어야 하고, 토사의 퇴적이나 침식이 일어나지 않는 지형 및 토질이어야 한다.

(8) **보우팅 가능일수** : 강수가 없고 최소 오후 4시간 동안의 풍속이 2.0~7.7m/sec 정도, 최소 주간온도 12℃ 이상이 유지되어야 한다.

(9) **수역시설** : 전체 보트수요를 확정하여 수상 보관 대수에 의해서 면적을 산출하고, 대상보트에 대한 소요수심 유지가 필요하다. 14m인 모터보트를 기준으로 하면 소요 수심은 3.5m 이상 되어야 한다.

(10) **방파제** : 항 입구 폭은 최대선박 폭원의 4배 이상 무동력인 경우 20m 이상, 개구부의 방향은 항상적인 풍향과 90℃ 각도를 이루는 것이 바람직하다.

2) 도입활동 및 도입시설

〈표 5-10〉 도입활동과 도입시설

활동구역	주요활동	주요시설
관람활동	• 자연경관 심방 • 야생동물, 조류, 식물, • 해양관찰, 견학 • 역사유적지 심방 • 드라이브 여행 • 특정목적의 위락시설 관람	해중전망소, 해상·산릉전망대, 수족관, 전망시설, 유적지, 사적지, 자연탐방객, Orientation link Course, 하이킹코스(Biketrail), 관광도로, 해안도로, 주제공원(민속촌, Race Park, Water Park, Sealife Park), Race Track, 수족관, 식물원, 관광Street, 화훼단지, 조수공원
휴양활동	• 숙박 • 휴게, 휴식 • 쇼핑, 건강증진, 삼림 • 스포츠활동 • 연수, 집회, 교육기관 • 산책, 전망	관광호텔(한국전통, 해상관광, 가족호텔), 휴양콘도, Youth Hostel, 관광여관, 야영장 등의 숙박시설, 골프장, 마리나, 해수욕장, 실외Pool, 피크닉장, 다목적 잔디광장, 피트니스센터, 테니스코트, 낚시터, Visitor, Center, 종합휴식센터, 상점, 레스토랑, 연수원, 청소년종합센터, 인공호수휴양촌(Club), Night Club

활동구역	주요활동	주요시설
운동· 놀이활동	• 육상활동(테니스, Track 등 • 수상활동(동력…Motorboating, Water Skiing, Jet Skiing, Para Sailing / 무동력…Boating), Yacting, Sailing, Wind Surfing, Snorkelling, Hobie Cat • 수변활동(Fishing, Swimming) • 놀이코스(오락, 볼링, 당구, 양궁, 승마)	Track, 실내체육관, Sports Compex, 낚시터, 선유장, 물놀이장, 수상체육시설, 경선장, 야외운동공원 Skate Rink, 승마 Course, 골프장
교양· 문화활동	• 전시관람 • 행사참가, 컨벤션참가, 이벤트 참가	커뮤니센터, 컨벤션센터, 기념공원(기념관), 도서관, 미술관, 박물관, 실내외 전시관, Art Center, 문화이벤트 플라자, 방송국, 상설시장, 뮤직광장, 영화관, 야외 Concert Hall
관리· 서비스활동	• 편익시설 • 판매시설 • 교통시설	관리사무소, 종합안내소, 구호시설, 해상방제소, 비치 크리너 레스토랑, 매점, 시장, 주점, 향토음식점 도로, 삭도, 모노레일, 버스터미널, 택시승강장, 훼리기지, 여객항, 헬리포트, 주차장

4. 마리나의 현황과 사례

1) 우리나라의 마리나 현황

18세기에 영국에서 해수욕이 보급된 것을 계기로 해안 및 해상은 관광공간으로서의 가치성이 인정되었으며, 현대관광시대 이후에는 해상관광에 대한 수요가 날로 증대되고 있다. 서구에서는 20세기에 해안 리조트개발을 추진하여 해상의 관광공간화가 두드러지고 리조트의 이용자가 대중화되고 있는 추세이다.

국내에서도 이와 같은 선진국의 관광개발의 추세와 마찬가지로 국민관광 수요가 고급화되고 다양화하는 변화에 부응하여 해안의 리조트개발에 대한 관심을 갖게 된 것이다. 따라서 국토종합개발계획에 있어서도 기존의 경부축뿐만 아니라 세 해안의 U자형 개발축을 강조하고 있다. 더욱이 해안 리조트개발은 적극적으로 관광공간을 확대한다는 의의와 미래의 해양시대에 대한 패러다임 그리고 관광의 세계화를 추구한다는 의미에서도 필요하다.

특히, 마리나개발은 부수적으로 도입할 수 있는 관광활동과 관광시설이 다양하여 리조트개발의 효과를 크게 높일 수 있는 장점이 있을 뿐만 아니라 해상공원을 위시한 주변 해상관광지 및 리조트는 물론이고 해양관광의 거점으로서 역할을 기대할 수 있다.

현재 국내의 마리나(요트 항구)시설은 부산의 수영만, 여천의 소호만, 아산만, 통영의 충무마리나, 한강의 광나루 등 5개소에 불과하다. 이 가운데서도 대부분의 마리나는 선수 전용으로 이용되고, 일반 요트인은 충무, 한강, 아산만에 한정하여 이용하고 있다. 2020년에 예측되는 요트이용인구를 30만명으로 추정할 때, 수영만 수용규모(약 1,000여척)를 갖춘 마리나가 8~10개가 확보되어야 할 전망이다.

해안이 미래의 관광대상지로 부상되고 있다는 점에서 마리나를 비롯한 해안리조트 개발은 선진국의 모범적인 개발방식을 검토하고 개발대상지역의 입지조건과 관광환경을 고려하여 합리적인 조성방안을 강구해야 한다.

2) 통영마리나

통영마리나 리조트가 소재하는 통영지역에는 나폴리에 비견되는 미항을 위시해서 쾌적한 기후환경, 수려하고 특이한 자연경관뿐만 아니라 해안과 도서의 역사성, 문화성, 예술성 등을 함축한 인문관광자원도 풍부한 편이다(〈표 5-11〉). 이와 같은 관광자원성은 마리나 리조트개발에 적합한 입지요인으로 작용한 것이고, 소위 마리나를 거점으로 하는 해안 리조트권을 형성하기에 매우 유리한 배경이 된다.

통영마리나 리조트(경상남도 통영시 도남동 일원)는 1982년 당시 교통부의 전국 5대 관광권 개발정책의 일환으로 한려해상권의 거점기지화와 해양스포츠 활동의 기지화 등을 목표로 하여 개발계획을 수립하였다. 제1단계 개발은 1982~1994년, 2단계로 1995~1997년도까지로 계획하였으나 현재는 목표연도에 미치지 못하고 있다. 특히, 1, 2단계 사업으로 계획된 것 중에서도 관광활동시설이 아직 부분적으로 사업 시행이 안 된 상태로 남아 있는 실정이다([그림 5-5]).

사업주체인 경상남도는 도남항 일부를 매립하여 단지를 조성하고, 매립토지를 중심으로 기반시설을 1987년에 완료하였다.

개발사업은 제3섹타 방식(공공 : 205,978m^2, 29,7145백만원 + 민자 : 80,874m^2, 155,650백만원)을 채택하여 시설물을 확충하였다.

〈표 5-11〉 통영마리나 리조트권의 관광자원

자원분류	자원보호(법률적 근거)		자원명	지정연도	소재지 또는 보유자
자연관광자원	천연기념물	63호	팔손이나무 자생지	1962	비진도
		231호	백로 및 왜가리번식지	1970	도선리
		315호	괭이 갈매기 번식지	1982	홍도
		343호	모밀잣밤나무숲	1984	욕지도
		344호	생달나무와 후박나무	1984	우도
		345호	후박나무	1984	추도
	명승	2호	해금강	1971	거제도
문화관광자원	보물	293호	세병관	1963	문화동
		440호	충렬사팔사품	1966	명정동
	사적	113호	제승당	1959	한산도
		236호	충렬사	1973	명정동
		335호	통영연대도패총	1990	산양동
	시도유형문화재	80호	안정사 대웅전	1974	광도동
		112호	두룡포 기사비	1974	문화동
		113호	충렬묘비	1974	명정동
		218호	통영향교	1983	광도동
		249호	용화사 보광전	1985	봉평동
		282호	안정사 괘불	1990	광도동
		283호	안정사 범종	1990	광도동
		284호	안정사련 및 금송패	1990	광도동
	시도무형문화재	4호	갓일	1964	정춘모
		6호	통영오광대	1964	송석하의 '오광대소고'
		21호	승전무	1968	통영
		54호	나전칠기	1975	통영
		55호	소목장	1975	통영
		64호	두석장	1980	통영
		82호	남해안 별신굿	1987	통영
	시도기념물	13호	착량묘	1974	당동
		27호	욕지도 패총	1974	욕지도
		63호	당포성지	1983	산양동
		106호	통영성지	1991	문화동
		107호	봉평동 지석묘	1991	봉평동
		117호	선무원종공신묘	1992	정량동

자료 : 현지조사

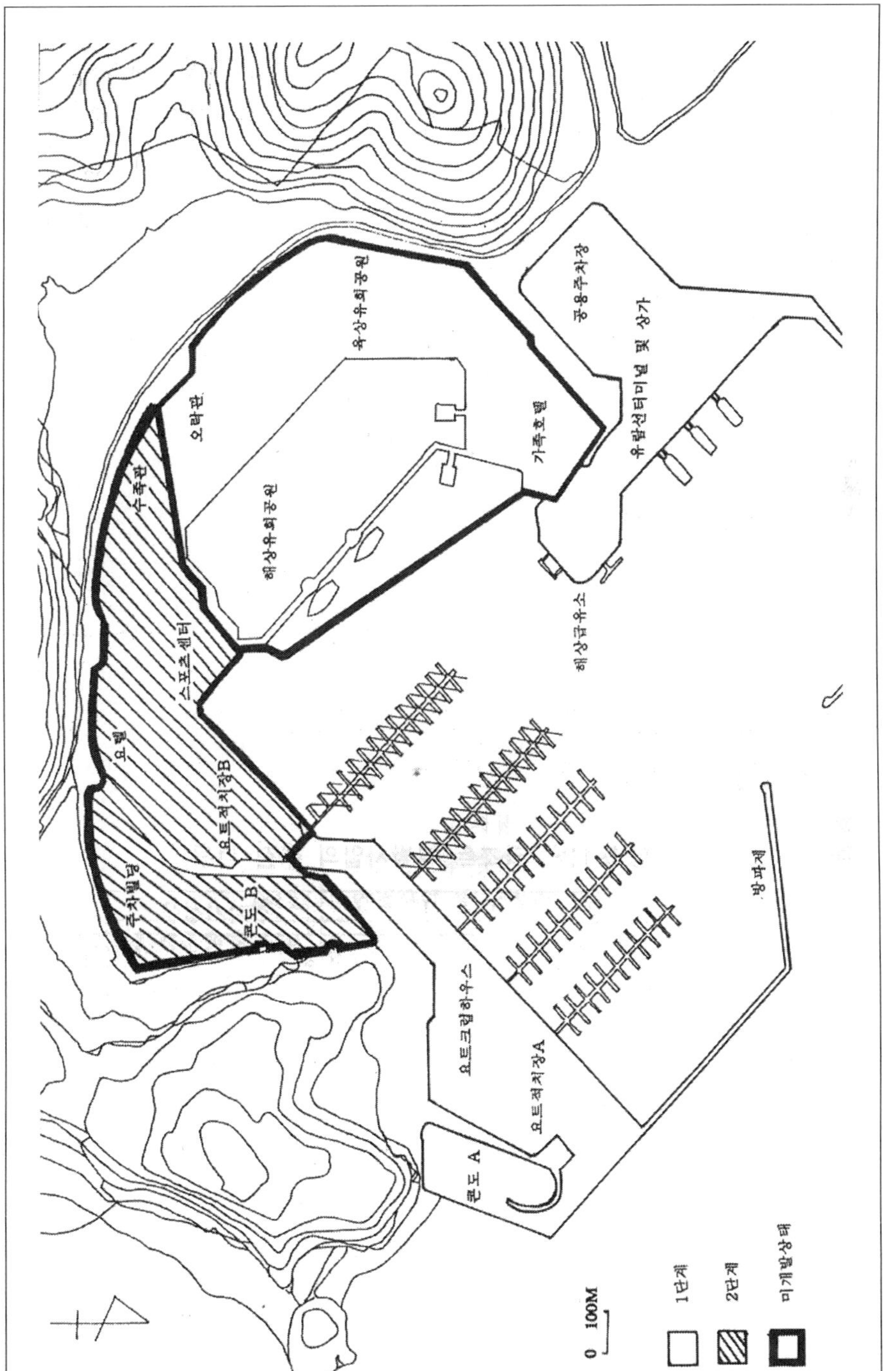

[그림 5-5] 마리나 리조트의 단계적 개발현황

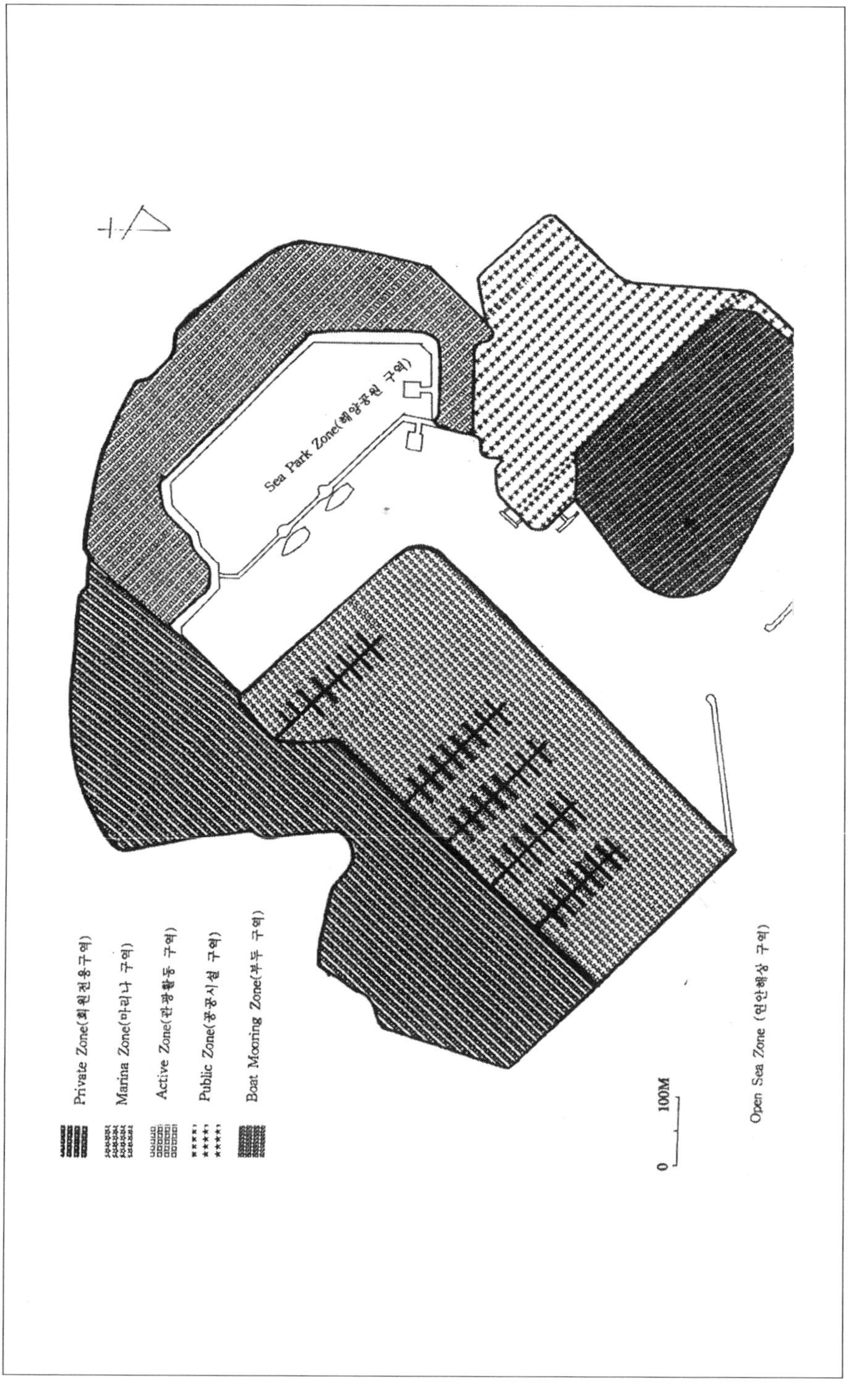

[그림 5-6] 마리나 리조트의 육상 및 해상구역

단지 내의 토지이용은 육상과 해상으로 구분하여 각각 기능화되고 차별화된 구역으로 구분하였다. 즉, 육상은 회원전용(private: members), 공공시설(public), 관광활동구역(active zone)으로 구분하였고, 수역은 마리나(marina), 유람선 부두(boat mooring), 해양공원(sea park), 연안해역(open sea) 등으로 구분한 것이다([그림 5-6]).

즉, 회원전용구역은 숙박기능과 주차장기능지역으로서 콘도미니엄 A동과 육상의 마리나시설로서 요트크럽하우스, 요트적치장, 요트수리소 등을 갖추었다.

공공시설구역에는 육로 및 해로의 출입기능지역으로 공용주차장과 유람선 터미널(상가, 기념품점 포함) 그리고 해상안전소, 해상급유소 등의 시설물이 입지하고 있다.

그러나 관광활동구역은 스포츠센터, 수변광장, 오락관, 관람전시관, 수족관, 육상유희공원 등의 시설배치가 계획되어 있으나 현재는 공지상태로 방치되고 있다.

한편, 리조트의 수역구분은 육상의 구역별 용도에 부합되도록 구분한 것이 특징이다. 마리나 구역은 요트계류장을 중심으로 방파제 내부의 항내 수역 중에서도 항외로부터 영향파에 가장 안전한 수면을 확보하여 쾌적한 공간으로 볼 수 있다.

유람선 부두구역은 외항으로부터 출입이 용이하고 대형선박도 정박이 가능하지만 항외의 파도의 영향권에 해당한다.

연안해역은 요트항해, 해상스포츠, 해수욕, 낚시 등이 가능한 리조트 인접수역과 도서연안의 범위이다.

매립 토지는 22필지(29,959평)로 분할하여 이 가운데 17필지(24,464평)가 금호개발에 일괄 매각(1989년)되어 여기에 구체적인 시설물의 배치계획이 수립되었다([그림 5-7]). 결국 금호개발의 민간자본에 의한 개발사업이 진행되어, 1994년에 요트장 관련시설 및 유람선터미널을 준공하고, 1995년에는 숙박시설로 콘도미니엄(272실, 1438명 수용)을 개장하여 마리나리조트의 면모를 갖추어 가고 있다.

[그림 5-7] 필지별 토지이용계획

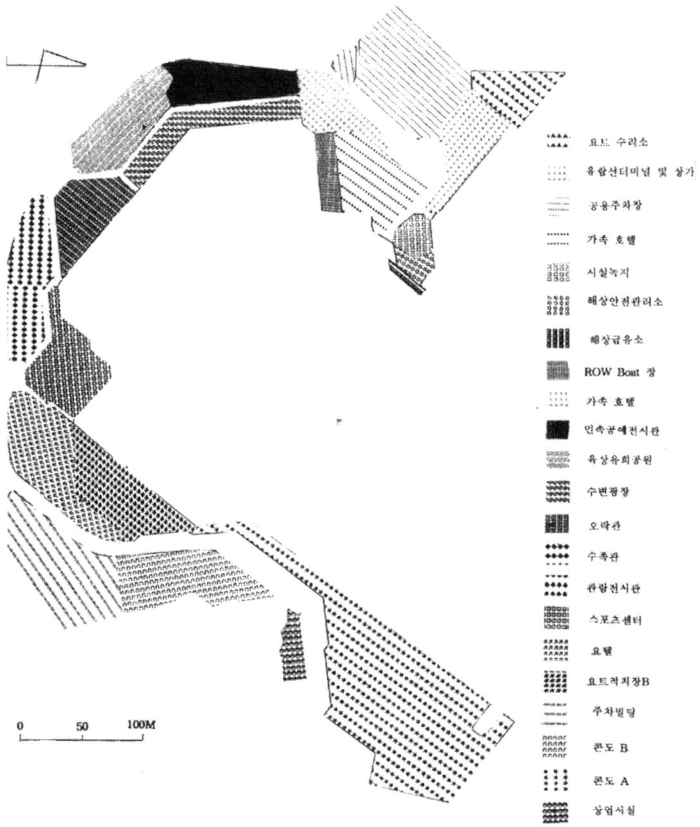

3) 유럽의 마리나

20세기 후반에 들어서면서 리조트의 이용자는 보다 대중화되고 있는 것이 유럽 각국의 추세이다. 그 배경에는 평균적인 소득수준의 향상과 여가의 확대, 장기휴가의 일반화 등이 있다. 예컨대 유럽에 있어서 이 시기의 주요 리조트 개발은 역사성과 국제성으로 특징지을 수 있으며, 지중해 연안과 알프스 지역에 집중되었다. 알프스지역에서는 샤모니(Chamonix), 몽뜨리(Montreux), 생 모리쯔(Saint-Moritz) 등이 리조트지역으로 정비되었고 지중해연안에서는 꼬뜨다쥐르(Cote d'Azur) 외에 랑그독 루시옹(Languedoc-Roussillon)과 코스타 델 솔(Costa del Sol)일대가 개발되었다.

지중해는 유럽인이 동경하는 대상이다. 특히 유럽의 도시인들에게 있어서는 지중해 연안의 푸르고 맑은 바다, 상쾌한 바람, 맑은 해안선, 온화한 기후 등을 갖춘 Amenity에 유인된다. 뿐만 아니라 이슬람과 고대로마 및 그리스의 영향을 받은 이국적인 문화경관 그리고 무엇보다도 풍부한 3S(sun, sea, sand) 자원 등의 보물을 가진 지중해연안에서의 생활은 유럽사람이라면 어떠한 대가를 지불하더라도 얻고 싶어 하는 대상인 것이다. 따라서 유럽인의 대부분이 바캉스라고 하면 남쪽의 지중해연안으로 이동하는 것을 의미한다. 과거에는 일부계층만이 바캉스를 즐겼지만 오늘날에는 시즌이 되면 일상생활이 중단되는 현상이 서구에서 정착하고 있다.

이중에서도 랑그독 루시옹은 1963년 프랑스 정부에 의해 개발계획이 수립되어 장기적이고 체계적으로 개발함으로써 세계적인 리조트 모델로 인정받고 있다. 랑그독 루시옹 리조트 개발은 관광개발이 환경을 보전하면서 토지투기를 유발하지 않고 조화롭게 진행될 수 있다는 가능성을 입증했다. 더욱이 이 개발사업은 자연을 있는 그대로 보존했을 뿐만 아니라 인간의 무관심 속에 황폐해 가던 자연을 오히려 회복시켰다는 평가를 받고 있다. 따라서 이 개발사업은 불모의 해안을 쾌적한 여가공간(자유시간도시)으로 변모시켰다는 큰 의의와 더불어 프랑스인의 해외경비지출을 억제하고 관광수입을 증대하는 데도 기여한 바 큰 것으로 알려져 있다.

4) 까마르그 마리나

랑그독 루시옹 지역 내의 개발이 완료된 리조트기지 가운데서 가장 성공한 것의 하나로 평가되고 있는 것이 가장 동쪽에 위치한 뽀르 까마르그(Port Camarque)이다. 이곳은 랑그독 루시옹 중에서도 대규모 개발이 행해졌던 그랑드 모뜨와는 달리 고층고밀도 타입은 없고 저층타입의 개발이 이루어진다. 대부분의 아파트와 맨션이 water front방식의 기하학적 디자인으로 공간이 설계되어 있고 보트의 수용력에서는 지중해 최대규모이다([그림 5-8]). 사업주체는 님므 아레스 루 비간 상공회의소이고 "만민을 위한 리조트 개발"이라고 하는 것을 개발의 개념으로 설정하였다.

[그림 5-8] 까마르그 마리나

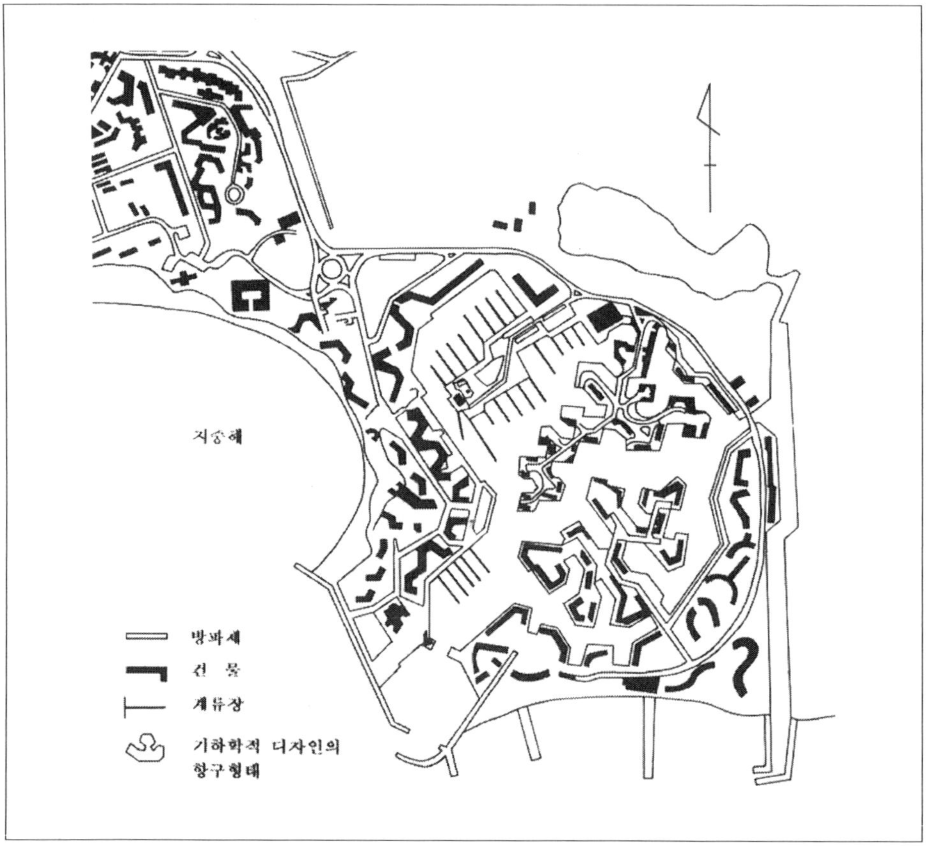

까마르그는 론느 하천구역 일대의 습지대를 개발한 것으로 정부에 의한 투자개발은 1965년부터 시작해서 1985년까지 350억 프랑이 투자되었다. 랑그독 루시옹지역에서 정부가 주도적으로 개발을 추진하고 있는 8대 리조트 거점개발 프로젝트의 하나로 마리나와 주택을 결합(임해복합개발형)시킨 리조트 개발의 전형이다. 현재는 지중해 최대의 마리나(4,200척, 이중 2,200척은 퍼블릭)를 갖고 있는 종합 마린 리조트기지이다. 개발면적은 120만m^2(수면 70만, 육지 50만)이고 상주인구는 5,000명에 불과하지만 성수기에는 관광객이 증가하여 25,000명이 된다. 까마르그 개발의 특색은 개발 초기에는 정부가 기반시설정비와 토지조성을 중심으로 투자하고 그 후에는 프로모터인 상공회의소가 계속적으로 투자한 것이다. 프로모터에게는 주택매각과 계류료에 의한 수입이 보장되어 개발을 위한 투자자금을 여기서 회수하고 있다. 주택개발에 노력한 결과, 현재까지 6,500호(이중 2,500호는 개인주택)가 완성되어 있다. 이곳의 내방자는 외국인의 비율이 전체의 1/4정도로 높은 편이고 외국으로부터의 바캉스객을 국가별로 보면 벨기에, 독일, 네덜란드, 영국의 순서이다. 한국의 관광지와 크게 다른 점은 평균체재일수가 12~13박으로 장기간(프랑스에서는 평균적임)이고, 숙박의 형태적 특징은 일반호텔의 연간 숙박객 10만명에 비해서 캠핑 210만명, 리조트 맨션 77만명, 바캉스촌의 장기체재호텔 35만명, 바캉스 코로니 5만명 등으로 일반호텔의 이용률이 적고 1박당 비용도 매우 저렴하다는 것이 특징이다. 항만과 기반시설의 관리는 님므의 상공회의소가 맡고 거주에 관련한 부분(식목사업)은 자치체가 정비 유지를 실행하고 있다. 미래의 계획은 양질의 환경유지를 추구하는 데 초점을 두는 것이다.

따라서 이 지역은 프랑스 국내뿐만 아니라 유럽 전역에서 높은 평가와 인기를 얻고 있으며 우수한 경관을 가진 것으로 알려져 있다. 주택의 분양, 마리나 임대수입 등에 의해 투자회수를 하고 있으며 마리나는 공영, 렌탈방식(1일, 주, 월, 연단위)으로 이용성이 좋다. 랑그독 루시옹지방 전체를 개발대상으로 한 프로젝트의 일부로 자치단체의 전폭적인 협력을 얻고 있다. 지가폭등을 막기 위해 분양시기를 조절하였고 맨션의 구매력 저하를 예방하였다. 지역의 상징으로서 저층의 해변 주택군을 배치해 경관의 처리가 잘 된 것으로 평가받고 있다.

몬테카를로(카지노 : 모나코)

양자강의 유람선(충칭)

센토사(싱가포르)

홍콩의 유람선

모나코항의 국왕전용 요트

피라미드형 건물(마리나 리조트)

임해복합형 마리나 주택(까마르그)

그랑드모뜨 마리나 전경

Sun belt의 발코니 문화

마리나 지구(방파제, 육 · 해상 요트계류장)

무주리조트의 콘도미니엄(유럽풍)

하우스텐 보스(네덜란드풍의 리조트)

충무마리나 리조트 전경(통영)

사무실(관광정보제공 :깹다그드)

마리나 지구의 요트 계류장

용평스키장의 슬로프

부 록

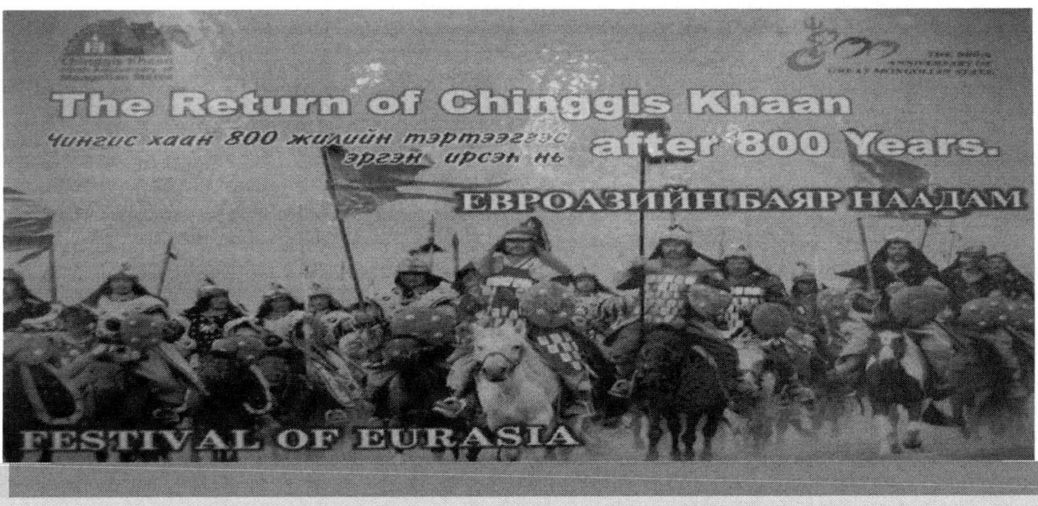

The Return of Chinggis Khaan
Чингис хаан 800 жилийн тэртээгээс эргэн ирсэн нь
after 800 Years.
ЕВРОАЗИЙН БАЯР НААДАМ
FESTIVAL OF EURASIA

부 록

◆ 2020~2021년 문화관광축제 35개

구분	축제명
부산 (1개)	광안리어방축제
대구 (2개)	대구약령시한방문화축제, 대구치맥페스티벌
인천 (1개)	인천펜타포트음악축제
광주 (1개)	추억의 충장축제
울산 (1개)	울산옹기축제
경기 (5개)	연천구석기축제, 시흥갯골축제, 안성맞춤남사당바우덕이축제, 수원화성문화제, 여주오곡나루축제
강원 (7개)	평창송어축제, 춘천마임축제, 평창효석문화제, 원주다이내믹댄싱카니발, 강릉커피축제, 정선아리랑제, 횡성한우축제
충북 (1개)	음성품바축제
충남 (2개)	한산모시문화제, 서산해미읍성역사체험축제
전북 (3개)	임실N치즈축제, 진안홍삼축제, 순창장류축제
전남 (4개)	영암왕인문화축제, 담양대나무축제, 보성다향대축제, 정남진장흥물축제
경북 (3개)	포항국제불빛축제, 봉화은어축제, 청송사과축제
경남 (3개)	밀양아리랑대축제, 통영한산대첩축제, 산청한방약초축제
제주 (1개)	제주들불축제

◆ 2020~2021년 예비 문화관광축제 33개

구분	축제명
서울	한성백제문화제, 관악강감찬축제
부산	영도다리축제, 동래읍성축제
대구	금호강바람소리길축제, 수성못페스티벌
인천	부평풍물대축제, 소래포구축제
광주	광주세계김치축제, 영산강서창들녘억새축제
대전	대전사이언스페스티벌, 대전효문화뿌리축제
울산	울산쇠부리축제, 울산고래축제
세종	세종축제
경기	부천국제만화축제, 화성뱃놀이축제
강원	원주한지문화제, 태백산눈축제
충북	지용제, 괴산고추축제
충남	강경젓갈축제, 석장리세계구석기축제
전북	부안마실축제, 군산시간여행축제
전남	목포항구축제, 곡성세계장미축제
경북	영덕대게축제, 고령대가야축제
경남	알프스하동섬진강문화재첩축제, 김해분청도자기축제
제주	탐라국입춘굿, 탐라문화제

◆ 코로나 19 이후 주요 국내여행 총량 변화

구분		국내여행			관광여행			기타 여행		
		'19년	'20년	증감률	'19년	'20년	증감률	'19년	'20년	증감률
여행 경험률		92.4	86.4	-6.0%p	85.0	75.5	-9.5%p	69.5	53.7	-15.8%p
여행 횟수	국내여행	344,750	225,199	-34.7%	263,257	170,642	-35.2%	81,492	54,556	-33.1%
	숙박여행	162,376	88,450	-45.5%	129,603	68,834	-46.9%	32,772	19,616	-40.1%
	당일여행	182,374	136,749	-25.0%	133,654	101,808	-23.8%	48,720	34,940	-28.3%
여행 일수	국내여행	585,710	347,876	-40.6%	453,051	264,445	-41.6%	132,659	83,431	-37.1%
	숙박여행	403,336	211,127	-47.7%	319,397	162,636	-49.1%	83,939	48,491	-42.2%
	당일여행	182,374	136,749	-25.0%	133,654	101,808	-23.8%	48,720	34,940	-28.3%
여행지 출액	국내여행	44,183	24,121	-45.5%	38,015	20,213	-46.8%	6,168	3,908	-36.6%
	숙박여행	30,041	15,638	-47.9%	26,580	13,579	-48.9%	3,460	2,058	-40.5%
	당일여행	14,142	8,483	-40.0%	11,435	6,633	-42.0%	2,707	1,850	-31.7%

◆ 인구통계 특성별 국내여행 총량 변화

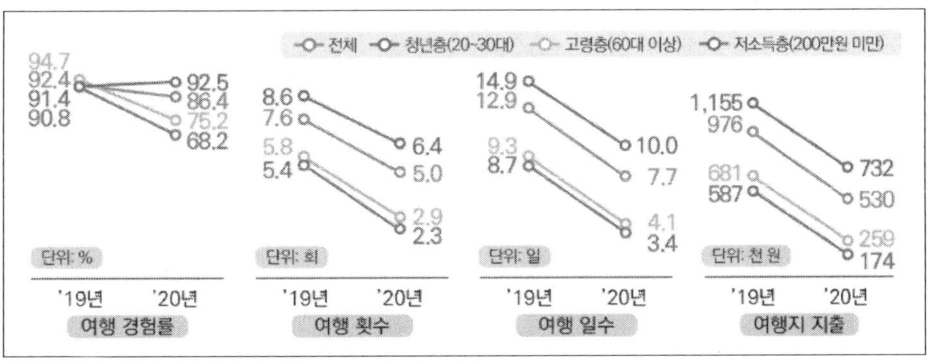

◆ 코로나19 이후 국내관광 행태 변화(종합)

구분	코로나19 이후 국내관광 행태 변화 요소	비고
국내관광 활동의 위축	국민 국내여행 총량(여행 경험률, 횟수, 일수, 지출액 등)감소	여행총량
	국내여행 상품 사전 예약률 감소	여행상품
세대별·계층별 국내관광 양극화	청년층 국내여행 경험률 증가 및 낮은 국내관광 총량 감소	여행총량
	미취학 자녀 동반 가구(청년층)의 높은 국내여행 총량 감소	
	고령층의 높은 국내여행 총량 감소	
	저소득층의 높은 국내여행 총량 감소	
여행정보 획득 경로 세분화	주변인을 통한 여행정보 의존도 감소	여행정보
	여행 시 과거 방문경험 의존도 증가	
	정보가 없는 비대중 관광지 방문 및 즉흥적 국내여행 증가	
	세대별 여행정보 획득 채널 세분화	
소규모 가족 (및 친구/연인) 여행의 증가	소규모 여행의 증가(국내여행 동반자 수 감소)	동반자
	단체여행 감소(친목단체/모임여행의 감소)	
	신뢰할 수 있는 동반자 중심 여행 증가(가족, 친구/연인 등)	
자연 및 풍경감상, 휴식·휴양 활동 중심의 여행지 활동	자연 및 풍경감상 활동의 증가	여행지 활동
	휴식/휴양 활동 증가	
	음식관광 활동 증가	
	체험활동 감소(테마파크, 놀이시설 등)	
	정보가 없는 비대중 관광지 방문 및 즉흥적 국내여행 증가*	여행정보
	청년층 중심 호텔 이용 비중 증가*	숙박시설
자가용 이용 확대 및 대중교통이용	자가용 이용 확대	이동수단
	대중교통이용 감소	
관광숙박시설 이용감소와 가족/친지 집 이용 증가 등	펜션 이용 확대	숙박시설
	가족/친지집 이용 비중 증가	
	청년층 중심 호텔 이용 비중 증가*	

주) *표시는 상위 분류에 복수 포함되는 행태 변화 요소임

◆ 코로나19 이후 여행정보 획득 경로 변화

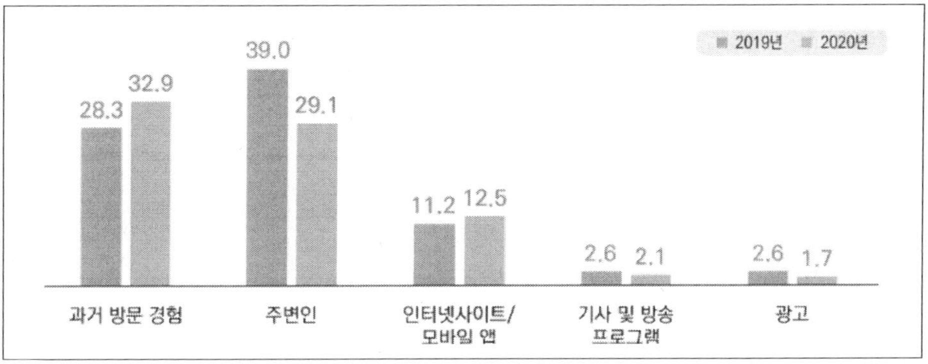

◆ 코로나19 이후 동반자 유형 변화

(단위 : %)

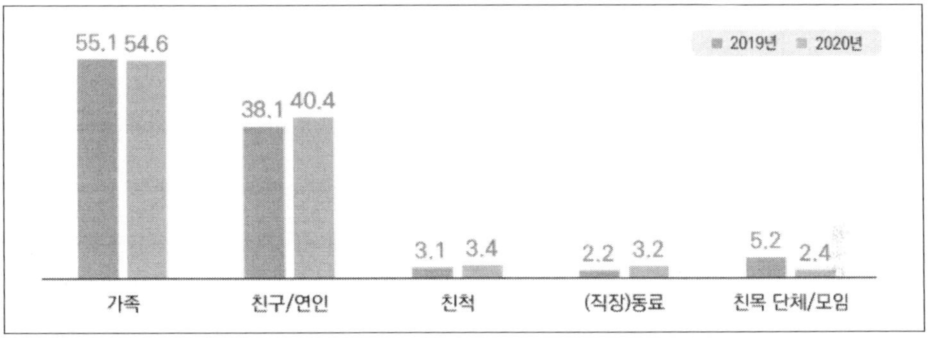

◆ 코로나19 이후 여행지 활동 변화

(단위 : %)

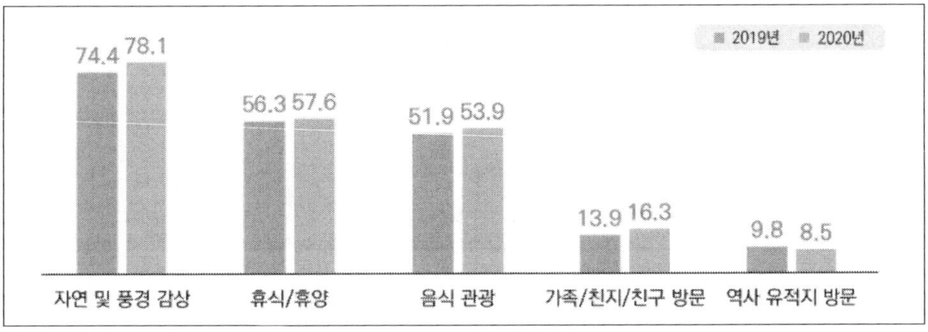

◆ 코로나19 이후 이동 수단 변화

(단위 : %)

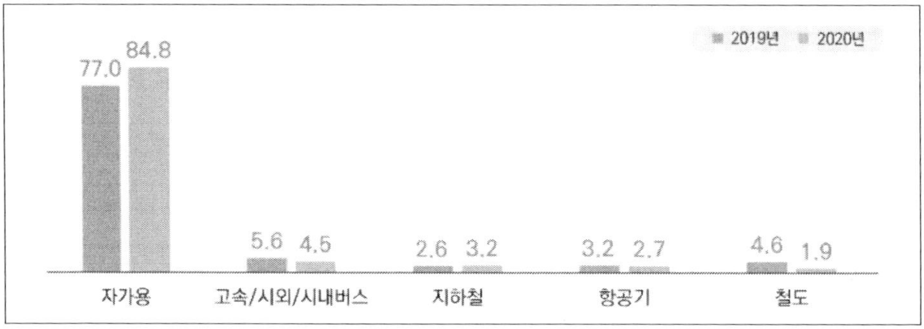

◆ 코로나19 이후 숙박 시설 변화

(단위 : %)

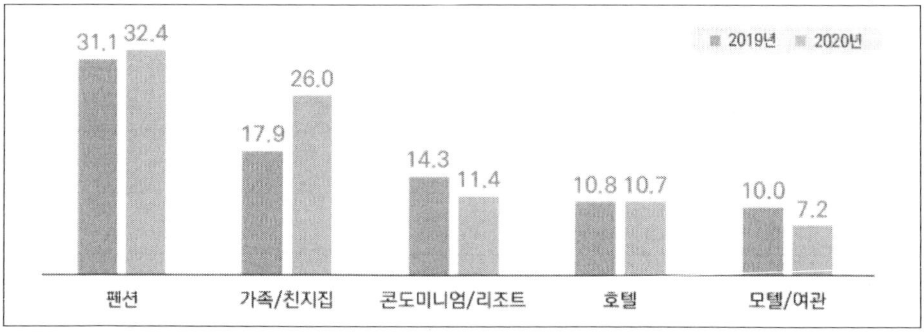

◆ 숙소 선택이유(2020)

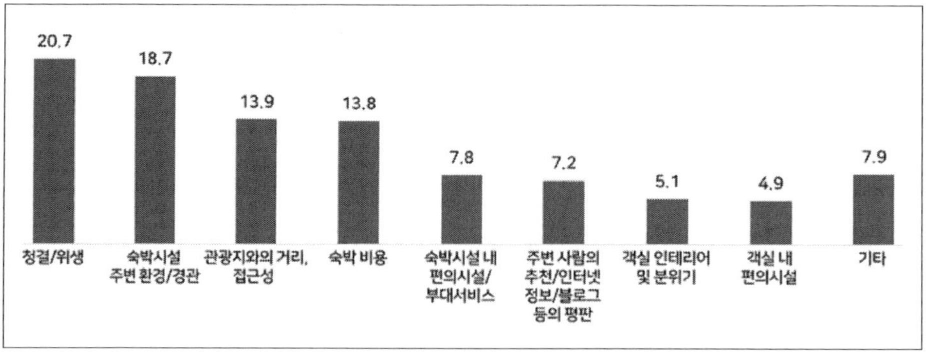

◆ 여행목적지 결정시 고려사항(2020)

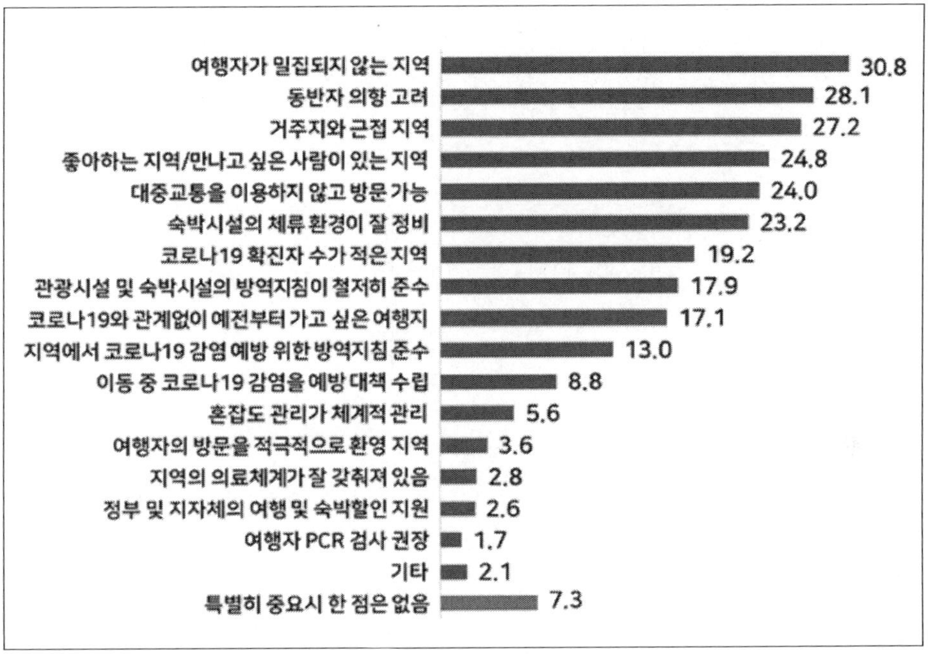

◆ 국제관광객 수 추이(1989~2020)

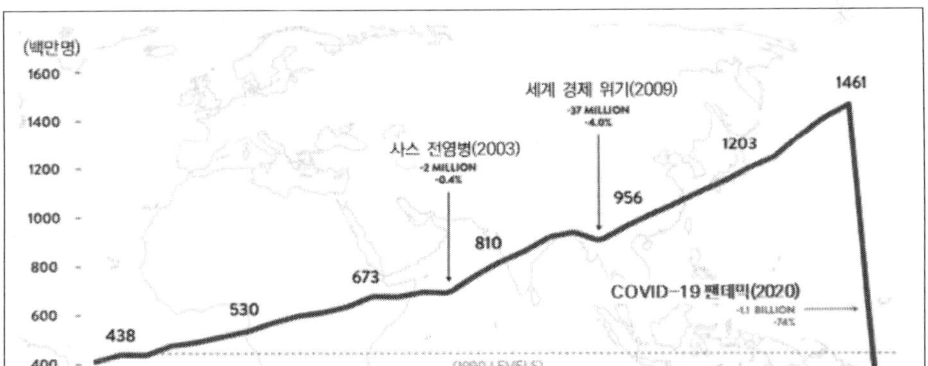

자료 : UNWTO.(2021). COVID-19 AND TOURISM 2020: A year in review

◆ 연도별/지역별 세계 관광객 수

(단위 : 백만 명, %)

구분	관광객 수			성장률		구성비
	2018년	2019년	2020년	'19/'18	'20/'19	2020년
전 세계	1,413	1,466	399	3.8	−72.8	100.0
유럽	716.0	746.3	235.9	4.2	-68.4	59.1
아시아 · 태평양	346.5	360.4	56.9	4.0	-84.2	14.3
미주	216.0	219.3	69.9	1.5	-68.1	17.5
아프리카	68.7	70.1	18.1	2.0	-74.2	4.5
중동	65.5	70.0	18.2	6.8	-74.0	4.6

◆ 2020년 내비게이션(T map) 주요 관광지 유형별 검색건수 2019년도 대비 증감률

유형별	검색량 전년 대비 증감률	유형별	검색량 전년대비 증감률
자동차극장	144%	카지노	-62%
패러글라이딩	92%	놀이시설	-59%
드라이브코스	55%	경마장	-58%
캠핑장	54%	과학관	-56%
방파제	52%	고궁	-56%
등대	44%	경륜장	-55%
낚시	42%	극장	-54%
해수욕장	39%	온천	-49%
농수축산물시장	37%	공연장	-44%
저수지	37%	테마파크	-39%
수상해양스포츠	30%	전시장	-39%
골프장	30%	박물관/기념관	-36%
명산	24%	동식물원	-9%

자료 : 한국관광공사(2021, February 23), 코로나19가 바꿔놓은 대한민민국 관광지도[보도자료]

◆ 전국 보유자료 총괄 결과표

자원		서울	부산	대구	인천	광주	대전	울산	경기	강원	충북	충남	전북	전남	경북	경남
문화	인물	0	0	1	0	1	0	1	2	1	2	7	1	9	5	6
	마을	1	0	2	0	0	0	1	8	8	1	8	10	10	19	5
	유적지, 사적지	4	0	3	3	0	0	2	16	1	4	10	6	16	8	9
	건축	5	0	2	0	1	0	2	13	6	8	17	11	30	25	12
	조각	0	0	0	0	0	0	0	0	0	0	1	0	1	1	0
	서적·활자·기기	0	0	0	0	0	0	0	0	0	0	0	0	1	0	0
	소계	10	0	8	3	2	0	6	39	16	15	43	28	67	58	32
자연 및 생태 환경	동·식물	0	1	0	0	0	0	2	2	1	1	3	0	1	0	2
	보호구역	0	0	0	1	1	0	0	2	0	0	1	1	2	2	0
	산악 및 평지자원	0	0	0	2	11	2	9	27	14	17	23	7	42	24	14
	수변 및 해양자원	0	0	1	7	1	0	0	10	5	4	4	5	33	9	11
	경승지	0	0	1	0	0	0	0	1	5	3	0	0	3	3	1
	소계	0	1	2	10	13	2	2	42	25	25	31	13	81	38	28
관광 장소 및 시설	관광지구	0	2	0	0	0	0	0	8	6	9	4	3	14	10	3
	공원	0	1	4	1	2	3	3	6	21	21	12	17	37	22	21
	전시·관람시설	10	6	33	32	11	10	13	115	86	37	57	67	124	88	67
	스포츠·체육시설	0	2	4	1	0	2	2	79	61	21	15	18	49	18	34
	숙박·식음시설	128	37	32	37	16	5	0	70	40	17	27	28	43	60	27
	쇼핑시설	0	0	0	0	0	0	0	0	0	0	0	0	0	0	1
	교통시설	0	0	2	3	0	0	0	2	2	3	2	3	5	7	9
	유원·휴양·수련시설	4	5	13	4	2	7	5	82	52	49	47	46	77	63	47
	부대시설	0	0	3	0	0	0	0	3	1	1	2	2	6	1	1
	소계	142	53	91	78	31	27	23	365	269	158	166	184	355	269	210
총계		152	54	101	91	46	29	40	446	310	198	240	225	503	365	270

자원		제주	평양	개성직할시	남포직할시	황해북도	양강도	자강도	강원도	평안남도	평안북도	함경남도	함경북도	황해남도	총계
문화	인물	1	0	0	0	0	0	0	0	0	0	0	0	0	37
	마을	0	0	0	0	0	0	0	0	0	0	0	0	0	73
	유적지, 사적지	3	0	0	0	0	0	0	0	0	0	0	0	0	85
	건축	0	0	0	0	0	0	0	0	0	0	0	0	0	133
	조각	0	0	0	0	0	0	0	0	0	0	0	0	0	3
	서적 · 활자 · 기기	0	0	0	0	0	0	0	0	0	0	0	0	0	1
	소계	4	0	0	0	0	0	0	0	0	0	0	0	0	332
자연 및 생태 환경	동 · 식물	1	0	0	0	0	0	0	0	0	0	0	0	0	14
	보호구역	0	0	0	0	0	0	0	0	0	0	0	0	0	10
	산악 및 평지자원	5	0	0	0	0	0	0	0	0	0	0	0	0	197
	수변 및 해양자원	3	0	0	0	0	0	0	0	0	0	0	0	0	93
	경승지	0	0	0	0	0	0	0	0	0	0	0	0	0	17
	소계	9	0	0	0	0	0	0	0	0	0	0	0	0	331
관광 장소 및 시설	관광지구	0	0	0	0	0	0	0	0	0	0	0	0	0	59
	공원	3	0	0	0	0	0	0	0	0	0	0	0	0	174
	전시 · 관람 시설	15	0	0	0	0	0	0	0	0	0	0	0	0	777
	스포츠 · 체육시설	0	0	0	0	0	0	0	0	0	0	0	0	0	307
	숙박 · 식음 시설	95	0	0	0	0	0	0	0	0	0	0	0	0	664
	쇼핑시설	0	0	0	0	0	0	0	0	0	0	0	0	0	1
	교통시설	0	0	0	0	0	0	0	0	0	0	0	0	0	38
	유원 · 휴양 · 수련시설	13	0	0	0	0	0	0	0	0	0	0	0	0	520
	부대시설	0	0	0	0	0	0	0	0	0	0	0	0	0	20
	소계	126	0	0	0	0	0	0	0	0	0	0	0	0	2560
총계		139	0	0	0	0	0	0	0	0	0	0	0	0	3223

◆ 관광레저형 기업도시 개념

관광 레저도시	=	볼거리	+	놀거리	+	쉴거리	+	먹거리 살거리	+	정주·생활
		자연경관 문화, 유적		레저스포츠 테마파크		호텔, 콘도, 여가프로그램		음식, 쇼핑 등		주거, 교육, 의료 등 생활여건

◆ 관광거점도시 육성 사업 비전 및 도시별 사업 추진방향

비전	대한민국의 또 다른 매력, 관광거점도시	
도시별 추진 방향	부산	영화와 축제, 여행의 자유가 있는 해양문화도시, 부산
	강릉	한국적 풍류와 풍경이 있는 세계적인 관광도시, 강릉
	전주	가장 한국적인 한(韓)문화 관광거점도시, 전주
	목포	시간을 걷는 도시, 낭만항구 목포
	안동	대한민국 대표 세계문화유산의 도시, 안동

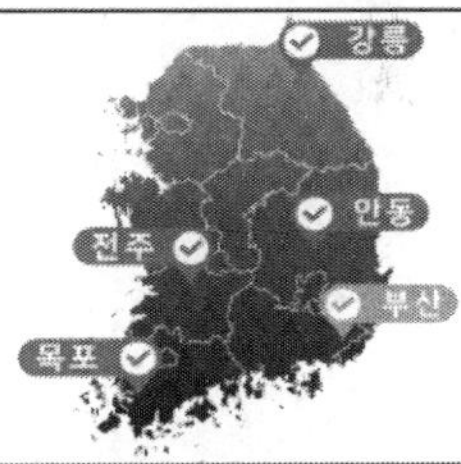

※ 추진전략 : ① 도시별 관광인지도 강화 ② 도시 관광접근성 향상 ③ 특색 있고 매력적인 즐길거리 개발 ④ 편리하고 안전한 여행환경 조성 ⑤ 지속가능한 지역관광 생태계 조성

◆ 시 · 도별 템플스테이 운영사찰 현황

(단위 : 개소)

구분	서울	부산	대구	인천	광주	대전	울산	세종	경기	강원	충북	충남	전북	전남	경북	경남	제주	합계
사찰 수	13	4	2	2	3	-	-	1	22	14	8	10	9	21	16	12	4	141

자료 : 문화체육관광부, 2020년 12월 31일 기준

◆ 연도별 템플스테이 참가자 현황

(단위 : 명, %)

구분	2016년		2017년		2018년		2019년		2020년	
	이용객	증감률	이용객	증감률	이용객	증감률	이용객	증감률	이용객	증감률
내국인	186,186	1.04	229,264	23.1	233,319	1.8	247,783	6.2	111,197	-55.12
외국인	36,536	30.4	47,221	29.2	53,291	12.9	47,058	-11.7	4,760	-89.88
계	222,722	4.9	276,485	24.1	286,610	24.1	294,841	2.9	115,957	-60.67

주) 순인원 기준
자료 : 문화체육관광부, 2020년 12월 31일 기준

◆ 연도별/시 · 도별 어촌체험휴양마을 지정 현황

(단위 : 개소)

구분	서울	부산	대구	인천	광주	대전	울산	세종	경기	강원	충북	충남	전북	전남	경북	경남	제주	합계
2011년	-	-	-	-	-	-	-	-	1	-	-	1	-	4	-	7	-	13
2012년	-	-	-	-	-	-	-	-	2	-	-	2	-	1	-	-	-	5
2013년	-	-	-	-	-	-	1	-	-	-	-	1	-	3	-	2	-	7
2014	-	-	-	-	-	-	-	-	-	3	-	1	3	-	4	8	-	19
2015	-	2	-	3	-	-	-	-	-	2	-	-	1	6	1	3	5	23
2016	-	-	-	-	-	-	1	-	1	4	-	4	-	4	1	1	-	16
2017	-	-	-	1	-	-	-	-	-	-	-	-	1	1	-	3	1	7
2018	-	-	-	-	-	-	-	-	2	1	-	-	-	-	1	-	-	4
2019	-	1	-	-	-	-	-	-	-	1	-	2	1	1	-	1	-	7
2020	-	-	-	3	-	-	-	-	2	-	-	2	-	3	-	1	-	11
관리제외	-	-	-	-	-	-	-	-	-	-	-	-	-	1	-	3	-	4
계	-	3	-	7	-	-	2	-	8	11	-	14	6	27	7	23	6	114

자료 : 해양수산부, 2020년 12월 31일 기준

◆ 연도별 국립공원 탐방객 현황

(단위 : 명)

구분	2016년	2017년	2018년	2019년	2020년
지리산	2,876,031	3,067,190	3,308,833	3,005,498	2,669,076
경주	2,742,028	2,948,636	2,887,634	2,999,547	1,836,948
계룡산	1,325,480	1,721,735	1,817,602	1,949,660	2,239,068
한려해상	6,784,160	7,157,772	6,439,653	6,328,709	3,700,609
설악산	3,654,211	3,693,991	3,241,484	2,868,098	1,947,361
속리산	1,223,152	1,349,381	1,244,854	1,285,804	986,092
한라산	1,065,921	1,001,437	891,817	848,279	699,117
내장산	1,641,589	2,102,467	1,948,616	1,907,905	1,518,415
가야산	771,724	860,181	672,901	654,682	505,459
덕유산	1,710,143	1,731,939	1,501,306	1,222,691	991,175
오대산	1,247,730	1,510,658	1,399,119	1,360,966	1,178,420
주왕산	1,009,712	1,312,445	1,155,063	1,064,590	600,672
태안해안	1,107,795	1,059,775	1,049,974	1,014,462	711,332
다도해해상	2,127,725	2,338,866	1,987,762	2,260,407	1,862,664
치악산	662,137	670,880	738,368	759,346	870,934
월악산	1,052,118	1,055,321	1,041,793	1,000,518	827,593
북한산	6,087,156	5,955,251	5,518,508	5,574,539	6,561,211
소백산	1,288,566	1,224,129	1,193,986	1,158,325	972,423
월출산	477,629	508,118	408,930	493,538	328,155
변산반도	1,930,986	1,897,231	1,579,089	1,594,351	1,263,499
무등산	3,571,712	3,513,576	3,143,779	3,155,903	2,452,942
태백산	-	596,676	680,068	676,429	554,403
계	44,357,705	47,277,955	43,824,139	43,184,247	35,277,568

자료 : 환경부, 2020년 12월 31일 기준

◆ 2020년 전국골프장 이용객현황

• 전국골프장 이용객현황(총괄)

시도	2020년		2019년		증감율		이용객수			1홀당 이용객		
	골프장수	홀수	골프장수	홀수	골프장수	홀수	2020년	2019년	증감율	2020년	2019년	증감율
강원	57	1,112	57	1,067	0.0%	4.2%	4,406,476	3,698,780	19.1%	3,963	3,467	14.3%
경기	164	3,356	160	3,236	2.5%	3.7%	16,598,612	14,899,010	11.4%	4,946	4,604	7.4%
경북	51	945	51	945	0.0%	0.0%	5,393,561	5,013,047	7.6%	5,707	5,305	7.6%
경남	53	1,083	52	1,038	1.9%	4.3%	5,795,450	5,023,182	15.4%	5,351	4,839	10.6%
충북	36	756	35	712	2.9%	6.2%	3,572,416	3,071,050	16.3%	4,725	4,313	9.6%
충남	29	519	30	519	-3.3%	0.0%	2,655,235	2,410,735	10.1%	5,116	4,645	10.1%
전북	25	473	24	464	4.2%	1.9%	2,002,626	1,807,353	10.8%	4,234	3,895	8.7%
전남	44	816	44	789	0.0%	3.4%	3,852,685	3,629,561	6.1%	4,721	4,600	2.6%
제주	42	726	41	726	2.4%	0.0%	2,459,680	2,148,274	14.5%	3,388	2,959	14.5%
합계	501	9,786	494	9,496	1.4%	3.1%	46,736,741	41,700,992	12.1%	4,776	4,391	8.8%

• 회원제골프장 이용객현황

시도	2020년		2019년		증감율		이용객수			1홀당 이용객		
	골프장수	홀수	골프장수	홀수	골프장수	홀수	2020년	2019년	증감율	2020년	2019년	증감율
강원	14	324	14	324	0.0%	0.0%	1,085,307	951,205	14.1%	3,350	2,936	14.1%
경기	73	1,701	74	1,719	-1.4%	-1.0%	7,332,638	7,097,213	3.3%	4,311	4,129	4.4%
경북	13	315	14	333	-7.1%	-5.4%	1,715,708	1,690,875	1.5%	5,447	5,078	7.3%
경남	21	513	22	531	-4.5%	-3.4%	2,844,423	2,634,418	8.0%	5,545	4,961	11.8%
충북	5	117	7	154	-28.6%	-24.0%	559,216	656,526	-14.8%	4,780	4,263	12.1%
충남	7	135	9	162	-22.2%	-16.7%	585,803	630,480	-7.1%	4,339	3,892	11.5%
전북	3	63	3	63	0.0%	0.0%	258,546	232,159	11.4%	4,104	3,685	11.4%
전남	7	153	7	153	0.0%	0.0%	745,423	730,426	2.1%	4,872	4,774	2.1%
제주	17	315	19	387	-10.5%	-18.6%	1,022,959	1,100,094	-7.0%	3,247	2,843	14.2%
합계	160	3,636	169	3,826	-5.3%	-5.0%	16,150,023	15,723,396	2.7%	4,442	4,110	8.1%

• 대중제골프장 이용객현황

시도	2020년		2019년		증감율		이용객수			1홀당 이용객		
	골프장수	홀수	골프장수	홀수	골프장수	홀수	2020년	2019년	증감율	2020년	2019년	증감율
강원	43	788	43	743	0.0%	6.1%	3,321,169	2,747,575	20.9%	4,215	3,698	14.0%
경기	91	1,655	86	1,517	5.8%	9.1%	9,265,974	7,801,797	18.8%	5,599	5,143	8.9%
경북	38	630	37	612	2.7%	2.9%	3,677,853	3,322,172	10.7%	5,838	5,428	7.5%
경남	32	570	30	507	6.7%	12.4%	2,951,027	2,388,764	23.5%	5,177	4,712	9.9%
충북	31	639	28	558	10.7%	14.5%	3,013,200	2,414,524	24.8%	4,715	4,327	9.0%
충남	22	384	21	357	4.8%	7.6%	2,069,432	1,780,255	16.2%	5,389	4,987	8.1%
전북	22	410	21	401	4.8%	2.2%	1,744,080	1,575,194	10.7%	4,254	3,928	8.3%
전남	37	663	37	636	0.0%	4.2%	3,107,262	2,899,135	7.2%	4,687	4,558	2.8%
제주	25	411	22	339	13.6%	21.2%	1,436,721	1,048,180	37.1%	3,496	3,092	13.1%
합계	341	6,150	325	5,670	4.9%	8.5%	30,586,718	25,977,596	17.7%	4,973	4,582	8.6%

• 최근 3년간 이용객증감현황

시도	2020년		2019년		2018년		이용객수			1홀당 이용객		
	골프장수	홀수	골프장수	홀수	골프장수	홀수	2020년	2019년	2018년	2020년	2019년	2018년
강원	57	1,112	57	1,067	58	1,085	4,406,476	3,698,780	3,497,967	3,963	3,467	3,224
경기	164	3,356	160	3,236	159	3,218	16,598,612	14,899,010	13,911,447	4,946	4,604	4,323
경북	51	945	51	945	48	900	5,393,561	5,013,047	4,410,828	5,707	5,305	4,901
경남	53	1,083	52	1,038	52	1,038	5,795,450	5,023,182	4,692,926	5,351	4,839	4,521
충북	36	756	35	712	34	694	3,572,416	3,071,050	2,646,121	4,725	4,313	3,813
충남	29	519	30	519	28	474	2,655,235	2,410,735	2,007,169	5,116	4,645	4,235
전북	25	473	24	464	25	464	2,002,626	1,807,353	1,648,069	4,234	3,895	3,552
전남	44	816	44	789	45	789	3,852,685	3,629,561	3,124,985	4,721	4,600	3,961
제주	42	726	41	726	41	726	2,459,680	2,148,274	1,998,440	3,388	2,959	2,753
합계	501	9,786	494	9,496	490	9,388	46,736,741	41,700,992	37,937,952	4,776	4,391	4,041

*특별시, 광역시 및 자치시의 경우 다음과 같이 포함한 수치임
1) 경기도 : 서울특별시 + 인천광역시 + 경기도
2) 경북 : 대구광역시 + 경상북도
3) 경남 : 부산광역시 + 울산광역시 + 경상남도
4) 충남 : 대전광역시 + 세종특별자치시 + 충청남도
5) 전남 : 광주광역시 + 전라남도
자료 : 2020년 12월 31일 기준

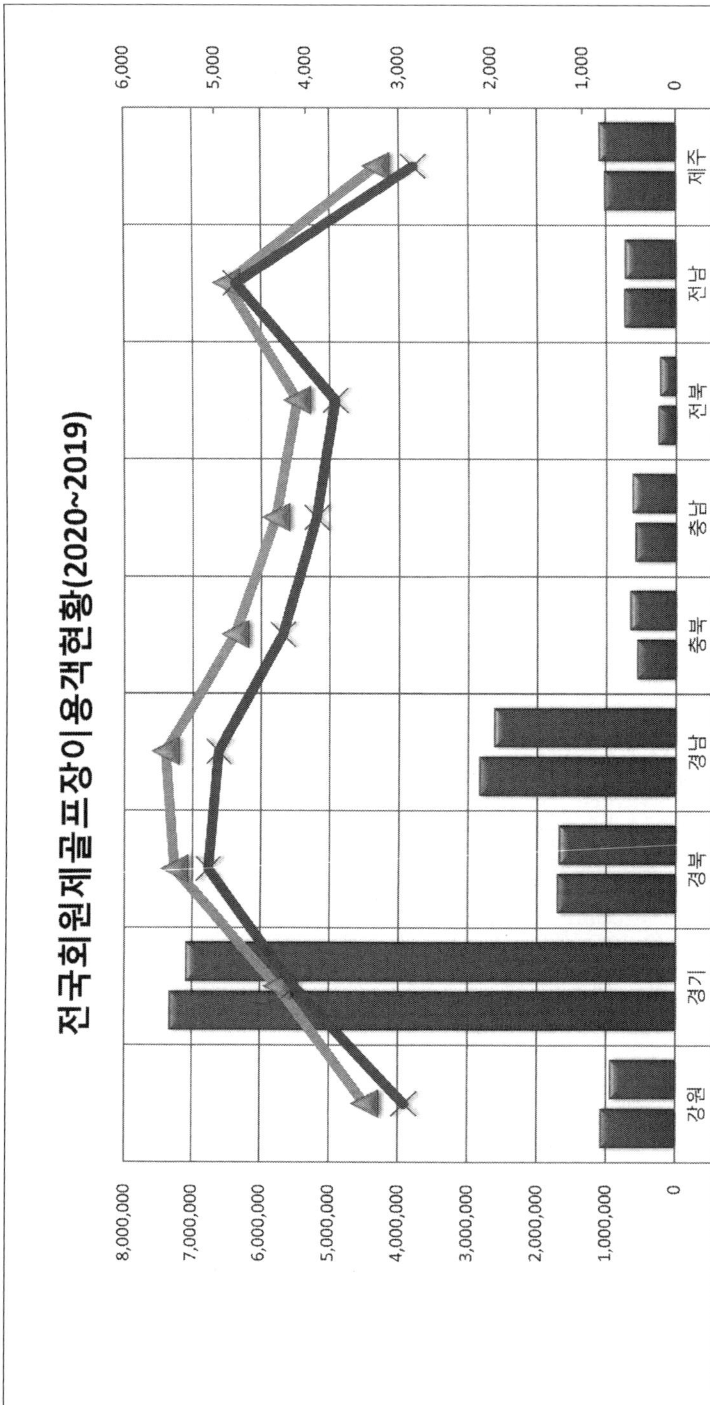

	강원	경기	경북	경남	충북	충남	전북	전남	제주
2020년이용객수	1,085,307	7,332,638	1,715,708	2,844,423	559,216	585,803	258,546	745,423	1,022,959
2019년이용객수	951,205	7,097,213	1,690,875	2,634,418	656,526	630,480	232,159	730,426	1,100,094
2020년홀당이용객수	3,350	4,311	5,447	5,545	4,780	4,339	4,104	4,872	3,247
2019년홀당이용객수	2,936	4,129	5,078	4,961	4,263	3,892	3,685	4,774	2,843

전국대중제골프장이용객현황(2020~2019)

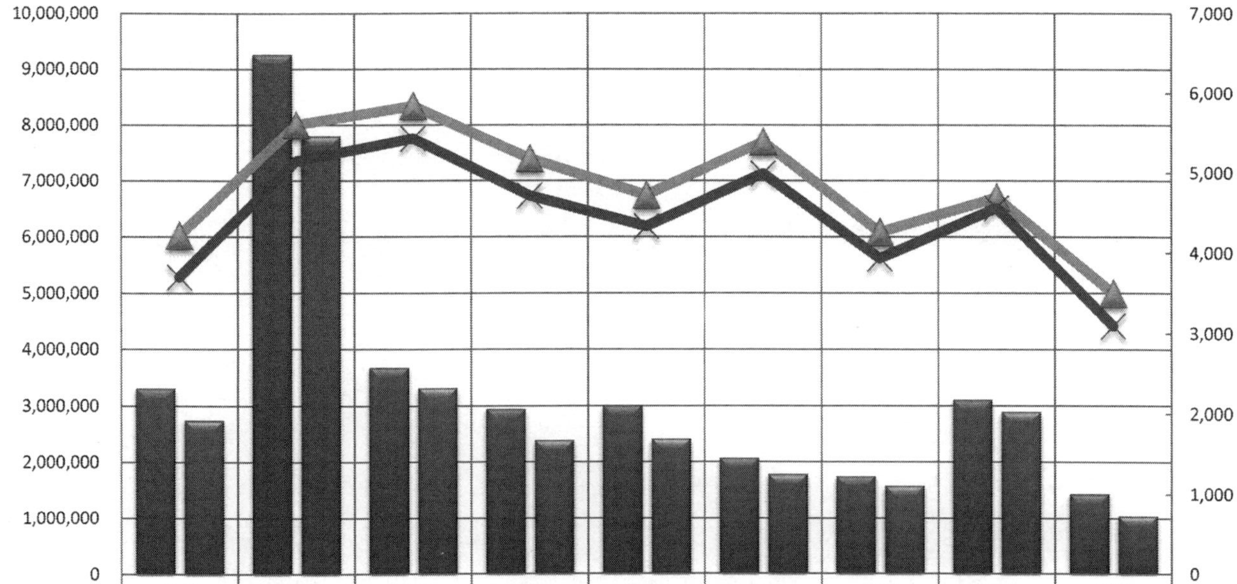

	강원	경기	경북	경남	충북	충남	전북	전남	제주
2020년이용객수	3,321,169	9,265,974	3,677,853	2,951,027	3,013,200	2,069,432	1,744,080	3,107,262	1,436,721
2019년이용객수	2,747,575	7,801,797	3,322,172	2,388,764	2,414,524	1,780,255	1,575,194	2,899,135	1,048,180
2020년홀당이용객수	4,215	5,599	5,838	5,177	4,715	5,389	4,254	4,687	3,496
2019년홀당이용객수	3,698	5,143	5,428	4,712	4,327	4,987	3,928	4,558	3,092

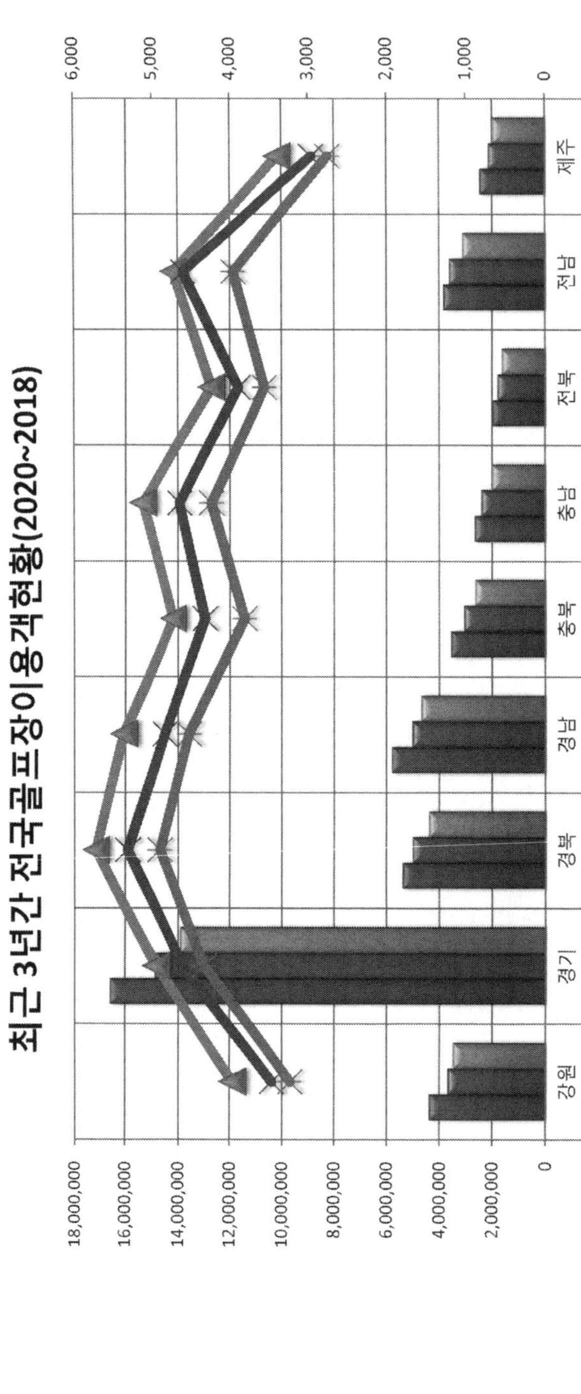

	강원	경기	경북	경남	충북	충남	전북	전남	제주
2020년 이용객수	4,406,476	16,598,612	5,393,561	5,795,450	3,572,416	2,655,235	2,002,626	3,852,685	2,459,680
2019년 이용객수	3,698,780	14,899,010	5,013,047	5,023,182	3,071,050	2,410,735	1,807,353	3,629,561	2,148,274
2018년 이용객수	3,497,967	13,911,447	4,410,828	4,692,926	2,646,121	2,007,169	1,648,069	3,124,985	1,998,440
2020년 홀당이용객수	3,963	4,946	5,707	5,351	4,725	5,116	4,234	4,721	3,388
2019년 홀당이용객수	3,467	4,604	5,305	4,839	4,313	4,645	3,895	4,600	2,959
2018년 홀당이용객수	3,224	4,323	4,901	4,521	3,813	4,235	3,552	3,961	2,753

◆ 최근 5년간 전국골프장 이용객현황

연도	대중제	회원제	합계
2020년	341개소 30,586,718명	160개소 16,150,023명	501개소 46,736,741명
2019년	325개소 25,977,596명	169개소 15,723,396명	494개소 41,700,992명
2018년	314개소 22,862,225명	176개소 15,075,727명	490개소 37,937,952명
2017년	303개소 21,495,066명	183개소 16,488,385명	486개소 37,983,451명
2016년	290개소 19,663,850명	196개소 17,063,011명	486개소 36,726,861명
2015년	265개소 16,938,080명	218개소 18,577,412명	483개소 35,515,492명

◆ 권역별 세계 크루즈 수요 점유율(2018 기준)

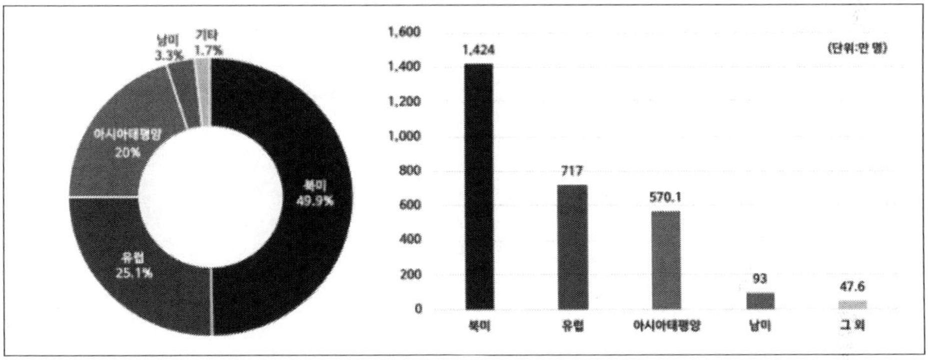

자료 : CLIA(2019), 2018 Year In Review

◆ 권역별 세계 크루즈 수요 추이(2007~2017)

(단위 : 만 명)

구분	2007	2012	2013	2014	2015	2016	2017	10년 성장률
북미	1,045	1,164	1,182	1,221	1,220	1,249	1,312	25.6%
유럽	405	623	640	639	658	679	696	71.9%
합계	1,450	1,787	1,822	1,860	1,878	1,928	2,008	38.5%
그 외 지역	137	303	309	374	440	587	667	386.6%
총	1,587	2,090	2,131	2,234	2,318	2,515	2,675	68.5%

자료 : CLIA(2018), The Global Economic Contribution of Cruise Tourism 2017

◆ 세계 크루즈 수요의 평균 연령대

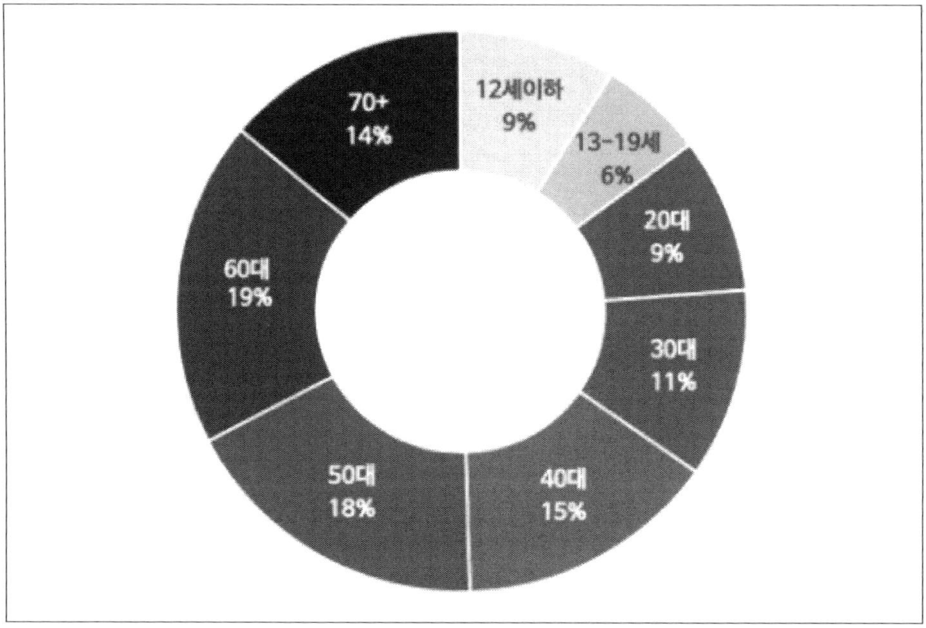

◆ 크루선의 내부구조와 시설 기능

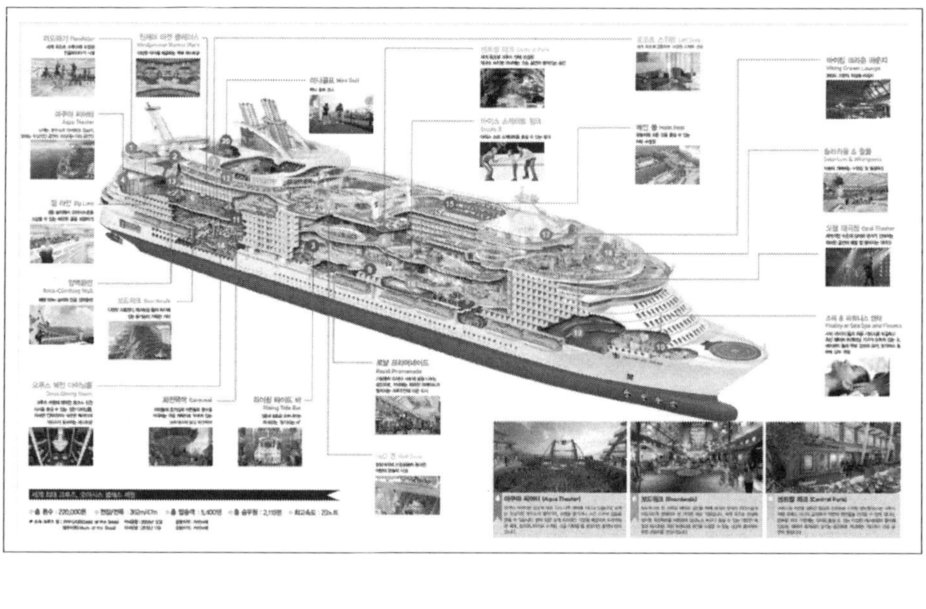

◆ 전국항만 위치 및 크루즈입항 항만

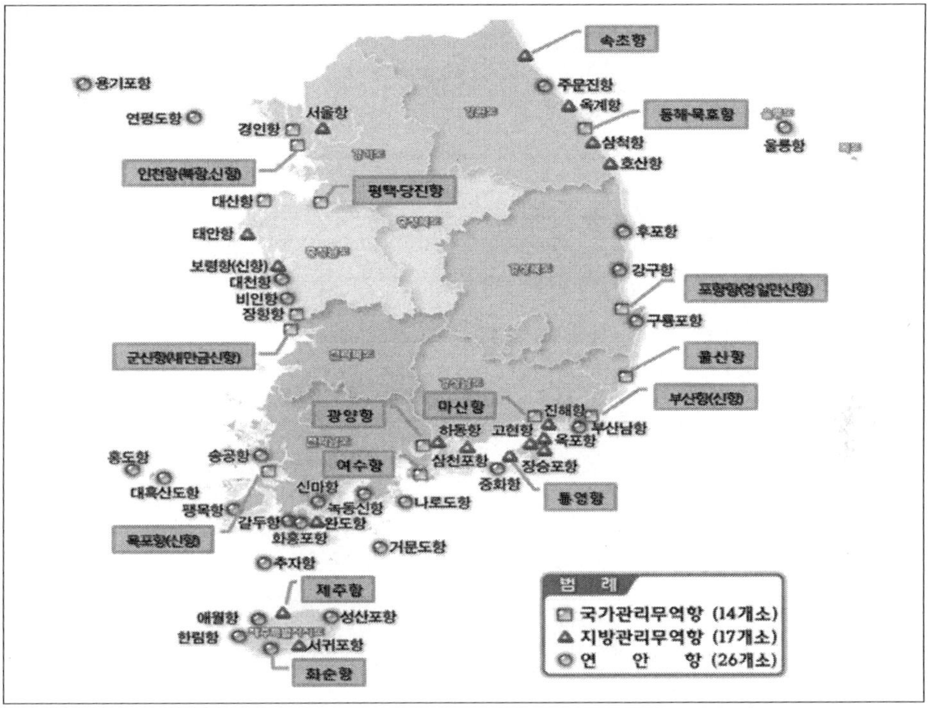

참고문헌

1. 국내문헌

강신용, 1995, 한국근대도시공원사, 도서출판 조경.

강현숙, 2021, 코로나19로 인한 국내관광행태 변화분석, 문화관광인사이트, 한국문화관광연구원.

광주전남발전연구원, 1994, "전남의 시 · 군별 현안사업", 전남개발.

권창용, 1989, "골프장사업에 대한 소고", 관광학연구 제13호, 한국관광학회.

골프연감, 1995, 한국골프장, 철저한 자기관리로 환경오염의 굴레를 벗자, 골프다이제스트.

공해추방운동연합, 1991, 대한민국인가, 골프공화국인가?, 환경을 사랑하는 사람들을 위한 자료집 2.

국립공원관리공단, 2021 국립공원 기본통계.

김두하, 1990, 벅수와 장승, 집문당.

김번웅, 1994, 우리나라 환경영향평가제도의 실태분석, 동국대학교 지역환경연구소.

김병문, 1990, 관광자원학, 백산출판사.

김상훈, 1985, "한국 온천관광지의 형성과정과 기능에 관한 연구", 경희대학교 대학원.

______, 1989, 관광학개론, 빅벨출판사.

김영필, 1992, "골프장 건설의 환경평가에 관한 연구", 고려대학교 대학원.

김용수 역, 벤호잇다까 · 게네스브라운 저, 1991, 도시민을 위한 공원, 대우출판사.

김재관, 1989, "영남권의 관광지역 구조에 관한 연구", 성신여자대학교 대학원 박사논문.

김진섭, 1982, 현대관광사업론, 형설출판사.

김종은 · 길용현, 1988, 관광지리학, 집문당.

김태영, 1994, 현대관광학개론, 백산출판사.

김홍운, 1993, 관광자원론, 일신사.

______, 1997, 관광과 나라얼굴, 형설출판사.

김현준, 1991, 사찰: 그 속에 깃든 의미, 우리문화총서 2, 교보문고.

나승포, 1993, "한국 국립공원관리 정책의 개선방안에 관한 연구", 한양대학교 행정대학원.

류선무, 1986, 관광농업의 개발과 경영, 형설출판사.

______, 1997, 농촌활성화를 위한 관광농업연구, 백산출판사.

문화체육부, 1997, 관광동향에 관한 연차보고서, 한국관광연구원.

문화관광부, 1998, 관광동향에 관한 연차보고서, 한국관광연구원.

문화재청, 2010, 문화재지정현황.

문화체육관광부, 2010, 2009년 기준 관광동향에 관한 연차보고서.

______________, 2010, 국민관광실태조사(2009).

______________, 2008, 제3차 관광진흥 5개년 개발계획(2009~2013).

______________, 2020, 2019년 기준 관광동향에 관한 연차보고서

______________, 2021, 2020년 기준 관광동향에 관한 연차보고서

______________, 2021, 2020 국민여행조사, 통계편.

박근화, 2021, 코로나19에 따른 여행행태, 웹진 문화관광 2021, 12, 한국문화관광연구원.

박영아, 1991, "속초시 대포동 외옹치리조트 설계", 서울대학교 환경대학원.

박종서, 1988, "한국 사원촌의 구조와 변모", 지리학연구.

박태원, 1995, 우리나라 해상관광산업의 활성화방안, 해운산업연구원.

법제처, 2022, 도시공원 및 녹지 등에 관한 법률.

임한수, 1992, "백두산의 지리적 배경과 관광자원", 관광지리학 2호, 한국관광지리학회.

산림청, 2010, 자연휴양림(2009).

산림청, 2020, 자연휴양림(2019).

손대현, 1990, 관광론, 일신사.

서울시, 1995, 서울시 공원녹지 정책방향 연구.

서울시정개발연구원, 1995, 서울시 관광개발 기본계획방안 연구, 시정연 95-R-38.

신동진, 1995, "도시공원의 설치 및 관리개선방안에 관한 연구", 국토연95-33, 국토개발연구원.

신창호, 1996, "서울시 관광진흥정책 수단 고찰", 서울정책연구 제4권 제1호, 서울

시정연구.

안득수, 1993, "골프장조성을 위한 지형변화 예측모델 개발에 관한 연구", 경희대학교 대학원.

어수현, 1986, "한국의 종합휴양업 운영합리화 방안에 관한 연구(스키장)", 경기대학교대학원.

오철규, 1995, "국내 골프산업의 현황과 발전방향", 건국대학교 행정대학원.

오홍석, 1988, "환경문제의 중요성과 적정한 대응책," 지역환경, 제6호, 동국대학교.

______, 1989, 취락지리학, 교학연구사.

______, 1992, "벽지촌락의 인구감소에 따른 폐촌현상과 적정대응", 지역환경 10호, 동국대학교.

우락기, 1981, 문화재자원을 중심으로 한 한국 관광자원론, 한국관광지개발연구소.

윤양주 외, 1988, 휴양/위락 형태의 변화 및 공간확보방안 연구, 국토개발원.

이강렬, 1990, 민속과 축제, 도방각.

이문웅(역), Leslie A. White with Beth Dillingham, 1986, 문화의 개념, 일지사.

이미혜, 1995, 전통 민속놀이의 여가적 속성에 관한 연구, 경기대학교 관광개발연구소.

이장춘, 1979, 국민관광개발론, 동명사.

______, 1983, 관광자원론, 대왕사.

이태희, 1996, 관광산업발전론, 일신사.

이후석, 1988, "속리산 관광지역의 성격과 취락에 관한 연구," 지역환경 6호, 동국대학교.

______, 1989, "수덕사 문전의 관광취락에 관한 연구", 지역환경 7호, 동국대학교.

______, 1990, "관광지역의 지리학적 연구동향과 과제", 동국지리 11호, 동국대학교.

______, 1991, "한국의 산사관광취락에 관한 연구", 동국대학교 대학원 박사논문.

______, 1992, "산사관광취락의 개념과 발달과정", 동국대학교.

______, 1993, "내장산의 산사관광취락에 관한 연구", 교학사.

______, 1993, "산사관광취락의 구조적 특질", 동국대학교.

______, 1994, "골프장 건설 : 우리나라 환경영향평가 제도의 실태분석", 교육부.

______, 1994, "산사관광지의 환경영향에 관한 연구", 동국대학교.
______, 1995, "산사관광지의 경제 및 사회 · 문화적 영향에 관한 연구", 광주대학교.
______, 1996, "전남해안 리조트 개발의 필요성 및 구상, 지방자치제하에서 전남발전을 위한 국제 비교연구", 광주사회조사연구소, 전라남도.
______, 1996, "Languedoc-Roussillon의 해안리조트 개발에 관한 연구", 지리학연구 27집, 한국지리교육학회.
______, 1997, "충무마리나 리조트개발에 관한 연구", 관광정책학연구 4, 한국관광정책학회.
______, 1997, "일본의 후루사토촌 관광개발", 관광개발논총 6(1), 한국관광개발학회.
______, 1998, "21세기 신산업-관광산업", 광주상의 8, 광주상공회의소.
______, 1998, "광주광역시의 중장기 관광계획", 광주전남발전연구원, 광주광역시.
______, 1998, "교류형 관광농촌모델개발에 관한 연구", 관광학연구 22, 한국관광학회.
______, 1998, "도시관광개발의 과제와 전략", 관광지리학 9, 한국관광지리학회.
______, 1998, "도시관광의 흡인요소로서 컨벤션 · 이벤트에 관한 고찰", 광주대학교.
______, 2001, "진도영등축제의 시장세분화 전략", 관광지리학 12, 한국관광지리학회.
______, 2001, 현대관광의 이해, 학문사.
______, 2002, "군포시민의 여가소비와 여가수용력 만족도에 관한 연구", 관광연구저널 16, 한국관광연구학회,
______, 2003, "포스트모던 관광의 지속가능성에 관한 연구", 관광연구저널 17, 한국관광연구학회.
______, 2003, "The Influence of Location and Moral Appeal Messages on Voluntary Participation in a Hotel's Recycling Program, Korean Journal of Hospitality Administration", 12(3)
_____, 2004, "국립중앙박물관 방문객의 특성에 관한 분석적 연구", 관광연구 18(3), 대한관광경영학회.
_____, 2004, "탈현대적 관광의 일반적 특징에 관한 탐색적 연구", 관광연구저널

18(1), 한국관광연구학회.

_____, 2004, "군포시민대축제 방문객의 축제참여동기와 만족도 분석", 교수논총, 한세대학교.

_____, 2004, "지역주민의 관광영향 지각과 관광개발 태도의 관계 분석-미니시리즈 '올인' 촬영지 섭지코지를 사례로-", 관광학연구, 28(3), 한국관광학회.

_____, 2004, "관광객 시선이 관광동기와 만족도에 미치는 영향에 관한 탐색적 연구", 호텔경영학연구 13(4), 한국호텔경영학회

_____, 2004, 신관광과 지역사회, 기문사.

_____, 2005, "드라마촬영지 관광동기유형에 따른 시장세분화에 관한 연구", 관광연구저널 19(1), 한국관광연구학회.

_____, 2005, "주제공원 이용자의 선택속성에 따른 세분시장연구 : 서울랜드 주제공원을 사례로", 관광연구저널 19(2), 한국관광연구학회.

_____, 2005, 지속가능한 관광, 백산출판사.

_____, 2005, 관광지조사방법, 백산출판사.

_____, 2006, "드라마 촬영지 관광객의 관광동기와 이미지간 관련성 연구", 관광학연구 30(1), 한국관광학회.

_____, 2006, "문화유산에 대한 관광이미지가 만족에 미치는 영향 연구", 관광연구저널 20(1), 한국관광연구학회.

_____, 2006, "드라마촬영지 관광객 동기유형별 관광이미지 포지셔닝 연구", 관광학연구 30(2), 한국관광학회.

_____, 2006, "방문객 특성에 따른 관광영향인식 차이 : 이천도자기축제 방문객 유형별 분석", 관광연구저널 20(2), 한국관광연구학회.

_____, 2007, "박물관 방문객의 관람동기 유형별 지각된 성과와 만족 분석 : 국립중앙박물관 방문객을 대상으로", 관광연구저널 21(1), 한국관광연구학회.

_____, 2007, "중요도 · 성취도 분석을 이용한 하이서울페스티벌 방문객 만족 평가", 관광연구저널 21(3), 한국관광연구학회.

_____, 2007, 관광학세미나, 백산출판사.

_____, 2008, "문화관광 상품으로서 박물관 서비스품질에 대한 중요도 만족도 분석", 관광연구저널 22(1), 한국관광연구학회.

_____, 2009, "世界自然遺産地區 觀光客의 動機와 特性 : 濟州火山섬과 鎔巖洞窟系 觀光客을 對象으로", 관광학연구 33(2), 한국관광학회.

______, 2009, “Motivations of the Korean Christian Pilgrimage to Outbound: The analysis of the difference according to the faith stages of Christians”, 관광연구 24(4), 대한관광경영학회.

______, 2009, “혼잡지각에 따른 방문객 만족과 자연휴양시설의사회심리적 수용력 추정에 관한 연구”, 관광학연구 33(6), 한국관광학회.

______, 2009, 관광학총론, 한국관광학회.

______, 2010, “관광산업의 지역혁신역량 지수개발에 관한 연구 -강원도, 전라북도를 사례로-”, 관광학연구 34(1), 한국관광학회.

______, 2010, “실버관광객의 추구편익이 관광지 선택 중요도에 미치는 영향”, 관광연구저널 24(4), 한국관광연구학회.

______, 2011, “관광객의 고유성 인식 수준에 따른 관광체험 차이 연구 -서울 북촌을 방문한 외래객을 사례로-”, 관광학연구 35(2), 한국관광학회.

______, 2011, “지역주민의 지역애착 수준별 농촌 관광영향인식과 관광개발태도 관계 분석”, 관광연구저널 25(5), 한국관광연구학회.

______, 2011, “지역사회 애착과 근대문화유산에 대한 인식의 관련성 분석”, 관광학연구 35(10), 한국관광학회.

______, 2012, “다크투어리즘 동기 유형에 따른 시장세분화 연구 -거제 포로수용소 유적공원을 사례로-”, 관광연구저널 26(3), 한국관광연구학회.

______, 2012, “민속마을 관광객의 고유성 인식이 만족에 미치는 영향 -고유성과 무대화된 고유성 개념의 적용-”, 한국사진지리학회지 22(2), 한국사진지리학회.

______, 2012, “신환경 패러다임(NEP) 인식 수준의 분류에 대한 방법론적 논의 - DMZ 관광객의 동기와 충성도의 적용-”, 관광연구 27(3), 대한관광경영학회.

______, 2012, “청산도 슬로우걷기 축제의 평가요인과 만족이 구매의사에 미치는 영향”, 한국도서연구 24(2), 한국도서(섬)학회.

______, 2012, “영화감상 전후의 관광이미지와 방문의도에 대한 비교분석”, 관광연구저널 26(6), 한국관광연구학회.

______, 2013, “관광목적지 이미지와 행동의도의 관계에서 지각된 가치의 매개효과 -파주 헤이리 마을 관광객을 대상으로-”, 관광연구저널 27(3), 한국관광연구학회.

______, 2013, "관광객의 환경에 대한 인식이 만족과 관광태도에 미치는 영향" -남양주 조안 슬로시티 관광객의 신환경패러다임(NEP) 인식을 중심으로-관광연구 28(3), 대한관광경영학회.

______, 2013, 테마가 있는 도시관광, 새로미.

______, 2013, Eco-Green Tourism, 새로미.

______, 2014, "관광객 특성에 따른 문화유산 평가속성(HISTOQUAL) 연구" : 창덕궁과 수원화성 관광객을 대상으로, 관광연구저널 28(7), 한국관광연구학회.

______, 2014, "문화유산관광 평가속성(HISTOQUAL)에 따른 만족 및행동의도에 관한 연구 : 전주 한옥마을 관광객을 대상으로", 관광연구저널 28(8), 한국관광연구학회.

______, 2014, "지역애착과 관광영향인식이 메가 스포츠이벤트 개최 지지여부에 미치는 영향", 관광연구저널 28(12), 한국관광연구학회.

______, 2015, "Pine과 Gilmore의 체험요소가 농촌관광객의 만족에 미치는 영향 연구 : 지각된 가치의 매개효과를 중심으로", 관광연구저널 29(3), 한국관광연구학회.

______, 2015, "The Relationship between the Slow city Tourists' Experience Types and Rural Amenity", International Journal of Tourism Sciences 15(1), The TOURISM SCIENCES SOCIETY OF KOREA.

______, 2016, "산사관광지의 매력속성, 지각된 가치 및 만족 간의 구조적 관계 : 속리산 법주사 지구를 대상으로", 관광연구저널 30(1), 한국관광연구학회.

______, 2016, "확장된 계획행동이론을 적용한 부산국제영화제 방문객의 행동의도 분석 : 축제개최지역 이미지와 사전지식의 추가적 역할을 중심으로", 관광연구저널 30(8), 한국관광연구학회.

______, 2016, "문화유산관광 평가속성(HISTOQUAL)이 관광객 만족, 문화유산 보존 및 관광활성화에 미치는 영향 : 경주 양동마을 관광객을 대상으로", 관광연구저널 30(12), 한국관광연구학회.

______, 2017, "CVM을 이용한 습지 생태관광지역 가치평가 : 순천만을 사례로", 관광연구저널 31(11), 한국관광연구학회.

______, 2017, 관광사업론, 한국관광학회.

______, 2018, "한국의 람사르 습지 생태관광지의 지속가능성 연구 : 평가지표와 측정변수 목록화", 관광연구저널 32(2), 한국관광연구학회.

______, 2019, "생태관광에 대한 가치가 만족, 태도 및 환경책임행동에 미치는 영향", 관광레저연구 31(1), 한국관광레저학회.

______, 2019, "한국의 생태관광에 관한 연구동향과 과제", 관광연구저널 33(2), 한국관광연구학회.

______, 2019, "확장된 목표지향적 행동모형(EMGB)을 이용한 축제방문객의 의사결정과정에 관한 연구 : 안동국제탈춤페스티벌을 대상으로", 관광연구저널 33(7), 한국관광연구학회.

______, 2019, "지역주민의 메가이벤트에 대한 영향인식과 개최 효과인식의 관계분석 : 평창동계올림픽 개최 전과 개최 후의 비교", 관광연구저널 33(11), 한국관광연구학회.

______, 2020, "한국의 도시관광에 관한 연구동향과 과제 : 내용분석을 중심으로", 관광연구저널 34(2), 한국관광연구학회.

임덕순, 1990, 문화지리학, 법문사.

임번장 · 정철수, 1998, 스키, 교학사.

자연지리학사전 편찬회, 1988, 자연지리학사전, 신라출판사.

전경수, 1988, 관광과 문화, 까치문고.

전라남도, 1991, 서다도해권 관광종합개발계획.

________, 1997, 관광근교권 관광개발기본계획.

정각스님, 1991, 가람 : 절을 찾아서 I, 산방.

정강환, 1996, 이벤트 관광전략, 일신사.

정지웅, 1984, 한국의 농촌(그 구조와 개발), 서울 : 서울대학교.

조송빈, 1985, 신관광학개론, 형설출판사.

최경은, 2021, 코로나19이후 관광트렌드는 어떻게 변화할까?, 웹진 문화관광 2021, 03, 한국문화관광연구원.

최계영, 1992, "사계절형 스키 종합리조트타운 개발계획", 한양대학교 환경과학대학원.

최상철, 1993, "서울시 도시경관 관리방안 연구(I)", 서울시정개발연구원.

한국관광공사, 1989, 전국관광장기종합개발계획.

___________, 1989, 북한지역 관광자원 실태분석 및 평가.

___________, 1993, 향토상품 관광상품화 방안.

___________, 1993, 향토음식 관광상품화 방안.

__________, 1994, 북한지역 관광상품 개발방안.
__________, 1994, 금강산관광개발전략.
__________, 1996, 농어촌 관광개발 활성화 방안 연구.
__________, 2019, 방한 크루즈 관광유치 활성화 방안.
한국관광개발연구원, 1990~1997, 한국관광연감.
한국관광연구원, 1997, 세계관광동향(Ⅱ).
__________, 2011, 문화관광축제(2009).
한국관광호텔협회, 2009, 관광숙박업 등록 현황.
한국골프장경영협회, 2011, 전국골프장현황(2010).
한국골프회원권경영인협회, 2022, 전국 골프장 현황.
한국박물관협회, 2010, 국립박물관.
__________, 2022, 국립박물관.
한국스키장경영협회, 2010, 전국스키장현황.
__________, 2022, 전국스키장현황.
환경부, 2010, 자연공원현황(2009).
______, 2022, 자연공원법.
황기원, 1986, 도시공원 녹지계획 · 조경계획론, 서울: 문운당.
황창윤, 1993, "한국관광지의 구조적 특성과 이용체계에 관한 연구", 동국대학교 대학원.
황창윤, 1995, "부산 해운대지역의 위락중심지구 구조에 관한 연구", 환동해권의 시간과 공간의 교감, 목지 오홍석박사 화갑 기념논문집.
형기주, 1985, "도성계획과 우주적 상징주의," 지리학 32호, 대한지리학회.

2. 국외문헌

小池洋一 · 足羽洋保, 1988, 観光學概論, ミネルブァ書房.
鹽田正志 · 長谷政弘, 1994, 觀光學, 同文棺.
吳羽正昭, 1991, 群馬縣片品村におけるスキ-觀光地域の形成, 地理學評論.
鈴木忠義, 1984, 現代觀光論, 有斐閣.
三井田圭石, 1980, 山村の人口維持機能, 大明堂.
小谷達男, 1978, "都市と農村との交流", 觀光, 日本觀光協會.

安達生恒, 1982, "農山村における觀光の導入と行政課題", 觀光, 日本觀光協會.

山村順次, 1990, 觀光地域論, 大明堂.

神谷秀彦, 1993, "高冷地山村長野縣開田村の觀光地化", 人文地理 45巻 1號, 日本地理學會.

絲長浩司, 1993, "農村型リゾ-ト摸索する", 觀光, 日本觀光協會.

大森 彌, 1992, "觀光における交流の意義", 觀光, 日本觀光協會.

花岡 利幸, 1992, "交流による地域おこし", 觀光, 日本觀光協會.

觀光, 1982, "ふるさと運動は町の顔(三島町)", 日本觀光協會.

山村順次, 1969, "伊香堡・鬼怒川における溫泉觀光集落形成の意義", 地理學評論.

________, 1981, "地域理解と教養觀光", 地域 6.

________, 1997, "日本觀光開發의 現況과 課題", 관광개발논총 6(1), 한국관광개발학회.

________, 1990, 世界の溫泉地, 大明堂.

高原榮重, 1974, 都市綠地計劃, 東京 : 鹿島出版會.

ラック計劃硏究所, 1975, 觀光レクリエ-ション計劃論, 東京 : 技報堂.

大八木 智一, 1989, リゾ-ト事業戰略, せいぶんしや 譯, 1990, 국제산업정보연구소, 리조트 사업전략.

高橋 亨, 1929, 朝鮮寺刹の硏究 : 李朝佛教, 佛書普給社.

笹野祐一, 1987, "和歌山縣の觀光振興政策", 觀光, 日本觀光協會.

三井純一, 1982, "ふるさと運動は町の彦", 觀光, 日本觀光協會.

末武直義, 1984, 觀光事業論, 法律文化社.

福岡義隆, 1995, 都市の風水土, 朝倉書店.

足羽洋保, 1997, 觀光資源論, 中央經濟社.

佐藤俊雄, 1993, 觀光のクロス.インパクト(經濟,環境,社會への影響), 大明堂.

淺香幸雄, 山村順次, 1986, 觀光地理學, 大明堂.

鎌田茂雄(申賢淑 譯), 1988, 韓國佛教史, 民族社.

西村嘉助, 1974, 地域と環境保全, 大明堂.

藤本利治, 1970, 門前町, 古今書院.

前田 勇, 1986, 觀光概論, 學問社.

矢嶋仁吉, 1967, 日本の集落, 古今書院.

山村振興調査會編, 1971, 山村の變貌と開發, 古今書院.

米倉二郎, 1987, 集落地理學の展開, 大明堂.

青木榮一, 山村順次, 1976, 日本における觀光地理學硏究の系譜, 人文地理淺野明彦, 1978, "日本の主要觀光地における大手私鐵資本進出の實態", 新地理.

石井英也, 1970, "わが國における民宿地域形成についての豫察的考察", 地理學評論

岩鼻通明, 1981, "觀光地化にともなう山岳宗教集落戶隱の變貌", 人文地理.

________, 1983, "出羽三山をめぐる山岳宗教集落", 地理學評論.

浮田典郞, 1987, "日本における宿泊施設の分布とその變化", 立命館大學.

佐佐木 博, 1983, "筑波山門前町の立地生態", 筑波大學, 人文地理學硏究.

________, 1987, "日本の森林レクリエーション地域", 筑波大學, 人文地理學硏.

除野信道, 1961, "觀光事業の集中的傾向と分散的傾向", 日本觀光學會硏究報告.

白板 蕃, 1986, "本邦におけるスキ場の發達と立地および分布について", 學藝地理

鈴木富志郞, 1985, "都市周邊のレクリエーション空間の變容", 地理.

高橋伸夫, 1978, "浜松市における余暇圈の構造", 筑波大學, 人文地理學硏究.

野本晃史, 1987, 集落地理學の展開 : 第2次大戰後の山陰觀光と觀光地の變容, 大明堂.

宮川善造, 1936, "溫泉集落硏究, 第1報, 一淺瀨石川流域における", 地理論, 第2報, 地理學評論.

橫田忠夫, 1978, "溫泉集落形成に伴う地域の變貌", 山梨大學敎育學部硏究報告.

All, G. and Sinnott, S., 1980, Urban Recreational and Cultural Facilities as Toursit Attractions, The Canadian Geographer, Volume 24, No.1.

Ashworth, G. J., 1989, Urban tourism: an imbalance in attention, In C. P. Cooper(ed.), Progress in Tourism, Recreation and Hospitality Management, London : Bellhaven.

Ashworth, G. J. and Voggd, H., 1990, Selling the City : Marketing Approaches in Public Sector Urban Planning, London ; Belhaven

Baker,M. L., 1980, National Parks : Conservation and Agrarian Reform in Peru Geographical Review, Volume 70, No.1.

Balladur, E., 1994, L'Avenir du Tourisme en Languedoc-Roussillon, Rapport au Premier Ministre.

Ball, R. M., 1986, "Some Aspect of Tourism : Seasonality and Local Labour Markets", Area, Volume. 21, No.1.

Barker, M. L., 1982, Traditional Landscape and Mass Tourism in the Alps, Geographical Review, Volume 72, No.4.

Blank, U. and Petkovich, M. D., 1987, Research on Urban Tourism Destinations. In J. R. B. Ritchie and C. Goeldner(eds,) Travel, Tourism and Hospitality Research, 14, New York: John Wiley.

Buckley, P. J. and Witt, S. F., 1989, Tourism in Difficult Areas, Tourism Management, 10.

Burnett, P, 1976, Toward Dynamic Models of Traveller Behavior and Point Patterns of Travels Origins, Economic Geography, Volume 52, No.1

Butler, R.W., 1991, West Edmonton Mall as a tourist attraction, Canadian Geographer 35.

Christaller, W. 1963, Wandlungen des Fremdenverkehrs an der Berg StraBeim Odenwald und Imneckartal, Geographie Runds., Volume 15.

Chubb, M., 1981, One Third of Our Time, New York : John Wiley & Sons.

Clawson, M., 1960, Land for Recreation, The Johns Hopkins Press.

Clout, H. D, 1971, Second Homes in the Auvergne. Geographical Review, Volume 61, No. 4.

Coloquio Hispano-Frances Sobre Espacios Litorales, 1981, Colloque Franco-Espaqnol sur les Espaceo-Littoraux, Madrid.

Conseil Regional, 1990, Schema Regional D'amenagement Et De Developpment, Langouedoc-Roussillon.

Conseil Regional, 1994, Bilan D'Activite du comite regional du Tourisme pour 1993, Region Languedoc-Roussillon.

Cosgrove, I., and Jackson, R., 1972, The Geography of Recreation and Leisure, Hut-chinson & Co.

Deasy, G. F., 1949, The Tourist Industry in a "North Woods" County, Economic Geography, Volume 25.

Deasy, G. F. & Phyllis, R. G., 1966, Impact of a Tourist Facility on its Hinterland, Annals Association American Geographers, Volume 56.

Diekmann, S., 1963, Die Ferienhaussiedlungen Schleswig-Holsteins, Ein Siedlungs und Sozial Geographische Studie, Schriften des gegaphischen Institutes.

Economic Geography, Volume18 Harrison, C., 1983, Countryside Recreation and London's Urban Fringe, The Institute of British Geographers, Volume 8, No.3.

Fainstein, S. S., Gordon, I. and Harloe, M., 1992, Divided Cities: New York and London in the Contemporary World, Oxford : Blackwell

Fearce, D. G., 1981, Tourist Development, Longman.

Ford, L. R., 1992, Reading the Skyline of American Cities, Geographical Review, 82.

Gallusser, W. A., 1970, Strukur und Entwicklung Landlicher der Norwestschweiz, Aktual Geographische Analyse der Kultur Landschaft im.

Gunn, C. A., 1979, Tourism Planning, New York, Crane Russak.

Hanson, S., and Hanson, D., 1981, The Travel-Activity Patterns of Urban Residents: Dimensions and Relationships to Sociodemographic Characteristics, Economic Geography, Volume 57, No 4

Hawkins, D. E., 1980, Tourism Planning & Development Issues, George Washington Univ.

____________, 1985, Tourism Planning and Development issues, George Washington Univ.

Heatwole, C. A. and N. C. West, 1982, Recreational Boating Patterns and Water-Surface Zoning, Geographical Review, Volume 72, No 3.

Hudman, L. E., 1990, Geography of Travel and Tourism, Delman.

Inskeep, E., 1 987, Environmental Planning for Tourism, Annals of Toursim Research, Volume 14.

Jäfari Jäfar and J. R, Brent Ritchie, 1981, Toward a Frame Work For Tourism Education, Problems and Prospects, Annals of Tourism Rsearch, Volume 8.

Jäger H., 1953, Der Kulturgeographische Sturkturwandel des Kleinen Walsertals, Münchener Geographische Heft 1.

Jasen-Verbeke, M., 1990, Leisure+Shopping=Tourism product mix, In G.

J. E. Flectcher and B. H. Archer, 1991, "The Development and Application of Multiplier Analysis". in C. P. Cooper(ed), Progress in Tourism, Recreation and Hospitality Management, Volume. 3, London and New York, Belhaven Press.

Johnson, P., 1992, Perspective on tourism policy, Mansell.

Kelly, J. R., 1982, Leisure, Prentice-Hall, Inc.

L'avefrw de ln Grande Motte, 1972, Clande Thibault-Bibliothique de la construch.

Law, C. M., 1991, Tourism and Urban Revitalisation. East Midaland Geographer, 14.

__________, 1992, Urban Tourism and Its Contribution to Urban Regeneration, Urban Studies, 29.

__________, 1993, "The Strategy of urban tourism", Urban Tourism, Mansell.

Lawson, F.R., 1985, Exhibition Trends 1984, Guildford : University of Surrey.

Lea, J., 1988, Tourism and Development in the Third World, Routleadge.

Leiper, N., 1979, The Framework of Tourism, Annals of Toursim Research, Volume. 6.

Mathieson, A., and Wall, G., 1982, Tourism : Economic Physical and Social Impacts, Longman.

Mathieson, A., and Wall, G., 1982, Tourim, Longman.

Mathieson, A, 1982, Tourism : Economic, Physical and Social Impacts, Longman.

McIntosh. R. W., Goeldner, C. R., 1986, Tourism : Principles, Practices, Philosophies, John Wiley & Sons, Inc.

McMurry, K. C., 1930, "The Use of Land for Recreation", A.A.A.G., Volume. 20.

_____________, 1930, The Use of Land for Recreation, Annals Association of American Geographers, Volume 20, No.1.

McMurry, K. C. & Davic, C. M., 1954, Recreational Geography, American Geography, Inventory & Prospect.

Mesplier, A., 1994, Le Tourisme En France, Breal.

Michel, J, B., 1994, Languedoc－Roussillon on Line for the List Centry, Press Book.

___________, 1994, Tourst Dovelopment of Languedo－Roussillon Coast, press book

Michael, Pacione, 1983, Recreation ; Progress in Rural Geography, Croom Helm.

Mission interministerielle, 1975, d,ame nagement touristique de littoral Languedoc-Roussillon, les station nouvelles-premier etat.

Murphy, P.E., 1980, Toursim Management Using Land Use Planning and Landscape Design : The Victoria Experience, The Canadian Geographer, Volume 24.

___________, 1985, Tourism, Methuen.

___________, 1985, Tourism : A Community Approach, Metheun.

OECD, 1992, Tourism Policy and International Tourism, OECD.

Overton, J., 1980, Tourism Development, Conservation and Conflict : Game Laws for Caribou Protection in Newfoundland, The Canadian Geographer, Volume 24.

Parry, M. L., 1976, "The Abandonment of Upland Settlement in Southern Scottland",

The Scottish Geographical Magazine, Volume. 92 No.1.

Partmore, J. A., 1970, Land & Leisure, David & Charles.

Pearce, D., 1981, Tourist Development, Longman.

________, 1986, op. cit.

________, 1987, Tourism Today : A Geographical Analysis, Longman.

________, 1987, Tourism Today, Longman.

Peter, L. Owens, 1983, Rural Leisure and Recreation Research ; A Retrospective Evauation, Progress in Human Geography, Volume. 8, No. 2.

Petersen, D. D., 1989, Convention Centers. Stadiums and Arenas, Washington, D.C. : Urban Land Institute.

Racine, P., 1987, Mission impossible?, L'amenagement Touristique du Littoral Languedoc -Roussillon, 중역, 1990, 안원태, 자유시간도시, 주봉문고.

Robinson, H., 1981, "Population and Resources", Harry Robinson.

Smith, S. L. J., 1989, Tourism Analysis: Defining the Geographic Structure of the Industry, Longman Scientific & Technical.

__________, 1989, op. cit.

__________, 1989, Tourism Analysis : Defining the Structure of the Industry, Longman.

Smith, S. L. J., 1983, Recreation Geography, Longman.

Smith, V. L., 1992, Tourism Alternatives, University of Pennsylvania Press. der Universit t Kiel, Band 21, Heft. 3.

Um. S and J. Crompton, 1990, "Attitude Determination in Tourism Destination Choice", Annals of Tourism Research, Volume. 17, No. 3.

Taylor, V., 1975, The Recreational Business District－A Component of East London Urban Morphology－, South African Geographer, Volume 5.

Tkalac, D. & Boris, V., 1984, Tourism and Urban Revitalization, Annals of Tourism Research 11.

Urry, J., 1990, The Tourist Gaze: Leisure and Travel in Contemporary Society, Sage.

Weaver, D. B., 1991, "Alternative to Mass Tourism in Dominica", Annals of Tourism Research, 18.

Williams, M. & Shaw, G., 1994, Critical Issues in Tourism, Blackwell.

WTO, 1992, Compendium of Tourism Statistics 1986-90, WTO.

Yeates, M., 1974, An Introduction to Quantative Analysis in Human Geography, McGraw Hill.

Zentraum Greely, R. B., 1942, Part Time Farming and Recreational Land Use in New England.

찾아보기

■ 저자약력

이후석

- 목포중 · 고등학교 졸업(1970, 1973)
- 동국대학교 및 同 대학원 졸업(관광지리학)
- 문학사(1978), 문학석사(1982), 문학박사(1991)
- 동국대학교 강사 및 연구원(1982~1990)
- 광주대학교 관광학과장 : 전임강사, 조교수, 부교수(1990~2001)
- 한세대학교 국제관광학과 : 부교수, 교수(2001~2022)
- 한세대학교 관광경영학부장, 학생처장, 연구소장, 평생교육원장 역임
- 유타대학교(Univ. of Utah) 초빙교수 역임
- 제16대 대통령 인수위 사회문화여성분과 자문위원 역임
- 한국관광연구학회 회장 역임
- 한국컨벤션학회 부회장 역임
- 한국관광학회 부회장 역임
- 한세대학교 국제관광학과 명예교수(2022.3.1.~)
- 대한민국 정부 홍조근정훈장 받음(2022.2.)

[논문]

- Languedoc-Roussillon의 해안리조트개발에 관한 연구 외 90여 편

[보고서]

- 광주광역시 중장기 관광개발계획 외 30여 편

[저서]

- 자연과 인간(신라출판사)
- 관광학세미나(백산출판사)
- 관광지 조사방법(백산출판사)
- 현대관광의 이해(학문사)
- 관광학총론(한국관광학회)
- 테마가 있는 도시관광(새로미)
- 관광자원의 이해(백산출판사)
- 관광개발론(백산출판사)
- 관광통계분석SPSS(도서출판 월산)
- 문화관광의 이해(학문사)
- 관광사업론(한국관광학회)
- 에코그린투어리즘(새로미)

[역서]

- 도시관광(백산출판사)
- 생태관광(백산출판사)
- 지속가능한 관광(백산출판사)
- 신관광과 지역사회(기문사)

학교 : 435-742 경기도 군포시 한세로 30
전화 : 031-450-5163, 010-3633-0117
E-mail : husuklee@hansei.ac.kr / husuklee@naver.com

저자와의
합의하에
인지첩부
생략

관광자원의 이해

1999년 2월 28일 초　판 1쇄 발행
2022년 2월 22일 개정판 1쇄 발행

지은이 이후석
펴낸이 진욱상
펴낸곳 백산출판사
교　정 성인숙
본문디자인 이문희
표지디자인 오정은

등　록 1974년 1월 9일 제406-1974-000001호
주　소 경기도 파주시 회동길 370(백산빌딩 3층)
전　화 02-914-1621(代)
팩　스 031-955-9911
이메일 edit@ibaeksan.kr
홈페이지 www.ibaeksan.kr

ISBN 979-11-6639-216-0　93980
값 25,000원